Break your Limits

SERIE PIPER

Zu diesem Buch

Wer hat nicht einmal schon davon geträumt, frei von allen Zwängen und losgelöst vom Alltag in einer einsamen Hütte zu leben, die Wüste zu durchqueren oder die höchsten Berge der Erde zu besteigen? In diesem Buch finden Sie Menschen, die diese Träume haben Wirklichkeit werden lassen. Allein auf einer menschenleeren Tropeninsel, zu zweit in der Wüste, im dichtesten Dschungel entlang der wildesten Flüsse – dort suchten sie das wahre, sinnliche und unmittelbare Leben. »Break your Limits« versammelt die besten Geschichten moderner Abenteurer, unter anderem von Lucy Irvine, Joe Simpson, Reinhold Messner, Rüdiger Nehberg, Mario Richner, Arved Fuchs.

Ulrich Wank, 1959 geboren, ist Verlagslektor in München.

Break your Limits
Lust am Abenteuer

Herausgegeben von Ulrich Wank

Piper München Zürich

Originalausgabe
1. Auflage September 1995
(unter dem Titel »Lust am Abenteuer«)
2. Auflage März 1999
© für diese Ausgabe:
1995, 1999 Piper Verlag GmbH, München
Umschlag: Büro Hamburg
Simone Leitenberger, Susanne Schmitt, Annette Hartwig
Umschlagfoto: Dugald Bremner / Tony Stone
Gesamtherstellung: Clausen & Bosse, Leck
Printed in Germany   ISBN 3-492-22153-X

Inhalt

VORWORT

»Abenteuern ist veraltet, da es entweder zum Handwerk von Spezialisten übertrieben oder zu einer albernen Schaunummer erniedrigt worden ist … Es beansprucht daher weit weniger Mut, ein Forscher als ein Buchhalter zu sein.« Mit diesen verächtlichen Worten bricht Peter Fleming zu, natürlich, einer Abenteuerreise in den Dschungel Südamerikas auf. Nur nicht angeben – das könnte als Motto über seinem Beitrag wie dem der anderen Autoren dieses Buches stehen. Dabei ist es außergewöhnlich, was sie erlebt haben, allein auf einer Insel, zu zweit in der Wüste, im Paddelboot über den Atlantik, zu Fuß durch die Antarktis oder auf Schatzsuche. Der Erfindungsgabe des Menschen ist keine Grenze gesetzt, wenn es darum geht, in der modernen Welt Abenteuer zu erleben, die eigenen Grenzen auszuloten und zu überwinden. Alle Autoren haben ihre Abenteuer selbst erlebt und sind freiwillig dazu aufgebrochen – was nicht ausschließt, daß ihre Unternehmung dann abenteuerlicher ausfiel, als sie eigentlich beabsichtigt war …

»Lebt eure Träume!« – dieses bekannte Graffito haben die Autoren in die Tat umgesetzt. Oft genug sind sie dabei in alptraumhafte Situationen geraten. Den Lesegenuß erhöht das allerdings nur, gibt es doch kaum etwas Angenehmeres, als im behaglich temperierten Wohnzimmer, den Drink in Reichweite, von schneidenden arktischen Stürmen oder mörderisch brennder Wüstensonne zu lesen. In diesem Sinne: Brechen Sie auf, wohin Sie wollen, break your limits – und viel Vergnügen bei der abenteuerlichen Flucht aus dem Alltag!

Schäftlarn-Neufahrn   *Ulrich Wank*

Editorische Notiz

Die Texte dieses Lesebuches sollten für sich selber sprechen können. Deshalb wurde nur dort, wo es zum Verständnis unbedingt notwendig erschien, eine kurze Einführung vorangestellt. Wer mehr über die Hauptdarsteller erfahren will, sei auf das Autorenverzeichnis am Schluß des Bandes verwiesen.

Wo größere Passagen innerhalb eines Textes übersprungen wurden, ist dies durch ein * gekennzeichnet; kleinere Kürzungen sind durch (....) markiert.

Die Überschriften entsprechen meist dem Original (Buch- oder Kapitelüberschriften); die Ausnahmen sind im Quellenverzeichnis angegeben.

PROLOG

Peter Fleming
Anheuern

Es begann mit einer Anzeige in der »Seufzer-Spalte« der »Times«.

Ich lese immer die »Seufzer-Spalte« zuerst und nachher (wenn dann noch Zeit dazu übrig ist) die Neuigkeiten. Dies ist eine Gepflogenheit, welche die meisten Leute bedauern werden. Sie werden sagen, daß daraus nicht nur Respektlosigkeit vor einer großen Zeitung spreche, sondern auch ein fast schamloser Mangel an Neugier dem gegenüber, was man Weltereignisse nennt.

Ich nehme an, sie haben recht. Aber das Leben ist langweilig, und die einzige Entschuldigung für die Existenz von Zeitungen liegt darin, daß sie es weniger langweilig machen sollten. Im allgemeinen hält man es für wichtig zu wissen, was sich gestern in der Welt ereignete, aber ich für meinen Teil finde es ebenso wichtig zu wissen, was heute in der Welt vorgeht.

Ich vermag nicht einzusehen, warum jemand, der den Fleiß und den Mut aufbringt, sich eine brauchbare Kenntnis der Morgen-Neuigkeiten zu verschaffen und ohne Panik einzuverleiben, das Leben leichter ertragen zu können meint, wenn er sich vergewissert hat, daß es in Genf eine Blockade gibt, Unschlüssigkeit in Westminster, Maul- und Klauenseuche in Leicestershire, Sabotage in Polen und Baisse in Minen-Aktien. Ich hingegen kann, ohne mein Gedächtnis mit einer Menge Tatsachen von ephemerer Gültigkeit zu belasten – sogar ohne dieses Blatt zu entfalten –, den Tag beginnen, gerüstet mit verschiedenen angenehmen Gegenständen zum Nachdenken. Was für ein seltsames Geschöpf kann das sein, dessen Wolfshund – jetzt im Battersea-Park verloren – auf den Namen Effie hört? Wie wird sich wohl die vergnügte Wintersportgesellschaft (»nur Sahibs wollen sich melden«) schließlich zusammensetzen? Und was für eine Verwendung kann in aller Welt Brieffach A. für eine Kammeidechse haben?

Man wird einwenden, daß dies frivole und fruchtlose Betrachtungen sind, daß man sich in diesen unheilvollen Zeitläuften mit wichtigeren Dingen beschäftigen solle: mit den Kriegsschulden und damit, neue Entschuldigungen für Japans Politik zu finden.

Theoretisch, ich weiß es, mag das richtig sein. Aber im Herzen bin ich verstockt. Im Herzen ziehe ich – und ich fürchte, ich werde immer dabei bleiben – die Welt der »Seufzer-Spalte« der großen Narrenbühne vor, der die Leitartikel der »Times« so getreulich einen Spiegel vorhalten. Die Welt der »Seufzer-Spalte« ist eine Welt der Romantik, durch die getrennte Liebende immer zu vertrauten Treffpunkten (»gleiche Zeit, gleicher Ort«) eilen; eine Welt, in der Juwelen beständig in Taxis mit kompromittierenden Zielen vergessen werden; eine Welt verblichener und etwas verzweifelt feiner Lebensart, die beträchtlich von alten College-Leuten und betitelten Damen bevölkert ist; eine Welt ungeheurer Unternehmungslust, in der Oxforder Doktoren von mittlerer Größe, obzwar nur mit fünf europäischen Sprachen und einem Führerschein ausgestattet, bereit sind, »überallhin zu gehen, alles zu tun«; eine Welt plötzlicher und heroischer Opfer (»Besitzer geht nach Übersee«); eine Welt, in der jeder Gegenstand einen Gefühlswert, jeder junge Mann ein gutes Aussehen hat und in der nur die besten Auskünfte ausgetauscht werden; eine unruhige, drängende und geheimnisvolle Welt, eine Welt, in der sich alles ereignen kann...

»Forschungs- und Sport-Expedition unter erfahrener Leitung, England Juni aufbrechend, will Flüsse Zentral-Brasiliens erforschen, wenn möglich Schicksal Oberst Fawcetts feststellen; reichlich Jagd, Groß- und Kleinwild; außerordentliche Fischfangmöglichkeiten; FÜR ZWEI GEWEHRE NOCH PLATZ; Näheres Fach X, ›Times‹, E. C. 4.«

Diese Art von Anzeige ist mir die liebste. Sie hatte den richtigen unwahrscheinlichen Ton. Als ich, mit allem nur denkbaren Gleichmut, eine Karte Südamerikas betrachtete, schien es mir, als könnte ich die Zungenfertigkeit und rasche Stimme Münchhausens hören, das Klingen goldener Ziegel. Ich hatte eine seltsam deutliche Vision (ich weiß nicht wieso), in der sich zwei Männer mit roten Gesichtern in der Bar des Kgl. Automobil-Clubs dahingehend entschieden, daß ihnen ein paar schröpfbare Leute nottäten, um 'nen Tausender einzustecken. Darum behielt die Weisheit die Oberhand. Obwohl ich oft an das Innere Brasiliens dachte, tat ich zehn Tage nichts zur Vermehrung meiner Aussichten, es zu erforschen.

Etwa zehn Tage später las ich aber einen langen Artikel auf der Mittelseite der »Times«, der ganz offenbar von dieser Expedition handelte. Ihre Pläne waren umrissen, ihre Reiseziele angegeben, und die letzten Vermutungen über Oberst Fawcetts Schicksal waren darin mit der fast mittelalterlichen Vernachlässigung der in Betracht kommenden geographischen Tatsachen erörtert, für die ich in Kürze selbst einen Hauptvertreter abgeben sollte. Also gab es das wirklich. Das Unternehmen war echt. Es gab eine Expedition, die im Juni von England abging. Und die »Times« nahm sie ernst.

Das war entschieden zu viel für mich. Ich war noch immer vorsichtig darauf bedacht, mir einzureden, daß für mich eine Reise nach Brasilien nicht in Frage käme. Es würde zu viel kosten und zu lange dauern; es würde irrsinnig sein, die literarische Herausgeberschaft der erhabensten aller Wochenzeitschriften zugunsten einer sinnlosen Jagd hinzuwerfen. Trotzdem, überlegte ich, konnte es nicht schaden, etwas mehr darüber herauszufinden.

Ich schrieb daher wegen näherer Einzelheiten an das Postfach X und bekam umgehend eine Antwort, aus der hervorging, daß weder die in Betracht kommende Zeit noch das erforderliche Geld meine Möglichkeiten so sehr überstiegen, wie ich erwartet hatte. Von diesem Augenblick an gab ich es auf, mit dem Unvermeidlichen zu ringen. Ich schrieb zurück und bewarb mich um eine der beiden offenen Stellen der Expedition, die ich, wie ich erklärte, nicht vor Ablauf von ungefähr vierzehn Tagen einnehmen könnte. Ich hatte beabsichtigt, in diesem Brief meine Fähigkeiten zur Teilnahme an einem solchen Unternehmen in ansehnlicher Länge herzuzählen, aber als ich mich daranmachte, erwiesen sich diese als merkwürdig unbestimmbar. Ich gab daher nur mein Alter (24 Jahre) und die Stätten meiner Erziehung an. Als regelmäßiger Leser der »Seufzer-Spalte« wußte ich, daß dieser letzten, obwohl scheinbar unerheblichen Auskunft sehr wohl höchste Bedeutung zugemessen werden konnte, denn nach den Maßstäben der »Seufzer-Spalte« ist ein bemoostes Haupt zwei junge Leute wert.

Diese Wortökonomie war hier richtig angewandt. Überfüttert mit den Selbstdarstellungen von Anwärtern, die fast Mann für Mann so stark wie Pferde, so tapfer wie Löwen zu sein und einige

Kenntnisse des Geschäftsspanischen zu haben schienen, wurde Postfach X sofort von meiner kurzen Annäherungsmethode bestochen. Weitere Briefe wurden gewechselt, ein Zusammentreffen fand statt, und in kurzem fand ich mich – in der Eigenschaft eines Spezialkorrespondenten der »Times« – einem Unternehmen überliefert, für das Rider Haggard hätte die Handlung schreiben und Joseph Conrad die Szenerie entwerfen können.

*

Ich kenne kaum ein anregenderes intellektuelles Vergnügen, als zwei alten Herren zuzuhören, die sich über moderne Jugend und den Geist des Abenteuers unterhalten.

Sie bewegen sich immer auf der gleichen Linie. Zum ersten Male in der rauhen Geschichte unserer Insel, so klagen sie, haben die jungen Leute aufgehört, abenteuerlustig zu sein.

Was verstehen sie denn unter Abenteuer? Sie meinen das, was ihnen beliebte Historiker der Elisabethanischen Epoche zu meinen beigebracht haben. Sie meinen das Magazin »Wide World«, leicht lyrisiert von einer Muse, die anscheinend sowohl mit Rudyard Kipling wie mit Rupert Brooke etwas zu tun gehabt hat. Sie meinen: Kurs-Steuern, Tropenhelme, Verpalisadierung, Wasser-Sparen, Flaggenhissen und Fieberanfall. Und schließlich winkt ihnen dann ein Bündel Assegaien über der Anrichte und ein leichtes Humpeln. Heutigentags findet man keine jungen Leute mehr, die Sinn für so etwas hätten, murmeln sie düster, schütteln ihre Häupter und starren erschreckt und verzaubert auf Fotografien des letzten Kostümballs im »Tatler«.

Sie haben ganz recht. Man findet sie nicht. Denn Abenteuern – Abenteuern im großartigen alten Stil – ist veraltet, da es entweder zum Handwerk von Spezialisten übertrieben oder zu einer albernen Schaunummer erniedrigt worden ist. Es ist ja ganz schön, uns gegen die Elisabethaner herabzusetzen, für die jede zweite Landentdeckung eine Kolonie bedeutete. Alles, was man damals brauchte, war eine forschende Geisteshaltung und eine tiefe Geringschätzung von Skorbut und Spaniern. Machte man eine Fahrt auf einem Schiff mit einigermaßen bestimmtem Reiseziel mit, so konnte man fast sicher sein, ein neues Reich zu gründen. Und da auf diesen Reisen jeder taugliche Mann von Nutzen war, hatte man recht in dem Gefühl, etwas zu tun, das eines Einsatzes wert war. Niemand warf einem vor, man sei unausgeglichen, oder sagte einem, es werde Zeit, ein geregeltes Leben zu beginnen. Der Staat schlug Kapital aus der Wanderlust. Rastlosigkeit war eine Bürgertugend.

Aber das Zeitalter der geographischen Entdeckungen ist vorbei und die Epoche der Landeroberungen nicht minder. Fachleute verfestigen ruhig die Gewinne sich zur Schau stellender Amateure. Im indischen Hochland ist ein Paar Adleraugen heute nicht viel nütze, wenn man nicht auch ein Vermessungsgerät bei· sich hat. Eine wilde Vermutung genügt nicht mehr. Was das Flaggenhissen betrifft, so gibt es nur noch wenige Gebiete der Erdoberfläche, auf denen eine solche Handlung irgendeine dauernde politische Bedeutung haben könnte. Sie sind außerdem (wie ich stark befürchte), sowohl als Wohnsitze wie auch vom ökonomischen und strategischen Gesichtspunkt aus, völlig wertlos.

Natürlich ist immer noch viel an Abenteuern einer gewissen Art zu haben. Man kann sie sogar, mit einiger Sorgfalt, lohnend machen, denn es ist leicht, die öffentliche Aufmerksamkeit auf jedes Unternehmen zu lenken, das gleichzeitig höchst unwahrscheinlich und völlig nutzlos ist. Man kann den Grundstein zu einer kurzen, aber glorreichen Varieté-Laufbahn legen, wenn man »die erste Doppelumschwimmung der Insel Man« durch eine ledige Mutter vollbracht hat; wer es mit Erfolg unternimmt, ein Auto bekannter Marke rückwärts um die Chinesische Mauer zu fahren, wird kaum auf seine Belohnung zu warten brauchen. Und dann gibt es ja immer Rekorde zu brechen. Hier kann man glänzen, indem man sich im Rahmen der besten Tradition hält. Man braucht sich nur daranzumachen, die berühmten Toten durch Wiederholung ihrer Errungenschaften eine Sprosse tiefer zu setzen, aber mit einem Unterschied. Flüsse, die sie in kleinen Booten hinauffuhren, kann man in noch kleineren hinauffahren; wenn sie zur Durchquerung einer Wüste fünf Monate brauchten, gehe man hin und sehe zu, ob es sich nicht in vieren machen läßt. Wohin sie in Sänften gelangten, kann man reiten, wo sie auf Maultieren ritten, kann man zu Fuß gehen, und wo sie zu Fuß gingen, kann man sich (meinetwegen) auf Rollschuhen fortbewegen.

Es ist ein blödes Geschäft, dies statistische Augenreiben. Diese unechten und ausgeklügelten Kunststücke haben ungefähr soviel Beziehung zum Abenteuer wie eine Riesen-Stachelbeere zum Akkerbau.

Die alten Herren, die grollen, die moderne Jugend sei nicht mehr abenteuerlustig, machen zwei Kardinalfehler: sie versäumen, die Tatsachen anzuerkennen, und sie irren sich völlig in ihren Werturteilen.

Die Tatsachen sind, daß von fünf vier Jungens von vornherein Lust zu Abenteuern haben. Dies ist immer so gewesen und ist heute noch so. Junge Leute sind 1935 genauso abenteuerlustig, wie sie es immer waren. Aber sie können mit einem Auge sehen, daß die Möglichkeiten für irgendeine Form nützlichen oder einträglichen Abenteuerns wirklich sehr selten geworden sind. Wenn sie Zeit und Geld haben, sich mit einer mehr als gewöhnlichen Kenntnis des Vermessens, der Tropenhygiene, der Meereszoologie oder (natürlich) der Fliegerei auszurüsten, so können sie vielleicht eine dieser seltenen Gelegenheiten ergreifen. Sie können auch, wiederum nur, wenn sie Geld und Zeit dazu haben, soviel Abenteuerliches der schelmenhaften, verantwortungslosen Art treiben, wie ihre Mägen und die weitverstreuten Konsulate es gestatten. Wenige können aber die Zeit oder das Geld aufbringen. Sie geben darum jeden Gedanken an einen Tropenhelm auf, kaufen sich einen steifen Hut und beginnen auf Posten zu arbeiten, die ihnen fast immer zuerst langweilig und unsympathisch sind. Dies ist für das Land und für jeden sonst in Betracht Kommenden gut und wirft ein ehrenvolles Licht auf die jungen Leute.

Denn (und hier irren sich die Clubleute in ihren Werturteilen) Abenteuern ist in Wirklichkeit ein billiger Ausweg. Das Abenteuer ist immer eine selbstsüchtige Sache gewesen. Männer, die sich danach auf die Suche machen, können – wie Männer, die heiraten – ziemlich sicher sein, daß ein erfolgreicher Ausgang ihres Vorhabens der Welt dienen wird. Der Wunsch, der Gesellschaft Nutzen zu bringen, ist jedoch nie ihr Hauptbeweggrund, wie er es auch nicht für Leute ist, die heiraten. Sie tun es, weil sie es wollen. Es paßt ihnen.

Es beansprucht daher weit weniger Mut, ein Forscher als ein Buchhalter zu sein. Der Mut, der dazu gehört, in einer rauchigen Stadt auf einem Kontorstuhl zu hocken und eine Reihe von Jahren hindurch Zahlen zusammenzuzählen, ist entschieden höher und nützlicher als der, den der Forscher beweisen muß. Denn der Forscher lebt unter natürlichen Bedingungen, und den ihm begegnenden Schwierigkeiten zu trotzen, hat die Natur den Menschen ausgerüstet. Der Buchhalter aber muß unter unnatürlichen Bedingungen leben, denen ein großer Teil seiner Ausrüstung gefährlich schlecht gewachsen ist.

Dies alles muß so klingen, als hätte ich zu der einen oder anderen Zeit ein gut Teil Forschungsarbeit geleistet und die Zwischenpausen mit anstrengenden Untersuchungen über die Psychologie des Buchhaltens ausgefüllt. Leider würde keine dieser Folgerungen stimmen. Ich hatte nicht vor, so scheußlich zu theoretisieren. Ich wollte nur klarstellen, daß es nach meiner Anschauung weder lobenswert noch ungewöhnlich ist, sich für eine Expedition ins Innere Brasiliens anheuern zu lassen. Eher ist das Gegenteil der Fall. Die meisten Leute meines Alters würden wie ein geölter Blitz mitmachen, hätten sie die Möglichkeit. Sie haben sie aber nicht, und sie haben es zu ihrem Glück aufgegeben, noch darauf zu hoffen. In vielen Fällen haben sie sich allerdings mit einem fast zu vollständigen Erfolg geschult, die bunten Träume der Jungenzeit zu scheuen. Nach gänzlicher Aufgabe dieser Träume haben sie beinahe vergessen, daß sie sie einmal hatten. Wenigstens erkläre ich mir so die Tatsache, daß in den sechs phantastischen Wochen vor meiner Abreise nach Brasilien die Leute, denen ich meine Pläne erzählte, weniger Neid und mehr Erstaunen zeigten, als ich erwartet hatte.

Ich verhielt mich in der Sache so still, wie ich vernünftigerweise nur konnte, denn es ist unangenehm, entweder als Irrer oder als Held betrachtet zu werden, wenn man genau weiß, daß man lediglich im Begriff steht, außergewöhnlich lange Ferien zu nehmen. Es war aber belustigend und aufschlußreich, die Wirkungen auf die Leute zu beobachten.

Da waren die Vorsichtigen, die sagten: »Das ist ein ungewöhnlich törichtes Vorhaben.« Da waren die Klugen, die sagten: »Das ist ein ungewöhnlich törichtes Vorhaben, aber wenigstens wirst du nächstes Mal nicht so dumm sein.« Da waren die sehr Klugen, die sagten: »Das ist ein törichtes Vorhaben, aber nicht annähernd so töricht, wie es klingt.« Da waren die Romantischen, die zu glauben schienen, daß, wenn jeder immerzu etwas Derartiges täte, die Nöte der Welt bald vorüber sein würden. Da waren die Neidi-

schen, die Gott dankten, daß sie nicht mitzukommen brauchten;
und da war die andere Abart, die mit wechselnden Graden der
Unaufrichtigkeit sagte, daß sie alles darum gäbe, auch mitkommen zu dürfen. Da waren die Förmlichen, die mich fragten, ob ich
Leute an der Gesandtschaft kenne. Da waren die Praktischen, die
lang und breit von Impfungen und Kalibern redeten. Da waren die
Leute, deren Stärke nicht die Erdkunde war und die mir entweder
Empfehlungsbriefe an ihre Vettern in Buenes Aires anboten oder
annahmen, ich würde eine ganze Menge Azteken-Ruinen finden.
Da waren die Fürsorglichen, die mich fragten, ob ich auch mein
Testament gemacht hätte. Da waren die Leute, die »zu ihrer Zeit
so etwas geziemend betrieben hatten, verstehen Sie«, und diese
teilten mir sorgfältig ausgearbeitete Pläne zur Überlistung von
Ameisen mit und bedeuteten mir, daß Affen, Eidechsen und Papageien ausgezeichnete Gerichte abgäben, sie schmeckten alle
ziemlich wie Huhn.

Dann waren da die zahlreichen und wohlmeinenden Leute, die
mir schrieben, nachdem ich mit der BBC über unsere beabsichtigte
Suche nach Oberst Fawcett gesprochen hatte. Die meisten von ihnen wollten auch mitkommen. Einer bot seine Dienste als Koch an
und fügte hinzu, er könne gut arabisch sprechen; ein anderer
schickte mir einen Stockdegen. Eine Dame bat mich, nach ihrem
Neffen Ausschau zu halten, wenn ich schon einmal dabei sei, er
war vor einigen Jahren in Bolivien verschollen. »Im Aussehen
gleicht er dem Herzog von York, mit schön geformten Händen
und Füßen... Ich bin eine regelmäßige Buch-Kritikerin (zwei Bücher pro Tag)«, schrieb sie und fügte, etwas überraschend, hinzu:
»Dies ermutigt einen weder zu Illusionen, noch blendet es die
Augen vor dem rauhen Leben.« Ich schrieb zurück, ich würde
scharfe Ausschau nach ihrem Neffen halten.

1 AUFBRUCH

Lucy Irvine
Landung auf Tuin

Die Unendlichkeit des Meeres, und der Himmel blauer und strahlender als in jedem Traum. Unser Kielwasser schnitt einen weißen Blitz durch das Blau, so flirrend vor Licht, daß es dem Auge weh tat. Rechts und links von uns blieben Inseln zurück, flaschengrüne, bauchige Hügel, von geriffeltem weißem Sand umgeben, die aus dieser elektrisierenden blauen Welt aufstiegen.

Welche von ihnen würde für das nächste Jahr unser Zuhause sein? Wir wußten nicht mehr von unserer Insel als den Namen und die Tatsache, daß sie irgendwo in der Torres-Straße liegt, wo das Arafura- und Coral-Meer zusammentreffen, zwischen dem nördlichsten Punkt Australiens und Papua-Neu-Guinea.

Wir waren in einem Aluminium-Dingi unterwegs, das unter dem Gewicht von fünf Personen und dem Gepäck von uns beiden, die wir die Schiffbrüchigen spielen würden, tief im Wasser lag. Unsere momentanen Begleiter waren eine junge Fotografin und die beiden schweigsamen Inselbewohner der Torres-Straße, die das Boot bemannten. G. und ich saßen eng zusammengequetscht und doch weit getrennt voneinander, jeder für sich gefangen in seiner eigenen Welt der Erwartung. Das Gefühl des Wartens und die Weite von Meer und Himmel schienen die Fahrt zeitlos zu machen. Endlos lag die offene See vor uns, während wir am Rande eines Riffs entlangfuhren; dann machte das Dingi eine entschlossene Wende, und der Junge am Steuer deutete nach vorn.

»Tuin«, sagte er schlicht; das »u« klang wie »oo«.

Der erste Eindruck war eine langgestreckte, schmale Insel mit kleinen, dumpfgrünen Hügeln im Norden und Süden. Gewaltige Felsblöcke ragten in der Mitte der weiten, offenen Bay wie gigantische Backenzähne auf. Es gab einen langen, geraden Strand mit hellfarbigem Sand. Und Palmen. Aber wir würden nicht auf dieser Seite der Insel landen; die Jungs hatten Anweisung, uns dort abzusetzen, wo es Wasser gab. Wir knatterten um das Nordende, das wie ein kleiner Knöchel vorstand. Aus der Nähe wirkten die Hügel höher, und wo die dichte Vegetation ihrer Hänge endete, begann ein Gewirr dunkler Felsen. Weißer Schaum vom flachen Riff spritzte gelegentlich über die zackige Uferlinie.

Auf der geschützten Westseite wurde das Wasser ruhiger. Wir befanden uns am Rand einer weiteren offenen Bucht, aber hier hatte die Ebbe eine Menge glatter Sandhügel freigelegt, die es dem Boot unmöglich machten, uns bis zu den Palmen am Strand zu bringen. Unsere Fahrt würde hier in dem seichten Wasser enden, das die verwirrende Mondlandschaft der Sandhügel blank wusch, in die ein paar zackige Brocken salz- und sonnengebleichter Felsen eingestreut waren. Obwohl wir uns sicherlich gerade in verschiedenen Welten befanden, riefen G. und ich fast gleichzeitig: »Ziemlich groß, was?«

Niemand hatte uns verläßliche Informationen über die Ausmaße der Insel geben können. Beiden war uns durch den Kopf gegangen, daß man uns auch auf einem winzigen Atoll mit einer einzigen Palme, einer Handvoll Sand und wunderbarerweise einer Frischwasserquelle hätte absetzen können. Nun, als das Boot Fahrt verlor und die fächelnde Brise aufhörte, traf uns die brutale Hitze der Sonne mit aller Gewalt, und es schien unglaublich weit bis zu den Sandhügeln, wo nach Angaben der Jungs Wasser zu finden war. Wir kletterten alle aus dem Dingi, damit es so weit wie möglich an den Strand treiben konnte.

Ich bemerkte, wie vorsichtig die Jungs durch das seichte Wasser wateten, und fragte mich, welche der zahlreichen giftigen Seekreaturen, vor denen man uns gewarnt hatte, der Anlaß für diese Vorsicht war. Plötzlich sprang einer von ihnen mit einem Satz in die Höhe und rasselte etwas in seiner Sprache herunter. Aus einer sich ausbreitenden Wolke aufgewirbelten Sandes schoß ein blauer Stachelrochen mit roten Flecken und einem langen, schwarzen, peitschengleichen Schwanz.

»Iiiihh!« kreischte ich.

»Ee-agh!« schrie Jackie, die Fotografin.

»Verdammte Scheiße«, das kam von G., und wir alle, einschließlich der Insel-Jungs, flüchteten eilig auf den nächsten trockenen Sandhügel. Unser Lärm und das Schaben des Dingi-Bodens über den Sand schreckte noch einige weitere Rochen hoch, die raketengleich davonschossen.

Die Jungs halfen uns dabei, unsere Koffer, Schreibmaschine, Seesack, Kartons auf einem Felsen zu stapeln, wo sie vorläufig in

Sicherheit waren, dann verabschiedeten wir uns ziemlich schüchtern und formell voneinander, und schon waren sie verschwunden. Einen Moment lang blieben wir neben unseren Habseligkeiten stehen. Die blendende Spiegelung des Meeres ließ uns die Augen senken, nachdem wir dem Boot nachgesehen hatten. Dann wandten wir unsere Aufmerksamkeit dem Innern der Insel zu und betrachteten das endlose, vollkommen schattenlose Wegstück, das uns von dem nächsten schattigen Plätzchen trennte. G. und ich packten jeder eine Ladung Gepäck, und Jackie lud sich tapfer ihr Stativ und ihre Kameras auf. Die Hitze schien uns von den Sandhügeln entgegenzustrahlen, eine atemraubende, sengende Hitze, die einem den Mund austrocknete und in der Ferne alles verschwimmen ließ.

Oben am Strand wuchs aus der sandigen Bank einer langen Rinne ein großer, knochiger Baum, dessen graugrünes Blätterwerk sich wie ein Faltendach vorschob. Das Flußbett war fast trocken, doch weiter oben gab es zwei winzige Wassertümpel, jeder ungefähr von der Größe einer Waschschüssel; ein dritter war etwas größer, aber sehr seicht, umgeben von Kämmen sandigen Abfalls, offensichtlich erst in letzter Zeit hier zusammengetrocknet. Ein in jeden Tümpel eingetauchter Finger bestätigte, daß sie alle Süßwasser enthielten; ein dünnes Rinnsal von einem zum anderen zeigte an, daß sie sich selbst durch langsames Nachsickern vom Inselinneren auffüllten.

G. und Jackie lagen unter dem spärlichen Schatten des Baumes und erholten sich. Eine zarte, teilweise von G.s Beinen zerquetschte Ranke eines Windengewächses schlängelte sich über die sandige Bank. Vernünftigerweise trug G. einen Strohhut, einen »Queenslander-Anti-Hautkrebs«-Hut. Wir hatten beide einen in Brisbane von gutmeinenden Freunden bekommen. Ich muß zugeben, daß ich mich absichtlich auf meinen Hut gesetzt und ihn dann heimlich verloren habe; seine Karnevalsfröhlichkeit störte mich, vor allem zu einem Zeitpunkt, als es mehr und mehr danach aussah, als würden wir nie unsere Insel erreichen. Jetzt, wo ich wieder in die Sonne hinausging, um die nächste Ladung vom Felsen zu holen, band ich mir ein Halstuch um den Kopf und zog es straff, um zu verhindern, daß mir der Schweiß aus den Haaren in die Augen lief.

»Sie ist verrückt«, kommentierte G.

»Verrückt«, stimmte Jackie schwach zu.

Aber verrückt oder nicht, die Flut stand bevor, und wenn wir unsere Ausrüstung nicht bald reinholten, würde sie naß werden. Endlich hatten wir den Haufen vom Felsen unter den Baum geschleppt. Während Jackie ihre Ausrüstung aufbaute, wühlte ich nach einem Feldkessel, eine Tasse Tee vor meinem geistigen Auge. Ich fand ein Benzinfaß, an einem Ende eingebeult, das erst mal eine gute Feuerstelle abgeben würde; dann machte ich mich daran, trockene Zweige zu sammeln, wobei ich erfreut feststellte, daß davon reichlich vorhanden war. Als ich zu unseren Besitztümern zurückkehrte, um eine Tasse zum Wasserschöpfen zu holen, hatte sich bereits das schönste Chaos breitgemacht. Geöffnete Kartons verstreuten ihren Inhalt, die Schreibmaschine hatte sich im Sand eingegraben, und die zwölf Flaschen Wasser, die wir für den Notfall mitgebracht hatten, kochten in der Hitze. Egal, dachte ich. Massenhaft Zeit, später alles richtig zu organisieren. Jackie war bereit, ihre Fotos zu machen. G. sah sehr rosig und verschwitzt aus. Bei mir würde es wohl nicht anders sein, stellte ich mir vor.

In diesem Augenblick ließ uns das Rotorgeräusch eines Hubschraubers aufblicken. Er setzte zur Landung an. G. und ich erkannten, daß er von Thursday Island kam, dem letzten Außenposten dessen, was man noch als Zivilisation bezeichnen konnte, an der äußersten Spitze der Cape York Halbinsel. Nach unserer Abreise von Brisbane hatten wir uns dort eine Woche aufgehalten und dabei Bill, den Hubschrauberpiloten, kennengelernt, der von unserem abenteuerlichen Unternehmen derart fasziniert war, daß er nun »bloß so zum Spaß« mal vorbeischaute, ehe wir endgültig in totaler Isolation zurückblieben. Mit der Chance vor Augen, bald zu einem gekühlten Orangensaft auf Thursday Island zurückkehren zu können, schoß Jackie so rasch wie möglich ihre Fotos, während Bill, an dessen Helikopter die Rotorblätter weiterwirbelten, erklärte, daß er nur einen Moment bleiben könne, da es sich um einen unprogrammierten Stopp handle. Sofort packte Jackie ihre Kameraausrüstung zusammen und war bereit. Es paßte recht gut, daß sie mit ihm zurückfliegen konnte, da die Vereinbarungen, wie und wann sie abgeholt werden sollte, recht vage geblieben waren. (Das für sie gedachte Boot tauchte übrigens nie auf.)

Ganz plötzlich wurde ich von dem Drang überwältigt, meinen Leuten eine letzte Nachricht zukommen zu lassen. Ich fand einen zerknitterten, unbeschriebenen Luftpostbrief und kritzelte ein paar liebevolle Worte hinein, dann klebte ich ihn zu und gab ihn Bill, umarmte ihn und sagte Jackie Goodbye. Ich drehte mich zu G. um, der dastand und ganz unschuldig eine letzte Zigarette rauchte, die er Bill abgeluchst hatte. Seine Schultern waren nach vorn gesackt, und Schweiß hatte sich in seinen Nackenfalten gesammelt. Unter seinem linken Ohr hatte sich eine rote Strieme vom Hutband eingeschnitten. Meine Augen musterten ihn, und schockartig ging mir der Gedanke durch den Kopf, mein Gott, was hat dieser Mann mit meinem Leben zu tun? Einem plötzlichen Impuls folgend, entriß ich Bill noch mal den Brief und schmierte einen ohnmächtigen Protestschrei auf die Hinterseite des Umschlags:

»Es war *unfair* von den Einwanderungsbehörden, auf diese Ehe zu drängen! Kaum zwei Menschen könnten weniger zueinander passen.«

Sechzig Sekunden später war der Hubschrauber verschwunden, und wir befanden uns allein auf der Insel.

Vielleicht fragte ich mich jetzt zum erstenmal, was dieser Mann mit meinem Leben zu tun hatte, was ich mit seinem zu tun hatte und was wir, gemeinsam auf einer Insel gestrandet, in einer der abgeschiedensten Ecken der Welt verloren hatten. Noch vor knapp einem Monat hatte ich einem Freund einen ziemlich flüssigen Brief geschrieben, in dem ich erklärte, wie ich als vollkommenen Gegensatz zu meiner Arbeit bei der Steuerbehörde mein nächstes Lebensjahr auf einer Insel in der Sonne verbringen würde, zusammen mit einem bärtigen Crusoe-Typ, den ich durch eine ungewöhnliche Annonce im Reiseteil eines Londoner Magazins kennengelernt hatte:

»Schriftsteller sucht ›Frau‹ für ein Jahr auf tropischer Insel.«

Ich erinnere mich, daß ich damals die Anführungszeichen um das Wort »Frau« mit Erleichterung notierte. Der einzige Jammer dabei war, daß wir tatsächlich heiraten mußten: Aus unerfindlichen Gründen wollten die australischen Einwanderungsbehörden uns nicht als »Schiffbrüchige« auf einer unbewohnten Insel leben lassen, die unter ihre Zuständigkeit fiel, wenn wir kein Dokument vorweisen konnten, mit dem unsere Beziehung legalisiert wurde. Zu der Zeit war ich bereits so in die Idee des Insellebens vernarrt, daß ich fast alles getan hätte, um sie zu verwirklichen. Wir hatten entdeckt, daß verlassene, jedoch potentiell bewohnbare Inseln rund um den Globus recht selten sind. Die meisten von ihnen befinden sich entweder in Privatbesitz oder werden als Marinebasen oder als Beobachtungsstützpunkte für Satelliten benützt. Australien schien unsere letzte Hoffnung. Es war reines Pech, daß ich gerade ein paar Wochen zuvor G.s Vorschlag, wir sollten doch heiraten, abgelehnt hatte, weil ich nach den ersten paar gemeinsam verbrachten Wochenenden erst einmal sehen wollte, wie sich die Dinge entwickelten. Ich zögerte die Entscheidung einen Monat hinaus, dann gab ich meine Einwilligung, verkaufte das Klavier und meine Bücher und verschenkte bis auf zwei gefüllte Koffer meine restlichen Habseligkeiten. Wir kauften Tickets nach Australien, ohne Rückfahrkarte, standen die Formalitäten einer Eheschließung durch und erwarteten, innerhalb von vierzehn Tagen auf unserer Insel zu sein. Bei unserer Ankunft in Brisbane entdeckten wir, daß noch keine passende Insel gefunden worden war, was uns ziemlich belastete und auch mit Sorge erfüllte, da nun die ganze Suche von neuem begann – und das in einem fremden Land und ohne finanziellen Rückhalt. Beide hatten wir einen großen Schritt getan, nicht nur geographisch, sondern auch in den Bereichen des Geistes und der Gefühle.

Die Macht der Gewohnheit läßt sich nicht schlagartig aufheben, und die jüngste Vergangenheit, wie bedeutungslos sie auch immer für die Gegenwart sein mag, neigt dazu, die Richtlinien im Verhalten zweier Individuen weiterhin zu bestimmen. Im ersten Augenblick des Alleinseins in einem ansonsten unbewohnten Gebiet stand uns eine geradezu unerschöpfliche Auswahl an Reaktionsmöglichkeiten zur Verfügung. Die jüngste Vergangenheit, bestehend aus Wochen angespannten Wartens auf genau diesen Moment, hing zwischen uns wie eine dritte Person und unterdrückte fast jede Spontaneität. In diesen Wochen war ein ganzer Schwarm von Zweifeln an G.s Charakter in mir aufgestiegen. Er reagierte verwirrt und verletzt auf die brüske, ablehnende Art und Weise, in der ich ihn behandelte, als sich meine Befürchtungen verstärkten, was die ohnehin wackelige Basis unserer Beziehung ziemlich erschütterte. Als Folge davon entfremdeten wir uns unter der Oberfläche völlig. Aber der Traum, der uns zusammengebracht hatte, war nun eine feste, massive Sache. Er existierte, war unter unseren Füßen in dem warmen Knirschen des Korallensandes zu spüren, in dem blaßblättrigen Baum über uns und im Schweiß unserer Handflächen. Weniger greifbar war der plötzliche Schock der Freiheit, die nun unser war, wir brauchten sie bloß in Besitz zu nehmen; ein ganz persönlicher Raum, fern vom Rest der Welt, wo alles, wirklich alles passieren konnte.

Kaum war der Hubschrauber außer Sicht, zog ich meine Kleider aus. Mit weißem Körper und krebsrotem Gesicht stand ich G. gegenüber, die Brustnippel aufgerichtet vor lauter Überraschung über diese plötzliche Entblößung.

»Tee?« fragte ich und hielt das Wort wie einen Schutzschirm vor mich. Ein paar Sekunden lang antwortete G. nicht. Er schwang seinen Hut am Band herum und rieb sich gemächlich den Nacken, der von der Sonne schon wundgebrannt war. »Gut«, sagte er schließlich. »Ich fang schon mal mit dem Zelt an.«

In einer Situation, wo die ganze Struktur des Lebens oder zumindest die Form, die es an der Oberfläche annimmt, vollkommen von den eigenen, freiwilligen Aktionen abhängt, haben Kleinigkeiten gewaltige Auswirkungen. »Fang so an, wie du weitermachen willst«, bekommt eine schwerwiegende Bedeutung. Ich war mir bewußt, daß allein wohl keiner von uns so schnell Schutz gesucht hätte hinter der Banalität von Alltagsverrichtungen, die noch von der alten, vertrauten Welt herüberschwappten.

Ich wußte genau, an welcher Stelle der Tee lag, hatte ich doch die Proviantkiste mehrmals gepackt und umgepackt. Angesichts der 365 Tage, die vor uns lagen, schienen die Vorräte geradezu absurd mager, aber sie sollten uns ja lediglich über Wasser halten, bis uns das Gemüse, das wir anzubauen gedachten, zur Verfügung stand. Wir besaßen:

1 Päckchen Teeblätter	2 Kilo getrocknete Bohnen
200 Teebeutel	1 Paket Spaghetti
1 Kilo Porridge-Hafer	1 große Flasche Öl
2 Pakete Trockenfrüchte	zum Kochen und Braten
1 Paket Weizengrießmehl	2 Liter Essig
6 Pakete brauner Reis	1 Kilo Salz
(ungefähr 4 Kilo)	Schwarzer Pfeffer

Diese Mini-Auswahl war praktisch mit dem letzten Geld gekauft worden, nachdem die lange, nicht eingeplante Wartezeit in Brisbane mehr als nur Geduld und Nerven dahingerafft hatte. Ich atmete auf, als wir in letzter Minute noch Gelegenheit bekamen, ein paar Sachen hinzuzufügen. Jemand auf Thursday Island hatte G. eine Schachtel mit Patronen vom Kaliber Zwölf geschenkt, die uns an sich wenig nützten, da wir keine Schrotflinte besaßen, aber vielleicht konnten wir sie gegen etwas anderes eintauschen. Von Thursday Island aus waren wir mit einem Frachtboot zu einer Insel namens Badu weitergereist, wo wir in das Dingi umstiegen, das uns das letzte Stück bis zum Ziel beförderte. Während G. auf Badu unsere Wasserflaschen für den Notfall auffüllte, hatte ich mich auf die Suche nach dem Insel-Kaufmann begeben, der nur zu gern die Patronen akzeptierte. Als Gegenleistung gab er mir ein Glas Vegemite, Chili und Sojasaucen, eine Dose Butter, ungefähr ein halbes Kilo weißen Reis, ein paar Angelhaken und eine Rolle Toilettenpapier.

Das kleine Feuer, das ich in dem Benzinfaß gemacht hatte, brachte das Wasser schnell zum Kochen. Ich streute Tee hinein und beförderte die Blätter auf den Boden des Kessels, indem ich kräftig mit einem Stock an den Kesselrand schlug. G. war damit beschäftigt, Zeltpflöcke auszusortieren. Der Tee, obwohl ziemlich stark, tat uns gut. Schweigend schlürften wir eine Weile, dann sagte G.: »Wie wär's mit dem Platz für das Zelt?« und zeigte auf einen Fleck losen, trockenen Sandes ganz oben am Strand.

»Sieht gut aus, finde ich.«

Wir waren übereingekommen, das Zelt nicht im unbekannten grünen Inneren der Insel aufzubauen, bevor wir nicht wenigstens eine vage Ahnung hatten, was dort alles lauern mochte. Der Gedanke an unwillkommene Besucher, die nachts zu uns hereingeglitten kamen, entzückte uns keineswegs. Ich erinnerte mich an einen vernünftigen Rat, den ich vor einigen Jahren erhalten hatte, als ich versehentlich in der Negev-Wüste gestrandet war: Da Schlangen sich mit Vorliebe in der obersten Schicht des warmen Sandes aufzuhalten pflegten, kriechen sie mit größerer Wahrscheinlichkeit nicht in die Schlafregion, wenn man ein Stück von der Oberfläche abträgt und so eine Art versenkte Matratze baut. Ich erwähnte das G. gegenüber.

»Damit brauchen wir uns nicht abzumühen«, sagte er zuversichtlich. »Du hast das Zelt noch nicht gesehen.«

Mit großer Geste schüttelte er ein kleines Bündel ockerfarbenen und schlammigbraunen Tuches in den Sand und breitete es aus. Nach G.s Anweisungen fand ich den Eingang und kroch hinein, um die Stangen zusammenzustecken. Von außen reichte er mir jedes Teilstück hinein. Als das Zelt aufgebaut war, schien es, bloß mit mir im Inneren, überraschend geräumig. Aber plötzlich wirkte alles schrecklich eng, als G. den Kopf hereinsteckte und sagte:

»Okay?«

»Wunderbar«, erwiderte ich, »einfach großartig.« Und kroch hastig raus. Es war ein kleines Zweimannzelt, das ungefähr die Grundfläche eines bequemen Doppelbettes bedeckte. Ich wünschte, ich hätte etwas mehr Erfahrung darin gehabt, mit jemandem auf engstem Raum zusammenzuleben. Tagsüber jedoch würde massenhaft Platz sein.

Die Sonne sank bereits, deshalb kochte ich etwas Reis, damit wir wenigstens noch einen Bissen zu essen bekamen, ehe wir zu Bett gingen. Inzwischen brachte G. ein paar Wasserflaschen in den Schatten einer Buschgruppe, die anderen Flaschen zum tiefergelegenen Teil des Bachlaufs. Mit einer kleinen inneren Pirouette der Erregung wurde mir klar, auf wieviel man sich hier jeden Tag freuen konnte. Der Gedanke, den ganzen Tag nackt an der Sonne sein zu dürfen, war an sich schon köstlich genug, aber da gab es auch noch eine ganze neue Welt zu erforschen.

Wir aßen unseren Reis im Schatten eines dickstämmigen Baumes, der vom oberen Rand des Strandes etwas zurückversetzt in der dem Meer zugeneigten Kurve der L-förmigen Rinne stand. Die Büsche hinter dem Baum und der freie Platz davor machten diesen Ort zu einem natürlichen Camp, und obwohl wir jetzt zweifellos die einzigen Menschen auf der Insel waren, ließ sich ziemlich deutlich erkennen, daß wir nicht die ersten waren, die sich hier niedergelassen hatten. Aus einem kurzen Gespräch mit dem Insel-Präsidenten von Badu wußten wir, daß Tuin in der Vergangenheit gelegentlich von anderen Inselbewohnern besucht worden war. Wir hatten aber niemals daran gedacht, daß sie irgendwelche Spuren hinterlassen haben könnten. Ganz in unserer Nähe stand ein schiefer Tisch aus Bambussplittern, von einem groben Holzunterbau gestützt. Ein schräges, rissiges Brett auf vier rostigen Benzinfässern ergab einen weiteren niedrigen Tisch. Der deutlichste Beweis jedoch war ein kleiner, wie ein Würfel geformter Schuppen, ausschließlich aus Wellblech erbaut. Er sah aus wie eine dieser drittklassigen Badehütten, in die Teenager-Liebespaare Samstag nachts in Margate einbrechen.

Ich hatte mich gefragt, was wir mit dem Haufen Gepäck anfangen würden, der noch auf der anderen Seite des Bachlaufs lag. G. hatte bereits in den Schuppen geschaut und ihn praktisch leer gefunden. »Bloß für heute nacht«, sagte er, als wir unsere Sachen hineinschoben. Ich mußte zugeben, daß es so vernünftig war, konnte mich aber eines leichten Gefühls der Enttäuschung nicht erwehren. Auf unserer Insel hatte ich mir so was wie Wellblech nicht vorgestellt. Aber es würde unser Gepäck trocken halten, bis unsere eigene Unterkunft stand. Ich hoffte, wir könnten morgen damit anfangen. Informationen zum Thema Regen waren genauso vage wie alles andere gewesen. Vater Macsweeny, der irische Priester auf Thursday Island, hatte uns kaum erzählt, daß wir nun bis November (da hatten wir gerade Mai) keinen Regen mehr zu sehen bekommen würden, als ein schrecklicher Platzregen niederging. Ganz klar, das Wetter war hier unberechenbar.

Nachdem wir den Reis gegessen hatten, spülte ich die Blechteller im Meer, das sich mittlerweile unserem Camp bis auf dreißig Meter genähert hatte. Falls man nach der dünnen Gezeitenmarke der angespülten Muscheln gehen durfte, so würde das Meer heute nacht kaum höher steigen. Die Sonne war eine blasse Scheibe über der dunklen Masse einer Insel, ungefähr eine Meile vor Tuin gelegen. Es würde keiner dieser herrlichen tropischen Sonnenuntergänge werden, eher vertiefte sich das Blau des Meeres, wobei gelegentlich ein immer noch heißer weißer Sonnenstrahl einen Felsen in hartem, metallischem Glanz aufleuchten ließ. Über allem lag eine fremdartige, rauhe Schönheit, die mich faszinierte.

G. nahm das große braunweiße Laken, das uns in letzter Minute als »nützliche Ausrüstung« von einer freundlichen Frau auf Thursday Island geschenkt worden war, und verkündete, daß er sich ins Zelt verziehen würde. Ich folgte ihm, im Arm den blaßblauen Umstandskittel (ein weiterer »nützlicher Ausrüstungsgegenstand«) und das Musselinkleid, das wir als Zudecke benützen würden. G. hatte irgendwo ein Baumwollaken, aber es war schon zu dunkel, um sich noch die Mühe zu machen, danach zu suchen. Zusammengefaltete Kleidung konnte als Aushilfskissen verwendet werden. Während G. das untere Laken ausbreitete, konnte ich der Versuchung nicht widerstehen, noch einmal zum Meer hinunter zu spazieren. Ich bückte mich und schöpfte mit beiden Händen Wasser. Phosphoreszierende Sterne blitzten auf und rannen mir wie schimmernde Ketten durch die Finger. »Zu der Zeit würde ich nicht da runtergehen«, ertönte G.s warnende Stimme. »Ein altes Krokodil könnte vorbeikommen und dir ein Stück von deinem Allerwertesten abbeißen.«

»Du meine Güte, ja.«

Doch ich war zu verzaubert, um mich von dieser Möglichkeit erschrecken zu lassen, zog mich aber trotzdem langsam vom Wasser zurück. Ich ging zu dem Baum, wo ich zuvor meine Sachen hingeworfen hatte, und trocknete mein Gesicht an den Shorts ab, die ich dann zusammen mit Bluse, BH und Höschen an den niedrigen Zweigen aufhängte. Morgen würde ich sie ganz unten in meinen Koffer packen; viel Zeit würde vergehen, bis sie wieder gebraucht wurden. Ich spähte in das finstere Landesinnere von Tuin und überlegte, wie es dort wohl aussehen und wie weit es bis zur anderen Seite sein mochte.

»Was machst du, Lu?«

G.s Stimme kam vom Zelt.

»Mal für kleine Mädchen.«

Genau das tat ich auch, neben einem Gewirr von Ranken hockend, die in der Dunkelheit grau und geheimnisvoll wirkten. Kein Schimmer Sonnenlicht war mehr übriggeblieben, und der erste Hauch der Kühle der Nacht traf meine Haut. Langsam tastete ich mich zum Zelt zurück.

G. hatte es sich bereits unter dem Umstandskittel gemütlich gemacht. Ich legte mich hin und deckte mich mit dem Musselinkleid zu. Ich hatte es aus verschiedenen Gründen mitgebracht: man konnte damit Wasser filtern, Bandagen für Verbände abreißen und Nahrungsmittel abdecken, um die Fliegen fernzuhalten.

»Fischen wir morgen?« sagte ich voller Begeisterung. »Ich kann's kaum erwarten, den Ort zu erforschen. Und wie wunderbar wird erst alles, wenn wir ein Floß gebaut haben, dann können wir überall hin – mein Gott, es gibt soviel zu tun. Meinst du, wir fangen morgen mit der Schutzhütte an?«

»Alles zu seiner Zeit, wie's kommt. Bist du nicht müde?«

»Kein bißchen. Wenn's jetzt nicht dunkel wäre, würde ich den ganzen Strand auskundschaften – und schwimmen gehn.«

Er war müde. Es war ein langer Tag gewesen. Außerdem gab es da das schmerzliche, unausgesprochene Fehlen einer körperlichen Beziehung. Er konnte meine Hochstimmung nicht teilen und war innerhalb einiger Minuten eingeschlafen.

Meine Gedanken machten wilde Sprünge, über die ganze Insel hinweg, eine Unmenge Fragen ohne Antworten. Lange Zeit lag ich wach auf dem Rücken und genoß die feste Unterlage des Sandes unter dem dünnen Tuch. Dann wollte ich schlafen, konnte aber nicht, weil ich schon wieder pinkeln mußte. Der schwarze Tee und die Aufregung. Leise, um G. nicht zu stören, setzte ich mich auf und schlug die Zeltklappe auf meiner Seite zurück. Ich streckte den Kopf hinaus; es war nicht kälter geworden, und der Hauch der Nachtluft auf meinem Gesicht gab mir ein sanftes und unaussprechlich schönes Gefühl. Ich kroch raus und ging ein paar Meter, bevor ich mich hinkauerte. Weit weg in der Schwärze der Nacht standen kleine Gruppen von Sternen. Die See streichelte den Sand mit kaum hörbaren kleinen Wellen. Der Baum in meiner Nähe sah wie eine sehr junge Pinie aus. Ein Windhauch strich sanft über die zarten Wedel der Zweige. Ich weiß nicht, wie lange ich draußen blieb.

Ganz plötzlich wurde meine Verzückung grob gestört:

»Jesus Christus, Lu, irgendwelche verdammten Viecher beißen uns! Lu? Wo zum Teufel steckst du?«

Es hörte sich so zornig an, daß ich lachen mußte.

»Ich bin hier draußen. Das müssen Moskitos sein. Mach das Zelt nicht zu, ich komm' wieder rein.«

Inzwischen war G. hellwach. Im Sitzen schlug er wild mit einem Paar Unterhosen um sich. »Verfluchte kleine Bastarde, seit Stunden müssen die schon reinkriechen. Wir müssen die ganze Zeit über das Netz richtig dicht machen.«

Nach ein paar Minuten legten wir uns wieder nieder, aber nicht für lange.

»Die verdammten Bestien sind immer noch hier, Lu. Eben bin ich wieder gebissen worden!«

»Bist du sicher?« Seit wir das Netz geschlossen hatten, hatte ich nichts mehr gespürt.

»Verflucht sicher sogar. Ich sag dir doch, ich werd' gebissen!«
Er tauchte mit der Hand unter die Decke, kratzte heftig seine Schienbeine und murmelte mörderische Verwünschungen.

»So ist's besser«, seufzte er ein paar Augenblicke später und wischte sich die blutigen Nägel am Hemd ab. »Hab' die Bisse oben alle abgekratzt.«

Angesichts der Warnungen vor Wundinfektionen in den Tropen fürchtete ich, daß das vielleicht nicht unbedingt das Klügste gewesen war. Ich konnte jedoch G. nachfühlen: Es war unmöglich, dem Juckreiz zu widerstehen. Wo es mich juckte, rubbelte ich heftig, kratzte mich aber nicht blutig. Erst ein paar Tage später merkten wir, daß es sich bei unseren nächtlichen Plagegeistern gar nicht um Moskitos gehandelt hatte. Es waren Sandfliegen, winzige Kreaturen, die sich an sandigen Plätzen nahe beim Meer heimisch fühlen. Sie fliegen weniger, sondern bewegen sich blitzartig in einer Reihe von Hüpfern vorwärts, als hätten sie eine Sprungfeder im Hinterteil. Sie sind so winzig, daß wir nie richtig feststellen konnten, ob sie nun mehr einer Fliege oder einem Floh ähneln; zumindest die Beweglichkeit und Hartnäckigkeit haben sie von beiden. Außerdem besitzt ihr Stich eine Doppelwirkung. Als wäre die Reizung eines Stiches noch nicht genug, wiederholt sich ein paar Minuten später das gleiche, quälende Juckgefühl noch einmal. Wir gaben diesem Phänomen den Namen »Après-Biß«. Das war die Ursache für G.s Annahme, er sei erneut gestochen worden, nachdem wir das Zelt dicht gemacht hatten.

Es dauerte nicht lange, da waren G.s gleichmäßige Atemzüge und das sanfte Plätschern der See wieder die einzigen Geräusche der Nacht. Eingelullt von diesem Rhythmus schlief ich schließlich auch ein.

Tagebuch

Mit der ersten zarten Morgendämmerung beginnt die Freude. Eben noch schlaff im Schlaf, und im nächsten Augenblick ist jeder Muskel prickelnd lebendig. Auf und hinaus, um alles mitzuerleben – das erste bleiche Aufbrechen der Nacht hinter dunklen Hügeln. Hinunter zum Meer, wo es sich über den Sand kräuselt, über meine Zehen und in meine Hände. Ich liebe es, der Ebbe zu folgen, während zur gleichen Zeit die Sonne hochsteigt, mache Tee beim Warten und beobachte das kleine Feuerwerk der Flammen, während Meer, Sand und Bäume noch grau sind.

Ich knie am Flüßchen, um Wasser in den Feldkessel zu füllen, und sehe, wie sich das Lichtband ausbreitet. Dahinter sticht etwas Blendendweißes durch, das die erste Blässe vertreibt und wie eine weiße Flamme über den Baumspitzen brennt. Schließlich löst sich ein einzelner heißer Silberblitz und schiebt sachte das erste Blau in den Himmel. Dahinter folgt ein gelbes Aufflammen, das sich von einer Seite zur anderen bis jenseits der Hügel von Tuin ausbreitet.

Bis das Wasser kocht, bleibt noch genug Zeit, um zu schwimmen, oder, falls das Wasser zu seicht ist, einfach nur ein Bad in der Morgenluft zu nehmen.

Vor Tuin streckt sich eine schmale Sandbank weit ins Meer. Eine Landzunge aus Sand. Während der Wasserspiegel fällt, taucht allmählich der glatte, runde Buckel auf, und die glitzernden Wellen schlagen zusammen und teilen sich wieder, schlagen zusammen und teilen sich, bis das weiße Schaumband sich endgültig trennt und hinter der Sandbank einen See zurückläßt. Jetzt ist der richtige Moment gekommen, die Sandhügel zu überqueren und in das Blau hineinzuschlendern.

Das immer stärker werdende Lodern der Sonne, die nun langsam die Aufwärtskurve ihres Tagesbogens zu erklimmen beginnt, wäscht die Bäume, den Sand, die Felsen, die See mit ihren blendend hellen Tagesfarben. Das morgendliche Tuin ist ganz grün und gelb und grau und blau, erleuchtet vom Weiß und überhaucht von Silber.

Da draußen auf der Landzunge, zwischen den beiden Seen, gehe ich manchmal bis zum Ende und biege meinen Körper nach hinten durch, bis meine Hände den Sand berühren, bloß um den auf dem Kopf stehenden Tag zu begrüßen. Weil ich so glücklich bin.

Reinhold Messner
Endlich ausgesetzt

Der Journalist Ulrich Jaeger und der Kameramann Jürgen Bolz saßen ruhig neben Arved und mir. Es war der 13. November. Wir flogen mit einer zweimotorigen Twin-Otter von Patriot Hills nach Osten. Am 82. Breitengrad sollten wir ausgesetzt werden.

Die Maschine war vollgestopft mit den beiden Schlitten und unserer Ausrüstung. Daneben massenhaft Kartons mit Hundefutter. Vier Huskies, jeder einen Zentner schwer, trappelten und sabberten zwischen den Sitzen. Sie sollten »Transantarctica« nachgeflogen werden. Einer versuchte, sich quer über meinen Schoß zu legen.

Nach unserem Absetzen mußte die Twin-Otter die Husky-Expedition von Will Steger und Jean-Louis Etienne mit Nachschub und erholten Tieren versorgen.

Das Motorengeräusch ließ nach, wir schwebten tiefer. Die Maschine begann zu kreisen. Arved sprach mit einem Husky, der ihm das Ohr ableckte. Sein Gesicht war bleich.

Ich war immer noch voller Unrast, blickte hastig auf den Hund vor mir und aus dem rechten Fenster, reckte mich zum gegenüberliegenden. Da war nur diese »stumme, winddurchfegte Unermeßlichkeit«, wie Captain Scott die Antarktis genannt hatte. Überall nur Schnee. Nichts als eine flache, in ihren Ausmaßen nicht vorstellbare Schneefläche.

Keine Spalten mehr unter uns. Plötzlich ein Pfeifen und Knistern. Als Brydon Knibbs die Gleitkufen der Twin-Otter krachend auf die Schneekruste setzte, kam ich wieder zu mir. Der Angstanfall war vorbei. Auf dem Boden und in Aktion vergaß ich sofort, wo wir waren. Wir waren gelandet. Alle stiegen wir aus. Wir brachten unsere Schlitten auf den Boden. Arved bestimmte die Position. Ich maß die Meereshöhe. Jaeger fotografierte, Bolz filmte. Wir hatten keine Zeit zu verlieren. Alles war viel zu hektisch, ein überstürzter Abschied. Wir zogen unsere Skier an. Jürgen Bolz filmte immer noch. Er lief hin und her. Jaeger stand da und machte »letzte« Bilder. Brydon rief, er müsse jetzt weiter. Ein

Gruß mit der Hand, in Eile, dann stieg er ein. Die Motoren heulten auf. Es war wie von weit weg. Noch ein Winken. Ein Gruß aus der Maschine. – Wir waren allein.

Die Twin-Otter zog einige Schleifen über uns. Wir liefen nebeneinander her, als müßten wir Einigkeit beweisen. Zuversicht, daß wir es schaffen würden. Dann verschwand das rot-weiße Flugzeug im milchigen Dunst am Horizont. Auf Nimmerwiedersehen. Arved und ich standen am Beginn eines 2800 Kilometer langen Marsches durch die menschenfeindlichste Wildnis des Erdballs, die Antarktis. Vor uns 90 Tage ohne »Nacht«. 90 Tage Kälte. 90 Tage Schlittenschleppen. 90 »Nächte« im Zelt auf einer schutzlosen Ebene. Dazu das Wissen, daß es keine Umkehr gab.

Ich hatte Mühe, den Schlitten mit seinen 80 Kilo Startgewicht vom Fleck zu ziehen. Ich mußte mich auf dem trockenen Treibschnee ins Geschirr legen wie ein Pferd, um voranzukommen. Nein, ich hatte kein gutes Gefühl. Das Vorankommen glich dem elenden Dahinkriechen einer Schnecke. Welcher Wechsel! Das Klettern fesselt alle deine Sinne. Die Tiefe hält dich wach. Plötzlich diese unabsehbare Weite! Und laufen, laufen, laufen. Der »Schneelöwe«, wie mich meine erste Tochter Làyla immer genannt hatte, als Schlittenhund.

Arved, größer und breiter, hatte es leichter mit der Last seines Schlittens. Er kam zunächst gut voran. Mühselig war es für uns beide.

Gleich in der ersten Marschstunde wurde ich an Amundsen erinnert. Keine Spalten und diese Hitze beim Gehen!

»Die Gletscher sahen aus, als seien sie sehr alt und ganz ohne Bewegung, nirgends waren neue Spaltenbildungen zu sehen... in diesem hügeligen Gelände konnten wir es in unseren Polaranzügen nicht aushalten.«

Arved und ich zogen die Windkleider aus. Wir hatten es eilig.

Die Technik, auf die wir uns sowenig wie möglich verlassen wollten, hatte uns in dramatische Zeitnot gebracht. Unser Vorhaben war damit schwieriger geworden als ursprünglich gedacht.

»Wir müssen Tag für Tag fast 30 Kilometer gehen, wenn wir auf der anderen Seite sein wollen, ehe der Winter wiederkommt«, hatte Arved erklärt.

Nach dem Start gingen wir drei Stunden lang. Dann wollte Arved lagern. Er war der Erfahrenere, und ich war einverstanden. »Versuchsweise«, meinte er, »können wir uns langsam steigern.« Am ersten Tag hatten wir erst einmal sieben Kilometer geschafft.

Die Eiswüste wirkte anders als in meinen Träumen. Als nächtlicher Hintergrund meiner Ängste war sie mir feindlich erschienen. In ihrer Ausstrahlung von Einsamkeit eine zerstörende Kraft. Jetzt erschien sie mir friedlich. Ja, sie wirkte beruhigend auf mich. So sehr ich mich in meinen Träumen daheim vor ihr geängstigt hatte, so sehr gefiel sie mir jetzt.

Der Streit mit ANI war vergessen. Jetzt hatten wir andere Sorgen als die, die wir auf der Anreise geteilt hatten. Auch andere Regeln des Zusammenlebens. Andere Wichtigkeiten. Jetzt waren es nurmehr wir beide, die miteinander auskommen mußten. Wir waren zu zweit. Ich wußte, die Anarchie ist nur im Alleingang möglich, und doch mußte sich keiner dem anderen unterordnen. Wir hatten uns auf eine demokratische Expeditionsleitung geeinigt. Entweder zwei Stimmen dafür oder eine gegen die andere.

Drei Stunden waren wir an diesem Tag marschiert. Drei Stunden in einer nicht enden wollenden, gleichmäßig flachen Schneefläche. Es gab keine Gerüche, keinen Laut. Nur dich selbst und deinen Partner. Die Sonne stand immer gleich hoch am Himmel. Der Schatten wanderte langsam. Es war so heiß unter der Schlittenlast, daß wir schwitzten. Arved hatte mir beim Abmarsch den Kompaß gegeben und die Marschrichtung. Ich war die ganze Strecke vorausgelaufen. Es war alles selbstverständlich und ich stutzte, als Arved lagern wollte. »Noch eine Stunde!« Arved war dagegen. Der Unerfahrenere gab nach.

Wir hatten Mühe beim Zeltaufbau, kamen uns öfters in die Quere. Das Einrichten, alle Handgriffe waren noch ungewohnt. Aber dann im Zelt, als Arved zu kochen begann, fühlte ich mich wohl. Es war gemütlich. Arved strahlte Ruhe aus, und das gab mir meine Selbstsicherheit zurück. Es war, als hätte ich schon öfters irgendwo im Eis mit ihm kampiert.

Mit dem realen, praktischen Alltag in der Eiswildnis waren alle meine Ängste abgefallen. Ich sehnte mich nicht zurück nach Juval oder in die Berge. Ich war ganz da, unterwegs, und ich wußte, diese Expedition würde gelingen.

In der ersten Nacht schlief ich schlecht. Im Zelt blieb es hell.

Stundenlang beobachtete ich aus dem Zeltinnern, wie die Sonne verschwand. Trotzdem blieb es Tag. Ab »Mitternacht« nahm der Wind zu. Am Morgen hatten wir »White out«. Über dieses Phänomen hatte ich viel gelesen. Man kann es sich aber nur vorstellen, wenn man es erlebt. Bei Nebel und bewölktem Himmel sieht man absolut nichts. Man tappt mit den Füßen über den unebenen Schneeboden, als wäre es stockfinstere Nacht. Dabei ist es hell. Im Zelt konnten wir sogar lesen. Beim morgendlichen Gang hinaus erfuhr ich endgültig, was »White out« bedeutet: die weiße Nacht.

Arved zündete den Kocher an. Es dauerte eine gute halbe Stunde, bis das Wasser heiß war und Arved den Kaffee hineingab. Wir tranken ihn, aßen fette Kekse dazu und legten uns noch mal in den Schlafsack. Wir wollten auf besseres Wetter warten. Dieser Kaffee zum Frühstück! Ein Luxus in der Antarktis. Arveds Idee war grandios: der tägliche Morgenkaffee. Er trug zu einer Gemütlichkeit bei, die das Leben im Zelt während der gesamten Reise angenehm machen sollte. Später kochten wir nochmals. Öfters holte ich dazu Hartschneebrocken herein, die wir in ziegelgroßen Stücken am Abend vorher am Zelteingang zurechtgelegt hatten.

Mittags begannen wir mit dem Packen. Nachdem wir uns angezogen hatten, gingen wir hinaus: Es war stürmisch und grau. Um 14 Uhr verließen wir den Zeltplatz. Wir versuchten zu segeln und trieben, ohne genau auf die Richtung zu achten, rasch dahin. Arved war voraus. Ich hatte eine Zeitlang Mühe, ihm zu folgen. Öfter, wenn der Wind mich zur Seite riß, fiel ich hin, hatte Probleme mit dem »abgestürzten« Segel. Aber ich gab nicht auf.

Das Segeln nahm der weißen Fläche ihre Eintönigkeit. Der Schlitten holperte über die Eisbuckel und machmal konnte ich sogar mit den Skiern kleine Sprünge machen.

Es machte Spaß, so in die Unendlichkeit hineinzufahren.

Obwohl wir mehr nach West als nach Süd fuhren, dieser erste Segeltag war ein gutes Experiment. Vom Pol weg, das wußte ich jetzt, könnten wir bei starkem Südwind in einem Monat in McMurdo sein.

Am Abend, bei tiefstehender, nie untergehender Sonne standen wir vor einem riesigen Feld von »Sastrugis«. Ein Meer aus erstarrten Wogen. Blendend weiße Hartschneewehen. Ein Ende konnten wir nicht erkennen.

Sastrugi, ein Wort, das aus dem Russischen entlehnt ist, beschreibt eisige, aus der Schneefläche herausgearbeitete Buckel und Kämme. Oft sind es formschöne Figuren. Manchmal sind diese nebeneinander liegenden Eiswülste 20 Zentimeter hoch, manchmal mehr als einen Meter. Sie verlaufen in der Richtung, aus der im Winter der Wind kommt. In den Wintermonaten ist der Sturm in der Antarktis am stärksten, und er ist es, der das Eis formt. Er gibt den Sastrugis ihre Richtung. Hoffentlich hörten sie bald auf.

Am Morgen lag ich mit offenen Augen im Zelt. Arved schlief noch. Ich hörte zu, wie der Wind gegen die Zeltwand schlug. Ich griff an meinen schmerzenden Arm, den ich mir bei einem Sturz am Tag vorher aufgeschlagen hatte. Ich faßte den Entschluß, einen Blick ins Freie zu wagen. Ich schälte mich aus dem Schlafsack, öffnete den Zeltausgang. Ein paar Sekunden lang die Hoffnung, draußen eine flache Schneefläche zu sehen. Aber nichts als Sastrugis. So weit das Auge reichte, nichts als ein grelles, wehendes, hellgraues Schneeland. Flach und voller Rillen zugleich. Eine einzige glitzernde Fläche ringsumher. Wo der Horizont sein sollte, verlor sie sich ins Wesenlose. Die Welt, wenn wir auf ihr waren, schien sich dort aufzulösen. Nirgends ein Anhaltspunkt fürs Auge. Im diffusen Licht wären wir ohne Kompaß im Kreis gelaufen. Nirgends ein markanter einzelner Schneekegel, der aus der gefrorenen Ebene ragte. Nur Tausende von Sastrugis.

»Ich hatte ein Gefühl, als sei ich im Schlaf von der Erde gefallen und in ein Niemandsland geraten zwischen den belebten Zonen und den galaktischen Räumen, in eine Sphäre ohne Ort und Zeit.«

Der Amerikaner Barry Lopez hat diese Stimmung genau beschrieben. Und Robert Falcon Scott, der 1902 als erster ins Innere der Antarktis vorgedrungen war und am Ende dort umkommen sollte, hatte geklagt:

»Was könnte schrecklicher sein als diese stumme, winddurchfegte Unermeßlichkeit?«

Arved und ich hatten die Berichte der Pioniere gelesen. Wir waren trotzdem hierhergekommen. Freiwillig. Unsere Einsichten mußten für Außenstehende klingen wie die Klagelieder von Unverbesserlichen. »Du kriechst aus dem Zelt und fühlst dich trotz deiner dicken Klamotten verlassen in der ungeheuren Weite«, sagte Arved bei unserem ersten Funkkontakt zu Ulrich Jaeger, der in Patriot Hills auf Informationen von uns wartete. Und weiter: »In einem Wintersturm vor Kap Hoorn kannst du auf der Leeseite eine schützende Bucht finden. Am Nordpol gibt es Eisbarrieren, die schwer zu überwinden sind, aber den Wind abhalten. Hier gibt es nichts, nichts, nichts, wohinter du dich verkriechen kannst.«

Jetzt, am Anfang unserer Reise, waren wir langsam. Viel zu langsam. Da Arved mir im Eiswandern viel Erfahrung voraus hatte, ordnete ich mich seiner Taktik unter. Vorerst wenigstens.

Uns ging es genau umgekehrt wie Amundsen 1911 bei seiner Hundeschlitten-Expedition zum Südpol:

»Die Entfernung von 80° s. Br. wollten wir in Tagesmärschen von 28 km zurücklegen. Wir hätten zwar gut das Doppelte leisten können, aber da es sich mehr darum handelte, überhaupt hin zu gelangen, als möglichst rasch vorwärtszukommen, machten wir so kurze Märsche.«

Wir hätten auch 28 Kilometer schaffen müssen und kamen nicht einmal auf die Hälfte dieser Strecke. Meine Rechnung war einfach und ging so nicht auf. Bei unserer Anfangsgeschwindigkeit wären wir nicht weit über den Pol hinausgekommen. Wir hatten knapp 100 Tage Zeit für die Überquerung und eine Laufstrecke von 2800 Kilometer vor uns: 12 Kilometer × 100 Tage ergab nur 1200 Kilometer. Das war wenig mehr als die Strecke vom Startpunkt bis zum Südpol.

Öfters versuchten wir zu segeln. Aber ohne Erfolg. Wir wurden immer nach Westen abgetrieben. Wir hatten das Segeln rasch gelernt. Obwohl uns die Routine fehlte, die das Segeln zum Genuß werden ließ, strengte es doch viel weniger an als das Gehen. Aber meist blies uns der Wind ins Gesicht.

Im Zelt war es von Anfang an gemütlich. Wir hockten um den wärmenden Kocher, schmolzen Hartschneeklumpen, brühten Teefix und Suppe auf. Am »Abend« aßen wir Speck und hartes Brot als Vorspeise. Dann eine Hauptmahlzeit mit Reis, Kartoffen oder Nudeln, die mit Pemmikan, Olivenöl, Fleisch angereichert war. Diesen fetten Eintopf schlürften wir heiß hinunter. Er schmeckte köstlich. Oft gab es sogar Nachspeise: Bananen- oder Schokoladencreme. Das Frühstück am Morgen – Kaffee, Kekse, wieder Speck und Brot, Reste der Abendmahlzeit – dauerte wieder zwei Stunden. Danach füllten wir unsere Thermosflaschen mit Vitamin- und Mineraliendrinks. Dazu steckten wir Energieriegel in die Anoraktaschen: mit Müsli-Geschmack und Haselmark-Fruchtschnitten mit Bienenhonig.

Dann wurde alles zusammengepackt. Mit ein paar Handgriffen brachen wir das Zelt ab und verstauten es auf meinem Schlitten. Einmal marschbereit, schnallten wir die Skier an, streiften das Zuggeschirr aus Nylonriemen über. Es bestand aus einem Schultergurt und einem breiten Gürtel um die Hüfte. An den Druckstellen war es mit Schaumgummi gepolstert. In das Geschirr waren links und rechts an der Hüfte zwei Meter lange, dünne Deichseln eingebunden. Wir waren angespannt wie Pferde, die einen Einspänner ziehen. Wir zogen einen Schlitten, der aussah wie ein flaches Ruderboot. Zwei schmale Kufen am Bauch. Er enthielt unter der festgezurrten Plane den Sprit für den Kocher, Proviant und die übrige Ausrüstung für 30 Tage. Am Anfang und vollbeladen wog jeder Schlitten 80 Kilogramm. Pro Tag wurde er um eineinhalb Kilo leichter. Leicht sollte er nie werden.

Bevor ich startete, band ich das Alugestell mit dem Kugelkompaß vor die Brust und versicherte mich nochmals der Marschzahl.

Vermummt gegen den sengend kalten Wind und mit Gletscherbrillen gegen die Schneeblindheit griff jeder die Skistöcke. Wir stemmten uns gegen die Last. Um die träge Masse des Schlittens in Bewegung zu setzen, mußten wir uns ins Zeug legen wie Esel. Die Schinderei begann. Das Ziehen der Schlitten über die Antarktis. Bei unserer transantarktischen Reise ging es nicht ums Selberschleppen als Selbstkasteiung. Auch nicht um ein Heldenspiel. Wollten wir mit natürlicher Energie – Wind- und Muskelkraft – auskommen, mußten wir ziehen, immerzu ziehen. Der Verzicht auf eine jaulende Meute von Schlittenhunden als Konsequenz eines Stils. Keine Motorfahrzeuge zum Lastentransport aus ökologischen Überlegungen.

Neben dem Proviant und den persönlichen Ausrüstungsgegenständen – Reservekleidern, Socken, Schlafsack – lagerten die Töpfe und ein Magellan-GPS-Navigationsgerät in Arveds Schlitten. In meinem waren zusätzlich Funkgerät, Werkzeugtasche und der Medizinbeutel untergebracht, in den Arved vorsichtshalber auch eine Zange zum Zähneziehen gepackt hatte.

Das GPS ersetzte den Sextanten und war bei regulärer Funktion so simpel zu bedienen wie ein Taschenrechner. Nach einer Woche schon konnte auch ich unsere jeweilige Position bestimmen. Trotzdem blieb die Navigation Arveds Aufgabe, auch wenn ich dann mit der vorgegebenen Marschzahl im Kompaß vorauslief und so im Detail navigierte. In meinem Schlitten lag ein GPS-Ersatzgerät für den Notfall.

Wieder »White out«. Obwohl es hellichter Tag war, tappten wir wie Blinde auf der Schneefläche. Wieder Wind aus Südost. Wir blieben im Zelt. Dieses Ans-Zelt-Gefesseltsein, dieses Nichts-tun-Können belastete mich sehr. Am liebsten wäre ich weitergegangen, solange der Sturm und unsere Kraft es erlaubten.

In diesen Stunden der Untätigkeit entwickelten wir im Zeltinnern eine Arbeitsteilung, die während der ganzen Expedition erhalten bleiben sollte.

Ich weckte zur am Abend vorher ausgemachten Stunde. Nach langem Strecken und Seufzen setzte ich mich im Schlafsack auf und schaute nach dem Wetter. Dabei mußte ich den Reißverschluß am dreieckigen Zelteingang öffnen. Gleichzeitig holte ich den Kaffeetopf, den Arved am Abend vorher schon mit Schnee gefüllt hatte, ins Zeltinnere. Dann, nachdem auch Arved sich aus dem Schlafsack geschält hatte, stülpten wir die Schlafsäcke hinter unsere Rücken. Arved holte das kleine Holzbrett vom Fußende seines Lagers, stellte es in die Zeltmitte. Auf das Brettchen stellte ich den Kocher. Arved zündete ihn an, nachdem ich mit der Pumpe Druck gemacht hatte. Ich setzte den kleinen Topf auf die Flamme. Erst wenn der Kaffee kochte, wurde gegessen. Nach dem Frühstück begannen wir mit dem Anziehen. Über die dünne Unterwäsche zogen wir die dicken Polarfleecejacken und -hosen. Bei den Socken hatten wir verschiedene Gewohnheiten. Arved folgte dabei einem am Nordpol getesteten System: dünne Socke, Vaporbarrier-liner-Socke – dicke Socke – Innenschuhe – Außenschuhe. Ich blieb bei meiner Erfahrung von den Achttausendern: Auf der Haut sitzt eine dünnmaschige, feste Socke, darüber gleich der Innenschuh und dann der Außenschuh. Zuletzt zogen wir die Überhosen und die entsprechenden Jacken an. Beides winddicht natürlich. Bereits im Zelt schlossen wir die Reißverschlüsse. Zuletzt setzten wir Mütze und Brille auf. Zuvor hatten wir unsere Gesichter mit Sonnencreme eingerieben. Dann stülpten wir die Handschuhe über, gingen hinaus ins Freie.

Die Schlitten werden an den Zelteingang gezerrt. Die Plane wird aufgemacht. Sofort packen wir unsere Schlitten. Jeder den seinen. Die privaten Ausrüstungsgegenstände sind schon in einem Sack verstaut. Den Schlafsack und die Tasche mit den Geräten und Schreibutensilien haben wir so an den Zeltausgang gelegt, daß sie von draußen aufgenommen werden können. Einmal draußen, bleiben wir dauernd in Bewegung. Wir dürfen nicht auskühlen. Die Ausrüstungsgegenstände schichten wir so in die Schlitten, daß wir sie am Abend in der richtigen Reihenfolge wieder herausholen können. Unten bleiben Proviant, Benzin und die schweren Dinge. Alles so verteilt, daß der Schlitten vorne leichter ist als hinten. Darüber der Schlafsack, darauf noch die Matten. Zuletzt bauen wir das Zelt ab. Die Verankerungen, Skier und Skistöcke, müssen aus dem Schnee gezogen werden. Wir schütteln es, daß alles Eis und der Kondensschnee herausfallen, und legen es der Länge nach auf meinen Schlitten. Wie einen toten Mann. Bevor ich den Schlitten zuzurre, lege ich die Thermosflasche und meine Leica oben drauf. Dann schirren wir uns an und ziehen los. An jedem »Morgen« dasselbe. Diesen Ablauf haben wir die ganze Expedition beibehalten.

Wenn die Schneeverhältnisse gut waren, liefen wir mit schmalen Telemark-Skiern und Eskimoschuhen. Bei Sastrugis nahmen wir die schwereren Touren-Skier, die wir mit unseren Doppelschuhen kombinierten. Bei ganz schlechten Verhältnissen – blankes Eis oder besonders eisige Sastrugis – gingen wir mit den bloßen Schuhen. Die einfachen Steigeisen, Grödel genannt, schnallten wir erst zwei Monate später an.

Nach den ersten Tagen einer Einlaufzeit entschieden wir uns für eine Laufzeit von fünf Stunden pro Tag. In diesen fünf Stunden legten wir höchstens 20 Kilometer zurück. Diese 20 Kilometer, die uns wegen der Umwege nicht 20 Kilometer näher an den Pol brachten, waren entschieden zu wenig. Ich wußte, daß so mein Plan, den Pol noch in diesem Jahr zu erreichen, nicht aufgehen konnte.

Trotzdem fühlte ich mich anfangs wohl. Beim Laufen liefen

auch meine Gedanken. Das Gehen wäre viel anstrengender gewesen, wenn ich dabei nicht hätte träumen, phantasieren, denken können. Oft wachte ich morgens auf, und das, was ich geträumt hatte, war präsent. Meine Träume waren personifizierter als sonst. Lauter bekannte Gesichter. Tagsüber, während des Gehens, dachten sich diese Traumfetzen weiter. Die Ideen verästelten sich in meinem Gehirn immer weiter, ganz ohne mein Zutun. Die Fortführung des Traums während des Gehens war wie etwas, das sich in mir ausbreitete. Oft waren es Menschen aus dem ersten Drittel meines Lebens, die mich begleiteten. Ich konnte sie klarer sehen als je zuvor, ebenso mein Verhältnis zu ihnen.

Meine Gedanken waren viel radikaler und zugleich viel deutlicher als daheim. Erotische Wunschvorstellungen zum Beispiel, vor allem in den ersten Wochen.

Die Schatten fielen viel schärfer. Die Sonne stand immer oben, und so scharf die Schatten fielen, so scharf waren auch die Umrisse und Konturen meiner Gedanken.

Olivier de Kersauson
Der Start zu meiner Weltumseglung

Ich werde es erst viel später erfahren – tatsächlich erst nach meiner
Rückkehr: es ist genau elf Uhr zweiundfünfzig, als ich die gedachte Linie zwischen dem Leuchtturm von Le Petit Minou und
der Boje von Les Fillettes passiere, die als Startlinie dient. Elf Uhr
zweiundfünfzig, am 28. Dezember 1988! Genau in diesem Augenblick weiß ich, daß ich die unsichtbare Linie schneide. Ich habe
keine Stoppuhr zu Rate gezogen, sondern diese Aufgabe den Mit-
gliedern meiner Mannschaft an Bord des Küstenwachbootes überlassen, das mich bis zur Hafenausfahrt begleitet.

Seit sieben Uhr heute morgen haben wir alle zusammen den
Start vorbereitet. Umgeben von meiner Mannschaft ging ich in
meinem Arbeits- und Lagerraum, der mit Tauwerk und Kartons
angefüllt war und sich im Erdgeschoß eines großen, dem Hafen
gegenüber gelegenen Hauses befand, in Gedanken noch einmal
die Liste des verladenen Materials durch, die Lebensmittelliste...
Im grellen Licht von zwei nackten Glühbirnen, die die Dezember-
nacht durchbrachen, versuchte ich mich zu konzentrieren. Den
Kragen meiner Windjacke hatte ich hochgeschlagen, um ein bißchen Wärme zurückzuhalten. Niemand sprach. Jeder respektierte
das Schweigen, in das ich mich schon gehüllt hatte. Ich habe gewartet, bis es hell war, bevor ich mein Refugium verließ. Gegen
neun Uhr habe ich mich auf den Weg gemacht zu den Pontons...
meine letzten Schritte auf festem Boden. Eine Handvoll Freunde
ist gekommen, um mir auf Wiedersehen zu sagen, etwa zehn, nicht
mehr. Zur Verabschiedung im engsten Kreis, ohne aufsehenerre-
gende Erklärung. Alle waren bedrückt, aber niemand ließ sich
seine Bewegung anmerken. Aus Scham. Vielleicht auch, um mich
nicht mit ihrer Unruhe anzustecken. Und dann habe ich den be-
freienden Befehl gegeben: »Vorleine los! Achterleine los!« Das
Schiff hat sich vom Kai entfernt und ist langsam die enge Hafenzu-
fahrt hinabgeglitten. Vier Monate lang wird es mein ganzes Universum sein.

Ich laufe mit der Strömung aus, und es ist fast schönes Wetter.

Das Meer ist voller Schaumkronen, der Himmel bewölkt und zerrissen von fahlen Sonnenstrahlen, die wie Scheinwerfer die Wellen und das Schiff in Abständen erhellen. Mein großer rosa Trimaran entfernt sich, auf seinen Schwimmkörpern schaukelnd wie eine Ente.

Das beim Verlassen des Hafens nötige Manöver ist wunderbar vonstatten gegangen, und ich begreife, daß ich wirklich abgefahren bin, als Caroline, meine Frau, und Arthur, mein Sohn, nur noch Silhouetten sind, die sich auf dem Küstenwachboot hin und her bewegen. Arthur ist in eine meiner Jacken verpackt, die ich trage, wenn ich Wache schiebe. Ich vermute, daß ihm kalt ist. Und dann kommt dieser andere Augenblick, in dem die Leute von der Mannschaft, die mir beim Auslaufmanöver geholfen haben, mich verlassen. Als Yves und Didier von Bord gehen, begreife ich an der Art, wie wir einander ansehen und uns einen Kuß geben, daß ich auf mich allein gestellt bin... Nun ja, jetzt bin ich tatsächlich abgefahren. Aber das ist ja keine Überraschung. Alles, was ich in diesem Augenblick erlebe, ist nichts anderes als die Fortführung eines Prozesses, der seit langem in die Wege geleitet ist.

In Wirklichkeit bin ich schon vor zweieinhalb Monaten abgereist. Zweieinhalb Monate sind es her, daß mein Lebensrhythmus eine völlig andere Wendung genommen hat, daß ich zu meinen Zeiten esse, daß ich zu meinen Zeiten schlafen gehe, daß ich mitten in der Nacht wach werde, um eine Runde mit dem Fahrrad zu drehen oder Hanteln zu heben. Zweieinhalb Monate sind es her, daß ich nichts anderes mehr im Kopf habe als diese Weltreise. Das war zu einer solchen Besessenheit geworden, daß ich schon lange, bevor ich an Bord ging, praktisch keinen Kontakt mehr zu meiner Umgebung hatte. Die wenigen Augenblicke, in denen ich während dieser zwei, drei Monate noch einmal festen Fuß faßte, nutzte ich dazu, die letzten organisatorischen Unannehmlichkeiten zu erledigen. Die übrige Zeit war ich eingebunden in das Programm, das es mir möglich machen sollte, die Reise um die Welt so schnell wie möglich durchzuführen.

Vor meiner Abreise bin ich die Strecke, ich weiß nicht, wie oft, vielleicht zehn-, vielleicht zwanzigmal, Punkt für Punkt abgefahren. Wenn ich mit dem Fahrrad in der Umgebung von Brest herumgeradelt bin, bin ich die Strecke abgefahren. Ich bin sie abgefahren mit dem im Kopf, was ich vom Meer wußte, mit all meinen

Erinnerungen und allem, was ich mit dem Schiff, das wir herge-
richtet hatten, planen oder von ihm erwarten konnte. Das war
auch der Grund dafür, daß es mir seit zweieinhalb Monaten nicht
mehr gelang, den Kontakt zu den anderen aufrechtzuerhalten. Ich
war schon abgereist, war schon völlig außerhalb von allem. Wenn
man sich auf eine Fahrt um die Welt macht, verreist man für so
lange, daß es kein wirkliches Ereignis der Abreise gibt. Es ist nicht
wie bei einem Hundertmeterlauf. Man begibt sich in ein solches
Abenteuer hinein, daß man gezwungenermaßen viel von seiner
eigenen Existenz einbringt. Und das um so mehr, als man nicht
sicher sein kann zurückzukehren. Das erklärt auch, warum ich
keine Spur von Abschiedsschmerz verspüre, als ich die Linie passiere, ja, es wird mir kaum bewußt. Ich weiß, daß ich sie passiere,
aber es ist ein abstrakter Vorgang. Die einzige Gelegenheit, bei
der ich so etwas wie Rührung verspüre, ist der Augenblick, in dem
ich begreife, daß mir nicht Zeit genug geblieben war, um mich von
Arthur so zu verabschieden, wie ich es gewollt hätte. Kurz bevor
wir ausliefen, ist er aufs Schiff gestiegen. Er spielte mit den Tauen,
bewahrte dabei aber eine ernste Miene und sprach kein Wort. Da
machte ich mir zum erstenmal wegen dieser Fahrt Sorgen. Ich
sagte mir, daß das Kind nicht ohne mich aufwachsen sollte. Ob sich
das Leben wohl um ihn kümmern würde? Er ist ja erst acht Jahre
alt... Da habe ich begriffen, daß ich unbedingt zurückkehren
muß, damit ich mich selbst um ihn kümmern kann. Wir haben ein
wenig miteinander gesprochen, aber es war eine Bahnsteigunter-
haltung, die der Wind sofort weggetragen hat. Ich habe mit ihm
über die Schule gesprochen. Ich habe ihm geraten zu arbeiten,
solange ich fort bin. Ich habe ihn gebeten, sich Mühe zu geben,
und dann wollte ich mich ein bißchen zuversichtlich geben, denn
ich glaubte, in seinen Augen Besorgnis zu lesen, und das wollte ich
nicht. Ich selbst war in Gedanken schon abgereist, und niemand
mehr, nicht einmal meine Familie, lebte in der gefühlsmäßig gleichen Zeit wie ich.

Alle gewagten Projekte meines Lebens habe ich in der Einsamkeit vollbracht, und ich wußte, daß die Einsamkeit wieder einmal
auf mich wartet. Um mich wieder in derselben Zeit zu befinden
wie Arthur, mußte ich erst meine Fahrt machen, das heißt: an den
Kanaren längs herunterfahren, bei Dakar Kurs aufs offene Meer
nehmen, den Äquator passieren, das Kap backbords liegenlassen,

die Kerguelen umfahren, Kurs nehmen auf den Süden Tasmaniens, weiter heruntersegeln bis zum Kap Hoorn, den ganzen Atlantik hinauffahren und nach Brest zurückkommen.

Ich habe mich eigentlich schon vor sehr langer Zeit auf die Fahrt begeben. Nicht erst seit zwei Monaten oder drei, sondern seit drei, fünf Jahren oder mehr... Wenn man die Segelschiffahrt betreibt, ist die Tour allein rund um die Welt sicherlich *der* Traum jedes Seemanns. Für mich jedenfalls war das immer das Projekt, das mich am meisten motivierte. Die Weltumsegelung mit einer Mannschaft habe ich schon zweimal unternommen, das erste Mal 1973 als Zweiter von Tabarly, das zweite Mal 1975 als Skipper auf *Kritter 2*. Und ich dachte jetzt, daß *Poulain*, mein Schiff, als Großvater einer neuen Generation von Mehrrumpfbooten sich eines Tages mit all dem messen sollte, was es an Vielseitigerem, Stärkerem und auch Prächtigerem im Bereich der Seefahrt gibt. Was Entfernung, Risiken, Windstille und schlechtes Wetter angeht, ist die Fahrt um die Welt eine Strecke, die alles bietet, und ich war schon immer der Meinung, daß es an der Zeit wäre, diesen Schiffstyp herauszufordern. Und sei es auch nur, weil die Mehrrumpfboote jetzt zwanzig Jahre alt sind. Zwanzig Jahre, das ist mehr als die Volljährigkeit, das ist eine Generation. Es ist jetzt zwanzig Jahre her, da begaben sich Tabarly, Colas, ich und einige andere mit den ersten Mehrrumpfbooten auf die Meere, und wir wußten zu dieser Zeit nicht, wohin uns diese Schiffe tragen würden. Seither haben sie reichlich Gelegenheit gehabt, ihre Ausdauer und ihre Wettbewerbsfähigkeit unter Beweis zu stellen. Fast alles, was in den letzten zwanzig Jahren auf dem Gebiet des Segelsports geschah, haben wir den Mehrrumpfbooten zu verdanken. Es hat zwischen *Pen-Duick IV*, dem ersten Mehrrumpfboot, das diesen Namen zu Recht trug, und der heutigen Flotte viele Neuerungen gegeben, und die Rekorde sind nur so gepurzelt. Es wurden Entdeckungen gemacht, Tausende und Abertausende von Meilen zurückgelegt. Es hat Unfälle gegeben, Brüche, auch Tote, und gleichzeitig echte Fortschritte.

Poulain ist ein Trimaran, denn Trimarane sind die besten seetauglichen Schiffe. Ihre Kenterachse geht durch den mittleren Rumpf, was einen Gewinn an Stabilität bedeutet gegenüber den Katamaranen. Ich habe kaum Erfahrung mit letzteren, aber ganz sicher ist in fünf Jahren alle Welt auf den Trimaran gekommen.

Die Weltflotte der Mehrrumpfboote besteht in ihrer großen Mehrheit aus Trimaranen. Nun mußten sie nur noch zeigen, daß sie auch fähig sind, die Reise um die Welt mit höchster Geschwindigkeit zu bewältigen. Sogar wenn es mit bedeutend mehr Risiko verbunden ist. Das Einrumpfboot hat den Vorteil der Stabilität. Wenn es sich auf die Seite legt, kann es einem gelingen, es wieder aufzustellen, während ein Trimaran, der auf der Seite liegt, futsch ist, weil man ihn auf See unmöglich wieder aufrichten kann.

Für alle Schiffe ist die Fahrt um die Welt gleichbedeutend mit dem Preis von Amerika für einen Traber. Sie ist der schwierigste Test, der denen, die ihn bestanden haben, die größten Chancen eröffnet, eine Nachkommenschaft zu haben. Man kann sagen, daß *Poulain* im Hinblick auf eine Weltumsegelung gebaut worden ist. Er hat an anderen Rennen teilgenommen, wovon er profitiert hat, aber er ist für die Reise um die Welt konstruiert worden, und zwar für die Reise *ohne* Zwischenstation.

Da *Poulain* 1985 konzipiert worden ist, kann ich mit gutem Recht behaupten, daß ich meine Weltreise schon vor mindestens drei Jahren begonnen hatte, als ich an diesem 28. Dezember um elf Uhr zweiundfünfzig die Linie überquerte.

2 ALLEIN

Mario Richner
Auf Schmugglerpfaden in die Verzweiflung

Ohne Ausreisestempel im Paß verlasse ich Peru. Nur ein paar Vögel bemerken, daß sich da jemand aus dem Lande mogelt.

An Radfahren ist überhaupt nicht zu denken, denn der Trail wurde von Hand geschlagen und ist stellenweise bereits wieder am Zuwachsen. Um mich ein Meer von dichtem Unterholz, ein grünes Vegetationsgewirr. Hier muß ein Sumpf gewesen sein, die großen Baumriesen fehlen gänzlich. Ihr geschlossenes Blätterdach würde kein so üppiges Gestrüpp gedeihen lassen.

Bewußt gehe ich langsam und achte genau darauf, wo meine Füße hintreten. Es ist nicht einfach, das Fahrrad durch so ein Dikkicht zu schieben; mal verfängt sich das Gepäck an einer Dornenranke, oder das untenstehende Pedal bleibt in einer Lianenschlinge hängen.

Doch der Pfad ist vorhanden, sonst würde man hier gar nicht durchkommen. Etwas anderes ist aber auch noch vorhanden: Myriaden auf Blut erpichter Pium-Fliegen. In erbarmungslosen Angriffswellen stürzen sich die Plagegeister auf die willkommene Beute. So winzig klein diese schwarzen Biester auch sind, sie machen ihre »Größe« damit wett, daß sie wolkenweise auftreten. Ihren Biß bemerkt man nicht, doch gleich danach bilden sich ein winziger Blutstropfen und eine stark juckende Stelle. Wehe dem, der ihrer Blutgier ungeschützt ausgesetzt ist – sie machen das Leben zur Hölle! Diese Banditen können mir jedoch nichts anhaben, ich bin auf die Begegnung vorbereitet; alle freien Körperstellen wie Hände, Hals, Kopf und auch die Haare habe ich mit Speiseöl aus meiner mobilen Küche eingerieben. Sobald die Viecher landen, bleiben sie auf der Haut kleben. Vor lauter Befreiungsversuchen vergessen sie zu stechen und verenden. Nach kurzer Zeit bin ich übersät mit schwarzen Punkten.

Das Gelände steigt etwas an. Immer mächtigere Bäume beherrschen die Szene. Bald schließen ihre Kronen in dreißig, vierzig Meter Höhe dicht ab, bilden einen mehrstöckigen Blätterbaldachin und tauchen den »Keller« in ein schummerig düsteres Grün.

Eigentlich habe ich jetzt viel mehr Platz zum Schieben des Rades, doch Stütz- oder Brettwurzeln der Urwaldgiganten zwingen mich zu einer ständigen Richtungsänderung. Der Pfad hat sich verloren. Mit Hilfe des Kompasses orientiere ich mich nach Osten, und mit der Machete markiere ich den Weg.

Die Luft ist modrig, feucht und dick, drückt den Schweiß aus allen Poren. Äste und Blätter – kaum herabgefallen – verfaulen unter dem Baum, von dem sie kommen, um ihn wieder zu ernähren. Das perfekte Recycling auf dem nährstoffarmen Boden!

Hunger verspüre ich keinen, dafür trinke ich viel mit Salz angereichertes Wasser. Sobald die Trinkflasche leer ist, halte ich Ausschau nach wasserspeichernden Lianen. Mit dem Buschmesser hacke ich über Kopfhöhe eine Luftkerbe ins Lianenfleisch, danach schneide ich die Kletterpflanze knapp über dem Boden ab und lasse das klare Wasser in die Flasche tropfen; manche sind die reinsten Vorrat-Tanks, andere wiederum enthalten nur eine zähe, milchige Flüssigkeit, die ich meide.

Die Uhr an meinem Handgelenk zeigt 16 Uhr, als ich unten in einer Talsohle vor einem dichten Vorhang aus Lianengewächs und großblättrigen Pflanzen stehe. Dahinter das leise Plätschern eines Gewässers. Ein Flüßchen, welches einen Lichteinfall geschaffen hat! Hängendes, würgendes und kletterndes Grünzeug hat dieses Angebot schonungslos genutzt. Hier tobt eine lautlose Schlacht, und jeder versucht, dem anderen etwas zu stehlen – das Licht!

Mit kräftigen Machetenschlägen hacke ich eine breite Tür in diesen Behang. Nur widerwillig gibt die dichte Pflanzenwand den leise zischenden Hieben nach. Zweige und Blattrippen schlagen zurück. Meine langen Hosen und Hemdärmel dämpfen die Peitschenhiebe zwar, doch ein paar Striemen und Kratzer bleiben trotzdem. Die dicken, elastischen Lianen lassen das Buschmesser gefährlich abblitzen oder zurückschnellen wie von einem Gummistrang. Um mich nicht selber zu verletzen, muß ich mit der freien Hand den oberen Teil der Lianen zum Stabilisieren festhalten. Ein sechs-sieben Meter breiter Bach mit leicht getrübtem Wasser kommt zum Vorschein.

Bei heftigem Regen treten Urwaldflüsse schnell übers Ufer. Deshalb ist es eigentlich nicht ratsam, direkt an einem Gewässer zu campen. Ich entschließe mich dennoch dazu, die Nacht hier zu verbringen.

Mit angeschwemmtem Holz und abgestorbenen Ästen entfache ich an erhöhter Stelle ein Feuer. Während ich mir etwas Reis koche, hängen die nassen Klamotten an Stöcken ums Feuer, damit sie trocknen.

Kurz vor Einbruch der Dunkelheit braust der schauerliche Chorgesang einer Horde Brüllaffen durch den Wald. Mit angezogenen Beinen sitze ich auf einer Gepäcktasche vor dem Lagerfeuer, esse den Reis und passe auf, daß keine wegstiebenden Funken die Wäsche in Brand setzen. Von Zeit zu Zeit schiebe ich etwas Feuerholz nach oder lege ein grünes Aststück auf die Glut. Der Rauch vertreibt die Moskitos. Die Geschwader des Tages sind von den Dämmerungsfliegen abgelöst worden. Die neue Sorte ist etwas weniger angriffslustig, doch andauernd klingt ihr feiner, stählerner Gesang in die Ohren.

Lautlos bricht die tropische Nacht herein. Matt erleuchtet der Schein des Feuers die Ufervegetation, die zwischen Bäumen befestigte Hängematte, das Moskitonetz, die Zeltplane darüber sowie das Fahrrad daneben. Mein »hängendes Schlafzimmer« sieht aus wie ein Gespensterschiff, welches im Dunkeln durch die Luft schwebt. Untertassengroße Fledermäuse huschen übers Lager. Glühkäfer hüpfen durchs Gebüsch, blitzen kurz auf wie fallende Sternschnuppen. Das Zirpen und Quaken von Grillen und Lurchen beginnt.

Nachdem ich mit Hilfe der Taschenlampe meine Tagebucheintragungen gemacht habe, horche ich noch lange den faszinierenden Lauten des nächtlichen Dschungels zu.

Das Feuer verglüht langsam, fällt in sich zusammen, und ich lege mich in meine Hängematte zum Schlafen.

Die relative Kühle der Nacht hat mich herrlich ruhen lassen. Am Morgen bin ich früh auf den Beinen; da ich jedoch keine Lust habe, wieder zu kochen, besteht mein Frühstück aus einer Handvoll Paranüssen.

Durch einen Lärm, der wie das Rattern einer Kinderrätsche tönt, werde ich auf einen Vogel aufmerksam. Am gegenüberliegenden Ufer sitzt er auf einem dürren Ast, kaum einen Meter über dem Wasser. Ein Eisvogel. Schillernd, wie ein übergroßer Edelstein hockt er regungslos auf seiner Warte und starrt ins nasse Element.

Mit der blaugrün glänzenden Oberseite, dem weißen Halsband

und dem rotbraunen Bauch gibt er sich eindeutig als »Amazonas Königsfischer« zu erkennen. Vorsichtig gehe ich in die Hocke und verstecke mich hinter Zweigen. In diesem Moment erscheint ein zweites Exemplar, verjagt das erste mit lautem Rattern von dem Ausguckposten und setzt sich selber dorthin. Eine Weile ist Ruhe, dann steigt der Vogel in die Luft und bleibt wie ein Falke im Rüttelflug über dem Bach stehen. Abrupt, mit dem spitzen Schnabel voran, stürzt er sich ins Wasser. Den Aufprall fängt er mit den Flügeln ab; trotzdem spritzt es, als das buntfarbige Geschoß in die Wellen taucht. Gleich darauf erscheint der kühne Fischjäger wieder und strebt mit zappelnder Beute im Schnabel zu seinem Ausguck zurück. Nicht für lange, denn da erscheint seine Konkurrenz schon wieder und kämpft lebhaft um den Frühstücksplatz. Auch die holt sich kurz danach ihre Mahlzeit. Ich frage mich ernsthaft, ob ich dort nicht auch mal angeln soll, doch die Worte des alten peruanischen Kautschukzapfers – »Beeil dich« – mahnen mich zum Aufbruch. Dennoch nehme ich mir die Zeit, das weitere Vorgehen zu überdenken.

Von einem Schmugglertrail ist hier weit und breit nichts zu sehen. Ich schätze die Verbindungsstraße von Cobija nach Porvenir etwa siebzig bis achtzig Kilometer weiter östlich. Mehr als zehn Kilometer pro Tag liegen unter den gegebenen Umständen nicht drin – bestenfalls zwölf.

Proviant habe ich für gut 14 Tage, außerdem das Rettungsboot-Notnahrungspaket, welches eine weitere Woche reicht. Schlimmstenfalls muß die Natur noch etwas spenden. Die Verpflegung ist also gesichert.

Soll ich stur nach Osten gehen oder mich dem südlich liegenden Rio Tahuamanu zuwenden und seinem kurvenreichen Lauf folgen? Das hieße: doppelt so viele Kilometer. Ich wähle die letztere Variante, weil sie mehr Sicherheit verspricht. Zum einen hoffe ich, dort wieder auf einen Schmugglertrail oder Wildwechsel zu stoßen, zum anderen kann ich notfalls ein Floß bauen und auf dem Wasserweg reisen. Den ganzen Vormittag folge ich dem gewundenen Lauf des Baches. Er soll mich zum Fluß bringen.

Ich überlege mir gerade, ob es nicht besser gewesen wäre, beim Nachtlagerplatz gleich die Uferseite zu wechseln, als mir ein umgestürzter Baum zu Hilfe kommt. Er bildet eine natürliche Brücke. Was will ich mehr?

Ich stelle mein »Dschungelfahrzeug« an den Wurzelstrunk, nehme die Machete an mich und will es zuerst mit einem Probegang versuchen. Vor allem das störende Geäst wegschlagen.

Mit einem Satz springe ich auf den Baumstamm. Während ich oben noch ums Gleichgewicht ringe, kracht es bereits unter meinen Füßen. Bis zum Bauch stehe ich »mitten« im Stamm. Da bin ich Schlaumeier doch prompt in ein Termitennest gesprungen! Rundherum krabbeln Hunderte von weißlichen, fünf Millimeter langen Termitenarbeitern. Dazwischen aber auch größere, die »Soldaten« des Staates, und die gehen gleich zum Angriff über, zwacken den unerwünschten Besucher heftig mit ihren Zangen. Überall kribbelt und beißt es, selbst unter den Hosenbeinen. Verzweifelt versuche ich, mich aus der mißlichen Lage zu befreien. Ausgerechnet jetzt sucht ein fingerlanger Tausendfüßler Schutz bei mir! Zurück auf dem festen Boden, reiße ich mir – tanzend und hüpfend wie ein Verrückter – alle Kleider vom Leibe, stürme mit dem Hemd in der Hand ans Wasser und suche aufgeregt eine Öffnung im Ufergeschlinge. Es juckt und brennt. Um in der Hektik nicht mit den bloßen Händen in noch schlimmeres Ungeziefer zu fassen, renne ich zur Stelle, wo die Machete liegt und schlage mich damit durch zum Bach. Knietief im Wasser stehend, das Hemd zum Waschlappen zweckentfremdet, wird der ganze Körper abgeschrubbt. Das kühle Naß lindert den Juckreiz. Zurück beim Rad, entnehme ich dem Arzneibehälter ein Desinfektionsmittel und behandle damit die Biß-Stellen der kriegerischen Termitensoldaten.

Nach etwa einer Stunde setze ich den Weg fort und nähere mich schon bald dem Fluß – dem Tahuamanu. Auch hier ist der Blick nach vorne durch einen dichten Vegetations-Vorhang versperrt, doch ich kann hören, wie das Wasser an den Uferpflanzen reißt.

Jetzt hilft alles nichts mehr, ich muß auf die andere Seite des Baches, um dem Fluß nach Osten folgen zu können. 200 Meter vor der Bachmündung bereite ich ohne Hast die Durchquerung vor: Gepäck- und Radtaschen demontieren, erneut eine Öffnung in die Galeriewand schlagen, einen zwei Meter langen Stab schneiden zum Ausloten der Wassertiefe sowie zum Vertreiben eventueller Stachelrochen. Dieser scheibenförmige Fisch gräbt sich gerne in Ufernähe in den Schlamm ein. Der Süßwasserrochen ist zwar – im Gegensatz zur landläufigen Meinung und zu einigen seiner größeren Vettern im Meer – nicht giftig, doch mit dem gezahnten Stachel am Ende seines Peitschenschwanzes kann er tiefe, schmerzhafte Wunden schlagen, die nur schwer heilen.

Dann ziehe ich mir noch meine »Gummi-Badehose« an, deren Bein- und Hüftenden fest abschließen; als Schutz vor dem Candiru, dem Harnröhrenfisch. Er ist eine der wirklichen Gefahren der Amazonasflüsse. Dieser winzige Parasitenwels heftet sich an die Kiemenblätter größerer Fische und lebt von deren Blut. Noch mehr liebt er die intimen Körperöffnungen von Menschen. Mit seinem Widerhaken setzt er sich dort fest und läßt sich nur durch einen chirurgischen Eingriff entfernen. Seit ich einmal sah, wie ein brasilianischer Goldwäscher, der im Wasser seine Notdurft verrichtet hatte, sich vor Schmerzen am Boden wälzte, habe ich einen Riesenrespekt vor diesem Schmarotzerfischchen.

In der einen Hand die Machete, mit einer Schnur ums Handgelenk gesichert, in der anderen den Stock, so steige ich ins Wasser. Das Ufer ist schlammig und weich. Der Bach hat praktisch keine Strömung mehr und ist hier etwa 20 Meter breit. Auf seiner Oberfläche schwimmt eine träge Masse aus Blättern, Blüten, Wassergräsern, Ästen.

Langsam pflüge ich mich durch den schwimmenden Pflanzenteppich. Spinnen flüchten von Blatt zu Blatt. In der Mitte ist der Boden des Bachbettes fest, steinig, und das Wasser reicht bis zur Brust. Als ich auf der anderen Seite nur noch knietief im Wasser stehe, klebt allerlei totes Blätterzeug am Körper. Schnell ist ein Schlupfloch in das Gestrüpp geschlagen, und dann hole ich das Gepäck. Einzeln – auf dem Kopf balancierend – bringe ich die Sachen trocken von einem Ufer ans andere. Nur das Fahrrad ist naß geworden – weil es in der Bachmitte feierlich getauft wurde.

An einer erhöhten Stelle, in sicherem Abstand zum Fluß, bereite ich mich auf die zweite Pando-Nacht vor, die genauso vorübergeht wie die erste. Vier weitere Tage bewege ich mich immer tiefer in den Wald hinein – mal den Windungen des Tahuamanu folgend, mal einer überschwemmten Stelle ausweichend.

Mehrmals stoße ich auf Spuren von Menschen: eine alte Feuerstelle, ein verlassenes Nachtlager und einmal sogar drei verrostete Sardinendosen. Beruhigt registriere ich diese Zeichen; demzufolge befinde ich mich auf der richtigen Fährte.

Täglich kommt es zu heftigen Tropengewittern. Kurz bevor sie losbrechen, wird es ruhig im Wald, die Tiere schweigen befangen.

Für mich ein untrügliches Zeichen, daß es Zeit wird, das Gepäck auf dem Rad abzudecken. Mir selbst ist die Dusche willkommen. Gewaltige Regengüsse prasseln auf die Baumkronen, und es rauscht wie unter einem Wasserfall. Das Blattwerk verwandelt den Regen zu einem Gischt-Schleier und bildet Tausende von Kaskaden. In Bächen rinnt warmes Wasser an den Stämmen herab, durchtränkt den Boden und schafft für kurze Zeit morastige Lachen. Das Licht der Blitze ist kaum wahrzunehmen, nur schemenhaft wird das Halbdunkel der »Gruft« erleuchtet. Auch das Donnergrollen ist gedämpft.

So plötzlich das Gewitter beginnt, so schnell hört es wieder auf. Bald beginnt der Boden zu dampfen, und neblige, feuchte Luft steigt nach oben. Der ewige Kreislauf des Wassers: In der Hitze des gestrigen Tages ist es verdunstet – heute fällt es als Regen – morgen wird es wieder verdunsten. Irgendwo regnet es immer, und man ist auch immer naß; entweder vom Regen oder vom Schweiß.

Je weiter ich in diese »dunkle« Ecke Boliviens vordringe, um so schwieriger wird das Vorwärtskommen. Wieder liegt eine breite Senke vor mir. Spärlicher Baumbestand, dafür ein verfilztes Pflanzengewirr aus Krüppelholz, Ranken und Dornengestrüpp. Eigentlich ein unüberwindbares Hindernis, doch ich habe volles Vertrauen zu den Schmugglern. Bald finde ich nicht nur einen, sondern gleich mehrere tunnelartige Eingänge.

Was mich wundert, ist, daß die Schmuggler nicht den viel bequemeren Flußweg benützen. Hätte ich unterwegs leichtes Balsaholz oder Bambus gefunden, wäre ich schon längst beim Floßbauen. Ein gewisses Unbehagen befällt mich, als ich – das Fahrrad schiebend – in diese »Bio-Festung« dringe. Nach kurzer Zeit bin ich mehrmals vom Haupttrail abgekommen. Oft verliert er sich in einem Netzwerk von Trampelpfaden – mehr Wildwechsel als Gehweg für Menschen –, und viele enden einfach im grünen Nichts. Ein Labyrinth! Die Sicht ist auf ein paar Meter beschränkt, und der Kompaß hilft nicht mehr viel. Mit der Machete lege ich Wegweiser an – Kerben und abgehackte Zweige, deren Spur ich aus einer Sackgasse zurückverfolgen kann. Dafür ist mir das Zeit- und Distanzgefühl abhanden gekommen.

Die dumpfe Treibhausschwüle läßt die schweißnassen Kleider wie eine zweite Haut am Körper kleben. Schlimmer sind jedoch

die Millionenheere von Moskitos, Piumfliegen und anderen blut-
rünstigen Plagegeistern, die wieder strichweise auftauchen. Um
nicht den gesamten Kochölbestand aufzubrauchen, trage ich nun
einen Kopfschleier, so wie ihn die Imker kennen. Die Arm- und
Beinenden von Hemd und Hose sind mit Schnüren zusammengebunden. Eine unnütze Vorsorge. Der Stoff liegt so dicht auf der
Haut, daß kein Kriechzeug mehr dazwischen kann.

Zu allem Überfluß hauchen noch beide Reifen gleichzeitig die
Luft aus. In den Pneus stecken mehrere Dornen. Um dieses Problem ein für allemal zu lösen, demontiere ich die Reifen und
Schläuche, binde sie ungeflickt an den Fahrradrahmen. Ab sofort
muß das Ding auf den Felgen rollen.

Den ganzen Tag kämpfe ich gegen sperrigen Unterwuchs und
zähe Lianenstricke. Die Innenseite der rechten Hand ist vom
Schwingen der Machete mit aufgeplatzten Blasen bedeckt, der
Handrücken zerkratzt und zerstochen. Oberarme und Schultern
schmerzen. Die Müdigkeit und die brütende Hitze machen mir
ernsthaft zu schaffen. Stellenweise ist das verfilzte Geflecht so undurchdringlich, daß jeder Hieb mit dem Haumesser unnötig und
lächerlich erscheint. Am liebsten würde ich mit Dynamit dagegen
angehen.

Das Verhältnis zu meiner »Geliebten« – der Wildnis – verschlechtert sich zusehends. Kein begeistertes Beobachten der
Flora und Fauna mehr, ich spüre nur noch das Brennen und Stechen einer Umwelt aus Dornen, Stacheln, Insekten und verkrüp-
pelten Bäumen. Auch das Schieben, Ziehen, Stoßen und Heben
des gepackten und unbereiften Drahtesels wird immer beschwer-
licher – und doch ist es gerade das Rad, welches all die notwendigen Sachen trägt, die mir Schutz und Nahrung bieten. Da sind
schon viele Buschläufer schlechter dran gewesen.

Als ich zwei massive Knorpelbäume entdecke, die nahe genug
beieinander stehen, daß die Hängematte dazwischen gespannt
werden kann, entschließe ich mich, hier zu übernachten. Erneut
herniederdonnernde Wassermassen unterstützen diese Entscheidung. Die Naturbrause genieße ich in vollen Zügen und wasche
mich von Kopf bis Fuß.

Bis jetzt sind mir weder der königliche Jaguar noch die »einfachen« Cocaschmuggler begegnet, und doch bereiten mir die letzteren immer größere Bedenken. Dieser endlose Irrgarten scheint

mir eher das raffinierte Versteck eines Dschungellabors oder Lagers zu sein, als ein gewöhnlicher Durchgangs- und Nachschubweg.

Seit die DEA – die US-Drogenfahndungsbehörde – begonnen hat, mit Hubschraubereinsätzen und Elitetruppen gezielte Säuberungsaktionen vor Ort durchzuführen, hat das Kokain-Syndikat seine Lager und Raffinerien immer weiter in den Urwald verschoben. Der »Schneekrieg« ist in den tiefsten Dschungel vorgedrungen.

Wenn mein Verdacht stimmt, bewege ich mich auf ganz heißen Pfaden, denn solche Verstecke sind gewöhnlich mit Stolperdraht, Selbstschußanlagen und Sprengfallen gesichert. Das Weitergehen scheint mir mehr und mehr ein Vabanque-Spiel! Morgen mache ich kehrt, trete den Rückzug an und schlage mich durch zum Fluß. Irgendwie wird es gelingen, auch mit stärkeren Bäumen ein schwimmfähiges Floß zu bauen, und wenn ich tagelang Holz sägen muß! Wozu habe ich schließlich das zusammengerollte Blatt einer Schreinersäge, Rohrschellen, Draht, Reepschnüre und Leinen bei mir?!

Der Flügelschlag eines größeren Vogels weckt mich am folgenden Morgen. Das Licht des anbrechenden Tages vertreibt gerade die Schwärze der Nacht. Schlaftrunken strecke ich mich in der Hängematte nochmals genußvoll durch, hebe mit der einen Hand das Moskitonetz an, gucke über den Rand meines »luftigen Bettes« – und bin schlagartig wach: Mein Gott – das darf doch nicht wahr sein – unter mir alles Wasser! Das Fahrrad steht bis zum Tretlager in einem dunklen See! Jetzt ist der verdammte Fluß doch noch gestiegen! Oben in den Anden müssen gewaltige Regenfälle niedergehen.

Langsam gleite ich aus der Hängematte. Das warme Wasser steht etwa 20 Zentimeter hoch. Der Grund ist weich wie Torf, und meine nackten Füße nehmen ein blubberndes Bad. Wenn ich stehenbleibe, sinken sie langsam in den Boden ein, aber nur ein paar Zentimeter. Nicht gefährlich.

Nach kurzer Überlegung komme ich zum Entschluß, zuerst den Rückweg, ohne Gepäck und Rad, auf seinen Zustand zu erkunden. Außer der Machete und der Dschungel-Weste mit den vielen aufgesetzten Taschen, worin, teils wasserdicht verpackt, nur die allernötigsten Sachen wie Medikamente, Kompaß, Feuerzeug,

Minihängematte, Angelzeug, Klappmesser, Taschenlampe, Notnahrung, Geld usw. stecken, lasse ich alles zurück.

Von schmatzenden Geräuschen begleitet, stapfe ich auf dem imaginären Pfad, auf dem ich gestern herkam, achte sorgsam auf die Wegweiser und lege gleich wieder neue an. Das Wasser hat der Umgebung ein anderes Gesicht gegeben, es kommt mir alles so unbekannt vor. Nie ist abzusehen, ob die Brühe beim nächsten Schritt bis zur Wade oder bis übers Knie reichen wird. Mit den Füßen jede unsichtbare Wurzel abtastend und den glitschigen Untergrund auf seine Festigkeit prüfend, arbeite ich mich langsam voran. Trotzdem passiert es, daß eine angeblich sichere Stelle mich einfach wegsacken läßt. An dieses heimtückische Loch, wo das Wasser bis zur Schulter reicht, kann ich mich überhaupt nicht erinnern! An Luftwurzeln und Gesträuch ziehe ich mich wieder hoch, verliere dabei aber einen der Turnschuhe. Nach mehreren Tauchversuchen ist das Miststück wieder in meinem Besitz.

Je weiter ich den Weg zurückverfolge, um so höher ist der Wasserspiegel, manchmal bereits bis über die Hüfte. Hier komme ich niemals durch, schon gar nicht mit all dem Gepäck. Es gibt nur eine Möglichkeit: Ich muß die eingeschlagene Richtung nach Osten fortsetzen. Bedrückt mache ich kehrt, in der Hoffnung, daß es im unbekannten »Voraus« besser aussieht, vor allem aber, daß dieses grüne Gefängnis nicht das ist, was ich befürchte: ein Versteck der Drogen-Brüder.

Beim Lager erscheint mir alles düster und fremd, die Luft dick und bleiern. Fäulnisgeruch breitet sich aus. Da bin ich scheinbar mitten in den Eingeweiden Amazoniens gelandet. Statt eines weiteren Erkundungsganges packe ich alles zusammen und breche auf. Obwohl das Wasser nicht weiter steigt und hier kaum mehr als knöcheltief ist, wird das Vorrücken zur Tortur, eine elende Schinderei. Immer wieder muß ich alles Gepäck abladen und, damit es nicht im Schlamm versinkt, auf einen provisorischen Rost aus Ästen legen. Dann trage ich das nackte Rad ein paar hundert Meter voraus und hole die restlichen Sachen, Stück für Stück, viermal den gleichen Weg. Durch immer dichteres Geschlinge muß ich mich beißen und schlagen, stampfe durch das stehende Wasser und stolpere über Wurzeln. Gehen denn die verfluchten Schmuggler durch Sümpfe?

Je zäher der Dschungel mich halten will, um so mehr bäume ich mich auf. Um einer hoffnungslosen Erschöpfung vorzubeugen, teile ich meine Kräfte vorsichtig ein, gebe mir immer wieder Zeit, um auszuruhen, und trinke viel Wasser.

Von der ständigen Nässe sind die Finger schrumplig, die Ränder der Kratzwunden weiß und weich. Auch die Fußsohlen sind weiß und runzlig wie die Oberfläche einer Muskatnuß.

Frühzeitig halte ich Ausschau nach einem Lagerplatz für die Nacht, doch nirgends sind zwei nahe beieinanderstehende Bäume zu sehen. Somit baue ich aus Ästen, Stöcken, Schnüren, der Hängematte und der Zeltplane eine Art Feldbett – eine Liege – gerade einen halben Meter über dem Wasser. Es gibt kein Abendessen, nur Fäulnis, Nässe und schmerzende Glieder. Die Sorgen, wie es weitergehen soll, lassen mich kaum schlafen.

Am nächsten Morgen steckt mir eine schwere Mattigkeit in den Knochen. Schläfrig und mühsam befaßt sich mein Verstand mit dem, was ich heute alles zu tun habe: Unbedingt etwas kochen und essen, damit ich bei Kräften bleibe; Insektenstiche und Kratzwunden desinfizieren; während der Schlammwanderung so oft wie möglich versuchen, die Füße trocken zu kriegen.

Doch alles Planen scheint sinnlos, das Sumpflabyrinth wird zu einem immer schrecklicheren Gefängnis. Die Luft ist geschwängert von der Ausdünstung des stehenden Wassers und der faulenden Pflanzen. Treibhausluft; Modergestank; auf allen Seiten elastische, dornige Zweige; unten schwarze Wasserlöcher – und ich mit einem Fahrrad mitten drin!

Tief sacken die Beine in den Schlamm, das Tragen der Gegenstände wird immer mühevoller, die Machete schwerer, die Hiebe kraftloser. Das Teufelszeug weicht vor dem Messer zurück, die Klinge gleitet ab und droht mich zu verletzen.

Die anfängliche Aufmerksamkeit hat sträflich nachgelassen. Über mögliche Gefahren von seiten eines Drogenlabors mache ich mir keine Gedanken mehr. Dafür werden die »Gleitflüge« zur Routine. Naß und schmutzig bin ich sowieso, also stört es mich gar nicht mehr, wenn ich über eine Unterwasserwurzel stolpere und in den Sumpf fliege. Inmitten dieser übermächtigen, alles verschlingenden Natur fühle ich mich so mickerig klein und unbedeutend. Seit sechs Stunden quäle ich mich heute bereits vorwärts und schätze, etwa gleichviele Kilometer zurückgelegt zu haben – es können aber auch vier oder acht sein. Die Füße schmerzen immer mehr. Erschöpft – nur unter Willenszwang – bereite ich mir auf einem umgestürzten, halbvermoderten Baumstamm mit dem Benzinkocher eine warme Mahlzeit zu. Ein Holzfeuer zu entfachen ist in dieser nassen, triefenden Welt schlicht unmöglich. Hundemüde konstruiere ich danach wieder ein Schlafgestell und lege mich gleich hin.

Irgend etwas hat mich in der Nacht aufgeweckt, und mit erhobenem Kopf lausche ich unter dem Moskitonetz den Geräuschen, doch ich kann nichts Außergewöhnliches wahrnehmen. Die Leuchtziffern der Uhr zeigen vier Uhr. In zwei Stunden wird es hell. Alle Versuche, wieder einzuschlafen, fruchten nichts. Unruhig wälze ich mich hin und her. Gegen Morgen beginne ich zu frieren. Als es Zeit wird, das Lager abzubrechen, kann ich mich dazu einfach nicht aufraffen. Elende Müdigkeit, leichtes Fieber und Kopfschmerzen lassen mich einen eisernen Vorsatz brechen. Erst gegen Mittag treibt mich der Durst von der primitiven Liege.

Trotz einiger Gewissensbisse bleibe ich den ganzen Tag liegen – null Meter vorwärts; dafür wird das Fieber nicht stärker. Malaria? Kopf- und Gliederschmerzen sprechen dafür, doch ich habe regelmäßig Prophylaxe geschluckt, es dürfte sich eher um das harmlosere Dengue-Fieber handeln. Spätestens nach einer Woche ist dies vorüber. So lange kann ich aber nicht hierbleiben.

Der Zustand des Dschungels ist gleichbleibend. Mein Zustand verschlechtert sich auf dem Weitermarsch dafür immer mehr. Die Kleider am Körper stinken, und die im Gepäck sind – wie alles andere auch – von Schimmel befallen.

Der ständige Schmutz und die Nässe lassen Insektenbisse und Kratzwunden eitern. Am Rücken bilden sich entzündete Flecken. Wahrscheinlich ein Hautpilz. Viel mehr Sorgen bereiten mir jedoch die Füße. Die Haut ist nun gerötet, die Knöchel sind stark geschwollen und schmerzen sehr. Als sich in der Leistengegend geschwollene Lymphknoten bilden, ist mir klar, was ich habe: den »Reisfuß«!

Der Dschungel lebt von Moder und Fäulnis. Bin ich auch schon ein winziger Teil in diesem geschlossenen Kreislauf des Sterbens und Erneuerns? Muß ich hier verfaulen, damit etwas anderes nachwachsen kann? Angst erfaßt mich, Angst vor einem elenden Krepieren. Jede Minute läßt sie stärker werden, langsam, aus dem tiefsten Inneren heraus – immer mächtiger. Ich spüre sie geradezu körperlich. Das Blut pocht in den Schläfen, das Herz beginnt in wildem Stakkato zu hämmern. Eine unsichtbare Zange legt sich um den Brustkorb und preßt immer gnadenloser.

Hilflos bin ich diesem erbärmlichen Gefühl eine Zeitlang ausgeliefert. Unter größter Willensanstrengung gelingt es mir, mich von der Panik zu befreien. Als ich glaube, wieder klar denken zu können, zwinge ich mich zu einem Test, um das Urteilsvermögen zu kontrollieren.

Ich nehme das Tagebuch aus dem wasserdichten Schutzbeutel und beginne auf einer leeren Seite, die Namen und Adressen von Freunden zu notieren. Problemlos kriege ich zehn Namen zusammen und vergleiche dann Anschriften und Postnummern mit denen im Adreßbuch. Bis auf eine stimmen alle. Dieses kleine Erfolgserlebnis gibt mir wieder Ruhe und Sicherheit.

Stumm betrachte ich das Fahrrad. Ein toter Gegenstand – und doch ist es mir als treuer Begleiter ans Herz gewachsen. Ich entschließe mich, alles zurückzulassen: Fahrrad, Koch- und Campingausrüstung, Tage- und Reisebuch, Filme, Stativ, die teuere Kameraausrüstung, Kleider und Gepäck. Nur die Dschungelweste, die ich seit dem Eintritt in diesen Irrgarten nie mehr auszog und in deren vielen Taschen das Allernotwendigste steckt, will ich mitnehmen. Dazu das Jagdmesser in der Gürtelscheide, die Machete, alles Geld, den Paß, die Trinkwasserflasche sowie das kleine Paket komprimierter Notnahrung mit 5000 Kilokalorien.

Deprimiert kehre ich fast meinem ganzen Hab und Gut den Rücken und wühle mich weiter durch das stehende, stinkende Wasser. Kein Lufthauch weht. Die Hitze steht flimmernd zwischen dem Gestrüpp, und der Sumpf scheint zu dampfen. Der Schweiß rinnt in Bächen an mir herunter, wie aus einem zusammengedrückten Schwamm. Manchmal glaube ich, in der Enge des Pflanzenlabyrinths zu ersticken. Jeder Atemzug ist eine Anstrengung. Der Körper ist ausgebrannt, der Geist wird immer stumpfer von den grausigen Schmerzen, die von den Füßen kommen, die Beine hochschießen und irgendwo im Kopf enden. Ich fühle mich zurückgestoßen – vom Dschungel, von der Natur – und hoffnungslos einsam wie ein ausgesetztes Kind. Die Schläge der Machete werden immer seltener. Tieferen Wasserstellen weiche ich nicht mehr aus. Kratzer der Dornen spüre ich nicht mehr, nur den Schmerz, der bei jedem Schritt bis ins Gehirn sticht.

Wie lange soll das noch dauern?

In tranceähnlichem Zustand irre ich durch diese sumpfige Welt. Nein, der Boden ist ja gar nicht mehr sumpfig – seit längerer Zeit muß ich auf dem Trockenen umhertaumeln! Irgendwo vor mir sehe ich einen linientätowierten Baum. Milch läuft aus seinem Stamm in eine Tasse. Ist das Einbildung? Egal – ich lege mich neben den Baum auf den Boden, todmüde und gemartert!

Irgendeine Stimme befiehlt: »Reiß dich zusammen, geh weiter, sonst fressen dich die Ameisen!« Doch der Körper gehorcht nicht. Eine andere Stimme sagt: »Bleib hier, und ruhe dich aus!« Mir ist, als hätte man mich verwundet auf einem Schlachtfeld liegengelassen. Irgendwann bin ich eingeschlafen.

✳

Wie ein verwildertes Tier muß ich ausgesehen haben, als mich der Kautschukzapfer Antonio Ali-Wittig aus Cobija fand: Stinkend und verwahrlost – mit drecküberzogenen Haaren, struppigem Bart, eiternden Wunden und verschimmelten Kleidern.

Antonio war auf dem Rundgang zu seinen Kautschukbäumen, um deren Rinde nachzuschneiden, als ihn sein Hund auf das Häuflein Elend unter einem Baum aufmerksam machte. Er brachte mich zur Kautschukpiste, die zwischen der Verbindungsstraße Porvenir – Cobija und dem Pandomilitärposten »Estrema« verläuft, und wartete dort auf seinen Bruder Hugo. Der war mit einem Landrover unterwegs, um die Gummiballen von anderen Zapfern aufzukaufen. Mit dem Allrad-Fahrzeug brachten mich die beiden sofort nach Cobija in ärztliche Behandlung. Danach durfte ich mich im Haus von Hugo erholen und »austrocknen«.

Mehrere Tage werde ich liebevoll gepflegt. Die Geschichte geht wie ein Lauffeuer durch das Urwaldnest – doch keiner glaubt so recht, daß ich wirklich zu dieser Jahreszeit durch den Pando aus Peru gekommen bin.

Zwei Tage später stellt Hugo einen Trupp zusammen. Mit vier Mann will er versuchen, mein zurückgelassenes Material zu finden. Die Gruppe kommt noch am selben Tag mit all meinen Sachen zurück. Keine 1000 Meter von der Kautschukpiste haben sie es gefunden – 1000 Meter von der Piste – ich »Superwaldläufer«!

Jean-Yves Domalain
Initiation im Dschungel

*Jean-Yves Domalain ist in das Dorf der steinzeitlich lebenden »Dajaks«
in Borneo gekommen. Dort lebt er mit ihnen, heiratet eine Häuptlingstochter (s. S. 134) – und unterzieht sich den Prüfungen zum Krieger:*

Eines schönen Abends, noch bevor wir alle zu betrunken sind,
nimmt mich der Häuptling diskret zur Seite – und erregt damit
natürlich die Aufmerksamkeit des ganzen Dorfes.

»Ist mit Lintaü alles in Ordnung? Gefällt es dir im Dorf?«

»Ja, danke, ich bin sehr zufrieden, das weißt du. Aber warum
fragst du mich wegen Lintaü? Hat sie etwas zu dir gesagt?«

»Nein, ich wollte mich nur erkundigen.«

Eine halbe Stunde redet er um den heißen Brei herum. Was führt
er im Schilde? Von Zeit zu Zeit trinkt er einen Schluck Tuac. An der
Art, wie er an seinen dicken *insap* (Zigaretten) zieht, ist leicht zu
erkennen, daß er sehr nervös ist. Ich verhalte mich genauso vorsichtig wie er und versuche, seine Fragen so ausweichend wie möglich zu
beantworten. Wenn möglich, stelle ich ihm eine Gegenfrage.

»Alle hier haben dich gern.«

Einen Moment hatte ich schon geglaubt, er würde mir nahelegen,
das Dorf zu verlassen. Das ist es also nicht!

»Nur – du bist nicht wie wir, nicht einmal jetzt, wo du sprichst
wie wir. Du stellst eigenartige Fragen. Ich glaube, das kommt daher, daß du nicht bei den Ibans geboren wurdest. Außerdem bist
du kein *palek*.«

»Palek? Was ist das?«

»Siehst du, du weißt nicht einmal, was ein Palek ist! Ein Palek,
das ist..., na ein Palek. Ein Palek ist ein Palek. Jeder weiß, was
das ist!«

»Aha!«

»Ich glaube, es sitzt in deinem Kopf. Die Geister deines Landes
sind nicht gut. Wenn du ein Palek wärest, ginge alles besser, glaub
mir!«

»Wahrscheinlich hast du recht.«

Ich weiß zwar immer noch nicht, was ein Palek ist, aber die Sache ist ja nun glücklich so weit, daß ich es bald erfahren werde.

»Also bist du einverstanden? Anders würde es auch gar nicht mehr weitergehen. Es sitzt in deinem Kopf!«

Aha! Das wär's also. Die Ibans wollen mich einer Psychoanalyse unterziehen. Wie immer diese Falle aussehen mag, in die mich Tangalé zu locken versucht, es wird ihm nicht schwerfallen, mich mit Haut und Haaren zu fangen. Am Ende des Abendtrunkes frage ich Lintaü, was ein Palek sei.

»Das ist ein Mann, ein Krieger.«

»Was muß man tun, um bei den Ibans als Mann zu gelten?«

»Das kommt darauf an. Was muß man in deinem Land tun, um als Mann zu gelten?«

»Hm ... das ist schwer zu sagen ...«

»Hier ist es nicht sehr schwierig, man darf nur keine Angst haben. Alle haben es bisher geschafft.«

»Und was wäre, wenn es einer nicht schafft?«

»Das kommt fast nie vor. Aber wenn, so glaube ich, daß der Betreffende aus dem Dorf gejagt wird!«

Obwohl meine ethnologischen Kenntnisse nicht sehr umfangreich sind, habe ich schon von jenen Prüfungen, jenen berühmten Bräuchen, den Mannesweihen, gehört, die manche Völker den jungen Männern auferlegen ... In Neu-Guinea ritzt man bei manchen Stämmen die Hoden mit einem Feuerstein. Jede primitive Kultur hat ihre kleinen Spezialitäten, die in unseren Augen ziemlich barbarisch erscheinen. Ich hoffe nur, daß sie mir hier nicht die Geschlechtsteile verstümmeln werden. Die dürfen sie nicht anrühren. Palek oder nicht Palek – es gibt Dinge, die einem heilig sind ... Tangalé, dieser alte Fuchs, hat mich schon einmal mit seiner »Heiratsvermittlung« hereingelegt. Was hat er dieses Mal ausgeheckt?

Am nächsten Tag beruhigt mich Lintaü: an meiner Anatomie wird nichts verändert. Ein kleiner Trost!

Die Zeremonie wird erst in einigen Tagen stattfinden, aber schon jetzt bereitet sich das ganze Dorf auf das Fest, das ihr folgen wird, vor. Ich bin der einzige, der geprüft werden wird, da kein anderer junger Mann das Alter erreicht hat, um die vorgesehenen Prüfungen über sich ergehen lassen zu müssen.

Die Frauen und Kinder durchstreifen den Wald auf der Suche

nach kleinen roten Ameisen, die sie in Bambusbehältern sammeln. Sie stochern mit dünnen Strohhalmen in den Nestern und Bauten herum, oder sie lesen einfach die Tiere auf, die ihnen über den Weg laufen. Die roten Ameisen gehören zu der auf Borneo am weitesten verbreiteten Art. Sie sind überall, eine wahre Landplage! Es genügt, Nahrungsmittel einige Minuten lang liegenzulassen – schon sind sie von einer wimmelnden roten Schar bedeckt, die alles Eßbare sauber abtrennt und dann die mikroskopisch kleinen Lasten zu den Ameisenhaufen schleppt.

Im Wald stößt man auf Schritt und Tritt auf diese winzigen Tiere, die einem sofort einen Tropfen Ameisensäure unter die Haut spritzen. Der Schmerz ist kaum zu ertragen, man hat das Gefühl, mit einer rotglühenden Nadel gestochen worden zu sein. Zu den ersten Dingen, die man im Urwald lernt, gehört es, vorsorglich nach den Arbeitskolonnen der roten Ameisen Ausschau zu halten und sich niemals in der Nähe ihrer Bauten auf Lauer zu legen.

Die Jagd nach den Ameisen dauert mehrere Tage. Sind die Bambusbehälter gefüllt, werden sie mit einer Handvoll Blätter verschlossen und in eine Ecke gestellt.

Am Vorabend der Zeremonie wird das Dorf mit kleinen Triumphbogen aus Bambusrohr und grünen Blättern geschmückt; die Frauen bereiten Reiskuchen zu, und die Tuaï Bilek suchen ihren besten Tuac aus.

Booonggg...

Gongschläge wecken das Dorf. Heute sind wir sogar vor den Hähnen dran. In wenigen Minuten gleicht das Rumah Selidapi einem aufgescheuchten Bienenstock.

Kaum steht die Sonne über den Bäumen, werden den Geistern die Opfergaben des Dorfes dargebracht. Zuvor schon hat man meine bösen Geister ausgetrieben: der Medizinmann umkreiste mich mit einem rußgeschwärzten Totenkopf aus seiner Sammlung, der mit einer Krone aus den Zweigen der Nadelpalme geschmückt worden war, und gab mir drei Schläge auf den Kopf.

»Hantou kalayou...«

Natürlich alles, um die bösen Geister auszutreiben, die bis zu diesem Tag in meinem Kopf gewohnt hatten. Mit seinem seltsamen Wedel verabreicht mir der Medizinmann drei weitere Schläge auf den Kopf.

»Hantou kalayou…«

Nun gelte ich als gereinigt. Nachdem die bösen Geister ausgetrieben sind, muß man nur noch die guten einziehen lassen. Das aber ist der schwierigste Teil des Programmes…

Im Gänsemarsch geht's hinunter zum Fluß: der Häuptling an der Spitze, unmittelbar dahinter ich, gefolgt von allen gesunden Dorfbewohnern. Eine lustige Religionsgemeinschaft! Man plaudert und stößt sich gegenseitig weiter. Die Kinder tanzen ständig aus der Reihe, um einen ihrer Spielkameraden, der etwas weiter vorne geht, plaudernd begleiten zu können.

»Mané!«

Alles springt ins Wasser. Eine Draufgabe zu meiner Läuterung! Wenige Schritte vom Rand des Wassers entfernt hat man am Strand ein großes Loch ausgehoben, das mich eigenartigerweise an ein frisch geschaufeltes Grab erinnert: es ist etwa zwei Meter lang, einen Meter tief und einen Meter breit. (…) Tausende und aber Tausende von Ameisen bemühen sich vergeblich, die schrägen, brüchigen Wände zu erklettern. Den wenigen, denen es gelingt, sich dem Rand zu nähern, bleibt kaum Zeit, in die Freiheit zu entkommen, denn die Dorfjugend stößt sie unbarmherzig wieder in die Grube. Dieses Spiel macht den Jungen und Mädchen offensichtlich großen Spaß.

Mittlerweile haben sich die Dorfbewohner um das Grab versammelt. Der Häuptling hat mir erklärt, was ich zu tun hätte. Scheinbar ist die Aufgabe nicht sehr kompliziert: ich muß in die Grube springen und mich auf den Boden legen…

Ich kann nicht sagen, daß ich Angst habe, eher Bedenken, daß ich auf die Dorfbewohner einen ängstlichen Eindruck machen könnte.

Bei dieser Aufgabe benötigt man nicht Mut im wahrsten Sinne des Wortes, denn mein Leben ist ja nicht in Gefahr. Es geht um die Beherrschung der Nerven. Liegt man nämlich einmal ausgestreckt da unten, darf man sich nicht mehr bewegen, während die Tausenden Insekten, die durch die tagelange Gefangenschaft in den Bambusröhren hungrig und wild gemacht wurden, über einen herfallen. Früher glaubte ich, die Tiere wären mit einem Stachel ausgerüstet – ich bin kein Entomologe – und daß sie damit dem Opfer die Ameisensäure injizierten. Die genaue Beobachtung hat mir gezeigt, daß die kräftigen Mandibeln zunächst die Haut öffnen, worauf sich der Hinterkörper wie ein Bogen nach vorne biegt, um in die eben geschaffene Wunde sorgfältig einen Tropfen Säure einzuführen. Das ist schmerzhaft, das brennt, und auch die Nebenwirkungen sind unangenehm, falls es zu einer Mehrzahl von Bissen kommt. Jetzt bin ich dran.

Bevor ich in die Grube springe, gebietet mir der Medizinmann, meinen Lendenschurz abzunehmen. Er muß.so etwas wie »Betrüger, Schwindler« hinzugefügt haben, denn ich höre Protestgemurmel unter den Zuschauern. Auch der Häuptling weist ihn schroff zurecht. Ich bin sicher, dem Medizinmann wäre es sehr recht, wenn ich bei dieser »Sitzung« versage. Diese Freude will ich ihm nicht machen, außerdem möchte ich den Häuptling nicht enttäuschen, der mich ohnedies mit einer gewissen Besorgnis betrachtet.

Noch eine Sekunde, und ich bin in einem der einfachsten Marterwerkzeuge eingeschlossen. Hier und dort wird leise gelacht. Es gibt keine Leiter, um in die Grube zu steigen, ich muß springen. Sofort spüre ich die Bisse.

Der Brauch will es, daß der Anwärter sich der Länge nach ausstreckt und unbeweglich verharrt, ohne Anzeichen des Leidens von sich zu geben. Sind die anderen Krieger der Meinung, daß er die Prüfung bestanden hat, wird ihm das mitgeteilt. Ist es eine Angelegenheit von einer Minute, von zweien oder dauert die Probe vielleicht etwas länger? Wenn man selbst in dieser Situation ist, hat man anderes zu tun, als sich um die Zeit zu kümmern.

Kein Zweifel, es tut weh, ist äußerst unangenehm, aber es ist zu ertragen. Nach den ersten Sekunden spürt man sozusagen nichts mehr.

Viel schmerzhafter werden später die Nachwirkungen sein: die winzigen Dosen der injizierten Säure gelangen rasch in die Blutbahn, während der ganze Körper eine einzige Wunde ist. Diese Wunde ist zwar nicht tief, da die Zangen der Ameisen nur geringe Ausmaße haben, aber sie ist großflächig und deshalb nicht minder schmerzhaft. Sobald die Prüfung als beendet erklärt ist – ich bin nicht in der Lage, ohne Hilfe aus der Grube zu steigen, mir schwindelt und ich sehe nichts mehr –, wischen mir einige Frauen mit Tüchern von zweifelhafter Sauberkeit das Blut ab, das langsam über meinen Körper sickert. Der Juckreiz ist unerträglich geworden. Man bestreicht mich mit Pökellauge. Unter normalen Umständen müßte man unter der beißenden Wirkung des Salzes vor Schmerz springen, aber jetzt spüre ich absolut nichts. Ich weiß zwar nicht, wozu die Pökellauge gut sein soll, aber vielleicht ist sie dazu bestimmt, die Leiden zu vergrößern. Oder soll sie die Wunden desinfizieren?

Während der folgenden Minuten bessert sich mein Zustand nicht, die Säure dringt weiter ins Blut, als ob sie mir mit Tausenden Injektionsnadeln unter die Haut verabreicht worden wäre. Ich glaube, ich habe sogar für einen Augenblick das Bewußtsein verloren. Als ich wieder in der Lage bin, das Geschehen um mich zu erkennen, stelle ich fest, daß man mich allein am Strand zurückgelassen hat. Die anderen sind ins Dorf zurückgekehrt. Nur einige Hunde sitzen um mich herum oder umkreisen mich.

Der *bican*, die Pökellauge, verbreitet einen fürchterlichen Gestank, und so seltsam das auch scheinen mag, es ist die einzige präzise Erinnerung, die ich an diese Augenblicke habe.

Die Sitte verlangt, daß ich in den Urwald gehe und dort bleibe, bis meine Wunden geheilt sind. Im Prinzip gilt der Jüngling, der der Prüfung unterzogen wird – üblicherweise sind die Burschen fünfzehn Jahre alt, wenn man die Probe von ihnen verlangt –, als *bantou*, das heißt verflucht, unberührbar. Jeder, der ihm begegnet, kann ihn auf der Stelle töten, um Unglück von sich abzuhalten. Ich darf auf keinen Fall ins Dorf zurück, bevor ich nicht vollständig von den Bissen geheilt bin, denn meine Anwesenheit würde unweigerlich den Zorn der Götter und der übrigen Menschen auf den Stamm herabbeschwören.

Es ist noch nicht Mittag. Ich kann mich nur mit Mühe erheben und einen Fuß vor den anderen setzen. Ich höre, wie drüben im Longhouse mit dem Festschmaus begonnen wird...

Ich habe eine Stelle ausfindig gemacht, wo ich während der nächsten Zeit unterschlüpfen kann. Sie befindet sich ungefähr vier oder fünf Stunden entfernt vom Dorf, dicht an der Grenze des Gebietes des Rumah Selidapi, am Fuß eines mächtigen Berges, der aussieht, als wäre er von einem riesigen Buschmesser zugehauen worden. An einer Seite befindet sich ein steiler Abhang, der von üppigem Unterholz überwuchert wird, die andere Flanke besteht aus einer Felswand, an die sich nur ein paar Bäume und verkrüppelte

Lianen klammern. Am Fuße dieser fast senkrechten Wand fließt ein kleines, aber klares Bächlein dahin.

Es ist ein ruhiger Zufluchtsort, völlig einsam. Das Gebiet eines Dorfes ist niemals sehr ausgedehnt. Im allgemeinen kann man seine Grenzen in einem halben Tag erreichen. Der Herrschaftsbereich eines Dorfes wird in Familienpachten aufgeteilt; in diesen Zonen dürfen nur jeweils die Mitglieder einer Familie fischen und ihr Gift suchen. Man muß diese Zonen und die Tabus, die sich daran knüpfen, unbedingt kennen und genau beachten, wenn man nicht in ernste Schwierigkeiten mit den Dorfbewohnern geraten will. Ich muß oft stehenbleiben, und als ich meinen Schlupfwinkel endlich erreiche, ist die Dämmerung schon hereingebrochen. Ich bin nicht mehr in der Lage, eine Hütte zu bauen. Ohne Buschmesser würde ich auch mehrere Stunden dazu brauchen. Plötzlich geraten die Blätter über mir in heftige Bewegung: in wenigen Minuten wird es regnen. Abgesehen vom Rauschen der Blätter ist es still im Urwald geworden. Alle Tiere außer den Fröschen haben es eilig, ihre Schlupfwinkel zu erreichen. Schon fallen die ersten Tropfen, erst einzeln, dann immer dichter. Ich versuche, Schutz unter den Wurzeln eines Baumriesen zu finden, die entlang des Stammes wie sternförmig angeordnete Stützen hoch über den Boden aufragen. Leider bieten sie keinen allzu großen Schutz – aber ich finde keinen besseren.

Die Nacht bricht schlagartig herein, und mit ihr die Kälte. Ich bin nackt wie ein Wurm, habe kein Feuer, bin ohne Waffe – nicht einmal ein Messer hat man mir gelassen –, und zu allem Überfluß beginnt mein Körper, der eine einzige Wunde ist, vor Fieber zu glühen. Das ist nun die wahre Prüfung. Die Ameisen waren nur Vorbereitung.

In der Kälte, im Regen und mit dem Fieber ist an Schlaf nicht zu denken. Die ganze Nacht höre ich die Frösche quaken. In der Morgendämmerung wird meine Lage unerträglich. Ein feuchter, eisiger Nebel ist nach dem Regen zurückgeblieben, und ich friere bis auf die Knochen. Ich würde gern weitermarschieren, aber im dichten und undurchdringlichen Nebel wäre das ein Wahnsinn: nicht nur, daß ich mich höchstwahrscheinlich verirren würde, besteht in diesem gebirgigen Terrain auch noch die Gefahr eines Absturzes. Der Wald ist von Felsen durchsetzt, überall trifft man auf Bäche, die zwischen zwei bis drei Meter hohen Böschungen fließen, und wie überall auf Zentralborneo können sich auch hier unvermittelt Schluchten oder Felsabstürze vor dem unvorsichtigen Wanderer auftun. Man folgt einem Pfad und findet sich plötzlich zehn, dreißig oder hundert Meter tiefer, am Fuß einer Felswand, wieder. Derartige Unfälle ereignen sich aber fast nie, da niemand so verrückt ist, bei dichtem Nebel durch dieses gottverlassene Gebiet zu marschieren. Ich muß also warten, bis sich endlich wieder die Sonne zeigt. Mir zum Trotz hebt sich heute die Nebeldecke nicht. Nur wenn sie an einem Baumwipfel aufreißt, kann ich einen traurigen, grauen Himmel sehen. Ich werde mich nicht einmal an den Strahlen der Sonne wärmen können, wenn ich endlich den Bach erreiche, wo ich mich für die nächste Zeit niederlassen will. Dabei hatte ich mir ausgerechnet diese Stelle gewählt, weil es kilometerweit der einzige freie Platz ist, an dem man die Sonne sehen kann. Das ist zum Überleben wichtig, denn wenn man Feuer machen will, braucht man trockenes Material. Mitten im Urwald ist es unmöglich, Schwämme, die als Zunder dienen, zu trocknen. Die Luftfeuchtigkeit ist so hoch, daß ein völlig ausgetrockneter Gegenstand innerhalb von wenigen Stunden durch und durch feucht wird, wenn man ihn nicht dagegen schützt. Im Urwald ist die Feuchtigkeit fast zu greifen.

Im Dschungel allein durchzukommen ist schon nicht leicht, wenn man ein gutes Gewehr, Feuer und einen Unterschlupf hat. Ohne Gewehr, aber mit Feuer und Bekleidung, befindet man sich in einer Situation, die man beim Militär »Operation Überleben« nennt. Ohne all das Genannte, noch dazu in schlechtem Gesundheitszustand und mit dem Risiko einer ernsthaften Infektion behaftet, hat wirklich nur ein Primitiver Chancen, davonzukommen.

Ohne die Monate der Vorbereitung und Erziehung in diesem Gebiet, wie ich sie hinter mich gebracht habe, wäre ich nicht lange am Leben geblieben. In dieser feindlichen Umgebung ist ohne reichliche Nahrung an einen Widerstand gegen die Tücken der Natur nicht zu denken. In drei bis vier Tagen befindet sich ein Verirrter bereits in einer sehr kritischen Lage. Vom Hunger getrieben, versucht er sein Glück an der ersten Frucht, die eßbar aussieht – nur um sich wenige Augenblicke später vor Schmerzen zu winden. Die Frucht war giftig! Drei Viertel der Urwaldpflanzen sind giftig, ein Gutteil des restlichen Viertels absolut ungenießbar. Es gibt wirklich sehr wenig Pflanzen, die man essen kann, vom Geschmack gar nicht zu reden: die Auswahl ist so gering, daß man nicht wählerisch sein darf.

Feuer? Um Feuer zu machen gibt es mehrere Methoden: alle liegen außerhalb der Möglichkeiten eines Unkundigen. Mit der Methode der beiden Holzstücke, die man heftig aneinanderreibt, gelangen nur die Baumbewohner Australiens und einige wenige andere, ganz primitive Volksstämme zu einem Resultat. Man muß das richtige Material wählen, sonst besteht keine Hoffnung auf Erfolg – ganz abgesehen von der richtigen Technik! Die zwei Feuersteine, die man kräftig gegeneinanderreibt? Ich habe mehrmals verbissen versucht, auf diese Art einen Funken zu erzeugen, mit dem Erfolg, daß meine Handflächen von riesigen Blasen bedeckt waren. Hingegen weiß ich, wie man das berühmte Feuerzeug der Ibans herstellt: es besteht aus einem Bambusschaft, an dem ein Feuerstein befestigt ist. Auf diesen Stein legt man ein kleines Häufchen vollkommen trockenen Feuerschwamms. Mit dem zweiten Feuerstein klopft man so hart wie möglich auf den ersten und erzeugt damit einen Funken, der dann die Fasern des Schwammes entzündet.

Erst am dritten Tag habe ich alle Hilfsmittel, um Feuer machen zu können.

In der Zwischenzeit ernähre ich mich hauptsächlich von Muscheltieren, die unter den Kieseln des Baches leben. Zum Glück findet man sie an manchen Stellen in großer Anzahl. In rohem Zustand lassen sich die Muscheln schwer öffnen. Ich zerbreche sie zwischen zwei Kieselsteinen. Pflanzen haben im allgemeinen in rohem Zustand einen sehr schlechten Geschmack. Rohes Fleisch hingegen schmeckt – diese Erfahrung habe ich schon in reichem Maß gemacht – keineswegs abstoßend, ganz im Gegenteil.

Im Lauf des ersten Vormittags habe ich das Glück, ein Eichhörnchen in dem Augenblick, in dem es in einer Baumhöhle verschwinden will, zu überraschen. Es handelt sich um ein Dremoys (*Dremoys everetti*), eine Art, die sich vor allem in gebirgigen Zonen nahe dem Erdboden aufhält. Es hat eine ansehnliche Größe und liefert mir fast zweihundert Gramm Fleisch. Das heißt, daß die notwendige Menge an Proteinen für einen Tag gesichert ist. Ich esse das Eichhörnchen roh, es schmeckt nicht gerade überwältigend. Diese Tiere ernähren sich hauptsächlich von Insekten, und das riecht man. Angesichts der Umstände muß ich allerdings über die Beute glücklich sein.

Den ganzen Tag suche ich nach Eßbarem, wenn ich nicht an meinem Unterschlupf baue oder an meinem Feuerzeug bastle. Ich zernage Insekten, wann immer ich sie fangen kann. Ohne Messer muß ich darauf verzichten, verfaulte Baumstämme aufzubrechen oder alte Rinde von den Bäumen zu lösen, die für Mensch und Tier richtige Vorratskammern bilden. Es bleibt mir nichts anderes übrig, als Heuschrecken oder Baumwanzen zu fangen.

Jeden Abend stelle ich viele kleine und primitive Fallen, die für die unzähligen Dschungelratten und Buschhühner bestimmt sind. Am Tag sind die Eichhörnchen das am häufigsten anzutreffende Tier; den nächtlichen Urwald aber bevölkern zweifellos die Ratten. Auf Borneo leben dreißig bekannte Arten – sicherlich gibt es ebenso viele unbekannte. Manche sind winzig, wie zum Beispiel die Haeromys, die kaum zehn Gramm wiegt, während andere wieder ein schönes Ragout für zwei Personen liefern, wie zum Beispiel die Riesenratte (*Ratus infraluteus*), die im Zentralland häufig anzutreffen ist. In der Sprache der Ibans heißt sie *tikus bukit*. Ein kräftiges Exemplar wiegt fünfhundert Gramm. Später, als ich den Trick heraus hatte, fing ich sie fast täglich bei Sonnenaufgang.

Manchmal muß man sich die nötigen Proteine bei den Schlangen holen. Im rohen Zustand schmecken sie nicht sehr gut, läßt man sie jedoch kurz kochen oder brät man sie auf der Glut, sind sie vorzüglich.

Hier der Ablauf des zweiten Tages, um eine Vorstellung von meinem Stundenplan zu geben:

Ich erwache kurz vor Sonnenaufgang. Am Vorabend habe ich fast nichts gegessen. Nach den beiden Nächten in Regen und Kälte, auf dem Boden, inmitten einer Schar von Moskitos, von denen einer gefräßiger als der andere zu sein scheint, bin ich ordentlich ausgehungert.

Zum Frühstück einige Schluck kalten Wassers. Mager, mager! Ich warte mit dem Bau meiner Hütte, bis der Tau getrocknet ist. Während ich die Bambusstangen auswähle, die ich für meinen Unterschlupf verwenden will, finde ich einige Farne, die bitter sind und auf der Zunge lange Zeit einen unangenehmen Geschmack hinterlassen. Ich esse vier bis fünf große pilzige Blätter, die Folge ist ein ordentlicher Durchfall. Offensichtlich vertrage ich allzuviel Grünzeug nicht sehr gut.

Plötzlich schießt aus dem Dickicht eine dunkle Kugel auf mich zu und verschwindet mit zwei Sätzen aus meinem Blickfeld. Ich habe gerade noch Zeit, eines der am Boden lebenden Eichhörnchen zu erkennen. Zweimal, dreimal höre ich es aufspringen, dann Stille. Anscheinend hat es sich nicht sehr weit von mir versteckt. Um eines der in den Bäumen wohnenden Eichhörnchen hätte ich mich nicht weiter gekümmert, aber in diesem Fall besteht eine geringe Chance auf Jagdglück. Einige Meter von meinem Platz entfernt bemerke ich einen dicken Baumstamm, der von grünem Moos überzogen ist. Zweige hat er keine mehr. Auf einer Seite klafft eine breite schwarze Öffnung. Das wird zwar kaum das Nest des Eichhörnchens sein, denn dazu wäre es zu leicht zu sehen und schlecht gelegen. Aber wenn das Tier sich in großer Panik befindet, könnte die Höhle einen willkommenen Schlupfwinkel bieten. Ich bin nur mit einem langen Bambusstock bewaffnet, der zu dünn und zu zerbrechlich ist, um damit ein Eichhörnchen zu erschlagen. Ich laufe zum Bach, um einen schweren Stein zu holen.

Mit dem Bambus stochere ich in der Öffnung herum. Da, etwas bewegt sich! Irgendein Tier hält sich hier verborgen, sei es nun das Eichhörnchen oder ein anderes – jedenfalls ist es eßbar! Eine Hand bereit, mit dem Stein zuzuschlagen, taste ich mit der anderen das Versteck ab... Da, das Tier schießt wie eine Kanonenkugel heraus. Gerade kann ich ihm noch einen Schlag in die Mitte des Körpers versetzen. Es hat zwar noch die Kraft, zu entwischen, aber mit gebrochenem Rückgrat kann es nicht weit kommen. Ein zweiter, besser gezielter Schlag streckt es zu Boden. Mit einem langen, sehr scharfen Bambussplitter ziehe ich dem Tier das Fell ab. Zehn Minuten später baumelt das Eichhörnchen traurig, nackt und rosa von einem Ast. Da ich mein Urwaldfeuerzeug noch nicht fertiggestellt habe, bleibt mir nichts anderes übrig, als meine Beute roh zu verzehren.

Noch am Vormittag kann ich einen ansehnlichen Vorrat an schwarzen Muscheln sammeln. Roh schmecken sie weniger gut als gekocht, aber sie sind sehr saftig. Der einzige Nachteil dabei: man holt sich eine Menge Darmparasiten.

Mein »Haus« wird lange vor Einbruch der Dunkelheit fertig. Es besteht aus einigen Bambusrohren, Blättern und Lianen, die das Gerüst zusammenhalten. Jetzt brauche ich den Regen nicht mehr zu fürchten. Die Moskitos bleiben allerdings ein unlösbares Problem. Die anderen Insekten halte ich mit jenem schon erwähnten Saft ab, indem ich die Pfähle meines Hauses damit bestreiche. Die Gewinnung ist einfach: man ritzt einfach den Stamm des Baumes, der diesen Wundersaft produziert, mit einem kantigen Stein an, und schon fließt der Saft heraus.

Ich fühle mich müde und fiebrig und gebe für heute die Herstellung des Feuerzeugs auf. Es bleibt zu hoffen, daß meine infizierten Wunden nicht eine Sepsis nach sich ziehen. Das wäre das Ende – ein schreckliches Ende! Ich kann nur eines tun, um das zu verhindern: anständig essen und so wenig wie möglich unter den Bäumen bleiben, denn dort ist es wesentlich feuchter als auf dem winzigen Strand, wo ich mich eingerichtet habe.

Meine Wunden sind viel zu groß, als daß ich Kräuter auflegen könnte, wie man es bei den Ibans tut. Der Rücken schmerzt am meisten, denn bei jeder abrupten Bewegung reißen die Krusten, die sich zu bilden beginnen, wieder auf, und die offenen Wunden ziehen von neuem Fliegen und Moskitos an. Auch unter den Achseln und zwischen den Oberschenkeln habe ich starke Schmerzen. Nur ganz wenige Stellen meines Körpers sind verschont geblieben, so daß mir beim Schlafen jede Lage gleich unerträglich ist.

Gegen Ende des Nachmittags mußte ich meist einen Wolkenbruch und mitten in der Nacht eine weitere Dusche über mich ergehen lassen. von heute an kann ich mich dagegen schützen.

Nach und nach kommt Ordnung in mein Leben. Ich kenne die Umgebung jetzt schon recht gut, was dazu beiträgt, daß ich besser esse. Seit ich wieder Feuer habe, stellt die Nahrung kein allzugroßes Problem mehr dar.

Nach einigen Tagen fällt das Fieber. Auf dem Rücken und auf dem Bauch habe ich noch dicke Krusten, aus denen Eiter sickert. Wenn ich nur keinen Wundbrand bekomme oder Würmer... Ich habe das Gefühl, daß es noch lange Zeit dauern wird, ehe ich ins Dorf zurückkehren kann.

Jeden Morgen lege ich einen Kieselstein auf einen kleinen

Haufen, der mir die Dauer meines Aufenthalts anzeigt. Wie oft habe ich mich damit unterhalten, diese Häufchen abzutragen und die Steine von neuem zu zählen, um mir der Tage ja ganz sicher zu sein. Das hilft mir aber auch nicht weiter, denn es kommt nicht auf den Zeitraum an, den man außerhalb des Dorfes verbringt, sondern nur darauf, wie lange man braucht, um geheilt und ohne Bißspuren ins Dorf zurückkehren zu können...

Alles in allem bleibe ich einundzwanzig Tage in meiner Einsamkeit. Obwohl ich fast dauernd unterwegs bin, um nach etwas Eßbarem zu suchen, langweile ich mich tödlich. Ich glaube, jeden Tag mehr abzustumpfen. Zum Glück treten die Absenzen, die ich so sehr gefürchtet habe, nicht ein. Wenn ich auch dauernd in einem Zustand des Halb-Bewußtseins schwebe, so gelingt es mir doch, meine Selbstkontrolle zurückzugewinnen, wenn es nötig wird. Um zu vermeiden, daß ich zu lange dahindöse, versuche ich, meinen Geist zu üben und laut mit mir selbst zu sprechen. Ich versuche, mich an Texte zu erinnern, die ich einmal gelernt habe. Ich rezitiere aus »Esther«, »Athalie« und »Othello«, muß aber feststellen, daß ich nicht sehr viel im Kopf behalten habe, außer vielleicht dem ersten Akt der *Plaideurs*... Ich wende mich an einen Baum: »Ein Richter, im vergang'nen Jahr, nahm auf in seine Dienste mich...« Wenn ich mich an keine weiteren Verse erinnern kann, dichte ich mir meine eigenen. Von Zeit zu Zeit sage ich das kleine und das große Einmaleins auf. Aber nur zu bald werde ich dieser Übungen müde. Mit den flachen Kieselsteinen spiele ich unendlich lange Schachpartien gegen mich selbst. Das zerstreut noch am meisten. Ich versuche, die Tiere zu beobachten, aber auch dazu fehlen mir die Kraft und die Ausdauer. Nach und nach packt mich der Ehrgeiz, meine Nahrung zu verbessern und meine Ausrüstung zu vervollständigen. So gut es geht, stelle ich eine Steinaxt her, aber der Schaft aus Bambusrohr ist nicht sehr widerstandsfähig und außerdem am Beil schlecht befestigt – es gelingt mir nicht, das Niveau eines Steinzeitmenschen zu erreichen. Aus einem geraden Ast, den ich oberflächlich von den kleinen Zweigen befreie und dessen Spitze ich im Feuer härte, verfertige ich mir einen Spieß, um mich im Notfall gegen ein wildes Tier verteidigen zu können. Zum Glück habe ich keine Gelegenheit, meine Waffe auszuprobieren. Dann versuche ich, einen Bogen herzustellen, aber da ich nicht weiß, welches Holz man dazu verwenden muß, bleiben die Spannkraft und der mögliche Nutzen sehr gering.

Mit Hilfe einer Harpune, deren Spitze ich mit dem Knochen einer Ratte verstärke, gelingt es mir, ein paar Fische zu fangen. Das Fischen mit einem primitiven Holztrichter ist weit ertragreicher. Von da an erlebe ich auch angenehme Zeiten: dann, wenn der Hunger schon im Magen zu zwicken beginnt, vor mir aber in zwei hohlen Bambusgefäßen ein halbes Dutzend Katzenfische mit jungen Trieben und Farnen auf der Glut kochen. Daneben siedet eine Handvoll schwarzer Muscheln. Das Menu wird mit roten Ameisen gewürzt. Welch ein Vergnügen, diese abscheulichen Biester zwischen den Fingern zu zerquetschen! (...)

Am 22. Tag schlage ich übermütig den Weg zum Rumah Selidapi ein.

Ich komme zur Zeit des Mittagessens ins Dorf. Niemand ist zu sehen, alle sind in ihren Bileks oder im Ruaï. Als ich auf die Veranda trete, herrscht völlige Verwirrung... Mit meinem Bart dürfte ich nicht besonders vertrauenerweckend aussehen!

»Dioudi, Dioudi!«

Alles drängt sich um mich. Lintaü, die in der Küche beschäftigt war, kommt herausgestürzt, als sie meinen Namen rufen hört, stößt die um mich Gescharten energisch zur Seite und wirft sich in meine Arme. Der Häuptling kommt gleich darauf gelaufen und betrachtet mich zufrieden von allen Seiten. Zu dritt gehen wir ins Bilek. Bevor ich essen darf, muß ich mich rasieren und meine Augenbrauen auszupfen.

Wie gut schmecken doch Reis und Schweinefleisch...! Um das Mahl zu vervollständigen, bekomme ich eine Schale Tuac und zum Abschluß eine dicke Zigarette. Wie schön ist es, wieder zu Hause zu sein!

Nun bin ich also ein Krieger der Ibans. So sagen es wenigstens meine Stammesbrüder. Ich selbst mache mir da keine Illusionen. Ich werde niemals ein echter Iban sein, kein Europäer könnte das.

Steven Callahan
Vom 46. bis zum 51. Tag

Nach dem Untergang seines Segelschiffes Napoleon Solo *(s. S. 231) treibt Steven Callahan auf einer nur eineinhalb Meter großen Rettungsinsel allein im Atlantik – 77 Tage lang.*

Wir haben den 22. März, mein sechsundvierzigster Tag. Die New Yorker Küstenwache gibt eine Radiomeldung durch, daß die *Napoleon Solo* überfällig ist. Sie benachrichtigt Lloyds in London, die Behörden der Kanarischen Inseln und die Küstenwachstationen von Miami und Puerto Rico, daß die »aktive Suche eingestellt wurde«. Sie warten bis zum 1. April, bevor sie meine Familie davon in Kenntnis setzen. Ich halte immer noch Ausschau, sooft es geht, suche jeden Tag stundenlang den leeren Horizont, jeden Wolkenschleier nach der Andeutung eines Kondensstreifens ab, lausche angestrengt, ob nicht irgendwo das ferne Dröhnen von Propellern zu hören ist. Ich weiß, daß ich für eine aussichtsreiche Suche noch zu weit entfernt bin; außerdem bin ich schon so lange überfällig, daß bestimmt niemand mehr glaubt, ich könnte noch am Leben sein. Offiziell hat man mich sicher schon als »spurlos verschwunden« eingestuft. Nichtsdestoweniger halte ich weiterhin Wache.

Das Leck ist gestern schlimmer geworden. Ich versuchte den Außendruck zu verstärken, indem ich eine weitere Halteleine über den Flicken zog, aber dadurch wurde der Stöpsel ein bißchen zur Seite gezogen, und die silberne Bläschenzunge der Schlange schnellte hervor. Nach stundenlangem Hantieren fing ich sie wieder ein, aber ein bösartiges Zischen entweichender Luft bleibt. Momentan habe ich oft Wasser im Floß. Meine Beine drücken den Gummiboden nach unten, bis ich bis zu den Oberschenkeln im Wasser stehe; der Gummi legt sich eng um meine Beine. Es ist ein Gefühl, als würde ich überflutete, hüfthohe Gummistiefel tragen. Wenn ich mich bewegen will, dann muß ich jeweils ein Bein aus dem durchsackenden Boden ziehen, um es anschließend ein bißchen näher auf mein Ziel zu wieder abzusenken, wobei ich die ganze Zeit auf einem Bein balancieren muß. Wenn ich das Gleichgewicht verliere, dann falle ich in die saugende Schwärze; es erfordert einen echten Kampf, nicht total eingeschlossen zu werden. Natürlich ist es in der Mitte am schlimmsten, deshalb versuche ich mich am Rand des Floßes zu halten. Trotzdem reißt der saugende Gummi die vielen Geschwüre auf, die sich an Beinen und Rücken gebildet haben. Einige der Salzwassergeschwüre zwängen sich zwischen meine Beine, andere sprießen auf meiner Brust. Mein Körper verfault vor meinen Augen.

Ich ignoriere den Schmerz und versuche zu fischen. Mit fiebrigen, benommenen Blicken erkenne ich gerade noch, daß ich es geschafft habe, zwei Drückerfische an Bord zu bekommen. Ich habe auch zwei Goldmakrelen getroffen, doch jedesmal bog sich die dünne Messerklinge, die ich jetzt als Speerspitze benütze, einfach um. Selbst wenn mein Stoß hart genug ist, um die Haut der Goldmakrelen zu durchdringen, reißen sie sich mit Leichtigkeit wieder los. So wie sich die Klinge hin und her biegt, rechne ich damit, daß sie jeden Moment abbricht.

Aus meinem Beutel hole ich das Rasiermesser, mit dem ich vor anderthalb Monaten die *Ducky* vom Deck der *Solo* abgeschnitten habe. Ich breche den Holzgriff ab, entferne die starre Stahlklinge und wetze sie an meinem Schleifstein. An der einen Seite des Speerschaftes binde ich das Buttermesser, an der anderen die Rasiermesserklinge fest und biege die drei Spitzen zu einer V-förmigen Pfeilspitze zurecht. Durch die Löcher in ihren Griffen zurre ich die Messer aneinander und am Speerschaft fest. Wenn ich noch ausreichend Kraft habe, dann wird der Speer wie ein Meteorit in die Goldmakrele einschlagen und einen klaffenden Krater reißen. Damit die Spitze noch besser hält, biege ich den Griff des Buttermessers vom Schaft weg, um so eine Art Widerhaken zu bekommen. Diese Klingen sind meine letzten verfügbaren Metallteile, aus denen ich eine Speerspitze basteln kann. Verliere ich sie, so kann mich das das Leben kosten. Eine Sicherungsleine vom Buttermesser zum Harpunengriff ist meine Lebensversicherung. Mit einer weiteren Leine binde ich die Harpune am Floß fest; für die Spitze baue ich eine Scheide, damit die Schläuche der *Ducky* vor ihr sicher sind, selbst wenn der Atlantik mit seinen Händen nach dem Speer greift und ihn schleudert.

Bevor ich Zeit habe, die neue Speerspitze zu testen, beginnt der Stöpsel am unteren Schlauch zu zittern, und am Bug schießen kleine Fontänen hoch. Mit einer Presse binde ich die Pflaster und Stöpsel noch einmal ab und ziehe sie stramm.

Ein kleiner Vulkan explodiert und spuckt dicke Blasen aus. Das Leck ist wieder da.

Auch der Destillationsapparat leckt wieder stärker, nachdem sich mein vorangegangenes Flickwerk gelockert hat. Mittendrin in der Schlauchreparatur kann ich den Ballon nicht aufblasen, und so fällt er in sich zusammen, bevor ich mich um ihn kümmern kann. Salzwasser verschmutzt das Destillat. Schwer zu sagen, wie stark die Verschmutzung ist. Nicht zu salzig zum Trinken, entscheide ich, aber je höher der Salzgehalt in meinem Körper wird, desto weniger schmecke ich das Salz. Die Tatsache, daß für mich Meerwasser allmählich fast wie Frischwasser zu schmecken beginnt, ist erschreckend.

Es ist Abend, als mir der Flicken wegknallt; der Schlauch wird schlaff, und ich liege die Nacht hindurch wach, dränge mich so weit nach außen wie möglich, um nicht zu tief mit dem Boden der *Ducky* durchzusacken. Kalt und naß, wie ich bin, habe ich das Gefühl, in einer auf die Seite gedrehten, mit Wasser gefüllten Hängematte zu liegen. Ein schwerer, rauher Klumpen streift mich. Wieder ein Hai. Ich packe meinen Speer und versuche mich in eine Position zu bringen, aus der ich zustoßen kann. Der quietschende Gummiboden legt sich saugend um meine Beine, verwindet sich, versucht mir die Haut abzuziehen. Ich kann den Hai nicht sehen, also ziehe ich meine Beinköder aus dem Meer, indem ich mich halb auf den aufgeblasenen Schlauch setze, den Kopf schief gegen die Zeltabdeckung gepreßt. Zitternd warte ich auf das Morgengrauen.

Jeden staubigen Winkel meines Hinterkopfes suche ich nach einer Idee ab, wie ich ein für alle Mal das Leck im Schlauch flicken könnte. Die dünne Leine, die ich für die Wicklungen verwendet habe, verschiebt sich regelmäßig, bis die gesamten Wicklungen über die gekräuselten Lippen des Risses rutschen. Ich werde jetzt nur den letzten Zipfel der gespitzten Lippen packen und die Leine so schnüren, daß eine Wicklung glatt neben der nächsten liegt, wie Drahtspiralen auf einer Spule, so daß die Lippen immer stärker zusammengezogen werden, bis die ganze Öffnung des Mundes geschlossen ist.

Bei Tagesanbruch probiere ich es mit einer Viertel-Inch-Leine vom Treibanker. Gott sei Dank funktioniert es.

Drei Stunden später fliegt die ganze Angelegenheit in die Luft.

Ich verschnüre das Leck erneut, lege innerhalb der Wicklungen der dicken Leine noch einige Pressen mit dünner Schnur an und ziehe die Halteleinen für den Außendruck drüber. Ich pumpe den Schlauch gerade so fest auf, daß er seine Form hält.

Etwas klopft monoton gegen den Boden. Ich schiebe mich über die Abdeckung der *Ducky*, drücke sie nieder und spähe über die Heckseite. Ich kann spüren, daß der rostige Gaszylinder, der ursprünglich die ganze Rettungsinsel aufgeblasen hat, aus seiner Tasche gefallen ist. Er gibt jetzt nicht nur einen guten Haiköder ab, sondern kann mit seinem rauhen Metall auch leicht ein weiteres Loch in mein Floß schaben. Der Wind hat aufgefrischt, und Wellen schwappen über mich, als sich die *Ducky* wie eine Membranpuppe hebt und senkt. Ich zerre an der Leitung, die den unteren Schlauch mit dem Gaszylinder verbindet. Die Gasflasche ist schwer, vermutlich voller Wasser, und läßt sich nicht wieder an den alten Platz befördern. Die Gasleitung zieht sich durch die Aufbewahrungstasche der Flasche, so daß nicht genügend Spielraum bleibt, um den Zylinder aus dem Wasser zu ziehen. Ich kann ihn weder an seinen alten Platz kriegen noch kann ich ihn loswerden, und ganz sicher kann ich ihn nicht dort lassen, wo er jetzt ist. Verdammt! Ich taste nach der Aufbewahrungstasche und beginne mit meinem Messer daran herumzusäbeln, sorgfältig darauf achtend, die Klinge weder fallenzulassen, noch sie in den Schlauch zu rammen. Zweimal schießt ein scharfer Schmerz meinen Arm hoch. Egal. Macht nichts, wenn ich mich selber schneide. Endlich ist es geschafft, ich ziehe die Flasche hoch und binde sie am oberen Schlauch fest.

Meine Arme sind bleiern, mein ganzer Körper schmerzt, und mein Kopf fühlt sich wie ausgestopft an. Während der letzten paar Tage habe ich nur einige Stunden Schlaf bekommen und ständig in Salzwasser gesessen. Eiterbeulen sind aufgeplatzt. Geschwüre wachsen. Das Loch, das ich mir bei der Reparaturarbeit am Schlauch in meinen linken Unterarm gerissen habe, ist größer geworden und stinkt faulig. Ich muß unbedingt die einander widersprechenden Forderungen von Nahrung, Wasser und Schlaf befriedigen – fischen, navigieren, den Destillationsapparat versor-

gen und Wache halten, bis ich umkippe. Ich erwische einen weiteren Drückerfisch und verschlinge ihn, als wäre er eine gebratene
Ente. Die Notwendigkeit, das Floß wieder und wieder aufzubla-
sen, raubt mir meinen nächtlichen Schlaf. Eine klare Trennung
zwischen Gut und Böse, zwischen Schönheit und Scheußlichkeit
existiert längst nicht mehr. Das Leben besteht nur noch aus ver-
schwommenen Augenblicken, die sich auf dem Weg zu größerer
Müdigkeit und tieferem Schmerz aneinanderreihen. Ich habe mich
so sehr an die Bewegungen der Überlebensabläufe gewöhnt, daß
ich sie ohne nachzudenken ausführe. Es regnet, und ich springe
auf, um ungefähr zwei Deziliter Wasser aufzufangen, während ich
gleichzeitig voller Abscheu beobachte, wie sich kleine Sturzbäche
in der Zeltabdeckung sammeln, reines Wasser, das sich augenblicklich in eine gallige Flüssigkeit verwandelt.

Seit dem Schaden am unteren Schlauch ist das Wetter ruhig
geblieben. Einerseits war das ein Glück, weil mir dadurch Zeit
blieb, das Leck zu flicken. Hätte mich bei defektem unteren
Schlauchring ein Sturm überrascht, dann wäre ich wahrscheinlich
ertrunken; meine Ausrüstung wäre mit Sicherheit weggerissen
und fortgespült worden. Was einerseits gut ist, hat wie stets natürlich auch eine schlechte Seite. Während dieser Periode der Ruhe
und Stille bin ich fürchterlich langsam vorangekommen. Jetzt hat
der Wind aufgefrischt – mittlerweile bis zu zwanzig Knoten –, und
das Wetter ist rauh, aber nicht stürmisch. Ich bin froh, daß es wieder ein bißchen weht. Zumindest kommen wir wieder einigermaßen voran.

Ich bin so schwach, daß ich seit einer Woche keine Yogaübun-
gen mehr gemacht habe. Vor dem Unfall hatte ich geglaubt, bereits ein ausgehungertes, gleichbleibendes Stadium erreicht zu
haben, aber jetzt ist mein Körper noch zerschlagener und ausge-
mergelter. Es läßt sich aushalten. Andere haben Schlimmeres ertragen. Du befindest dich jetzt auf der Zielgeraden, laß nicht nach,
setz zum Endspurt an. Du mußt in Bewegung bleiben, selbst wenn
du dir dabei noch ein paar Löcher ins Fell schlägst, du mußt dich
vorwärtstreiben. In diesem Rennen gibt es keinen zweiten Platz,
nur Sieg oder Niederlage. Und wir reden hier nicht von Pokalen
oder Trophäen. Du mußt dich reinhängen, bleib zäh und halt
durch, Junge.

Werden die Wellen das geflickte Leck wieder aufreißen? Nein, nur keine Panik. KEINE PANIK! Irgendwie schlafe ich. Ich träume, daß meine ganze Familie, Freunde und all jene, die ich geliebt habe, sich zu einem Picknick versammeln. Sie sitzen auf einer Steinmauer, und ich versuche, ein Foto von ihnen zu machen. Ich kriege sie nicht alle drauf. »Du mußt ein Stück zurück«, rufen sie mir zu. »Zurück, zurück, du mußt weiter zurück.« Ich gehe weiter und weiter zurück, habe eine ganze Menschenmenge im Sucher. Tausende von kleinen Punkten schreien. »Weiter zurück!« Sie schrumpfen weiter zusammen, und immer noch werden es mehr und mehr, die in mein Blickfeld kommen, bis alles verschwimmt und schließlich ganz verschwunden ist.

Der durchweichte Fußboden ist in so unglaubliche Bewegung geraten, daß ich mich wie auf einem Kirmeskarussell fühle. Unmöglich, unter diesen Bedingungen eine weitere Reparatur durchzuführen. Der Flicken sprüht und spuckt, aber er hält.

Um den Bug des Floßes vor meinem Speer zu schützen, falls da nochmals was schiefgehen sollte, und um neugierige Fische daran zu hindern, an der Leckabdichtung zu knabbern, drapiere ich vom Eingang aus eine Segeltuchschürze über den Rand und lasse den Stoff unter das Floß treiben. Die *Rubber Ducky III* ist zu einem großmäuligen Seeungeheuer mit heraushängender, abgezehrter Zunge geworden. Ich hänge drin wie ein schwächliches Rachenzäpfchen. Ich ziehe die Zunge straff gegen das Floß, damit sie nicht herumschwappt, meine Sichtbarkeit beeinträchtigt und meinen Fischbereich einengt. Die *Ducky* und ich sind nun bereit, alles zu verschlingen, was des Weges kommt. Je weiter wir nach Westen gelangen, desto stärker machen sich die warmen, feuchten, östlichen Passatwinde bemerkbar. Blumenkohlartig sprießen Kumuluswolken am fruchtbaren Himmel. In graufleckigen Strichen regnen kleine Schauer ab. Ich entferne den Drachen, der ursprünglich als Signalgerät gedacht gewesen war, aber schließlich als Wasserschutz an der leckenden Beobachtungsluke fungiert hatte. Ich ersetze ihn durch einen Plastiksack, der vorübergehend, wenn auch nicht sonderlich effektiv, seinen Zweck erfüllt. Wenn es regnet, dann halte ich den Drachen wie einen Schild den Tropfen entgegen, die Spitze auf die Kunststoffschachtel gerichtet. Diese zusätzliche Fläche erlaubt mir, einen weiteren halben Liter des Himmelselixiers einzufangen.

Der Metzgerladen hat seit Tagen keine frischen Nahrungsmittel mehr gesehen. Nur noch einige getrocknete Fischstreifen sind übrig. Sie scheinen in Ordnung zu sein, auch wenn sie schon einen Monat gehangen haben. Die steinharten, bernsteinfarbenen Stangen lassen sich erst dann ein bißchen kauen, wenn ich sie eine halbe Stunde im Mund aufgeweicht habe.

Zwei Beatles-Songs beginnen mich zu quälen, gehen mir unermüdlich durch den Kopf. Wie es im ersten Song heißt, ich bin so furchtbar müde, und mein Verstand steht auf Messers Schneide. Okay, na los, warum stehst du nicht auf und mixt dir einen Drink? Trinken... trinken... Wie eine Antwort auf meine Frustrationen ertönt der zweite Song. Help! Hilfe! Yeah, sicher brauche ich jemanden, aber ich wäre schon mit dem ersten besten zufrieden. Ja, sicher, ich könnte jemanden brauchen – oh, Universum, hörst du mich? – Hilfe! Natürlich kommt niemand, auch kein Drink, aber der Song will nicht verstummen.

Träume vom Essen werden realistischer denn je. Manchmal kann ich das Essen riechen; einmal habe ich sogar einen Traum gekostet, aber stets fehlt die Substanz. Selbst in der Wirklichkeit bin ich nach dem Essen immer noch hungrig.

Wieder gehe ich auf Goldmakrelenjagd. Ich muß jetzt mit meinem Stoß vorsichtiger zu Werke gehen. Die Messer sind zu zerbrechlich, als daß sie aus jedem Winkel die Fischhaut oder den muskulösen Rücken durchdringen könnten. Irgendwie muß ich die Eingeweide durchbohren. Diese schwimmenden Ziele schießen manchmal mit mehr als dreißig Meilen die Stunde dahin, und ich muß dabei ins Schwarze treffen, das nur wenige Quadratzentimeter mißt. Es scheint meine schwachen Kräfte zu übersteigen. Im Laufe der Zeit haben die Goldmakrelen jedoch identifizierbare Stilarten entwickelt, in denen sie gegen die *Rubber Ducky* klopfen und hämmern. Einige versetzen dem Boden oder der Außenrundung immer noch kräftige Schläge mit den Schwanzflossen, doch andere reiben sich an mir, gleiten an meinen Knien vorbei und schwimmen, seitlich liegend, direkt vor mir heraus. Sie sind so nah, daß ich Details ihrer Augen, winzige Narben und die noch winzigeren Löcher vorn sehen kann.

Messer blitzen im Sonnenschein auf. Die *Ducky* gibt ein gummiertes Stöhnen von sich, als hätte sie Angst. Ich breite Segeltuch, Schlafsack und Kissen aus, um das Floß, so gut es geht, zu schützen, vor allem natürlich die Schläuche. Ich stoße zu und treffe eine

Goldmakrele direkt unterhalb der Wirbelsäule, reiße ein großes Loch in sie. Ich packe den Speer mit der linken Hand und hebe den peitschenden Fischleib aus dem Wasser, die Spitze hoch in die Luft reckend. Ich muß wie verrückt kämpfen, um den Fisch in meinen Schlafsack zu pressen. Als mein Messer endlich sein Rückgrat bricht, ist alles mit Rogen und Blut bespritzt. Na und? Ich habe Nahrung! Ich mache kleine Freudenhüpfer und brülle: »Essen! Essen!«

Mein improvisierter Speer funktioniert. Ich kann meine Kräfte erneuern. Die *Ducky* macht gute Fahrt, und der Flicken hält. Mit den vorhandenen Vorräten kann ich mindestens acht, vielleicht sogar fünfzehn Tage durchstehen. Ich bin leer und ausgebrannt, aber diese paar Minuten eben haben mir die zweite Luft gebracht... oder ist es die achte oder neunte? Vor anderthalb Monaten schätzte ich meine Chancen auf eins zu einer Million ein, gestern noch eins zu zehn. Heute stehen sie fifty-fifty.

Beim Säubern der Drückerfische habe ich einiges gelernt, und so entdecke ich nun am Kopf der Goldmakrelen neue Stellen mit Fleisch. Wichtiger noch sind die neuen Flüssigkeitsquellen, von der Fettschmiere der Augensockel bis zu der schleimigen Höhle der Kehlenvertiefung. Als ich den Schädel über Bord werfe, ist der Knochen sauber abgekratzt. Der Magen ist stark aufgebläht. Ich schneide ihn heraus, kippe sorgfältig die Magensäfte nach außen, schlitze ihn auf und entdecke, daß er voller Beute steckt. Ein gewaltiger Fisch liegt eingezwängt zwischen Rachen und Eingeweiden. Es ist unglaublich, daß die Goldmakrele etwas derartig Großes schlucken konnte. Die Vorstellung, daß ihr jemand das die Kehle hinuntergerammt hat, ist wesentlich einfacher. Ich wasche die Beute im Meer. Nur die Haut ist bereits verdaut. Das dunkle Fleisch hat einen etwas scharfen Beigeschmack, aber ansonsten könnte man es für eine Makrele halten. Ich stelle mir vor, es ist gepökelt worden. Welch ein Geschenk. Ein zusätzliches Pfund Fleisch. Zwei vollständige Mahlzeiten aus Organen, einschließlich des Rogens. Zum erstenmal seit einem Monat fühle ich mich satt. Diese glückliche Bescherung geschieht zu einem kritischen Zeitpunkt. Ein Umschwung war dringend notwendig. Ich habe das Gefühl, dieser Fisch ist ein gutes Omen, so wie ich nach dem Erlegen und dem Verlust der großen Goldmakrele an ein schlechtes Omen glaubte. Beim letztenmal erwies sich das Omen als richtig. Ich hoffe, es wird auch diesmal so sein, und die Verhältnisse werden sich bessern.

Mittlerweile ist mein Wohngebiet, Duckyville, zu einer angesehenen Vorstadt geworden. Ich bin mit den Fischen so vertraut, daß ich mit jedem einzelnen plaudern und Klatsch und Gerüchte verbreiten kann. Ich erkenne den Rippenstoß einer Goldmakrele, den Stups eines Drückerfisches oder das Schaben eines Hais, so wie man die verschiedenen Nachbarn an ihrem unterschiedlichen Klopfen an der Hintertür erkennt. Oft weiß ich, welcher individuelle Fisch mit dem Schwanz gegen das Floß schlägt oder mit dem Kopf dagegenstößt. Ich weiß, wann die Fische in der Nähe sind, selbst wenn sie nicht klopfen oder klatschen. Ich liebe meine kleinen Freunde und ihre eng begrenzte kleine Stadt. Die Geißel von Politik, Ehrgeiz und Feindseligkeit fehlt völlig; nur schlichtes Leben ohne Geheimnisse und Ängste.

Doch nichtsdestoweniger birgt diese kleine Stadt ein Geheimnis. Ich schaffte es nicht, die Goldmakrelen mit der Angel zu fangen, und sie kamen in Reichweite meines Speers. Die Reichweite meines Speers verkürzte sich, als ich den Spanngummi verlor, doch sie schwammen näher heran und klopften an. Jetzt, wo sich meine Reichweite noch mehr verkürzt hat und meine Kräfte im Schwinden begriffen sind, legen sie sich auf die Seite, direkt unter meiner Speerspitze. Es ist, als würden sie versuchen, mir zu helfen, als hätten sie nichts dagegen, daß sich ihr Fleisch mit meinem vermischt. Hoch am Himmel Vögel mit langen, dünnen, stark gebogenen Schwingen und zierlich gegabeltem Schwanz. Fregattvögel wagen sich nicht so weit vom Land weg, schlafen nicht auf hoher See und jagen keine Fische; zumindest habe ich das gelesen. Doch die Form des Vogels – spitze, starre Schwingen, schlanker Körper und zierlicher Schwanz – entspricht genau der Beschreibung. Ich bin immer noch sechshundert Meilen weit draußen, und der Vogel scheint genau die gleichen fliegenden Fische sehen zu können, von denen sich die Goldmakrelen ernähren.

Die Nacht kommt, und das Wetter verschlechtert sich weiter. Ich höre das abgedichtete Leck blubbern, als der Bug mit den Wellen steigt und fällt. Ich muß jetzt öfter pumpen, jede halbe Stunde; mir ist klar, daß ich bei einer derartigen Arbeitslast nicht lange durchhalten kann.

Weiße Schaumkronen brechen sich gelegentlich über der Zeltabdeckung und krachen durch die Öffnung auf meinen Kopf. Wasser strömt über mich. Das Floß schwankt auf und ab, also umklammere ich mit einer Hand das Griffband, nur für den Fall, daß die *Ducky* wieder mal einen harten Schlag abbekommt und zusammenklappt. Schlafen ist unmöglich, also warte ich ruhig auf die wärmende Sonne. Plötzlich klatscht es laut auf der Abdeckung, gerade über meinem Kopf. Ich springe auf und schnappe mir den fliegenden Fisch, bevor er eine Chance hat, ins Meer zurückzuschnellen. Als die ersten Sonnenstrahlen zur *Ducky* vordringen, säubere ich meinen herrlichen Fang. Der Kopf eines fliegenden Fisches ist wie ein verkehrt stehendes Dreieck geformt. Riesige Augen schauen nach unten und zur Seite, um Raubfische im Blickfeld zu behalten, wenn der Flieger über das Wasser gleitet. Ich schabe die großen, runden Schuppen von dem flachen, indigofarbenen Rücken und dem schlanken, weißen Bauch und entferne dann die langen, durchsichtigen Flügel. Die Schwanzflossen bilden ein V, und die untere ist fast doppelt so lang wie die obere. Fliegende Fische können mehr als hundert Meter dahinsegeln, und mit diesem kleinen Steuerruder können sie die Richtung ändern. Nächtliche Blindflüge lassen manchmal ganze Schwärme gegen ein vorbeifahrendes Schiff knallen; wenn sie auftreffen, klingt es wie Maschinengewehrfeuer. Einige Male bin ich spätabends oder frühmorgens durch einen schmerzhaften, direkten Treffer gegen die Brust oder ins Gesicht aus dem Schlaf geschreckt worden. Das schmackhafte Fleisch der fliegenden Fische ist zart und rötlich weiß.

Beim ersten Tageslicht entdecke ich einen Fregattvogel direkt über mir. So, so, sie verbringen also nie eine Nacht auf See. Der Vogel sitzt fast bewegungslos da, wie gemalt.

Auf die Wärme warte ich vergeblich. Die Sonne hält sich versteckt, während rings um mich sich lärmend die Wellen brechen. Ich würde gern in meinen Schlafsack eingewickelt liegen bleiben, aber eine Welle kracht gegen den Bug, und selbst bei der tobenden See höre ich die zischende Eruption. Der untere Schlauch der *Ducky* wird schlaff, der Boden quillt auf, und ich sitze wieder tief im Wasser. Schöpfen hat keinen Sinn. Der obere Schlauch hat nur ein paar Zentimeter Freibord. Wasser strömt ganz nach Belieben durch mein Territorium.

Der ganze Schaumstoffstöpsel ist aus dem Loch geschossen. Ich muß ihn wieder an Ort und Stelle befestigen und erneut versuchen, den Druck zu mildern, der die geschürzten Lippen des Risses auseinanderzerrt. Da die kürzeste Entfernung zwischen zwei Punkten eine Gerade ist, beschließe ich, die Form des Floßes so zu verwinden, daß es von oben wie ein Krapfen aussieht, aus dem man ein Stück herausgebissen hat. Ich ziehe von einem Verankerungspunkt des Griffbandes zum anderen lange Leinen über den Bug, spanne dann durch Drehung die Leinen, bis sie das Floß in diese verwundene Form zerren. Dann ziehe ich innen eine Leine vom Bug zum Heck und spanne sie, bis sich das Floß in der Mitte zusammenfaltet. Das hebt den Bug weit genug, damit ich den Riß sehen kann. Mit einer Ahle bohre ich kleine Löcher in die Lippen des Risses und den Schaumstoffstöpsel. Ich fädle die Angelschnur durch und binde den Stöpsel fest. Wie die vielen Male zuvor lege ich Wicklungen darum und füge die Leinen für den Außendruck und Pressen hinzu. Als die *Ducky* wieder oben schwimmt, kann ich immer noch das hohe Pfeifen entweichender Luft hören, das durch die Schläuche hallt.

Wieder verbringe ich eine scheußliche Nacht. Böige Wellen von zwei bis drei Metern sind auf dem Vormarsch. Von der Abdeckung her tröpfelt salziges Wasser über mich. Bohrender Schmerz von den Salzwassergeschwüren vermischt sich mit dem pochenden Schmerz, der meine Muskel durchzuckt.

Um neun Uhr früh knallt das Leck wieder durch. Mein Vorrat an Goldmakrelen hängt bis auf den nassen Floßboden durch, wird ranzig. In der vergangenen Woche habe ich jede Nacht nur vier Stunden oder weniger geschlafen, täglich weniger als zwei Pfund Nahrung zu mir genommen und fast ununterbrochen gearbeitet. Allmählich breitet sich Panik in mir aus.

Du mußt es stoppen! Mußt es wieder abdichten! Ich kann nicht. Die Arme sind zu erschöpft für irgendeine Bewegung. Halt's Maul. Du mußt. Du hast keine Wahl. Bewegt euch, Arme, bewegt euch! Ich versuche meinen zerschlagenen und durchnäßten Körper wieder in Aktion zu bringen. Ich krieche vor, zurre die Abdichtung erneut fest. Sie knallt durch. Ich wickle noch einmal. Sie knallt durch! Wieder und wieder schmettert die See das Floß nach unten. Wassermassen schlagen auf mich ein, schleudern mich in den Sturzbach, der sich in das Floß ergießt und wieder hinausströmt. Gräßliche Spasmen, stechende, pochende Krämpfe, bohrender Schmerz. Ich ertrag's nicht, ich schaff' es nicht. Stopp es! *Fester*, du *mußt* die Leinen fester anziehen. Du mußt es versuchen. Die Welt dreht sich. Das ferne Echo von Worten. Vergessene Erinnerungen. Zieh fester, *fester*! Ächzend, stöhnend. *Pumpe*. Wie oft? Weiß nicht, kann nicht zählen. Vielleicht dreihundert Mal. Der obere Schlauchring auch, weitere neunzig. Meine Arme werden mir aus den Gelenken gerissen, die Haut wird mir bei lebendigem Leib abgezogen. Eine Woge kracht herein. Meine Welt macht einen Sprung und erbebt. Die Abdichtung knallt durch. Wieder abbinden, *fester*. Es muß halten. Der Destillationsballon hängt leblos über dem Bug. Pump den Schlauch auf. So lange, das dauert jetzt so lange. Zweihundertachtzig. Pause. Okay, pump weiter. Zweihunderteinundachtzig... Sie knallt durch!

Zusammenbruch, kann mich nicht mehr rühren. Mein linker Arm ist wie verdorrt. Mit dem rechten Arm zerre ich ihn auf meine Brust. Die Nacht ist da. Eisige Kälte, aber ich zittere nicht. Ich bin ohne Leben, treibe wie ein nasser Lumpen auf dem Meer. Kann mich nicht mehr bewegen. Erstarrt. Das Ende ist gekommen.

Ich atme schwer, keuche. Ja, ich glaube, ich bin am Ende. Acht Tage lang habe ich versucht, das Leck abzudichten. Nicht noch länger, bitte, nicht noch länger. Der Ozean rollt über mich, schäumt über mich hinweg, schlägt mich, aber ich leiste keinen Widerstand, spüre es kaum. Müde, ich bin so furchtbar müde. Himmel, Nirwana... Wo sind sie? Kann sie nicht sehen, nicht fühlen. Nur die Dunkelheit. Ist das Illusion oder Wirklichkeit? Ah, Wortspielchen für die Religiösen und Philosophischen. Worte sind nicht real. Stunden? Ja. Einundfünfzig Tage geschafft, und nur wenige Stunden bleiben noch. Ich bin gestolpert, gefallen, bin verloren. Warum, warum, warum? Ewigkeit? Ja, der Ozean rollt weiter. Ich rolle weiter. Nein, ich nicht. Kohlenstoff, Wasser, Energie, Liebe. All das geht weiter. Haut und Knochen von Gott, vom Universum, sie strecken sich, immer in Bewegung. Ich bin verloren, spurlos verschwunden.

Eine gewaltige Energie zerrt an meinem Geist, als würde ich in meinem Körper implodieren. Eine dunkle Grube weitet sich, schließt mich ein. Ich habe Angst, so furchtbare Angst. Tränen quellen aus meinen Augen, ziehen mich von der Leere weg. Vor Wut, Mitleid und Selbstmitleid schluchzend kralle ich mich in den Abhang, versuche hochzukriechen, verliere den Halt, rutsche tiefer. Hysterisches Gejammer, Klagen, verlorene Hoffnung. Ich taste um mich, will mich an irgend etwas festhalten, aber da ist nichts. Die Finsternis breitet sich aus, schließt sich um mich. Wie viele Augen haben das schon vor mir gesehen? Ich spüre sie, Millionen von Gesichtern sind um mich herum, flüsternd, drängend, rufend: »Komm, es ist Zeit.«

Rüdiger Nehberg
Warten in der Wüste

Wieder mal Angst! Bedrückende, quälende, verfluchte Angst! Sie liegt wie ein Felsbrocken auf der Brust, dein Herz flattert wie ein gefangener Vogel, jemand schnürt dir die Kehle zusammen und den Magen auch, deine Beine sind aus Blei, und die Gedanken haben sich rettungslos in einem Irrgarten verlaufen. Da hattest du gemeint, allmählich alles gelassener zu nehmen, aber es ist immer wieder dasselbe.

Du weißt, daß das Leben auf dem Spiel steht. Nicht irgendein Leben, deines! Manchmal geht man verdammt leichtfertig mit ihm um, tut so, als sei es gar nichts Besonderes. Doch wenn es dann wirklich darauf ankommt, dann hängt man plötzlich mit jeder Faser dran, möchte es um nichts in der Welt verlieren. Dieses kostbare, belämmerte, herrliche Scheiß-Leben.

Ich lag in der Felsspalte und hatte Angst. Die Felsspalte war etwa einen Meter hoch und vier Meter lang. Klaus und Horst hatten sie mit unseren Folien ausgelegt, die gesamte Ausrüstung war tief am Ende der Spalte verstaut worden. Sie hatten mir auf die Schulter geschlagen, »Mach's gut« gerufen und »Laß dir die Zeit nicht lang werden«, und dann waren sie mit Ibrahim verschwunden.

Das war morgens um sieben Uhr gewesen. Ich hatte mir ausgerechnet, daß sie abends wieder zurück sein müßten. Wenn alles gut ging! Wenn sie nun aber die Wasserstelle nicht gleich gefunden haben? Wenn es nun dort gar kein Wasser mehr gab? Wenn sie nun unterwegs überfallen wurden? Wenn sie sich vielleicht verirrten? Tausendmal »Wenn«.

Der Abend war längst von der Nacht eingeholt worden. Kein Klaus war gekommen, kein Horst. Ich lag in der Ritze, ich konnte mich schlecht bewegen, bei jedem Herumdrehen schmerzte der verletzte Fuß. Die Hitze hatte kaum nachgelassen, noch immer lag sie wie eine schwere Decke über dem Land. Die Lippen waren aufgesprungen, die Zunge war ein unbeweglicher Kloß.

Ich hatte noch einen knappen Viertelliter Wasser. Ich wußte, daß ich hier verdursten mußte, wenn Klaus und Horst nicht bald zurückkamen. Verdursten in dieser elenden Felsspalte, einsam und verlassen von Gott und der Welt.

Ein Viertelliter Wasser! Wie weit kann man wohl einen Viertelliter Wasser strecken? Bei Temperaturen um die dreißig Grad in der Nacht und über fünfzig tagsüber? Überhaupt nicht.

Mein Fuß tat höllisch weh. Ich starrte in den Felsen über mir und lauschte auf jedes Geräusch, das mir Klaus und Horst ankündigen könnte. Von Zeit zu Zeit drang das Kichern einer Hyäne zu mir, und ich versuchte, den Gedanken nicht aufkommen zu lassen, der sich in allen Einzelheiten ausmalen wollte, wie es denn wäre, wenn so ein Tier mich hier wehrlos finden würde. Bevor mich wieder ein mehr oder weniger langer Schlaf gnädig den Durst vergessen ließ, bevor dann vielleicht eine Hyäne zu mir hereinkam, kroch ich zum Gepäck und baute mir von den Aluminiumkoffern und Packsäkken eine feste Burg. Das Dach bildeten die Sattelstangen und die schweren Instrumentenkisten. Dahinein verkroch ich mich und verbarrikadierte den schmalen Einschlupf. Mein Kurzschwert, die Gille, und meinen Dolch hatte ich griffbereit neben mich in den Sand gesteckt.

Ein Viertelliter Wasser. Vorsichtig netzte ich meine aufgesprungenen Lippen mit dem kostbaren Naß. Etwas Fettcreme gab weitere Linderung. Die Versuchung, alles mit einem Schluck hinunterzustürzen, die Creme aufzuessen, war riesengroß. »Trink doch«, flüsterte mir jemand aus der Dunkelheit zu, »trink doch! Die beiden werden schon gleich kommen. Was soll schon passieren? Sie haben doch gesagt, daß sie kommen werden. Nun mach schon, trink, trink, trink!«

Ich trank. Und sog den letzten und allerletzten Tropfen aus der Feldflasche.

Als ich den Kopf zur Seite drehte, huschte ein winziger grauer Blitz durch mein Blickfeld. Angestrengt versuchte ich ihn mit den Augen auszumachen. Schließlich gelang es: eine Maus, eine kleine Maus sauste geschäftig in dem Felsgestein hin und her.

Wie kommt bloß dieses Tier hierher, überlegte ich. Wo mag es in dieser gottverdammten Gegend überhaupt genug Nahrung finden, um sein bißchen Leben fristen zu können?

Ich schaute auf meine Uhr. Eine knappe halbe Stunde nach Mitternacht. Die Zeit schien zu schleichen. Ich schlief wieder ein. Mit vor Durst gequollener Zunge, nicht mehr fähig zu schlucken. Später würgte ich die Fettcreme hinunter, um irgendwie Elastizität in das ausgedörrte Gewebe zu bekommen.

Mein Blut, das wußte ich aus Studien bei meinem Überlebenstraining, hatte jetzt einen großen Prozentsatz Wasser verloren. Es war dickflüssig geworden. Die Angst tat ihr übriges.

Zwei Tage nach dem Kamelunfall hatte es mich getroffen. Doch diesmal war es nicht das Salz, das den Unfall verursachte. Diesmal war es das dunkle Lavagestein im Mondlicht. Schatten und Steine verwirrten den Fuß. Dazu kam die Müdigkeit eines wassersparenden Nachtmarsches. Jedenfalls knickte mir plötzlich der Fuß weg. Tausend Messer jagten mir durch den Knöchel, ich schrie auf, und dachte im nächsten Augenblick: Aus! Alles aus! Fuß gebrochen, ganz sicher ist der gebrochen.

Horst tastete den Fuß ab. Man konnte förmlich zusehen, wie der Knöchel anschwoll. »Versuch mal, ob du das Gelenk bewegen kannst«, befahl er.

Ich biß die Zähne zusammen, drehte das Fußgelenk. Es ging, unter wahnsinnigen Schmerzen. Ich konnte den Fuß bewegen. Ob er doch nicht gebrochen war?

Horst legte mir einen festen Verband an. Doch als ich dann die ersten Gehversuche machte, brach ich nach wenigen Schritten wieder zusammen.

»Verdammt! Es hat keinen Zweck!«

Klaus war wieder einmal der kühlste von uns. »Wir werden hier lagern«, ordnete er nach kurzem Überlegen an. »Mal sehen, wie dein Fuß morgen früh aussieht. Wenn es dann immer noch nicht besser ist, dann müssen wir eben einiges von unserer Ausrüstung aussortieren, und du mußt reiten.«

Schöne Aussichten! Mit einem verletzten Fuß auf einem Lastenkamel, das Reiter nicht gewohnt ist, und dann womöglich stundenlang in diesem langen, schaukelnden Paßgang! Nein, da fielen mir beim ersten flüchtigen Nachdenken eine Menge Dinge ein, die angenehmer zu ertragen sind.

Doch da war noch etwas, und das konnte man schon nicht mehr mit so Wörtchen wie »angenehm« oder »unangenehm« umreißen. Unser Trinkwasservorrat ging zur Neige. Wir hatten höchstens noch sechs Liter im Schlauch. Und Ibrahim hatte erklärt, daß wir bis zur nächsten Wasserstelle noch etwa sechs Stunden stramm marschieren müßten. Normalerweise reichte das. Also keine Gefahr. Ich lebte wieder auf. Sechs Stunden doch nur, redete ich mir ein. Das mußte doch zu schaffen sein, selbst wenn mein Fuß nicht besser sein sollte, und ich morgen auf diesem verflixten Kamel reiten mußte.

Es wurde ein klägliches Camp. Kein Feuerholz, kein Feuer, keinen Tee. Nur kalte rohe Haferflocken mit Zucker, und braunes Wasser mit Hunderten von Wasserflöhen. Ibrahim hatte gar nichts zu essen außer Trockenfleisch. Ich schob ihm meine Haferflocken rüber und eine Handvoll Datteln. Appetit hatte ich keinen.

Wir kamen überein, nur fünf, sechs Stunden zu schlafen, um dann gegen vier in der Frühe weiterzugehen. Wir wollten nicht in die Tageshitze geraten.

Ibrahim band den Kamelen die Vorderbeine und ließ sie die spärlichen Grashalme abknabbern, die zwischen der düsteren Lava sprossen.

Als meine Freunde mich weckten, war mein Fuß nicht besser. Jedenfalls nicht so, daß ich marschieren konnte. Schlimm. Viel schlimmer aber war das andere:

Unsere Kamele waren wieder weg. Einfach weg, als hätten sie sich in Luft aufgelöst. Ibrahim schwor Stein und Bein, daß er sie, wie jeden Abend, ordentlich zusammengebunden hatte, und er konnte sich das alles einfach nicht erklären. Doch was sollte es auch? Warum noch lange herumrätseln – die Kamele waren verschwunden.

Wie ein Spürhund zog Ibrahim mit einer Taschenlampe los, um die Fährte aufzunehmen. Es war hoffnungslos. Es blieb uns nichts anderes übrig, als uns wieder hinzulegen und das Tageslicht abzuwarten. Pünktlich um halb sieben stand Ibrahim auf einem Hügel und spähte in die buckelige Umgebung. Er war nervös. So sehr seine Argusaugen auch spähten, röntgten und bohrten – die Kamele blieben verschwunden. Und wir waren sechs Stunden von der nächsten Wasserstelle entfernt, hatten jetzt noch knapp vier Liter Wasser. In kurzer Zeit würde das Thermometer wieder an die fünfzig Grad ansteigen.

»Wir wollen mal ganz kühl überlegen«, meinte Klaus in seiner ruhigen Art. »Wenn wir jetzt nach den Kamelen suchen, dann können darüber Stunden vergehen. Das schaffen wir nicht mit unserem bißchen Wasser. Wenn wir loslaufen und dich schleppen, dann brauchen wir bis zur Wasserstelle mindestens drei- bis vier-mal so lange. Das schaffen wir auch nicht.«

Weiter sagte er nichts. Brauchte er auch nicht. Ich konnte mir den Rest selbst recht gut zusammenreimen. Ich hätte nicht anders entschieden.

»Du meinst also, ich soll zurückbleiben.« Ich versuchte ganz gelassen zu antworten. Meine Stimme klang aber dennoch merkwürdig tonlos.

Klaus versuchte mich zu beruhigen. »Die Geschichte ist ganz einfach«, rechnete er, »sechs Stunden, hat Ibrahim gesagt, sechs Stunden bis zur Wasserstelle. Trinken. Schläuche füllen, vielleicht eine Stunde ausruhen, sechs Stunden zurück. Wir können also abends wieder bei dir sein. Du behältst zwei Liter Wasser hier. Wenn du damit ein wenig sparsam umgehst und schön im Schatten bleibst, dann solltest du zurechtkommen. Und wenn wir zurück sind, dann suchen wir die blöden Tiere.«

Natürlich hatte Klaus recht. Aber Rechthaben ist die eine Seite – allein in einer gottverdammten Gegend zurückbleiben zu müssen, mit einem Fuß, der bei der geringsten Belastung schmerzt, das ist die andere Seite.

Ich tat so, als machte ich mir gar keine weiteren Gedanken. Ich versuchte sogar noch zu scherzen. Nur nicht merken lassen, wie es in mir aussah.

Sie hatten mir dann ein Lager in der Felsspalte zurechtgemacht, hatten die ganze Ausrüstung darin verstaut und mir auch noch ihre beiden Signalraketen zurückgelassen. Vielleicht hätten sie das lieber nicht tun sollen, denn mehr als alles andere bewies es mir, daß auch Klaus sich seiner Sache nicht so ganz sicher war. Auf dem nächsten Hügel setzten sie eine Flagge aus Sattelstäben und einem Hemd. Der einzig leuchtende Fleck im dunklen Lavaschwarz. »Macht mir alle tausend Meter ein deutliches Zeichen«, rief ich noch hinterher. Dann tippelten sie los.

Und nun lag ich hier. Starrte die Felswände an. Beobachtete eine Maus. War mit meinen Gedanken allein. Der letzte Viertelliter Wasser war verbraucht. Der Abend war schon lange vorbei. Mitternacht war vorbei. Und Klaus und Horst waren noch immer nicht zurück.

Angst! Sie kam in Wellen, immer dichter, immer heftiger. Kicherte da nicht wieder die Hyäne? War das nicht schon viel näher?

Was war das für ein Schatten, der vor der Höhle stand? Schlich da nicht jemand herum? Meine Augen bohrten sich in die Dunkelheit. Die rechte Hand umklammerte den Dolch, die linke die Rakete.

Irgendwann muß ich dann doch wieder eingeschlafen sein. Ich träumte von zu Haus. Ich sah meinen Backstubenleiter Rudolf Gutzki und seine »rechte Hand«, Ilse Kaun. Sie tuschelten etwas miteinander. Noch vor meiner Abreise hatte ich einen Nachbarladen gekauft und mich auf diese Weise vergrößern können. Seitdem backten wir nicht nur Kuchen, sondern auch Brötchen, in herrlichen, rundum gekachelten Arbeitsräumen. Mein Mitarbeiterstamm zählte mittlerweile dreißig Seelen; die äußerste Grenze, bevor das Verhältnis zwischen Chef und Mitarbeitern unpersönlich, anonym wird.

Wenn ich zurückkehrte, wollte ich die trennende Kellerwand einreißen lassen, die beiden Trakte verbinden und das Lager vergrößern. Nun träumte ich, daß meine treuen Mannen das bereits erledigten. Sie wollten mich überraschen. Gutzki schlug wie ein olympiaverdächtiger Hammerwerfer auf die wehrlosen Kellerwandsteine ein, Ilse Kaun eimerte den Bauschutt nach draußen in den Container. Und die restliche Mannschaft wühlte in der Backstube, um das tägliche Programm zu schaffen.

Plötzlich zischte es, Wasser spritzte Gutzki ins Gesicht. Er schrie: »Volltreffer! Wasserrohr getroffen. Raus, sonst saufen wir ab«, und sauste die Treppe rauf. Das Wasser füllte wie eine Sturmflut den Keller und drückte sich die Treppe hoch. Oben stand Maggy, mein Weib, und jammerte: »Meine schönen Schokoladen-Eier. Jetzt sind sie alle im Eimer.« Demnach war bei denen Ostersaison. Realistischer Traum also.

Sie drängten aus der Backstube ins Freie. Alle pitschnaß. Pitschnaß? Pitschnaß!

Herrgott, das war ja gar kein Traum mehr! Das war ja Wirklichkeit. Klaus kniete an meiner Seite, er hatte mir den Ziegensack an den Mund gesetzt und ließ das Wasser einfach so fließen. Ich schluckte gierig. Das Wasser floß mir über das Gesicht, in den Hals, es sammelte sich unter mir in einer schnell anwachsenden Pfütze. Es störte mich nicht.

Dann merkte ich, daß sich jemand an meinem Fuß zu schaffen machte. Horst. Er legte gerade einen feuchten Verband an, der wunderbar kühlte. Erst jetzt bemerkte ich auch einige andere Männer, die um uns herum standen, mich neugierig betrachteten und fröhlich miteinander sprachen. Es war vier Uhr morgens.

Nur ein kurzer Augenblick, dann konnte ich wieder klar sprechen. Wieviel hatten sie bloß in mich hineingeschüttet? Jetzt kam es mir durch die Poren wieder raus. Die Zunge wurde elastisch, das Blut flüssig. Ich funktionierte wieder. Ich hätte vor Freude heulen mögen.

»Warum seid ihr erst jetzt gekommen?«

»Tja, das war so«, erklärte Klaus. »Genau sechs Stunden sind wir gelaufen. Ohne Pause. Trotz der Hitze waren wir um dreizehn Uhr da. Wir waren echt geschafft. Ein Afar, der an dem Brunnen seine Tiere tränkte, bat uns in den Schatten einer Doum-Palme, brachte uns Wasser. Wir schliefen sofort ein. Um fünfzehn Uhr wollten wir zurück. Aber Ibrahim bedeutete uns zu warten. Gegen Abend erst, als wir schon regelrecht mit ihm tobten, kam ein älterer Mann. Er führte einen Esel bei sich und hatte vier Wasserschläuche geladen. Wir gingen sofort los. Aber du weißt ja, wie das ist. In der Dunkelheit geht alles um einiges langsamer. Gegen Mitternacht machten wir sogar Rast, weil der Esel streikte. Übrigens, das hier ist Gamal, der Mann mit dem Esel.«

Er wies auf den hochgewachsenen älteren Afar neben sich, der mich freundlich anlächelte. »Gamal gehört zu einer der Familien, die in der Nähe der Wasserstelle wohnen. Er ist ein Spezialist im Fährtenlesen. Deshalb ist er hier. Sobald der Tag anbricht, wird er sich auf die Spur unserer Tiere setzen. Die anderen Männer haben wir unterwegs getroffen. Sie gehören einer Karawane an, die flüssige Butter nach Assab transportiert.«

Draußen vor der Höhle knisterte mittlerweile ein mächtiges Feuer. Das Holz hatten sie mitgebracht, weil es hier keines gab. Ich sah, wie einige Männer faustgroße Steine sammelten und sie in die Glut legten; in der Zwischenzeit hatte ein anderer Mann eine große rohe Kuhhaut ausgebreitet. Aus einem Ziegensack klatschte er gegorenen Sauerteig auf die Haut, mischte Mehl drunter, Salz, und formte den Teig zu Kugeln. Mit der Faust wurde ein Loch in den Teigball gestoßen, dann angelten sie mit einer Astgabel einen heißen Stein aus der Glut und drückten ihn in das vorgeformte Loch. Die Kugel wurde geschlossen und das Ganze neben das Feuer gelegt. Auf diese Art wurde das Brot gleichmäßig von innen und außen gebacken. Mir lief das Wasser im Mund zusammen.

Mit einer kargen Handbewegung lud uns der Führer der Karawane ein, mit ihm und seinen Kameraden zu essen. Zu dem knusprigen Brot wurden Schüsseln mit flüssiger Butter gereicht. Ich habe in meinem ganzen Leben noch nie etwas gegessen, das mir so herrlich schmeckte. Aus Dankbarkeit und vor Freude über das neue Rezept, vielleicht produziere ich solche Karawanenbrote 'mal in meinem Betrieb, schenkte ich dem Anführer einen ausgedienten Aluminiumtopf.

Noch vor Sonnenaufgang zog die Karawane weiter. Horst und Gamal machten sich zur gleichen Zeit auf, die Kamele aufzuspüren, während Klaus und Ibrahim bei mir blieben. Alle halbe Stunde erneuerte Klaus den kühlenden Verband. Die Schwellung wich sichtlich zurück, und auch die Schmerzen ließen nach. Offensichtlich war nichts gebrochen.

Am späten Nachmittag kamen die beiden zurück. Gamal führte die Kamele, und er tat so, als sei es die selbstverständlichste Sache der Welt, zwei verlorengegangene Tiere nach zwei Tagen in einem riesigen Gebiet wiederzufinden.

»Es war phantastisch, den Mann zu beobachten«, schwärmte uns Horst vor. »Zuerst schien es ja recht einfach zu sein, solange wir noch Spuren sahen. Auf dem steinigen Boden aber verloren sie sich bald. Gamal muß sich dann so richtig in die Tiere reinversetzt haben, etwa nach dem Muster: Wo würdest du jetzt langgehen, wenn du das Kamel wärst? Überall fand er Anhaltspunkte. Anhaltspunkte, die wir überhaupt nicht beachtet hätten. Mal war es ein wenig Kot, den er aufbrach, um errechnen zu können, wie weit die Kamele noch vor uns waren, dann wieder war es eine Faser von der Fessel, mit der wir die Tiere angehobbelt hatten, es war ein Sohlenabdruck in einer Sandwehe, oder ein Zweig, der abgefressen war. Und schließlich bestieg er einen kleinen Hügel, sah angestrengt in die Ferne, winkte mir zu und deutete aufgeregt nach vorn. Da sollten sich wohl die Kamele befinden, soviel konnte ich aus seinen Gesten entnehmen – nur: ich sah nichts. Absolut nichts. Statt nun hinzulaufen und sie zu fangen, haute er sich in einen Felsschatten und kochte Kaffee. Da staunt ihr, was? In seinem Gewand hatte er eine tassengroße Pfanne. Damit röstete er die Bohnen. In einer anderen Falte seiner Klamotten hatte er einen winzigen Mörser, und als Stößel benutzte er seinen Wanderstab. Er braute einen göttlichen Trunk. Den Kamelen widmete er keinen einzigen Blick mehr. Ich sah sie immer noch nicht. Erst als wir dann etwa eine weitere halbe Stunde in die angedeutete Richtung marschiert waren, bemerkte ich die beiden Punkte am Horizont, die schnell größer wurden. Unsere Kamele.«

Horst lachte uns an und zeigte auf Gamal.

»Ehrlich, der Junge hat 'ne Mark extra verdient!«

3 ZU ZWEIT

Michael Asher
Marinetta, die Wüste und ich

Hinter uns versank die Sonne in pinkfarbenen, sprungbereiten Drachengestalten. Der Mond ging auf wie ein Feuerauge. Kühle ergoß sich aus dem Mondlicht und strömte über die Steinplatten des Wüstenbodens. Abgesehen von den Stößen der Kamelfüße und dem Knarzen der Sättel herrschte vollkommene Stille. Oft drehte ich mich um und sah nach, ob sie noch alle da waren. Die Überreste eines Kamelskeletts starrten unheilverkündend wie ein monströses Insekt aus dem Schatten zu uns herüber. Ein wenig weiter lag ein totes Kamel, das, abgesehen von den leeren Augenhöhlen, noch weitgehend intakt war und nach Verwesung stank. Udungu sagte, es sei wahrscheinlich erst vor kurzem bei einer Salzkarawane ausgefallen. In dieser Nacht machten wir in einem felsigen Flußbett halt, wo einige Stacheldrahtbäume den Kamelen als Nahrung dienten. Es waren die letzten Bäume, die wir bis Fachi sahen.

Wir erwachten vom Getöse eines heftigen Windes, der aus der Nacht züngelte, an den Trommelfellen zerrte und uns mit Sand geißelte. Es war eisig kalt. Über die Senke unseres Bachbetts hinaus war nichts zu erkennen. Die Kamele waren auf der Suche nach Futter weit das Wadi hinabgezogen und drängten sich nun zum Schutz vor der Kälte dicht aneinander. Sie schnaubten unlustig, als wir die Kopfseile präsentierten, sprangen hoch und schnappten, wenn wir nach den Nasenringen griffen. Bis wir das Gepäck hochgehievt hatten, war die Sonne in einem Gestöber aus Rot und Grau aufgegangen. Wir stapften dahin, durch eine zerklüftete Landschaft voller Erhebungen und Hügelkämme, während der Sandsturm raspelnd an uns zerrte, über die Wüste fegte und stöhnte und mit seinem Klagelied über die scharfen Felsen zog wie ein Geigenbogen über eine dünne Saite. Der schmetternde Lärm prasselte auf unsere Köpfe, machte uns bis zur Betäubung benommen, flüsterte in vielerlei Zungen und erstickte unsere Sinne unter einem disharmonischen Dudelsackbrummen. Es war zu kalt, als daß man lange hätte im Sattel sitzen können, doch wenn wir zu Fuß gingen, war der mit dem Sand aufgewirbelte Staub noch schwerer erträglich. Wir wickelten unsere Köpfe wie Mumien ein und wandten uns wie Krebse von dem zerfleischenden Sand ab.

Bald schon veränderte sich die Beschaffenheit des Bodens. Die Felsen blieben zurück, und wir wanderten auf gewellten Sandflächen. Der Wind pfiff aus dem Erg mit seinen hohlen Eingeweiden heraus. Die Kamele blieben stehen und versuchten verdrießlich, dem peitschenden Staub auszuweichen. Abu Wirin setzte sich nieder und warf seine Last ab. Udungu und ich schwankten durch den prasselnden Hagel und ächzten unter der Last der Getreidesäcke. Kaum war das Kamel aufgestanden, da sahen wir, daß die Kanister leck geschlagen waren. Wir ließen Abu Sanam niederknien und rückten die Ladung wieder ins Lot. Wenn wir direkt in den Wind blickten, stachen uns scharfe Sandnadeln in die Augen. Wir waren bereits wieder unterwegs, als die Ölkanne ein Loch bekam und zugestopft werden mußte. Als nächstes rutschten die Heuladungen nach vorne, zuerst auf einem Kamel, dann auf dem nächsten. »Dieses verdammte Heu!« fluchte ich im Wind. »Das ist die Ursache all unserer Probleme.«

»Heu ist besser als Geld in der Ténéré!« rief Udungu zurück. »Du wirst sehen! Du wirst sehen!«

Wir traten und schlugen auf die Kamele ein, bis sie aufstanden und ins Auge des Sturms hineinstolperten.

Wir marschierten stundenlang. Meine Beine zitterten vor Schwäche. Den ganzen Tag wurde es nicht wärmer. Udungu stapfte mit seiner armseligen Decke voran. Manchmal setzte er sich nieder, mit dem Rücken zum Wind und duckte sich unter seine Decke, um eine Zigarette aus seinem braunen Papier ohne Klebestreifen anzuzünden. Nach zwei Zügen war sie verraucht. Seine Augen waren voller Sand. Einmal setzte er sich hin und griff fieberhaft danach. »Ich kann *überhaupt nichts* sehen! Ich kann *überhaupt nichts* sehen!« rief er. Er holte ein Fläschchen Antimon aus seiner Tasche und trug es mit einer Make-up-Bürste direkt auf die Augenlider auf. Die schwarz umrandeten Augen verliehen ihm für einen Augenblick das Aussehen eines Transvestiten. Dann fing der Sand an, an dem Antimon kleben zu bleiben, und bildete buschige Auswüchse wie eine Schutzbrille auf seinem Gesicht. Marinetta vergaß die Kälte und lachte zehn Minuten lang.

Die Säbelstöße des Windes machten ihre gute Laune bald zunichte. Die Erde drosch mit elementarem Zorn auf uns ein und versuchte, uns von ihrem Angesicht zu tilgen. Die Kälte drang bis ins Mark. War es wirklich erst wenige Wochen her, daß wir dieser schrecklichen Hitze ausgesetzt gewesen waren? Diese Wüste war trostlos, zu trostlos für ein menschliches Wesen. Wir bewegten uns auf einer der berühmtesten Karawanenrouten der Welt, doch es war schwer, sich vorzustellen, daß jemals vor uns ein Mensch dieses ursprüngliche Land betreten hätte. Dabei hatten andere Europäer noch Schlimmeres hier ausgestanden. 1815 beispielsweise war der britische Seekapitän James Riley hier gewesen. Er war mit einer Karawane aus viertausend Kamelen und tausend Männern unterwegs, als ein Sturm wie dieser losbrach. Hunderte von Männern und Kamelen waren einfach verschwunden. Im verzweifelten Wunsch nach Wasser hatte der Führer den Dienern befohlen, einige Kamele zu schlachten, damit die Überlebenden ihr Blut trinken konnten. Doch niemand wollte seine eigenen Kamele schlachten lassen, und die Kamelbesitzer schlugen gnadenlos gegen die Diener zurück und töteten sie und den Führer. Dann tranken sie das Blut der Leichen und der toten Kamele. Unter den Trinkern war auch Riley gewesen, der seinen Kopf in den offenen Bauch eines Kamels gesteckt und die ekelerregende Flüssigkeit getrunken hatte. Er gehörte zu den einundzwanzig Überlebenden.

Die Kamele keuchten in der Kälte. Marinetta schleppte sich hinter ihnen her und schluchzte. »Sei still!« befahl ich ihr. »Das ist die Herausforderung, deretwegen wir hier sind. Mit Weinen kommst du nicht weiter. Wenn es hart auf hart geht, legen die Harten erst richtig los!«

»Du bist nur noch ein Roboter!« kreischte sie. »Du bist zu keinem menschlichen Gefühl mehr fähig!«

»Wenn du tot bist, kannst du dir keine Gefühle mehr leisten!« warf ich zurück.

An diesem Tag marschierten wir elf Stunden ohne Pause. Am Abend fielen wir vor Erschöpfung um. In einer sandigen Erdspalte unterhalb der Haifischzähne des Azzaouager-Berges schlugen wir unser Lager auf. Sobald wir abgeladen hatten, drängten die Kamele sich zitternd vor Kälte aneinander. Auch Udungu zitterte, und er verschwand schnell im Schutz der Heuballen. Ich legte ein wenig Heu für die Kamele aus, während Marinetta die Ausrüstung zu einem Windschutz aufschichtete. Mit den Beinen im Schlafsack bereiteten wir das Abendessen zu. Wind und Sand wirbelten aus der Leere.

Marinetta murrte über meine Herzlosigkeit und schmollte. Mitleidlos sagte ich zu ihr: »Das ist die Herausforderung, die du haben wolltest. Weinen ist eine Schande. Wo bleiben deine zusammengebissenen Zähne?«

»Das ist doch nur dein verdammter englischer Scheißdreck!« sagte sie. »Ihr Engländer findet es falsch, wenn man seine Gefühle zeigt. Mir geht es kein bißchen anders als dir, aber für uns Italiener ist es keine Schande, das zu zeigen. Zähne zusammenbeißen! Was für ein Quatsch!«

Ich erinnerte sie daran, daß sie ohne meine Hartnäckigkeit den hauchdünnen Skianorak tragen würde, den sie aus Rom für den Winter in der Sahara mitgebracht hatte. Auf meinen Rat hin erst hatte sie nach Rom geschrieben und sich die dicke Bergjacke schicken lassen, die sie nun ständig anhatte. »Was hast du denn gedacht, wohin wir gehen würden?« fragte ich sie. »Zu einer Modenschau?«

»Wenn es so wäre«, tobte sie, »dann wärst du jedenfalls der letzte, den ich mitnehmen würde. Du siehst eher wie ein Hafenarbeiter aus als wie ein Gentleman!« Dann drehte sie sich im Schlafsack um und sprach bis zum nächsten Morgen kein Wort mehr mit mir.

Beim Aufwachen waren wir halb unter dem Sand verschüttet. Als ich mich aus dem Schlafsack schälte, griff eine eisige Kälte nach mir. Ich zitterte heftig und versuchte verzweifelt, das Streichholz ruhig genug zu halten, um das Feuer anzuzünden. Auf Udungus Gesicht stand die Kapitulation vor dem Leiden geschrieben. Er sah hundert Jahre alt aus. Er hatte keinen Daunenschlafsack zum Schutz vor der Kälte; genaugenommen hatte er keinerlei anderen Schutz als die zerlumpte alte Decke, mit der er seine Knochen auch tagsüber bedeckte. Er hatte auch keine Socken, und seine Füße in den Plastikmokassins waren beinahe blau. Ich gab ihm meine Reservesocken, und er zog sie dankbar an. Doch danach saß er vor dem sterbenden Feuer, hypnotisiert und halb gelähmt von dem todbringenden Wind. Marinetta stand da und beobachtete mich, zitternd und unfähig zu jeder Bewegung. Selbst die Kamele waren in einer kläglichen Verfassung und wieherten jämmerlich, als ich die Kopfseile befestigte. »Los geht's!« drängte ich die anderen. »Wir müssen weiter! Wenn wir uns nicht bewegen, werden wir hier sterben!«

Wir luden auf und stemmten uns gegen den eisigen Wind. Marinetta war gewärmt von einem Becher kochendheißen Kaffees und warf ihre Kameras über die Schulter, in der Hoffnung, ein paar außergewöhnliche Fotos von der Karawane im Sandsturm schießen zu können. Ich war froh, daß ihr Apathieanfall vorüber war. Der alte Tromboney ergriff das Kopfseil und marschierte direkt ins Zentrum des Sturms. Die Wüste war wie elektrisiert und lebendig, seufzte und heulte wie ein Todesdämon. Der Fluchchor des Windes hatte etwas Hypnotisierendes. Irgendwo lief Wasser aus, und die Kanister mußten wieder ins Gleichgewicht gebracht werden. Das Heu rutschte nach vorne. Die wandernden Heuhaufen setzten sich nieder und wandten dem Wind den Rücken zu. Die übrigen Kamele versammelten sich um sie und kauten hungrig an dem kostbaren Gras, während wir uns abmühten, es hochzuhieven. Marinetta verjagte sie mit einem Stock.

Später verlor sie eine weitere Objektivkappe und wankte in den Staub davon, um danach zu suchen. Ich drehte mich um und bemerkte, daß sie weg war, und ein plötzliches Grauen ließ mich erstarren. Durch die Sandschwaden erhaschte ich einen Blick auf die aufgeplusterten gelben Polster ihrer Jacke und sagte Udungu, er solle haltmachen, während ich sie zurückholte. Ich rannte durch den Sand, bis ich sie fand. »Ich muß diese Objektivkappe finden!« rief sie mir zu.

»Zur Hölle mit diesen Objektivkappen!« schrie ich zurück und zog sie mit Gewalt zur Karawane zurück.

An diesem Nachmittag passierten wir eine kolbenförmige Wegmarke aus schwarzem Stahl, die uns anzeigte, daß wir den Erg du Ténéré betreten hatten. Eine Stunde später, als der Wind bereits anfing nachzulassen, sahen wir unsere erste Salzkarawane. Es waren hundert Kamele in zwei silbernen Schlangenlinien wie Tausendfüßler. Ihre tentakelgleichen Beine schienen wie Meerespflanzen in der Strömung zu fließen. Drei Männer kamen durch den Sand auf uns zugeeilt. Sie wollten nichts weiter als Hände schütteln. Ich verstand ihr Bedürfnis nach menschlichem Kontakt in dieser schrecklichen Ödnis.

Bei Sonnenuntergang schlugen wir am Wrack eines ausgebrannten Autos unser Lager auf. Während wir noch abluden, hörte der Wind plötzlich auf. Nun lastete die Stille auf uns, schwer und unnatürlich nach dem abstumpfenden Geräusch des Sandes. Ich hatte noch ein geisterhaftes *schooosch, schooosch* im Ohr, wie das Rauschen des Meeres in einer Muschel. Die Stille war vollkommen. Sie wurde nur durch den alten Tromboney unterbrochen, der sich niederkauerte und ächzte: »Aaaah! Oh, Gott! Diese Schuhe bringen mich um!« Die billigen Plastikschuhe hatten rote Blasen auf den Knöcheln unter den Socken hervorgetrieben. Sie waren zu klein für seine schwieligen Füße. Er lieh sich mein Messer und schnitt das Plastik an den Fersen und am Oberteil ein. Er probierte sie wieder und strahlte vor Zufriedenheit.

Nach dem Abendessen fragte ich ihn, ob er etwas über das Schicksal der Autobesitzer wüßte. »Gott allein weiß!« sagte er. »Es gibt viele wie dieses in der Ténéré.« Er sprach das Wort bedachtsam, fast ehrfürchtig aus. »Viele Menschen sind hier umgekommen, sehr viele. Viele sterben in der Ténéré. Die Ténéré ist die schlimmste Wüste in der Sahara. Die Regierung läßt niemanden mehr ohne Führer hindurchziehen. Kein Auto darf mehr alleine fahren, nicht nach dem, was der Frau des Préfet zugestoßen ist.« Ugundu erzählte, daß vor zwei Jahren die Frau des Préfet von Agadez in einem Landrover in die Ténéré aufgebrochen war. Bei ihr waren ein Fahrer, ihre drei Kinder und der beste Führer der Gegend gewesen. Keiner von ihnen wurde je wieder lebendig gesehen. »Jeder Führer in Agadez wurde zur Suche aufgerufen«, sagte er. »Auch ich war dabei. Man suchte sogar mit Flugzeugen; die Armee und die Polizei wurden eingesetzt. Es dauerte neun Tage, bis sie die Vermißten fanden – sie waren alle tot. Sie hatten die Hauptroute verlassen, nachdem sie die Oase Fachi passiert hatten: Keiner wußte, warum. Der Landrover war kaputt, und ihr Wasser war zu Ende. Die Leiche des Führers fand man meilenweit von ihnen entfernt. Er mußte losgezogen sein, um Wasser zu suchen, und war gestorben, bevor er welches fand. Die Frau hatte noch einige Sätze aufgeschrieben. Sie hatte die Flugzeuge gesehen, aber die sahen sie nicht. Das ist die Ténéré – ein wildes Land, bei Gott!«

Es war eine schreckliche Geschichte, und plötzlich war ich für die niedrigen Temperaturen dankbar. Im Sommer wäre es hier doppelt so schlimm. Ugundu sagte, jedes Jahr seien ähnliche Todesfälle vorgekommen, bis die Regierung eine Reihe von Wegmarken aufgestellt hatte, wie die eine, die wir zuvor schon gesehen hatten. Ohne sie, so sagte er, war es fast unmöglich, sich geradeaus zu bewegen.

Bald verstand ich die Notwendigkeit der Wegmarkierungen. Die Wüste, in die wir am nächsten Tag hineinmarschierten, war vollkommen gleichförmig. Sie war ein riesiges, unermeßliches Sandmeer, das größte in der Zentralsahara, sogar noch größer als das sagenumwobene Empty Quarter Arabiens. Die Leere war niederdrückend. Nichts außer den Metallfahnen, die im Abstand von einem Kilometer aufgepflanzt waren, lenkte die Aufmerksamkeit auf sich. Es war, als würde man auf einer Wolke gehen, auf einem irrealen Nebel, der jeden Augenblick nachgeben konnte. Manchmal sahen die gesprenkelten Wellen wie Wasser aus, wie ein stiller Ozean ohne Gezeiten, der bis zum Horizont dahinwogte. In dieser unermeßlichen Weite gab es keinen Baum, keinen Felsen, keinen einzigen Grashalm.

Am Nachmittag trafen wir auf eine weitere Salzkarawane. Dieses Mal waren es etwa zweihundert Kamele. Von fern sah es aus, als würden die Tierkolonnen stillstehen. Sie wirkten bewegungslos, bis wir auf gleicher Höhe mit ihnen waren, erst dann wurden sie plötzlich dreidimensional. Es war ein seltsames Phänomen, das auf das Fehlen jeglicher Entfernungsmerkmale zurückzuführen war. Zwischen den beladenen Kamelen ritten Tuareg in weißen Gewändern. Sie sahen aus wie Aufklärungsflieger, wie sie, auf den Rücken ihrer Kamele geschweißt, durch die Schießscharten ihrer Schleier in die Leere spähten. Udungu rief ihnen etwas in Tamaschek zu, aber der stumme Sand warf die Worte leblos zurück, und die Karawane strömte unaufhaltsam dahin, bis sie vom Schlund der Ténéré verschluckt wurde.

Bis kurz vor Sonnenuntergang sahen wir kein anderes Lebenszeichen. Dann hörten wir das Knattern von Motoren, und zwei Lastwagen zeichneten sich in Stecknadelgröße am Horizont ab. Wie schon die Salzkarawane, so wirkten auch sie bewegungslos. Erst als wir an ihnen vorbeizogen, schienen sie zu beschleunigen und röhrten in einem Kilometer Entfernung. Oder waren es zwei Kilometer? Oder sogar zehn? Es gab keine Möglichkeit, die Entfernung in der Ténéré einzuschätzen. Ich erinnere mich nur noch an die jaulenden Maschinen, die über den dunklen Sand hüpften, an die Laster, die wie Caterpillars dahinkrochen, und an die Rauchschwaden aus ihren Auspuffen. Ich erinnere mich, daß der alte Udungu sagte: »Lastwagen sind nicht gut in der Ténéré. Kamele sind besser, bei Gott!«

Ich erinnerte mich, irgendwo gelesen zu haben, daß der Warentransport per Kamel hier etwa ein Siebtel dessen kostete, was motorisierte Transportmittel kosten würden. Deswegen gab es die großen Karawanen noch immer.

Wir zogen weiter im tiefen Sand, und die Schatten unserer Kamele dehnten sich vor uns aus, grausige schnakenförmige Gestalten auf der makellosen Oberfläche. Weit weg stand ein Objekt, das größer war als eine Wegmarke, in der Weite jedoch nicht zu erkennen war. Stundenlang trotteten wir vorwärts. Udungu sagte: »Ich kann nicht mehr gehen. Ich bin ein alter Mann.«

»Reite, Onkel«, sagte ich zu ihm.

Ich beschleunigte meine Schritte, um näher an das seltsame Objekt zu kommen, aber erst als ich direkt danebenstand, erkannte ich, daß es ein merkwürdiges Metallgebilde war. Es sah aus wie ein Roboter aus einem Science-fiction-Film, eine Säule aus Eisen, die aus ein paar Ölfässern herauswuchs, mit Ästen wie Laternenpfosten und zwei riesigen Kristallaugen, die blicklos über den Erg starrten. Marinetta fand, es sähe aus wie ein Totempfahl. Udungu erzählte uns, daß das der *Arbre du Ténéré* sei – der berühmte Baum der Ténéré. Bis 1975 hatte hier der einzige Baum des ganzen riesigen Erg gestanden. Einer vermutlich falschen Geschichte zufolge war er von einem Lastwagen angefahren worden. Über viele Generationen hinweg hatte der Baum Karawanen den Weg zu einem Brunnen mit Brackwasser in der Nähe gewiesen, der nun unter einem Haufen Abfall verborgen war. Das Stahlmonument war zum Gedenken an das letzte Leben in diesem Sandmeer errichtet worden und als Landmarke für die Stelle, wo die alte Karawanenpiste von Bilma auf die neue Straße nach Libyen traf.

Auch in dieser Nacht war es wieder bitterkalt, aber Marinetta stahl einige Sodomsapfeläste von der Krone und hob im Vorübergehen ein paar Stückchen Talha-Holz auf, das eine Lastermannschaft verloren hatte. Am Morgen war es frostig, aber klar. Der alte Udungu brauchte nun, wo die Kälte sich breitgemacht hatte, anscheinend länger, bis er seine Knochen in Bewegung setzte. Er machte sich sein eigenes kleines Feuerchen und starrte in die flakkernden Flammen. Auf seinem ledernen Gesicht spiegelte sich der orangefarbene Schein des Feuers wider, bis die hinter seinem Rükken aufgehende Sonne ihn zu neuen Taten antrieb. Die Kamele bibberten in einem fünf Meter entfernten Knäuel, und wir verteilten einige wenige Bündel Heu als Morgenimbiß. Sie weigerten sich, das Getreide zu fressen, das wir mitgenommen hatten. Wie der Führer vorhergesagt hatte, war ich um das Heu äußerst dankbar.

Den ganzen Tag über sahen wir keine einzige Gestalt. Das Fehlen jeden Maßstabs hatte merkwürdige Folgen. Einmal sah ich zu, wie Marinetta sich von unserer Karawane entfernte, weil sie versuchen wollte, eine Aufnahme von vorne zu machen. Wie eine Verrückte lief sie im Zickzack über den Sand und sah dabei so lächerlich aus, daß ich lachen mußte. Als ich es selbst versuchte, merkte ich, daß es ohne irgendeinen Fixpunkt unmöglich war, sich in einer geraden Linie vorwärtszubewegen. Alle Verwehungen oder Schatten auf der Oberfläche vermittelten den Eindruck einer Erhebung. Manchmal bewegten wir uns scheinbar auf einen Dünenkamm zu, der sich dann als Sandwelle von wenigen Zentimetern Höhe entpuppte. Man konnte ein Stück weggeworfenes Brennholz für ein Kamel oder ein Zelt halten, eine geschwärzte Sardinendose für ein verlassenes Auto. Einmal an diesem Nachmittag sagte Udungu: »Vor uns ist ein Lagerfeuer, bei Gott!« Wir bewegten uns auf einen rotgoldenen Fleck in einiger Entfernung zu. Es war nur das von einem rostigen Wegzeichen zurückgeworfene Sonnenlicht.

Früh am nächsten Morgen erreichten wir den Anfang der großen Dünenkette, die sich ohne Unterbrechung bis zur Oase Fachi erstreckt. Die Dünen wirkten körperlos, ihre Farben verschwammen unter einem feinen Sandschleier, der glänzende Silber- und Goldtöne und ein metallisches Blau hervorbrachte. Sie schimmerten wie die Farben eines persischen Teppichs, beständig changierend im Sonnenlicht, ein Dynamo des Wechsels, ein Mobile aus Form, Schatten und Struktur. Alle Dünen waren durch den vorherrschenden Nordostwind parallel ausgerichtet, was bedeutete, daß wir an ihnen entlang zogen und nur selten eine überquerten. Der Sand sah aus wie garnierte Eiscreme: Die Dünen waren vollkommene Puderzuckermuscheln. Der Sand war sinnlich, wogend und üppig geschwungen wie ein weicher, cremeweißer Frauenleib.

Die Sandhügel erinnerten an Rubens-Modelle, pralle Schönheiten, die sich nackt auf einem endlosen Strand rekelten.

Die Stille strahlte Harmonie aus. Die Kamele zogen in schwereloser Anmut dahin. Mit der Unbändigkeit des Sturms war auch die Angst verschwunden, und der Anblick der Leere betäubte oder ängstigte uns nicht mehr. »Der Sand gibt einem ein Gefühl der Freiheit«, sagte Marinetta. »Er vermittelt einem ein seltsames Gefühl – ich würde am liebsten die Kleider abwerfen und nackt hindurchlaufen, mich dann mittendrin auf den Boden legen und dich lieben. Es wäre wirklich toll, im Sand zu liegen und die Dünen hinunterzukugeln und am ganzen Körper die Weichheit des Sandes zu spüren.« Ich verstand intuitiv, was sie sagen wollte. Die Leere des Sandes rührte an etwas zutiefst Sinnliches, wühlte ein uraltes Sehnen in den Lenden auf. Es war eine Art von Freiheit, die Befreiung eines unterdrückten und wilden Wesens, der sprungbereiten Bestie in den Schatten, des Tigers, der heimtückisch brennt und unter der Haut explodiert. Das Reptil, das wir im Wasser hinter uns gelassen hatten, der Hundehai, der sich in den Tiefen wärmte, die schleichende Wölfin, die in den Wäldern lauerte, sie alle wurden durch die schonungslose Wildheit der Ténéré nun an die schattige Oberfläche gelockt und gezogen.

An diesem Abend sagte Marinetta beim Errichten des Lagers: »Komm, wir stellen das Zelt auf heute nacht.«

»Es ist doch nicht so kalt«, sagte ich. »Es ist nicht kälter als sonst.«

Sie nahm ihre Brille ab und sah mich unverwandt und herausfordernd mit ihren großen Kinderaugen an. »Wer hat etwas von Kälte gesagt?«

Nach dem Essen ging Udungu zu seinem Unterstand aus Dekken und Heuballen, und ich löschte das Feuer. Einige Minuten später rief Marinetta aus dem Zeltinneren nach mir, und ich krabbelte hinein und fand sie mit bis zum Kinn hochgezogenem Schlafsack. Sie trug weder Brille noch Kopftuch, und ihre weißen Zähne schimmerten leicht in der Dunkelheit. »Jetzt *ist* mir kalt«, sagte sie. Ich ließ meine Hand in die Daunenwärme ihres Schlafsacks gleiten. Sie war völlig nackt. »Hast du es vergessen?« fragte sie, als ich sie überrascht anblickte. »Das sind unsere Flitterwochen.«

Lucy Irvine
Probleme mit Mrs. Robinson

Tagebuch

> Obwohl die Besucher uns Spaß machten und gewaltige Abwechslung boten, stellten wir doch fest, daß dieses Erlebnis uns ein klein bißchen verwirrt zurückließ.

Dies ist die Untertreibung des Tuin-Jahres. Als ich fertig damit war, aufs Meer hinauszustarren, ging ich ins Camp zurück, wo G. gerade damit beschäftigt war, ein Loch auf der anderen Seite des Baches zu graben. Der Sturm der Gefühle in mir ignorierte die Tatsache, daß er wirklich was für unsere Zukunft tat. Ich stürmte zu ihm hinüber und packte ihn nervös am Ärmel. »Ich mußte dich verteidigen«, plapperte ich los. »Dich verteidigen. Es war schrecklich. Ich hab' mich geschämt. Ich schäme mich jetzt.«

»Was zum Teufel soll das heißen, mich verteidigen? Was ist los mit dir? So wie du dich mit diesen beiden Jungs benommen hast, so was hab' ich überhaupt noch nie erlebt. Wie eine läufige Hündin.«

Ich ließ seinen Ärmel los, als hätte er nach mir geschnappt, und trat einen Schritt zurück.

»Gestern . . .«, fing ich an.

»Ja, was ist zwischen euch drei gestern passiert? Würd' ich gern erfahren. Ich nehm' an, du hast verdammt gut gevögelt. Hoffentlich hast du's genossen. Welcher war's denn, oder hattest du beide? Ich weiß nicht, Lu, du verblüffst mich, wirklich . . .« Geistesabwesend stocherte er mit dem Spaten im Boden herum. Seine Stimme war fast tonlos, seine Haltung steif, aber die Schultern sackten nach unten. Er schaute mich nicht an.

»Um Himmels willen, du verstehst ja nicht das geringste.«

»Verstehen? Nenn mir einen vernünftigen Grund, warum ich dich verstehen sollte, Lu. Du kommst hierher, um mit mir auf einer Insel zu leben. Aus irgendeinem Grund, den du mir nie genannt hast, wendest du dich in Brisbane gegen mich, und das ist auch schon das Ende unseres Sexlebens, soweit es dich betrifft.

Zwei junge Hengste kommen her, und du stellst dich überall zur Schau und bietest dich an. Ich frag' mich nur, was du diesen beiden Jungs gestern alles erzählt hast.«

»Ich hab' ihnen gesagt, sie sollen aufhören, über dich zu sprechen. Ich hab' dir erklärt, ich mußte dich verteidigen. Ich haßte das.«

»Du bist eine lausige Lügnerin, Lu. Ich weiß immer, wenn du lügst. Ich möcht' wetten, in Wirklichkeit hast du den beiden was vorgejammert. War das bevor oder nachdem du gefickt worden bist?«

Ohne zu antworten sprang ich wieder auf die andere Bachseite. Dann sagte ich, ich würde eine Tasse Tee machen gehen. Ich hantierte herum, zerbrach kleine Zweige, versuchte mich wieder unter Kontrolle zu bringen, indem ich etwas ganz Normales tat. Aber meine Hände zitterten, und mein Nacken war steif und pochte vor Anspannung. All die halb erwachten Lustgefühle in mir waren zu einem soliden Gallenklumpen zusammengeschrumpft, den ich nicht runterwürgen konnte. Als ich am ganzen Leib zitternd den Mund aufriß, um G. diesen Gallenklumpen über den Bach hinweg entgegenzuschleudern, tropfte mir Speichel aufs Kinn. Deutlich konnte ich meine eigene Stimme explodieren hören, ein Mittelding zwischen Schnarren und Kreischen:

»Nie, nie, *nie*« – sabbernd – »wieder werde ich mit dir schlafen!«

G's Mund stand offen; er starrte mich wortlos an. Als er schließlich sprach, schwang in seinen Worten mehr Verwunderung als Anschuldigung mit:

»Lu, ich glaub', du hast einen kleinen Dachschaden weg.«

Ich spuckte und schäumte. Jetzt, wo der Hauptteil meines Giftes verspritzt war, hörte ich allmählich auf zu zittern. Die Steifheit verschwand aus meinem Körper, und ich machte mich wieder an die Teezubereitung.

G. kam und setzte sich in den Schatten. Er nahm seinen Hut ab und kratzte sich am Kopf. Der Hut, den Derek mir geschenkt hatte, hing am Eine-Pflaume-pro-Tag-Baum. G. ergriff ihn und drehte ihn in seinen Händen.

»Weißt du, Lu«, sagte er, »wenn du dich damals, als ich noch meinen Jaguar hatte, so benommen hättest, hätte ich dich in den Arsch getreten, daß du zur Tür rausgeflogen wärst. Manchmal frag' ich mich, ob dir nicht bloß eine tüchtige Tracht Prügel fehlt.«

»Ich glaub' nicht, daß du damit was erreichen würdest«, sagte ich und goß den Tee in unsere Tassen. In den neuen Kessel gab ich zwei Portionen von dem weißen Reis, den uns die Jungs geschenkt hatten, und stellte ihn aufs Feuer. Während er kochte, packte ich mein Tagebuch, einen Bleistift, ein Buch und einen frischen Sari-Streifen in die fleckigen Überreste einer Umhängetasche. In einem Schluck stürzte ich meinen Tee hinunter und aß zwei Löffel Reis.

»Was machst du, Lu? Frühstück war doch erst.«

»Ich bin den ganzen Tag fort. Dein Teil ist im Kessel. Bis später.«

Und damit marschierte ich ins Inselinnere und blieb dort bis zum Anbruch der Nacht.

Als ich zurückkam, lag G. bereits im Bett. Morgens kochte ich wieder Reis, ließ ihn zusammen mit Tee für G. stehen und machte mich erneut auf den Weg. Ich suchte nicht meine Lieblingsplätze auf, sondern blieb tief im Inneren und verbrachte den größten Teil des Tages auf einer kleinen Lichtung, wo man auf weichem Gras liegen konnte. Ich schrieb nicht, sondern las mein Buch zu Ende und beobachtete dann einfach nur den Himmel und die Bahn der Sonne.

Diesen Ablauf behielt ich vier Tage lang bei. Manchmal wanderte ich bis zu Dereks spitzem Kokosnußpfahl und machte mir eine Nuß auf, wenn ich durstig war. Besonders hungrig fühlte ich mich nicht. Anscheinend ging es G. genauso, denn es gab keinerlei Anzeichen dafür, daß er während meiner Abwesenheit fischen ging, und die letzten Vorräte blieben unberührt. Er aß den Reis, den ich ihm stehen ließ, und einige der Fleischkokosnüsse, die ich mitbrachte. Keine Feindseligkeit lag in der Luft, wenn wir uns abends oder kurz am Morgen sahen. Da war einfach nichts.

Am Vormittag des fünften Tages kehrte ich ins Camp zurück, um Bleistift und Papier zu holen, die ich zuvor nicht gewollt hatte. G. schlief eingerollt in sein grünes Handtuch, das er auf alle Inseln mitgeschleppt hatte. Sein kleiner Bart ragte gen Himmel, seine ungebräunten Hände, seine Finger, deren Rücken Sommersprossen und Altersflecken hatten, lagen nach beiden Seiten nackt und bloß im trockenen Gras. Ich ließ mich ganz in der Nähe unter einem Busch nieder.

(...)

Es war kurz vor Mittag, als ich mit meinem Friedensangebot zurück ins Lager marschierte. Bald darauf fing G. an, ein Loch zu graben. »Ich schau' mal, ob ich heut' nachmittag einen Fisch an die Angel kriege. Kommst du mit, Lu?«

»Ja. Hast du jetzt Hunger?«

»Kurz vorm Verhungern.«

»Okay.«

Schnell brühte ich Tee auf und kochte Reis mit zwei Löffeln Trockenmilch als Zugabe. G. riß die Augen auf, als er diesen Luxus sah.

»He, Reispudding!«

»Kommt der Sache sehr nahe. Ich habe die Extramilch von diesen beiden Jungs bekommen.«

Absichtlich schnitt ich das gefährliche Thema der Jungs an und tat es mit einem leicht verächtlichen Schulterzucken ab. Sie mußten nachdrücklich in die Vergangenheit verbannt werden und durften keine Rolle mehr in der Geschichte von Tuin spielen.

»Das ist verdammt gut, Lu. Hast du noch mehr?«

»Das war alles. Wir sind jetzt wieder bei unseren normalen Hungerrationen angekommen.«

»Ah, mach dir deswegen keine Sorgen. Zum Abendessen fangen wir uns einen wunderschönen großen Korallendorsch und ein paar Blaufische. Okay?«

»Okay!«

Wir waren wieder auf uns selbst angewiesen, auf unsere eigene spezielle Art und Weise zusammen.

Die folgenden Wochen waren erbarmungslos heiß und trocken. Eine neue Wetterphase schien eingetreten zu sein. Es gab keine vorbeigleitenden grauen Wolken mehr, die uns mit unzuverlässigen Regenversprechungen verhöhnten. Die grelle Magnesiumfakkel der Sonne hing in dem stechenden Blau des Himmels und versengte alles mit ihrem brennenden Atem. Die kühlen Stunden nach der Morgendämmerung und vor dem Sonnenuntergang schienen immer kürzer zu werden. Die trockene Hitze trug ihre eigenen Geräusche in das stille Inselinnere. Spröde Zweige bröselten von den Bäumen, wenn man sie nur ganz zart mit der Schulter streifte, und fielen in puderigen Klumpen in das papiertrockene Gras. Fußtritte hallten laut durch das raschelnde, sterbende Unterholz. Mit jedem Tag wurde es leichter, die blaue Ferne auf der anderen Inselseite zu sehen, je stärker die Bäume ihr ausgebleichtes Laubwerk abwarfen. Die Farben, rostbraun, ocker, bronze, erinnerten mich an den Herbst, aber hier schickte die Sonne den Tod, und kein üppiger, dunkler Winter stand vor der Tür.

G. kämpfte mit dem leblosen Boden. Tiefer und tiefer grub er, übersäte die Oberfläche mit den Pockennarben wasserloser Brunnenlöcher. Die spindeligen Gemüsesprossen, die so eifrig hochgeschossen waren, fielen wie Strohhalme um; ihre Wurzeln fanden keinen Halt in der Erde. Die älteren Pflanzen wie Tomaten und Zuckermais blieben stehen; sie zogen es vor, aufrecht zu sterben. Ein kürzlich gepflanztes Kohlrabibeet, winzige, soeben geformte Purpurblättchen, blieben wochenlang ein paar Zentimeter groß und gingen dann allesamt ein. Es war ein Kampf ohne Hoffnung, und doch hofften wir die ganze Zeit über.

An der Long Beach sammelte ich alle angeschwemmten Benzinfässer, die ich nur finden konnte, und schleppte sie quer durch die Insel; manche fielen unterwegs vor lauter Rost auseinander. Daraus baute G. Schattenspender für die Gemüsebeete. Die Fässer, aus Gründen der Beweglichkeit besser als in den Boden gesteckte Stangen geeignet, wurden an je ein Beetende gestellt; dann legten wir Stangen darüber und häuften kühle Palmwedel auf. So wie die Sonne ihre Bahn zog, so verrückte G. seine Schattenspender und schützte seine verdorrten Pflanzen vor den vernichtenden Strahlen. Aber ohne Wasser nützte das alles nichts. Eine Weile setzten wir unser Hoffnung auf einige Samen, die ich versuchsweise in einer Gegend auf der anderen Inselseite angestreut hatte, wo das Gras noch grün und üppig war. Aber innerhalb weniger Wochen wurden all diese Pflanzen, die sehr schnell hochgeschossen waren, plötzlich braun und verdorrten.

Trinkwasser war jetzt noch viel strenger rationiert. Wir waren bei zwei Tassen täglich angelangt, und zum Kochen wurde nur noch eine kleine Pfütze benützt, in der ich den Reis kochte. Beim Graben nach einer Quelle traf G. einmal auf Süßwasser, nicht weit entfernt vom Bach. Aber unser Jubel war nur von kurzer Dauer; das Wasser stammte vom oberen Teich unseres Baches, der langsam wegsickerte und durch Sand gefiltert an anderer Stelle wieder austrat. Die hochsteigenden Fluten versetzten uns in größere Aufregung. Wenn das Meer direkt in unseren Bach brandete, dann befürchteten wir, daß unser kostbares Frischwasser auf Dauer salzig werden könnte. Aber nach vierundzwanzig Stunden war es immer wieder rein und der gleiche, kleine Tümpel blieb zurück. Wußten wir, daß die Flut nachts hoch steigen würden, so entnahm ich schon am Abend zuvor das Frischwasser für den nächsten Tag; auf die Weise mußten wir uns nie einen ganzen Tag lang nur mit Kokosnußsaft begnügen. Weil die Wasserration über einen längeren Zeitraum hinweg immer kleiner geworden war, empfanden wir es nicht als plötzlichen Verlust. Wir urinierten weniger, und selbst unser Schweiß schien auszutrocknen, als würden unsere Körper jeden Tropfen Flüssigkeit konservieren, aber wir litten keinen übermäßigen Durst.

Eine mittlerweile fast ausschließlich aus Proteinen bestehende Ernährung hatte uns bis auf die Knochen abmagern lassen. Meiner Meinung nach besaß ich immer noch genügend Energie, aber Kraft und Ausdauer schwanden dahin. Die Eimer mit Wasser, die ich vom Meer hochschleppte, kamen mir immer schwerer vor; manchmal mußte ich anhalten und mich auf halbem Wege ausruhen. Unsere Entzündungen hatten gut auf die Behandlung angesprochen, und unsere Beine befanden sich in recht ordentlichem Zustand. Der Fehlschlag des Gartens und der entsetzliche und nie ausgesprochene Gedanke, daß es vielleicht nie wieder regnen würde, waren es, die unsere Zukunft bedrohten und uns belasteten. Tag um Tag tauchte keine einzige Wolke am Himmel auf.

Merkwürdig: Wir hatten keine Skrupel gehabt, uns mit allen Feinheiten verbaler Grausamkeit gegenseitig zu zerreißen, als die Lage noch nicht so verzweifelt war. Jetzt, angesichts einer Bedrohung, die wesentlich größer war als die Summe unserer beiden Egos, spendeten wir uns gegenseitig Aufmunterung und Trost, so gut es nur ging.

Meine einsamen Wanderungen wurden zu einer ständigen Suche nach Nahrung und möglichen Wasserquellen. G. konzentrierte all seine Kraft darauf, wenigstens den Zuckermais und die Tomaten zu retten. Manchmal goß er ein paar Tropfen von seiner eigenen Wasserration um die Wurzeln einer Tomatenpflanze, für die noch Hoffnung bestand. Vor dieser totalen Dürre hatte sich der Mais gut gehalten. Jetzt stand er knappe zwei Fuß hoch und begann gelb und welk zu werden. Mit ihm starb unsere Hoffnung auf eine größere Menge Nahrung, die den zu Ende gehenden Reis hätte ersetzen können. Und dann lenkte Gott oder das Glück meine Füße in Richtung einer wunderbaren Entdeckung.

Ich war weit um die Südspitze der Long Beach marschiert, so weit, daß ich mich schon fast wieder auf der Westseite von Tuin befand. Die Sonne hatte noch ein Stück vor sich, ehe sie die Gipfel von Tukupai berührte, aber ich wußte, wie lange ich für den Rückweg brauchen würde. Ich beschloß, das Risiko einzugehen, mich durch das in diesem Teil der Insel unbekannte Innere zu kämpfen und direkt auf das Camp zuzuhalten.

*

Die Entdeckung der Süßkartoffeln oder Yams – wir waren nicht sicher, was es wirklich war - war ein gewaltiger Segen. Anstatt lediglich Kokosnuß zum Lunch, hatten wir nun gedünstete, geröstete oder gekochte »Yams«. Zusammen mit geschnetzeltem Papagei- oder Blaufisch ließen sich herrliche Fischkuchen daraus machen. Manchmal bereitete ich schlichte »Yamburgers«, die immer gut schmeckten, aber wir besaßen so wenig Öl, daß dieses Gericht nur selten serviert wurde. Obwohl wir zum Abendessen stets eine Prise Salz nahmen, um Krämpfen vorzubeugen, brauchten wir insgesamt nicht viel davon, da das Essen meistens mit etwas Salzwasser zubereitet wurde. Außerdem achteten wir darauf, nicht zu großen Durst zu bekommen. Nach einigen guten Mahlzeiten stieg unsere Moral beträchtlich. Als uns die »Yams« allmählich ausgingen, freute ich mich darüber, daß G. mich zu dem Garten begleiten wollte. Wir beschlossen, einen Tagesausflug daraus zu machen. Anstatt quer durchs Innere der Insel zu gehen, was für seine frisch geheilten Beine böse Folgen hätte haben können, marschierten wir um die ganze Küste herum via Palm Beach, bis wir uns der Stelle näherten, wo ich beim erstenmal ins Innere eingedrungen war. Ich brauchte Stunden, um den Garten wiederzufinden. Nirgendwo konnte ich den Felsblock entdecken auf dem ich gestanden hatte. Schließlich erklärte ich G., ich müßte auf den nächsten Hügel klettern, um einen Überblick über die Gegend zu bekommen. Geduldig ließ er sich auf einer erhöhten Bodenstelle nieder und wartete, während ich schwitzend den Hügel hochkeuchte, recht unzufrieden mit mir selbst, weil ich so wenig Orientierungssinn besaß. Als ich schließlich den Gipfel erreichte und hinunterschaute, mußte ich lachen. Von hier oben war der Pfad, den ich eingeschlagen hatte, deutlich zu sehen; ich hatte den Garten höchstens um ein paar Meter verpaßt. G.s erhöhter Platz befand sich direkt darüber. Von hier konnte ich außerdem einen unbehinderten Weg zum Strand sehen.

Ich ging schnurstracks zurück zu G.s Hügelchen und sprang von dort direkt in den Garten. Wir füllten den Rucksack bis obenhin mit »Yams«. Wir nahmen den Weg, den ich vom Hügel oben gesehen hatte, und gelangten in eine hübsche, schattige Gegend, nur ein kleines Stück vom Strand entfernt. Hier machten wir Feuer und bereiteten uns gleich ein Picknick: Yam, gekocht in Meerwasser. Wir hatten entdeckt, daß das Salz den Geschmack nicht verdarb, wenn man die Früchte nicht aufschnitt. Wir beschlossen die Mahlzeit mit dem Saft und Fleisch einer Kokosnuß und blieben angenehm gesättigt liegen.

Auf dem Heimweg bemerkten wir einige weitere alte Wellbleche, die verstreut um ein paar zerbrochene Pfähle lagen. Vielleicht hatten die Gartenbauer hier für sich selbst einen Schattenplatz errichtet. Sobald wir uns noch weiter gestärkt hatten, würden wir zurückkommen und diese Bleche für unser eigenes Dach holen. Mittlerweile hatte sich meine Antipathie, Abfall aus einer anderen Welt zu verwenden, abgeschwächt. Falls es etwas Nützliches auf dieser Insel gab, dann würden wir es verwenden, egal ob »natürlich« oder sonstwie entstanden.

Der gebesserte Zustand unserer Beine fügte unserem Tagesablauf ein neues Ritual hinzu. Ich gewöhnte mir an, jeden Morgen und Abend ein Bad im Meer zu nehmen. Morgens schloß sich mir oft ein neugieriger kleiner Hai an, den ich Sammy taufte. Bei Ebbe marschierte ich den ganzen Weg bis zum Ende der sandigen Landzunge und tauchte in eine der tiefen Mulden zwischen den Sandhügeln. Ich liebte es, lange Zeit so zu liegen; bloß mein Kopf ragte aus dem Wasser. Die Vorstellung fiel mir leicht, daß ich das letzte noch übriggebliebene Landlebewesen dieser Welt war; eine Vorstellung, die ein Gefühl gewaltiger Selbstschätzung auslöste, ebenso wie das Bewußtsein, daß man kein bißchen bedeutsamer war als eines der Myriaden winzigster Lebewesen im Meer um einen herum.

Eines Tages, als die Flut das Wasser näherbrachte, sah mich G.

wie einen Seehund im warmen Wasser schwelgen. Schwappte das Wasser zwischen meinen Brüsten hoch, während ich auf dem Rücken lag, dann drehte ich mich auf den Bauch und ließ die kleine Welle über meine Schultern rollen; anschließend legte ich mich wieder auf den Rücken und wartete auf die nächste Welle. Ein Spiel, das ich stundenlang spielen konnte.

»Weißt du was?« sagte er zu unser beider Überraschung. »Ich glaub', ich leiste dir ein bißchen Gesellschaft.«

Die Strafe, die G. für dieses harmlose Vergnügen bezahlen mußte, war grausam. Ob die Krankheit seiner Beine wieder aufgeflammt wäre, wenn er sich vom Wasser ferngehalten hätte, werden wir nie erfahren. Seine Fußknöchel schwollen an wie blasse, pockennarbige Würste, und in seiner Leistengegend wuchs ein unheilverkündender Knoten heran. Ich ermunterte ihn, seine Beine so oft es ging hochzulegen, um die Schwellung abklingen zu lassen. Gleichzeitig sorgte ich mich, daß sich durch diese Haltung das Gift schneller ausbreitete. Es war erschreckend, so unwissend zu sein.

Ruhe tat seinen Beinen stets gut, aber durch diesen Rückschlag lebten all seine früheren Depressionen wieder auf. Ich gab mir nun bewußt Mühe, mehr Zeit im Camp zu verbringen. Jetzt trieb mich G. mit seiner Apathie und Gereiztheit nicht davon. Er war einer Sache zum Opfer gefallen, über die er keine Kontrolle besaß, und ich wollte es ihm nicht noch schwerer machen, indem ich den Anschein erweckte, ihn im Stich zu lassen, wenn er Trost am nötigsten brauchte.

Ich holte meine Flöte hervor, auf der ich lange nicht mehr gespielt hatte, und fragte ihn, ob er was dagegen hätte, wenn ich hier in der Nähe übte. Er schien sogar erfreut darüber, und so steckte ich mein Notenblatt an einen Baum und mühte mich keuchend ab, ein paar entfernt vertraute Töne zu produzieren. Um mich in Lagernähe zu beschäftigen, begann ich ein Büchergestell zu basteln. Die blitzblanken, hellen Knochen der abgeschälten, schlanken Mangroven gefielen mir so sehr, daß ich dafür kein anderes Material zu verwenden suchte. Unglücklicherweise versagten die Bindemittel kläglich. Zuerst versuchte ich die Stöcke mit Kordeln gedrehter Ranken zusammenzuknoten, fest in ins Holz geschnittene Kerben gewunden, aber sie spleißten auf, wenn sie frisch waren, und brachen in trockenem Zustand. Alles gute Bindematerial mußte für die Schutzhülle aufgehoben werden, und so blieben mir lediglich von meinem Sari-Tuch abgerissene Fetzen oder Stücke schmutziger Bandagen. Ihr Anblick verdarb die Wirkung des Holzes dermaßen, daß ich den Gedanken an ein Büchergestell ganz fallen ließ und mit den glatten, polierten Stöcken lieber eine Art Mikado spielte, beobachtet von Reihen kleiner, glitzernder Eidechsenaugen.

Unsere Camp-Eidechsen waren uns ans Herz gewachsen. Wenn G. eine Kokosnuß für den Morgenreis rieb, dann tauchte eine langgestreckte, silbergraue Eidechse, die wir Oscar (nach Oscar Wilde) nannten, ganz beiläufig aus dem Nichts heraus auf, saugte die Krümel auf und zog sich dann in die Sicherheit eines Holzstoßes zurück, von wo aus er die Welt mit hellen, verächtlichen Augen musterte. Mein spezieller Liebling war Bronzey, ein hübscher kleiner Kerl mit einem leuchtenden, bronzenen Rücken und einem strahlend orangefarbenen Bauch. Er besaß eine große Nachkommenschaft, die ständig in Gefahr schwebte, ertränkt oder verbrannt zu werden, da sie sich an den Orten herumtrieb, wo ich gebrauchtes Meerwasser hinschüttete oder die Asche für den Garten hinwarf. Wenn wir am Tisch saßen, rannten sie kühn über unsere Füße, manchmal mitten im Lauf erstarrend, ihre kleinen kühlen Klauen federgewichtig auf unserer Haut. Als wir sehr hungrig waren, erwog ich, Bronzey und Oscar zu verspeisen, aber es sah nicht so aus, als hätten sie viel Fleisch auf den Rippen.

Die Geckos im Schuppen waren seltsame, gummiartige Kreaturen mit riesigen runden Eulenaugen. Sie waren blaß, kompakt, mit dicken, gekrümmten Gliedern und flachen Köpfen. Ihre Schwänze lösten sich leicht, wenn man sie erschreckte, und der neu nachwachsende Schwanz paßte oft farblich nicht zum restlichen Körper. Einer, der das Pech hatte, für eine Woche zufällig in meinem Flötenkasten eingeschlossen zu werden, bekam einen neuen, vollkommen schwarzen Schwanz.

Ein Neuankömmling im Camp war der Poo-poo-Vogel. Eines Morgens verkündete er seine Anwesenheit durch ein fürchterliches Rascheln im Gras hinter dem Garten. G. und ich standen da und schauten interessiert zu, wie dieser ungewöhnliche Vogel eine Anzahl unerklärlicher Mätzchen vorführte. Er sprang mit schräg geneigten Flügeln hoch in die Luft und landete mit dem Kopf voran auf dem Boden. Zuerst dachten wir, er wäre krank, doch als diese Darbietung regelmäßig wiederholt wurde, erkannten wir, daß es sich um eine Art Ritual handelte, eine Eigentümlichkeit entweder dieser Gattung oder dieses speziellen Exemplars. Wir nannten ihn Poo-poo wegen des Geräusches, das er gelegentlich von sich gab, aber laut unserem Vogelbuch gehörte er zur Gattung der Fasane. Ganz sicher besaß er einen Schwanz wie jeder andere Fasan, aber sein Kopf war für den Körper viel zu groß und wie der eines Adlers geformt. Mit der Zeit betrachtete er unser Camp als sein Territorium, und wir mochten ihn sehr gern. Mit großer Anstrengung und vielen würdelosen Fehlversuchen schaffte er es gerade noch, in den mit unseren Geräten behängten Baum zu springen. Von dort aus konnte er problemlos losfliegen, aber er schien nicht in der Lage, sich direkt vom Boden aus in die Luft zu schrauben. Später fanden wir heraus, was für ein nützlicher Wetterprophet er sein konnte.

Während G.s Beine sich erholten, aßen wir massenhaft Yams. Die momentane Mondposition war zum Fischen ohnehin denkbar ungeeignet, und um ehrlich zu sein, die Abwechslung von dem ewigen weißen Fischfleisch war eine Erleichterung. Der Yamsgarten war jedoch keineswegs eine unerschöpfliche Fundgrube, und als der Mond in seiner Viertelphase stand und G.s Beine deutliche Anzeichen der Besserung zeigten, angelten wir wieder täglich und aßen Yams nur jeden zweiten Tag.

Die ganze Zeit über konnte ich es kaum erwarten, den Trip zum anderen Inselende zu machen, um die Bleche für unser Dach zu holen. Ich hütete mich jedoch davor, das auch nur mit einem Wort zu erwähnen, solange sich G.s Beine in schlimmem Zustand befanden, da er sich dadurch nur hilflos und bedrängt gefühlt hätte. Als es ihm besser ging, schnitt ich das Thema vorsichtig an; er lächelte und meinte, er hätte darauf gewartet, daß ich damit anfinge.

»Na schön, ich denke, wir holen lieber das verdammte Ding rüber, sonst wird Madame nie zufrieden sein.«

»Das ist richtig«, sagte ich und zwinkerte ihm zu.

Die Kühle des Morgens, an dem wir aufbrachen, um die Bleche zu holen, täuschte uns. Anfangs fühlten wir uns stark und zuversichtlich und vergaßen dabei ganz, daß wir trotz der Stärke in den Yams seit Monaten von weniger als tausend Kalorien täglich lebten. Als wir die Plateaufelsen erreichten, hatte längst schon jedes Geplauder aufgehört, und G. sah überanstrengt aus. Ich fragte, ob ihn seine Beine schmerzten, und er sagte, nein, das wäre es nicht, er fühle sich einfach nur sehr müde. Die Sonne zermalmte all unsere Sinne, saugte sämtliche Feuchtigkeit aus unseren Kehlen, stach uns mit trockener Hitze in die Nasenflügel, schien wie ein totes Gewicht auf unseren Schultern zu hängen. Als wir endlich die Bleche erreichten, rasteten wir lange Zeit, ich in einem tiefen Felsloch, G. im Schatten, wo wir zuvor unser Picknick gegessen hatten. Während er döste, ging ich los und fand ein paar Kokosnüsse, damit wir was Stärkendes im Magen hatten, bevor wir uns die Bleche für den Rückweg aufpackten.

Die unzerbrochenen Bleche waren ungefähr zweieinhalb Meter lang und siebzig Zentimeter breit. Ein einzelnes Blech war nicht schwer, aber unhandlich. Wir hatten fünf ganze und drei halbe Bleche, die wir ins Camp schleppen mußten. Aus starken Stämmchen baute G. eine Art Bahre, auf die wir die Bleche legten und mit einem Strick festzurrten. An jedem Ende der Bahre ragten Stöcke als Handgriffe hervor.

»Fertig, Lu?«

»Fertig.«

»Okay, du packst das hintere Ende. Ist vielleicht leichter für dich. Eins, zwei, drei, hoch!«

Und ab ging die Post. Zu Anfang schien es, wie bei jedem mühsamen Schleppen einer Last, nicht so schlimm zu sein. Dann kam das felsige Gelände. G. hob vorne an, während er über die unebenen Felsblöcke schwankte, und sofort rutschte mir die ganze Ladung mit ihren zackigen Enden gegen den Bauch. Zum Glück fing mein Ledergürtel mit der Messerscheide den Hauptstoß ab, aber trotzdem bellte ich G. ein »Stop« zu. Vorsichtig senkte er sein Ende ab; nichtsdestoweniger löste sich ein lockeres Blech mitten aus dem Bündel und knallte ihm von hinten in die Knie. Ausgiebiges Gefluche und ein Halt, um die Sache fester zu binden. Es war ein Segen, daß die schlimmsten Felsen gleich zu Anfang kamen, sonst hätten wir es nie geschafft. Meine Schultergelenke knirschten und kreischten, als wir die Bucht auf der anderen Seite erreichten. Meine Schenkel waren vorn und die von G. hinten zerkratzt. Eine Kiefer mit langen, kühl wedelnden Zweigen stand auf halbem Weg am Strand der Bucht entlang.

»Sollen wir unsere erste Rast unter dem Baum machen?« fragte ich.

»Was, du wirst schon müde?«

»Nicht gerade müde, aber nach einer Rast geht's besser.«

Also hielten wir unter dem Baum an. G. sackte zusammen und schloß die Augen. Ich wirbelte meine Arme herum, um das Blut wieder dorthin zu bekommen, wo es hingehörte, dann legte ich mich auf den Rücken und schlenkerte die Beine in der Luft. Ich war so erleichtert, von meiner Last befreit zu sein.

»Lu, ich dachte, du wolltest eine Rast einlegen.«

»Mach' ich doch, mach' ich doch. Eine Rast vom Tragen. Ich bin nicht *müde*!«

»Also bereit zum Aufbruch, ja?«

»Wenn du's bist.«

Wir tauschten die Plätze. Nun bekam ich die Schläge auf mein mageres Hinterteil und G. vorn auf seine Beine. Am Ende dieser Bucht mußten wir mit weiteren Felsblöcken fertig werden. Die nächste Rast wollten wir einlegen, wenn wir das überwunden hatten. Ich glaubte nicht, daß ich es durchhalten würde, aber ich hätte nur dann um eine frühere Pause gebeten, wenn mir tatsächlich die Arme abgefallen wären. G. war eindeutig ebenso erleichtert wie ich, als die nächste Bucht in Sicht kam. Auf diesem Abschnitt hatte es weniger Flüche gegeben, dafür war der Schweiß um so reichlicher geflossen.

Kaum lagen die Bleche sicher auf dem Boden, tanzte ich wieder herum, genoß die Freiheit und lud meine Batterien auf. G. sank auf den Sand, als hätte ihm jemand die Sehnen entzweigeschnitten.

»Mein Gott, Lu«, sagte er. »Für eine Frau besitzt du ganz schön Kraft.«

»Erzähl mir bloß nicht, du spürst die Anstrengung!«

»Ich bin lediglich verdammt müde, das ist alles.«

Ein Hauch von Gereiztheit in seiner Stimme ließ mich alle weiteren neckenden Bemerkungen hinunterschlucken.

Auf dem nächsten Teilstück schleppte sich G. in vorderer Position voran, ohne ein Wort zu sagen. Ich spürte dieselbe Anstrengung wie zuvor und sehnte mich danach, die Ladung abwerfen zu können; mittlerweile aber kannte ich das Schlimmste und lernte mein Ende etwas besser auszubalancieren. Jede einzelne vertraute Falte in G.s Nacken war mit Schweiß gefüllt, und ich spürte, wie die Tropfen sich aus meinen Haaren lösten, mit in die Augen rannen und hinter meinen Ohren hinabflossen. Ich wünschte mir einen dritten Arm, um mir das Gesicht zu wischen. Dies hier war eine weite Bucht, ohne Palmen, mit lockerem weißen Sand. Gegen Ende der Bucht zu bedeckte der Sand unsere Füße bei jedem Schritt, was unser Fortkommen qualvoll langsam machte. G. grunzte eine einzige, alles umfassende Obszönität. Ich nickte, ohne nachzudenken, aus dem Gefühl heraus, daß er die Situation sehr treffend zusammengefaßt hatte.

»Danach kommt die Palmenbucht, nicht wahr, Lu?«

»Nein. Zuerst kommt noch diese kleine Bucht mit dem breiten Kanal.«

»Verdammter Mist. Setzen wir uns eine Minute.«

»Können wir vielleicht nicht erst noch die Felsen hinter uns bringen?«

»Zum Teufel mit den Felsen. Setz dich hin und halt für eine Minute die Klappe, Lu.«

Rauh und kratzig schwankte seine Stimme, als wäre er völlig ausgepumpt. Mit geschlossenen Augen lag er auf dem Rücken. Ich setzte mich neben ihn und untersuchte die Schwielen an meinen Füßen. Wir befanden uns in einem Schattenwürfel neben den Felsen.

»Was ist los mit mir, Lu?«

»Du meinst, du bist erschöpft?«

»Wenn du die Wahrheit wissen willst, ich fühl' mich so schwach wie ein neugeborenes Kätzchen. Ich bin erledigt. Kein bißchen Saft mehr in den Knochen.«

»Na ja, ist ja auch ganz schön schwer, dieses Ding.«

»Schwer? Du weißt wohl nicht, wovon du redest. Als junger Mann hätt' ich mir das auf den Buckel geladen und ein Wettrennen damit machen können. Meine Jungs würden das wie ein Stück Papier tragen. Du hast keine Ahnung, was das für einen Mann bedeutet, Lu. Du hättest mal meinen Körper sehen sollen, als ich in die Armee eintrat. Sie sagten, ich wär' muskelbepackt wie sonstwas. Und schau mich jetzt mal an!«

»Ist doch nicht überraschend. Während der letzten Monate sind deinem Körper alle möglichen Sachen entzogen worden, an die er gewöhnt war. Bei der Menge, die wir essen, kannst du nicht erwarten, dich in Höchstform zu fühlen.«

»Du scheinst ganz in Ordnung zu sein. Ich weiß, du bist dürr, aber mir scheint, du besitzt immer noch genug Energie.«

»Mach mir deswegen keine Vorwürfe!«

»Oh, das tu ich nicht. Du weißt, daß ich das nicht tu, Lulu. In gewisser Weise ist es verdammt großartig, dich hier zu haben. Ich habe noch nie eine Frau wie dich gekannt. Du bist wie eine dieser Pionierfrauen.«

Nie hatte ich G. so erledigt gesehen. Sein Zustand schockierte ihn und drückte seine Moral nieder. Zu solchen Zeiten wünschte ich, wir hätten irgendeine Möglichkeit, die Berührungsbarriere zu überwinden. Ich wollte ihm Zuneigung zeigen. Um ihn aufzumuntern, setzte ich die Art von Überredungskunst ein, die zu unserem Code für Wärme geworden war.

»Komm schon, du schwacher alter Furz, wir schaffen es.«

»Verfluchte alte Kuh. Meckern, meckern, meckern.«

»Heb den Arsch hoch, Kingsland.«

»Dreckige kleine Hündin.«

Auf diese Weise schafften wir es, in immer kleineren Abschnitten die Bleche ins Camp zu befördern. Einmal lebte G. derart wieder auf, daß er versuchte, sich das gesamte Bündel auf den Rücken zu laden. Er taumelte ungefähr zehn Schritte vorwärts, dann brüllte er:

»Lulu, hilf!« und brachte es sogar fertig, für einen Augenblick über seine eigene Schwäche zu lachen. Beim letzten Halt vor dem Lager sagte er, als ich tropfend nach einem erfrischenden Sprung ins Meer wieder auftauchte: »Weißt du, Lu, dich hier zu haben, das ist fast so gut, als wenn man einen Kerl bei sich hätte.«

Jeana Yeager / Dick Rutan
Partner im Projekt ›Voyager‹

Jeana Yeager und Dick Rutan wollen die Erde nonstop umrunden, in einem eigens dafür konstruierten Flugzeug, dem »Voyager«.

Jeana:

Wenn wir nach elf oder zwölf Tagen, die wir gemeinsam in dem winzigen Cockpit verbracht haben, aus dem Flugzeug steigen, werden wir uns danach nie wieder sehen wollen, hatten wir immer gescherzt. Dann aber war dieser Witz auf einmal gar nicht mehr so lustig: Spannungen bauten sich zwischen uns schon auf, lange bevor wir zu unserer Weltumrundung starteten.

Wir kannten unsere Stärken und Schwächen. Wir waren viele Stunden zusammen geflogen und hatten viele Krisen durchlebt. Aber das konnte nicht bedeuten, daß es leicht werden würde.

Das Projekt selbst ließ uns keine Zeit für irgend etwas anderes. Es ging nicht nur um Dick und Jeana, es ging um »Rutan und Yeager, die ›Voyager‹-Piloten«. Die Ausflüge, die wir in den frühen Tagen des Programms zusammen unternommen hatten, die Abenteuer, die wir erlebt hatten, das war alles Vergangenheit. Jetzt war für derlei nur noch wenig Zeit. Unsere Rollen als »Voyager«-Piloten, Manager, Ingenieure, Geldeintreiber und Werkstattleiter belegten uns völlig mit Beschlag.

Wir hatten keine Zeit für uns selbst. Wir setzten uns kaum noch zu einem gemeinsamen Essen zusammen, und wenn wir es einmal taten, dann war es bestimmt nicht zu Hause. Es gab viele Tage, an denen wir uns fast gar nicht mehr sahen. Dick arbeitete im allgemeinen den ganzen Tag lang im Hangar am Flugzeug und dann wieder, bei einer Art zweiten Schicht, wenn die Freiwilligen nach ihrer regulären Arbeitszeit zum Dienst zu uns kamen. Dennoch kam er meistens vor mir nach Hause. Ich war in der Regel bis zwei oder drei Uhr nachts an meinem Schreibtisch und dann wieder um acht Uhr morgens auf den Beinen. Ich bin immer ein Nachtmensch gewesen und hatte nie viel Schlaf gebraucht, und jetzt, da dauernd

Leute hereinkamen, das Telefon den ganzen Tag klingelte, brauchte ich die ruhigen Nachtstunden, um mit den Massen von Papierkram fertig zu werden, die im Verlauf des Programms immer mehr anwuchsen. Wir betrieben eine Firma, eine Verkaufsorganisation, ein Programm zur Eintreibung von Geldern und ein Luftfahrtforschungs- und Entwicklungsprogramm. Dies alles war mein Gebiet, und Dick redete mir nie dazwischen.

Dick:

Das härteste für mich war, daß mir klar war, daß ich sie trotz aller Schwierigkeiten noch sehr mochte. Ich war eifersüchtig auf die Zeit, die sie im Büro oder mit ihrem Pferd Gem in ihren wenigen freien Stunden verbrachte. Mir wurde klar, daß ich sie endgültig verloren hatte. Ich sah auch, wie die Geschäfte im Büro Jeana vom Fliegen abhielten.

Eines Abends kam Doktor Jutila mit einem Verkehrsflugzeug auf dem Flughafen Ontario an. Irgend jemand mußte hinfliegen und ihn abholen.

»Nimm die Sierra und hol den Arzt ab«, sagte ich zu Jeana. »Du brauchst die Zeit, um das Fliegen zu üben.«

»Nein«, antwortete sie. »Ich hab hier zu viel zu erledigen.«

»Geh und hol ihn ab«, sagte ich und ging hinaus.

Als ich eine Stunde später wiederkam, war Jeana nicht gegangen. An ihrer Stelle flogen Bruce und Glenn, und sie arbeitete.

»Warum hast du Jutila nicht abgeholt?« fragte ich.

»Ich hatte andere Sachen zu erledigen«, gab sie zurück und arbeitete weiter. Es war eine Sackgasse.

Jeana:

Ich begann, Dick als eine Belastung zu empfinden, die ich während des ganzen Programms schleppen mußte. Ich fühlte, daß es bei Dick eine sanftere, empfindsamere Seite gab. In den ersten Tagen, nachdem wir uns getroffen hatten, war er einfühlsamer und fürsorglicher gewesen. Jetzt konnte ich derlei kaum noch entdecken.

Dafür wurden mir mehr und mehr seine Grenzen bewußt: da war seine Cowboy-Piloten-Seite, kühn und wagemutig, aber er war auch ungeduldig und oft so impulsiv wie ein Heranwachsender. Oftmals fühlte ich ganz deutlich, daß er seine Frustration wegen der Programmverzögerungen und der Probleme, des langsamen Fortschritts, sowie seine Unlustgefühle und die Angst vor dem Flugzeug auf mich abwälzte: Er tadelte mich für bestimmte Sachen, nörgelte, ich solle härter trainieren oder mich mit einigen neuen Systemen vertraut machen. Im Cockpit brüllte er mich an, wenn er glaubte, daß ich mit dem UHF-Radio oder dem Ölsystem einen Fehler gemacht hätte.

Ich hätte nur mit ihm brechen können. Aber wir waren nur die Triebkraft bei diesem Unternehmen, die Werkzeuge. Doch das Projekt war für alle da, für das ganze amerikanische Volk. Wir selbst hatten gar keine Wahlmöglichkeit mehr.

Ich fühlte mehr und mehr, daß ich die Mutter des Projektes war, die Hauptkraft, die es am Leben hielt. Ich habe nie irgend etwas kurz vor Erreichen des Zieles abgebrochen. Und ich würde es jetzt auch nicht tun. Wenn ich es gekonnt hätte, hätte ich es getan, aber ich war eine Verpflichtung eingegangen. Jetzt hingen andere Menschen von mir ab. Und sie glaubten an das »Voyager«-Programm.

Mittlerweile wurden die Belastungen auch für andere ersichtlich. Wir hatten uns immer gegenseitig geneckt, aber es war liebevoll gewesen und spielerisch. Auf diese Weise hatten die Frotzeleien dazu gedient, Spannungen, die aus einer Art Konkurrenzsituation entstanden waren, abzubauen. Aber jetzt funktionierten die Neckereien nicht mehr auf diese Weise. Sie wurden schärfer.

Eines Abends nach dem Essen faßte Dick mich im Hangar um die Taille. Ich wollte seine Hände abschütteln. Es ging in einen Ringkampf über. Früher wäre das ein Spiel gewesen, wie bei Kindern. Aber jetzt wurde es ernst, und Dick war überrascht über die bittere Gegenwehr, die er bei mir spürte. Und während er noch erstaunt darüber nachsann, zu erstaunt, um seine eigenen Kräfte richtig ins Spiel zu bringen, legte ich ihn auf den Rücken und setzte mich auf seine Brust.

»Der Nächste!« sagte Dick, nachdem er aufgestanden war, gerade so, als ob er gewonnen hätte und nun für den nächsten Herausforderer bereit sei. Die anderen Mitglieder des Teams, die gerade nach einem langen, harten Arbeitstag im Hangar ihr Essen beendeten, fühlten sich durch das, was sie gesehen hatten, peinlich berührt.

Die Episode verletzte uns beide tief. Aber wir hatten keine Zeit, uns mit dieser Verwundung zu beschäftigen. Das Projekt lief mit einer solchen Geschwindigkeit ab, daß persönliche Dinge zurückzutreten hatten. Es gab sie, und sie taten weh, aber wir konnten es nicht ändern.

Dick:

Es gab Harmonie und Koordination, aber es lief darauf hinaus, daß sie ihren Job besorgte und ich den meinigen. Es gab keine persönlichen Gefühle, mit der Ausnahme einiger kritischer Momente oder extremen Stresses, bei denen mich dann das Flugzeug und meine Furcht vor ihm niederdrückten und Jeana dann hereinbrach mit ihrer Intensität und Bestimmtheit und so zu der Kraft wurde, die das Projekt weiter vorantrieb. Sie hatte solche Begriffe wie Aufhören oder Fehler noch nicht einmal als Worte in ihrem Wortschatz. Sie akzeptierte die Möglichkeit einfach nicht, die ich bisweilen für sehr real hielt, daß trotz all unserer enormen Anstrengungen es unter Umständen doch nicht möglich sein würde, das Projekt zu Ende zu bringen. Ihr Charakter ließ überhaupt keinen Zweifel zu. Aber ich wußte auch, daß dies dieselbe Eigenschaft war, die ihr auf der anderen Seite verbot, alte Verwundungen zu vergeben oder zu vergessen.

Jeana:

Dick und ich waren immer noch »Partner in der Luft und am Boden«. Wir hatten auch die Tatsache, daß wir zusammenlebten, nicht verborgen gehalten. Aber jetzt war die Partnerschaft in der Luft leichter als die am Boden. Und selbst in der Luft war sie nicht gerade reibungslos. Auf Grund dieser Tatsache ergab sich ein Problem, das unsere Chance, die Weltumrundung erfolgreich zu bestehen, gefährdete. Und keiner von uns beiden wußte, wie dieses Problem auf befriedigende Weise gelöst werden konnte. Die technischen Schwierigkeiten konnten überwunden, gelöst oder umgangen werden. Bei den menschlichen Faktoren hingegen war das erheblich schwieriger.

Keiner von uns beiden vergaß je, daß dieses Flugzeug im Grunde unsicher war. Wir sprachen zwar immer stolz davon, daß die Konstruktion es in der Hauptsache zu einem fliegenden Treibstofftank gemacht hatte, aber es war dadurch natürlich auch eine fliegende Bombe. Das elektrische System steckte voller Kobolde und Geheimnisse. Eigenartige Entladungen statischer Elektrizität traten hier und da auf, ebenso wie kleine Rauchwölkchen und der Geruch von Treibstoff.

Dies ist ein Flugzeug, das eigentlich kein Mensch fliegen sollte, dachte ich. Dies ist eine Maschine, die nur von der Elektronik geflogen werden kann – oder überhaupt nicht.

Dick drängte mich, mehr zu trainieren. »Laß das Büro und flieg ein bißchen mehr. Du verlierst deine Flugroutine und wirst zu unsensibel.«

Er fühlte, daß ich stur war – und ich bin die erste, zuzugeben, daß ich von Natur aus stur bin – und nicht lernen wollte.

Auf der anderen Seite war er auch nicht der Typ von Lehrer, den ich mir wünschte.

Ich fühlte, daß er versuchte, mich aus dem Programm zu drängen, so daß er aus dem Schneider wäre und seinen Männerstolz befriedigen könnte. Er lud seinen Ärger, seine Frustration und seine Angst bei mir ab. Er suchte nach irgendeinem Ausweg.

Dick hatte keine Geduld. Vielleicht war es eine Erbschaft seiner Militärzeit. Er wurde immer ängstlicher und ärgerlicher. Aber sein Ärger brach selten beim Fliegen durch. Ich sorgte dafür, daß wir unsere Besprechungen jeweils vor und nach dem Fluge hatten, so daß er seine Gefühle vor einem Publikum abzureagieren vermochte, das ihm mehr oder minder unterstellt war.

Nach einiger Zeit gab er das Training auch auf, und wir gingen die Sache nur noch in der Theorie durch. Wir liefen dann zum Flugzeug, an dem er mir einige neue Systeme erklären wollte, aber dann wurde er von irgend jemand anderem im Hangar abgelenkt, ging weg und kam nicht mehr zurück.

Dick:

Ich war frustriert, daß sie nicht trainieren wollte. Ich bat und bettelte, aber sie wollte nicht einmal mehr darüber diskutieren. Deshalb schrieb ich ihr einen formellen Brief, der Partner an den Partner, der Pilot an die Pilotin, und drängte sie, ihr Fliegen zu verbessern. »Dein mangelndes Training«, schrieb ich, »lädt mir zu viel auf, und das verdiene ich nicht. Du bringst uns beide und das Programm in Gefahr.« Ich drohte sogar, nach einem anderen Piloten für den Flug um die Welt Ausschau zu halten. Tatsächlich war mir klar, daß sie unersetzlich war und das Unternehmen ohne sie unmöglich sein würde. Was ich wollte war nur, sie zu erschrecken, um ihr bewußt zu machen, daß sie mehr Training brauchte.

Es gab einen Service, dessen Piloten Flugzeuge an Käufer oder Händler in Australien überführten. Ich dachte mir, daß ein solcher Überführungsflug ein gutes Training für Jeana sein könnte.

Jeana hatte immer Probleme mit dem Funksprechverkehr gehabt, und ich dachte, dies wäre eine gute Möglichkeit, ihr hier zusätzliche Erfahrung zu verschaffen und auch ihre Fähigkeiten beim Instrumentenflug zu verbessern. Ein Pilot, der häufig den Pazifik überquerte, konnte ihr auch etwas über Winde, Wetter und die Bedeutung der Wolken beibringen. Wichtiger war noch, daß sie die Namen und Frequenzen der Luftverkehrskontrollstationen auf der Strecke kennenlernen würde.

Wir sprachen zwei der Gesellschaften an, und bald rief eine von ihnen an und teilte uns mit, daß eine zweimotorige Maschine nach Australien geliefert werden würde, an Bord ein Sitz frei sei und Jeana willkommen wäre.

Sie flog mit und sah auf dem Weg, daß sie viel über die Wolken und die Winde lernte; unter anderem mußten sie einen Taifun auf ihrem Wege nach Australien meistern.

Sie blieb ein paar Tage, bis wir schließlich die Fluggesellschaft Quantas überreden konnten, sie mit einem ihrer Passagierjets zurückfliegen zu lassen.

Als sie wieder da war, fand ich heraus, daß sie überhaupt keine Anstrengung gemacht hatte, den Funksprechverkehr zu trainieren, und wenig über das Radar oder das Luftverkehrskontrollsystem gelernt hatte.

Die schwingende Nickbewegung von »Voyager« wurde zum Brennpunkt der Krise, der Punkt, an dem alle Belastungen zusammenzukommen schienen.

Jeana:

Das Ende war ein Patt. Wir söhnten uns mit der Realität aus – der Realität unserer Persönlichkeiten, unserer Stärken und Schwächen. Mit der Realität der menschlichen Faktoren.

Mir war klar, daß ohne eine Kontrolle der Nickbewegung des Flugzeuges Dick kaum aus dem Pilotensitz kommen würde. So kamen wir beide überein, daß Dick die ersten drei Tage im Pilotensitz verbringen sollte, jederzeit bereit, die Maschine manuell zu steuern, wenn der Autopilot ausfiele. Von mir wurde nur erwartet, daß ich ihn seelisch unterstützte, seine Gedanken und sein Vertrauen wach hielte.

Dies bedeutete, daß ich ihn wie ein Habicht beobachten und nicht nur seine Müdigkeit überwachen mußte, sondern auch die Kontrollsysteme. Ebenso hatte ich auf der Hut vor Fehlern zu sein – und das alles in der elenden Körperhaltung, zu der mich die Enge des Cockpits zwang. Dick würde das Flugzeug lenken, und ich würde Dick lenken.

Das war sicher nicht der beste Weg, und es war eine gefährliche Methode. Aber es blieb unsere einzige Möglichkeit.

Jean-Yves Domalain
Meine Heirat mit der schönen Häuptlingstochter

Nun lebe ich schon fast zwanzig Tage in diesem Rumah, und es
wird Zeit für mich, es zu verlassen. Ich habe meinen Gastgebern
noch nichts davon gesagt. Gerne würde ich noch länger bleiben,
aber ich fürchte, daß die Bewohner dieses Dorfes meinen Aufent-
halt schon als zu lang empfinden. Noch läßt nichts darauf schließen, aber ich möchte auf keinen Fall zur Belastung für meine
Freunde werden. Der Familie, die mich beherbergt, bin ich nicht
von Nutzen. Ich esse von ihrer Jagdbeute und trinke von ihrem
Tuac. Außerdem muß ich ja doch früher oder später heim. Ich
muß zugeben, daß mir die Trennung von Kobé und ihrer Freundin
schwerfallen wird.

An diesem Abend findet ein kleines Fest statt; nichts Großes,
wir feiern einfach eine erfolgreiche Jagd. Der Häuptling hat einen
prachtvollen *rusa* mit schönem Geweih erlegt. Das riesige Geweih
wird bald sein Bilek zieren, und wir essen ausgiebig und trinken
kräftig, wie es der Brauch bei solchen Anlässen will. Ich bin schon
recht gut an die Wirkung des Tuac gewohnt und kann bereits aktiv
an den Diskussionen teilnehmen. Ich verstehe sogar die Witze der
Dorfbewohner und ihre Wortspiele, an denen ihre Sprache nicht
arm ist . . .

Im Lauf solcher fröhlicher Abende spricht man vor allem von
der Jagd und von den Frauen. Die Scherze sind gepfeffert, und die
Frauen scheuen sich nicht, mitzumachen. Vielleicht liegt es am
gemeinschaftlichen Leben, jedenfalls erzählt jeder ohne Scheu
von seinen nächtlichen Erlebnissen. Jeder ist über die Vorlieben
und Methoden seines Nachbarn genau im Bilde, und Kobé und
ihre Freundin brennen darauf, ihre Erlebnisse allen Damen des
Longhouse zu schildern, sowie gewisse anatomische Unterschiede
– wie es scheint recht geringe – zwischen Europäern und Ibans zu
erklären.

Kommt ein Nachbar oder eine Nachbarin in einen Wohnraum,
in dem ein Pärchen gerade mit anderem als mit Daumendrehen
beschäftigt ist, geht der oder die Betreffende lachend wieder fort

und erkundigt sich im Vorübergehen in aller Ruhe nach dem Stand des Geschehens.

»*Niamaï bampot, Kobé?* (Ersparen Sie mir die wörtliche Übersetzung!) Alles in Ordnung, Kobé?«

»*Niamaï*... aber wir sind noch nicht fertig.«

Woraus man schließen kann – sofern ich das überhaupt noch erwähnen muß –, daß es bei den Dajaks keine Komplexe gibt!

Heute abend herrscht eher die Atmosphäre eines Familienfestes. Wir sehen improvisierten Tänzen zu. Der erste wird von einem ganz jungen Mädchen ausgeführt, das kaum fünfzehn Jahre alt sein kann. Sie ist groß, wunderbar gebaut, das Gesicht von reiner Schönheit, mit feingeschnittenen Zügen, ihre Haltung ist voll Würde. Ich habe sie schon öfter gesehen, aber sie schließt sich selten unserer Gruppe von frechen Burschen an – wahrscheinlich ist sie noch ein bißchen schüchtern, zumindest aber zurückhaltender als die anderen Mädchen. Sie zeigt eine vollendete Darstellung des Tanzes der Dajaks. In allen ihren langsamen und sparsamen Bewegungen liegt Grazie und Geschmeidigkeit, ihr Gesicht bleibt leidenschaftslos, ernst, sogar kalt. Sie ist wunderschön anzusehen.

»Tangalé, diese *Inau* tanzt wunderbar!«

»O ja, sie ist die beste Tänzerin im ganzen Dorf!« pflichtet der Häuptling mir bei.

Ich versuche ihn zu überbieten: »Wirklich, sie tanzt ganz ausgezeichnet, sehr, sehr gut! Wer ist sie?«

»Du findest sie hübsch?«

»Ja, sie ist sehr hübsch, Tangalé.«

Der Häuptling sieht mich an und sagt: »Sie ist meine Tochter!«

Ich lasse sie nicht aus den Augen. Ich habe den Eindruck, daß sie ihre Umgebung völlig vergessen hat. Sie scheint weit weg zu sein. Nur ihre Kunst scheint sie zu beschäftigen. »Du hast mir nicht gesagt, daß du eine so hübsche Tochter hast. Sie war nie in deinem Bilek.«

»Wirklich, du findest sie hübsch?«

»*Niamaï!*«

Unser Gespräch scheint die Dorfbewohner rund um uns lebhaft zu interessieren. Dabei finde ich gar nichts Außergewöhnliches an dem, was wir sagen.

Der Häuptling wiederholt seine Frage noch einmal: »Sie ist hübsch, nicht wahr?«

Ist er plötzlich nicht mehr ganz richtig im Kopf? Seine Tochter sieht tatsächlich sehr gut aus. Aber ich habe nicht die Absicht, ihm das die ganze Nacht zu bestätigen. Vielleicht ist er ein bißchen betrunken? Dabei haben wir heute noch gar nicht soviel getrunken, noch nicht... Na schön, wenn's Spaß macht...

»Ja, Häuptling, deine Tochter ist sehr hübsch. Ich glaube, sie ist die Schönste im ganzen Rumah!«

»Oh, Oh!«

Dabei bleibt es! Alle im Kreis schauen mich eigenartig an. Nach dem Ende des Tanzes gratuliert man der Tochter des Tuaï Rumah, und sie setzt sich zu ihrer Gruppe, den anderen jungen Leuten des Longhouse. Ich spüre, daß irgend etwas geschehen ist, etwas, das auch mich betrifft. Aber was?

Nach ein oder zwei Schalen Tuac denke ich nicht mehr an den Vorfall, werde aber wieder unruhig, als einer der Burschen im Hintergrund mit dem Finger auf mich zeigt. Man muß der Tochter des Häuptlings gesagt haben, daß ich sie schön finde. Schließlich ist das die Wahrheit, und ich sehe nichts Böses darin. Als sie zu mir hersieht, lächle ich ihr zu, aber sie erwidert meinen Gruß nicht. Macht nichts. Kobé ist nicht weit, und so zwinkere ich ihr zu. Aber was ist los? Wieso erwidert sie meine Anspielung nicht?

Ich begreife noch immer nicht, daß ich gerade auf die beste Art der Dajaks verkuppelt worden bin! Das Fest endet wie üblich: mit einer Anzahl von Alkoholleichen, einigen Stürzen und dem Geruch von Erbrochenem. Ich gehe schlafen. Der gelähmte Großvater, der immer noch zusammengesunken in seiner Ecke sitzt, verpestet von Zeit zu Zeit die Luft mit seinen Winden, die dem Gestank einer Schleichkatze Ehre machen würden...

Ich habe mich entschlossen, am nächsten oder übernächsten Tag aufzubrechen, und teile meinem Sprachlehrer diese Absicht mit. Er soll es übernehmen, den anderen die Neuigkeit weiterzugeben. Ich fürchte mich vor dem Abschied. Es ist sicher besser, wenn ich schon morgen losziehe.

»Morgen? Aber wann kommst du zurück?«

»Später, aber zuerst muß ich in meine Heimat.« Offensichtlich glaubt er seinen Ohren nicht, er ist völlig verwirrt.

»Aber die Hochzeit!«

»Welche Hochzeit? Man hat mir nicht gesagt, daß jemand heiraten wird.«

»Die Hochzeit der Tochter des Häuptlings!«

»Der Kleinen, die gestern abend tanzte?«

»Ja, natürlich!«

»Gut, wenn sie heiratet, bleibe ich noch ein bißchen länger.«

Dabei werde ich noch einige Photos machen können. Mein Freund betrachtet mich befremdet und verläßt dann das Bilek. Wenig später kehrt er mit Tangalé zurück.

»Warum willst du fort?«

Der Häuptling ist aufgeregt, seine Augen funkeln vor Zorn.

Was ist eigentlich los? Wollen sie mich als ihren Gefangenen hierbehalten? Die Lage wird langsam ungemütlich.

»Ich möchte in meine Heimat zurückkehren, meine Eltern warten auf mich. Ich bin schon sehr lange von zu Hause fort, sie werden sich Sorgen machen.«

»Erstens glaube ich nicht, daß es deine Heimat gibt. Es gibt kein Land, wo alle Menschen so aussehen wie du. Es ist unmöglich, so lange zu einem anderen Dorf zu marschieren.«

Es ist mir zwar immer klar gewesen, daß ich die Dajaks nicht überzeugen konnte, als ich ihnen vom Schnee und vom Meer erzählte, aber das ist kein Grund, mich bei ihnen festzuhalten.

»Und was wird aus meiner Tochter?«

»Deiner Tochter?«

Langsam verliert er die Geduld. Einige Männer kommen herein, um festzustellen, was hier vorgeht. Bis jetzt waren wir gute Freunde, warum verhalten sich alle plötzlich so feindselig?

Offenkundig verständigen wir uns zur Zeit nicht auf der gleichen Wellenlänge.

»Hör zu, Tuaï Rumah, ich spreche nicht gut Iban, du mußt mir erklären, was los ist. Ich habe dieses Dorf und alle seine Bewohner sehr gern. Ich fürchte, ich habe dich irgendwie verärgert. Ich weiß aber nicht, wodurch.«

Meine schlechte Kenntnis der Sprache behindert mich, ich suche unaufhörlich nach Worten. Schließlich, nach vielen Verwechslungen, verstehen wir uns doch.

»Gestern hast du mich in aller Form um die Hand meiner Tochter gebeten, und heute willst du sie sitzenlassen? Sie war bereits einem anderen versprochen, und ich mußte ihm drei Schweine geben, um sie freizukaufen! Ihr Verlobter ist sehr unzufrieden. Ich habe alles für dich getan, und nun willst du fort!«

Um Himmels willen! Eine schöne Geschichte! Meine Kehle ist zu zugeschnürt.

»Gib mir etwas Tuac!«

Wenn ich ihm glauben kann, habe ich ihn gestern tatsächlich um die Hand seiner Tochter gebeten. Habe ich nicht dreimal wiederholt, daß das Mädchen hübsch ist und gut tanzen kann? Habe ich das nicht in Gegenwart ihres Vaters getan? Es ist nicht mehr zu ändern: die verhängnisvollen Worte sind gesagt.

Trotzdem frage ich, ob es keine andere Lösung gibt. Nein, der Häuptling will sein Gesicht nicht verlieren; er hat sich schon mit der Familie des Verlobten zerstritten. In seinen Augen ist die Sache sehr wichtig, da die Häuptlinge bei den Ibans von den Dorfbewohnern gewählt werden und daher auf ihre Popularität achten müssen. Also versuche ich es auf andere Weise: ich könne das dem armen Verlobten doch nicht antun. Das hilft auch nichts. Der enttäuschte Bräutigam ist so verärgert, daß er weder von der Tochter, noch vom Häuptling, noch von mir irgend etwas hören will.

Gut, aber was sagt sie dazu? Sie liebt mich doch nicht! Ich will sie nicht wider ihren Willen heiraten. Das nützt noch weniger.

»Hier hat sie nichts zu wollen. Außerdem bin ich sicher, daß sie dich lieben wird. Kobé und ihre Freundin mögen dich und andere Mädchen auch!«

Das ist zwar sehr schmeichelhaft für mich, aber es schadet mir mehr als es nützt. Stundenlang reden wir über dieses Thema, und noch immer kann ich nicht glauben, was mir da geschieht. Was soll ich tun? Letzten Endes komme ich zu der Überzeugung, daß ich nachgeben muß. Mir bleibt nichts anderes übrig, als ein Mißverständnis vorzutäuschen: »Jetzt habe ich endlich verstanden, Tangalé! Ich glaubte die ganze Zeit, du hättest dich geweigert, mir deine Tochter zur Frau zu geben. Deshalb war ich so unglücklich und wollte euch so schnell verlassen. Ich spreche nicht gut Iban, du weißt es. Ich bin sehr glücklich, daß du mir deine Tochter gibst. Das Mädchen, ist sehr hübsch, sehr hübsch, und sie tanzt wunderbar!«

Das Gewitter ist vorbei! Es fegte alle Wolken weg, die das Longhouse des Rumah Selidapi, das verloren irgendwo in den Bergen von Kalimantan liegt, verdunkelten. Nur mir legt es gleichzeitig einen Strick um den Hals. Den Rest des Tages berate ich mich mit dem Tuac. Wenigstens ein Gesprächspartner, der mich versteht.

Ich werde von Gongschlägen geweckt. Zuerst ertönt der Gong des Häuptlings. Ein ohrenbetäubender Lärm. Vom anderen Ende des Longhouse kommt die Antwort. In wenigen Sekunden vibriert das ganze Dorf, jede Familie schlägt mit voller Kraft auf die großen Bronzeplatten, die von den Dachbalken herunterhängen. Die Hähne stimmen ein, dann noch die Hunde: eine richtige Katzenmusik.

Seitdem ich verlobt bin, schlafe ich allein, ohne Kobé, im Familienbilek. Meine Braut ist auf der anderen Seite, bei ihrem Onkel geblieben. Ich habe zwar hier und da Gelegenheit, sie zu sehen, aber unsere Zusammentreffen sind nie besonders romantisch. Sie zeigt mir deutlich, daß sie diese überstürzte und erzwungene Heirat gar nicht mag. Das tut mir unendlich leid für sie, aber mir geht es auch nicht anders. Wenigstens in dieser Beziehung sind wir einer Meinung. Man hat uns beide hereingelegt.

Ich versuche, die Sache so leicht wie möglich zu nehmen und mich mit meinem Schicksal abzufinden. Ich hoffe nur, daß sie nicht die ganze Zeit ein so düsteres Gesicht macht.

Heute also ist der große Tag. Das Dorf ist gestern geschmückt und mit einem großen Vorrat an Essen versorgt worden. Auch einige Wildschweine waren dabei – glücklicherweise riechen sie noch nicht zu stark. Heute und an den folgenden Tagen werden unzählige Hühner und Schweine ihr Leben für das Festmahl lassen müssen.

Sofort nach dem Aufstehen geht das ganze Dorf baden. Durch den eisigen Nebel ziehen schweigende Kolonnen hinunter zum Fluß.

»Mané, mané.«

Mutig springen die Kinder ins Wasser. Ich tauche sehr langsam und vorsichtig ein; das Wasser ist eisig kalt.

Heute gibt es kein Frühstück: die Frauen sind zu sehr mit der Zubereitung des Festmahls beschäftigt. Sie müssen auch die Reiskuchen backen, die unbedingt zu einem solchen Festschmaus gehören und mir übrigens nicht besonders schmecken.

Bereits gestern und vorgestern sind Gäste aus dem Nachbardorf gekommen, und während des Vormittags treffen weitere zehn Pirogen ein, voll von Männern und Frauen in Festkleidung. Alle sind sehr gespannt auf diesen seltsamen Gast, der im Rumah Selidapi aufgetaucht ist, und wollen mich aus der Nähe sehen.

Die Zeit vergeht schnell, denn jedermann ist schwer beschäftigt. Manche kommen mit dem Reinigen oder Flicken der Festkleider oder mit dem Auszupfen der Augenbrauen zu keinem Ende...

Gegen Mittag muß ich einen großen *sirat* anziehen, eine Art langen Lendenschurz, der aus etwa zehn Meter Stoff besteht und um die Hüften geschlungen wird. Die vorn und hinten herunterhängenden Enden streifen fast den Boden. Meine Handgelenke werden mit schwarzen, sehr dünnen Reifen, die Oberarme mit weißschimmernden Silberreifen geschmückt. Nicht genug, auch über die Waden streift man mir Ringe. Ferner muß ich einen riesigen, mit Kalaofedern geschmückten Hut aufsetzen, und um die Schultern legt man mir ein Cape aus feinen langen Federn. Schade, daß ich mich nicht im Spiegel sehen kann... Der einzige Stilbruch in diesem farbenfrohen Kostüm ist meine Brille.

Kurz vor der Zeremonie darf ich meine Frau sehen: sie sieht entzückend aus, aber doch noch wie ein Kind. Sicher ist sie nicht älter als fünfzehn.

Auch sie scheint sich mit ihrem Schicksal abgefunden zu haben, denn diesmal erwidert sie mein Lächeln und fragt, ob ich mit ihr zufrieden sei... Na ja, in gewisser Weise schon...

Der Häuptling erklärt mir in großen Zügen, wie sich die Zeremonie abspielen wird; die Hochzeit selbst dauert nur wenige Augenblicke.

Ein Gongschlag! Der Medizinmann, in ein prachtvolles Gewand aus vielfarbigen Perlen gehüllt, nähert sich vom Urwald her dem Dorf. In einer Hand schwingt er ein großes Kriegsschwert, in der anderen einen menschlichen Schädel, der von einem langen Helmbusch aus Zweigen der Nadelpalme geschmückt ist. Er steigt die Treppe zur Veranda herauf, geht auf dem äußeren Balkon entlang und betritt das Ruaï. Jede Familie wartet vor ihrem Bilek, vor dessen Tür sie eine Art Zelt aus geflochtenen Farnen aufgebaut hat. In diesem Zelt wohnen angeblich die Geister. Der Medizinmann schreitet zum ersten Bilek, geht um das Zelt herum, trinkt einen Schluck Tuac, den ihm die Hausfrau reicht, und begibt sich dann, gefolgt von der ganzen Familie, zum nächsten Bilek...

Vor jedem Zelt leiert der Medizinmann magische Beschwörungen, wirbelt sein Schwert durch die Luft, als ob er mit den Dämonen kämpfen würde. Von der Menge gefolgt, die von Bilek zu Bilek größer wird, reinigt er so alle Wohnungen und alle Familien des Dorfes und treibt die Geister aus.

Sind die bösen Geister endlich tot oder zumindest vertrieben, gehen alle auf die äußere Veranda, hinaus in die Sonne. Die schönsten Matten, Stoffe, aber auch Blätter sind über das Geländer gebreitet worden. Rund um das Haus hat man hohe Bambusmasten aufgestellt, an deren Spitzen bunte Tüchter flattern.

Alle zehn Sekunden ertönt ein Gongschlag.

Unsere Familie hat sich in der Mitte der Veranda postiert. Der Medizinmann steht uns gegenüber, dicht hinter ihm stellen sich die Männer des Dorfes in einer Reihe auf. Die Frauen bleiben im Hintergrund. In einer Ecke schlägt das Orchester auf langen Rohren aus Holz, die mit Tierhäuten bespannt sind und kurze, dumpfe Töne geben, seine Tam-Tams. Einige Augenblicke verharren alle still zum Klang dieser wilden und ohrenbetäubenden Klänge.

Die Frauen kommen aus dem Ruaï auf uns zu. Sie tragen Nahrungsmittel, die sie sorgfältig vor dem Familienoberhaupt aufreihen. Es sind Geschenke an die guten Geister der Familie und an unsere Ahnen. Alles, was sich ein Iban im Jenseits nur wünschen kann, wird niedergelegt: eine Handvoll Reis, Tabak, ein Ei, Fische, Fleisch und natürlich eine Schale Tuac. In das Reishäufchen wird eine weiße, blutbefleckte Feder gesteckt.

Jedes Familienoberhaupt, also auch ich, legt eine Gabe auf einen kleinen Bambusmast, dessen Spitze flach wie ein Tisch ist. Das kleine Mahl wird dort einige Tage als Opfer an die Götter bleiben. Was in den Gabenkörben der einzelnen Familien übrigbleibt, wird im Lauf der Feierlichkeiten der nächsten Tage aufgegessen werden. Es wäre doch unverzeihlich, diese Leckerbissen zu vergeuden...

Nun geht's an die eigentliche Hochzeitszeremonie.

Lintaü, so heißt meine Braut, geht ins Ruaï, um einen Totenschädel zu holen. Es handelt sich um den Kopf eines Iban, der vor kurzer Zeit erbeutet wurde. Als ich ins Dorf kam, klebten noch Haare an seinen Schläfen, während die Augen schon fast nicht mehr zu sehen waren. Eigentlich hätte ich diesen Kopf als Trophäe heimbringen und ihn der Familie übergeben müssen. Dadurch aber wären wir in Zeitnot gekommen, und außerdem hatte ich keinen Feind greifbar, den ich um einen Kopf kürzer hätte machen können... Die Sitte verlangt, daß der Bräutigam das Dorf vor der Hochzeit für kurze Zeit verläßt. Oft wird er von einigen Kriegern begleitet. Sie legen sich in der Nähe eines feindlichen Dorfes in einen Hinterhalt und kehren erst wieder ins Dorf zurück, wenn sie eine Trophäe erbeutet haben. Es ist völlig gleichgültig, ob es sich um den Kopf eines Mannes, einer Frau oder eines Kindes handelt. Wesentlich ist nur, daß ein neuer Geist in das Longhouse der Braut einzieht.

Heute haben wir also nur einen alten Schädel zur Verfügung. Auch beim Protokoll muß etwas geschwindelt werden: Lintaü verläßt mit einigen Mädchen für einige Minuten das Dorf und kehrt mit dem »feindlichen« Kopf in den Armen zu uns zurück. Bei mir angelangt, übergibt sie mir die makabre Gabe. Die Bambustrommeln werden immer lauter, während ich den Kopf zu den anderen, die in der Veranda hängen, zurückbringe.

Alles das spielt sich in einer sehr gemütlichen Atmosphäre ab: die Teilnehmer an unserer Hochzeit plaudern und scherzen miteinander. Noch ist die Feierlichkeit nicht ganz zu Ende. Der Häuptling und der Medizinmann an der Spitze, dahinter Lintaü und ich, und hinter uns das ganze Dorf mit seinen Gästen, so schreiten wir hinunter zum Fluß, um ein Bad zu nehmen. Das ist ein Gedränge und ein Herumtollen! Jeder springt ins Wasser, dann kehren wir – von allem Bösen endgültig gereinigt – wieder ins Dorf zurück.

Der letzte Akt spielt sich im Bilek des Häuptlings ab. Tangalé ergreift Lintaüs und meine Hand, fügt sie in seinen Händen ineinander und hält eine kurze Ansprache, bevor er uns entläßt. Jetzt sind wir Mann und Frau.

Das Ganze hat nicht länger als eine Stunde gedauert. Als wir aus dem Bilek des Häuptlings heraustreten, sehe ich die Festtafel, welche die Frauen in der Zwischenzeit auf der ganzen Länge des Ruaï vorbereitet haben. Die Orgie, die nun beginnt, dauert nicht weniger als drei Tage und Nächte. Der Tuac fließt in Strömen. Wie viele Wildschweine, Hühner und Hausschweine haben für dieses denkwürdige Fest herhalten müssen? Ich versuche die Exzesse in Grenzen zu halten. Natürlich bin ich verpflichtet, mindestens ebensoviel wie die anderen zu trinken und zu essen, aber ich bemühe mich, alles, was man mir aufzwingt, sofort wieder zu erbrechen...

Lintaü ist jetzt mir gegenüber viel weniger reserviert als vor der Hochzeit. Wir nützen einen Augenblick der Unaufmerksamkeit der Feiernden und schleichen unbemerkt zu dem Bilek, das man uns zugewiesen hat. Es ist der Wohnraum des Onkels meiner Frau. Als wir wieder zu den anderen zurückkehren, hat man unsere Abwesenheit schon bemerkt, und wir werden mit allgemeinem Geschrei empfangen.

Ich bedaure es jedenfalls nicht mehr so sehr, verheiratet zu sein...

»Lintaü, niamaï bampot?«

»Dioudi? Poké Lintaü kiai jampat?«

Diese Fragen sind nicht zu übersetzen. Witze machen die Runde. Ein Soldat aus dem Senegal würde dabei erröten, ein Dajak sicher nicht!

Lintaü verläßt unsere Gruppe für ein paar Augenblicke und gesellt sich zu ihren Freundinnen. Ihrem Gelächter nach zu schließen, dürfte sie ihre letzten Erlebnisse in allen Details schildern.

Die anderen Frauen, auch die ältesten, drängen sich ohne Scham um meine Frau. Nur die Männer verhalten sich ein wenig diskreter.

4 UNTERWEGS

Reinhold Messner
Gehen in der Antarktis

Auf welches Wunder warten wir? Auf Wind, gesunde Füße und leichtere Schlitten. Jeder auf ein anderes. So blieben alle Rechnungen nur Theorie. Irgendwie würden wir schon durchkommen. Arved war vorerst nicht fähig und nicht bereit, mehr als sechs Stunden pro Tag zu marschieren. Dazu kam, daß wir bei schlechtem Wetter im Zelt blieben oder nach wenigen Marschstunden aufgaben. Jede Woche verloren wir viele Stunden Gehzeit.

Oft, wenn ich am »Abend« im Schlafsack lag, die Augen geschlossen, lief die gelaufene Schneefläche unter mir weg. Es war wie im Kino. Ich sah die vielen Rauhigkeiten, die Sastrugis wieder, die ich tagsüber unter den Skiern auftauchen und verschwinden gesehen hatte. Obwohl ich nichts bewußt wahrgenommen hatte, es blieb gespeichert. Schneebilder, wie eingefroren in meinem Gedächtnis.

Meine Nachtträume waren plastischer als die Träumereien untertags. Oft wachte ich auf. Beim Wachliegen im Zelt verknüpften sich ewige Erinnerungsketten zu einem Traumbild meines Lebens. Plötzlich fiel mir ein, daß wir im Thiel-Depot einiges brauchten. Ich notierte es für den nächsten Funkkontakt:

Für Thiel: 1 Taschenmesser, Handschuhe ohne Finger, Post, SPIEGEL. Das Funkgerät taugt nichts.

Weil ich schon einmal dasaß und mit klammen Fingern in mein Tagebuch schrieb, hielt ich einen Ausrüstungsvorschlag fest, der mich am Vortag beschäftigt hatte:

Thermosflasche/Markill: sehr gut, bleibt lang heiß. Fehler: Becher zu klein; muß flachen Boden haben. Schraubverschluß angreifbarer. Farbe der Flasche rot. Wie kann man nur eine weiße Thermosflasche mitnehmen! Man verliert (übersieht) sie im Schnee leicht.

Ich legte mich wieder hin. Rauhreif bröselte von der Zeltinnenwand. Außerhalb des Schlafsacks waren Schultern und Arme im Nu kalt.

Draußen war es immer hell. Immer kalt. Im Zelt sank die Temperatur auf 10–20° minus. Je, nachdem, wie kalt es draußen war.

»Tag« und »Nacht« waren sich nicht nur in der Helligkeit gleich. Auch in meinen Empfindungen konnte ich die Träume nicht vom Denken unterscheiden. Die Wahrnehmungen waren auf ein Minimum beschränkt. Es gab keinen Baum, keinen Strauch, kein Gebirge. Nur die Formen der Sastrugis waren immer anders. Ab und zu sahen sie wie Tiere aus, dann wie Plastiken. Öfters erkannte ich Personen in den »Köpfen« der Schneewehen. Sonst nur weiße Fläche. Im Oval um uns der graue Horizont.

Es gab keine Geräusche. Außer denen, die wir selbst produzierten. Und den Wind natürlich. Wenn wir mit den Skiern über die rauhe Oberfläche gingen, knirschte der Schnee. Dazu das spitze Kreischen beim Stockeinsatz. Der Schlitten hinter uns verursachte ein unregelmäßiges Gepolter. Der Sturm krachte. Vor allem, wenn wir im Zelt saßen. Wenn ein Blizzard über die Zeltplane fegte, war es so laut, daß wir uns im Zeltinnern nicht verstehen konnten, obwohl wir nur eineinhalb Meter voneinander entfernt waren.

Wir hatten jetzt unsere eigenen Gesetze des Zusammenlebens. Keiner hatte sie festgeschrieben, und doch lebten wir danach. Unsere Beziehung war von Notwendigkeiten und Toleranz getragen. Die Regeln, die sich die Zivilisationsgesellschaft zurechtgelegt hatte, waren nicht mehr die unseren. Wir standen außerhalb der Zivilisation. Und deshalb galten hier andere Gesetze. Wir gingen nicht rüde miteinander um. Im Gegenteil, wir bemühten uns, zueinander nett zu sein. Nur im gegenseitigen Respekt konnten wir stark bleiben. Unser Selbstvertrauen durfte nie aufs Spiel gesetzt werden. Trotzdem gab es machmal harte Diskussionen. Jeder wußte, was notwendig war, um diese Expedition zu Ende zu führen. Und mehr wollten wir nicht. Jeder mußte fähig bleiben, das Seine dazu beizutragen. Allein wäre keiner von uns beiden durchgekommen. Die Antarktis war zu groß für Experimente.

Eigene Gesetze, eigene Geräusche und keine Gerüche. Den ganzen Tag über gab es keinerlei Gerüche. Unsere eigenen Gerüche verloren sich, wenn wir die Kleider angezogen, die Reißverschlüsse zugemacht hatten und ins Freie hinausgegangen waren. Nur am Abend, wenn wir ins Zelt kamen und auftauten, konnten wir uns riechen. Wenn der Zeltreißverschluß zugezogen war, begannen wir sofort, uns auszuziehen. Einer roch jetzt den anderen, und jeder sich selbst. Anfangs hatte ich diesen Dampf unter den Windkleidern als Gestank empfunden. Jetzt empfand ich wohlige Wärme dabei. Beim Kochen dann wurden alle Körpergerüche aufgehoben. Es war richtig gemütlich. Es roch nach Essen, nach Fett, nach feuchten Kleidern. Es roch nach Menschsein.

Wie wir bei so viel Aussichtslosigkeit Tag für Tag weitergehen konnten! Wir verstanden es, uns gegenseitig zu motivieren. Arved mich durch seine Ruhe, seine Selbstsicherheit. Ich ihn durch ein aufmunterndes Wort am »Morgen«. Ich durfte ihm seine Konditionsschwäche nicht vorhalten. Ich war sicher, er würde bald besser trainiert sein. Und wenn seine Füße ausheilten, waren wir gerettet.

Das Wichtigste war jetzt eine exakte Zeiteinteilung. Nachdem wir uns geeinigt hatten, sechs Stunden pro Tag zu laufen, mußten diese sechs Stunden ausgefüllt werden. Wenn das Wetter es zuließ, ging ich auf die Minute genau sechs Stunden weit, immer gleich schnell. Das führte dazu, daß unser Abstand, während der Gehstunden, größer und größer wurde. Jede Minute, die wir an Gehzeit verloren, würde uns am Ende fehlen.

Einige Tage schon bevor wir die Thiel-Berge erreichen sollten, erschienen sie irgendwo im Süden. Zuerst als Lichtspiegelungen, dann real. Als schmale, flimmernde Linie standen sie am Horizont. Oft verschwanden sie wieder. Tagelang hätte ich nicht sagen können, ob der dunkle Streifen vor uns die realen Berge waren oder nur eine optische Täuschung. Wir wußten nicht, ob unser Depot schon eingerichtet war. Seit zehn Tagen waren wir ohne Funkkontakt mit Patriot Hills. Knapp vor den Thiel-Bergen bekam Arved eine Verbindung mit der Steger-Gruppe.

Es war Montagabend, der 4. Dezember. Die sechs Teilnehmer der Hundeschlitten-Expedition kampierten, umgeben von ihren Huskies, auf halbem Weg zwischen den »Thiels« und dem Südpol. Sie waren gut vorangekommen. Arved sagte, wir könnten über Funk nicht nach Patriot Hills durchkommen und bat Jean-Louis Etienne, eine Nachricht an das Camp durchzugeben: »Fuchs und

Messner sind in zwei Tagen bei den Thiels. Sie erwarten Depot.«
Auch »Transantarctica« hatte seit einer Woche keinen Funkkontakt mehr mit der Außenwelt gehabt. Unser Depot sollte rechts
des King Peak liegen. »Hoffen wir, daß es da ist!« Arved sagte das
in einem Ton, daß ich zu zweifeln begann, was ihm lieber war: das
Depot, also die Chance weiterzumachen, oder kein Depot und die
Notwendigkeit, aufzugeben.

Erstmals in dieser Nacht wieder bürgerliche Träume. Es war
sonderbar, im Zelt zu erwachen wegen Terminpflichten. Ich
konnte lange nicht wieder einschlafen. Schließlich sah ich mich
daheim auf Juval mit »Transantarctica«. Im übrigen hatte ich Ver-
dauungsprobleme.

Am Dienstag, den 5. 12., war endlich Jaeger wieder zu verstehen. Abend für Abend hatte er in Patriot Hills vergebens auf ein
Signal von uns gewartet. »No joy.« Die miserablen atmosphärischen Bedingungen, vor denen viel stärkere Radios als das unsere
kapituliert hatten, waren endlich vorbei. Wir waren in der Nähe
der »Thiels«. 530 Kilometer Luftlinie vom Südpol entfernt.

»Wir sind morgen am Thiel-Depot.«

»Verstanden.«

»Wo genau ist unser Depot?«

»Es gibt noch kein Depot!«

Wir waren schockiert. Ein Proviantdepot von 90 Kilo sollte für
uns bereitliegen. Brydon, Pilot der Twin-Otter, hatte zwar Anweisung, mit dem Proviant und den Briefen von daheim am 6. zu den
Thiel-Bergen zu fliegen, aber wer wußte, ob Wind und Sicht den
Flug zuließen?

»Wir haben Brennstoff für eine Woche. Nicht mehr viel Essen.
Eine volle Tagesration und Reserven. Es geht uns sonst gut. Wir
sind bei bester Gesundheit. Position: 85° 11′ Süd.«

Stichwortartig gab ich alles durch. Vielleicht brach der Kontakt
gleich wieder ab.

»Also bis morgen, hoffentlich klappt es mit dem Depot.«

Jetzt wußten auch wir, daß alle wußten, daß wir an den Thiels
unser Depot erwarteten: unsere Betreuer, ANI, die Piloten. Vorher hatten wir nur hoffen können, daß die Funkbrücke über
»Transantarctica« Ulrich Jaeger, Wilhelm Bittorf und Jürgen Bolz
bestätigt hatte, daß wir noch am Leben waren.

Ja, wir waren am Leben. Ich fühlte mich stark. Meine alten Instinkte waren wieder wach geworden. Ich war immer auf der Lauer. Wie ein wildes Tier. Nicht nur beim Gehen untertags, auch beim Aufwachen oder »nachts«, wenn ich oberflächlich schlief, war ich bereit. Bereit zu reagieren, bereit, Widerstand zu leisten. Gegen den Wind. Gegen die Sinnlosigkeit. Gegen die Müdigkeit.

Das Gehen höhlte mich so nicht aus. Ich ging ohne Ort und ohne Zeit durch den Raum. Ich dachte nicht daran, wie weit es noch war. Ich hielt die Zeittabelle ein. Hätte ich dabei nicht Stunde um Stunde einer Erinnerung, einer Idee, einem Plan nachgehen können, ich wäre schneller müde geworden.

Arved klagte nicht nur über seine Füße. Es war ihm, als wäre die Antarktis-Tour die Fortsetzung seines Marsches zum Nordpol. Oft fiel ihm beim Gehen nichts mehr ein. Gehen ohne Tagträume ist tierisch. Ob er sich an den Thiels erholte? Arveds Füße waren immer noch wund. Die Zehen blutende, eiternde Stumpen. Nägel fehlten. Mit solchen Füßen war das Stehen eine Qual, das Schlittenziehen unerträglich. Bei jedem Schritt übertrug der Körper die Schlittenlast auf die Fußsohlen. Und diese waren eine einzige Blase. Wasser und Blut unter der dicken Hornhaut. Was tun? Wir litten beide darunter. Dem antarktischen Eis aber war es gleich.

✳

Wie schnell die Weite um uns schrumpfte, wenn Wolken und Nebel aufzogen. Im Nu wurde die weiße Unendlichkeit zum hellen Nichts. Wir sahen kaum noch die Skier unter den Füßen. Trotzdem, ich hätte an diesem 6. Dezember Stunde um Stunde weitergehen können. Es war ein nebliger Tag. Am »Morgen« versuchten wir zu segeln. Dann marschierten wir über Sastrugis in Richtung Thiel-Berge. Ich konnte nach einigen Gehstunden den Fuß der steil aufragenden Felsen erkennen.

Arved hatte zweimal aufgeben wollen. Wenn das Depot nicht da war, liefen wir sowieso umsonst. Plötzlich – es war bei der vierten Rast – erkannte ich unter den Bergen einen farbigen Fleck. Ich war nicht sicher, ob das wirklich ein Farbtupfer im Eis war. Ich empfand es so. Seit die Berge Orientierungsmarken für mich waren, lief ich leichter. Ich richtete mich mehr nach den Graten und Rinnen weit vor mir als nach dem Kompaß, den ich seit drei Wochen vor meiner Brust trug. Als Arved nachkam, bat ich ihn um das Fernglas. Er gab es mir. Ich richtete es auf die Berge und sah zu dem Farbfleck hinüber. Da war das Flugzeug! Unglaublich, daß es dort stand. »Daß wir es nicht gehört haben!« Unser Depot war also da.

Ich war überzeugt, in 10 oder 15 Minuten dort zu sein. Im Fernglas hatte das Flugzeug so nahe gewirkt. Ich lief sofort weiter: eine halbe Stunde, eine Stunde, zwei Stunden. Das Flugzeug war nicht mehr zu sehen. Arved weit hinter mir. Wir liefen über Rücken und mächtige Senken.

Plötzlich lichteten sich die Nebel. Die Welt wurde gleißend hell. Ich dachte an Amundsen, wie er auf seinem Marsch zum Pol vor 78 Jahren erstmals Berge entdeckt hatte:

»Am 11. November konnten wir die Bergkette... unterscheiden. Mächtige Zinnen, die eine höher und wilder als die andere, erhoben sich bis zu Höhen von 5000 m. Was uns allen sofort auffiel, waren die großen kahlen Wände, die diese Berge zeigten. Wir hatten erwartet, sie mit viel mehr Schnee bedeckt zu finden. Der Fridtjof-Nansen-Berg sah ganz blauschwarz aus, nur ganz oben war er von einem großen, mächtigen Eismantel bedeckt...«

Diese Welt erschien mir jetzt irreal, menschenabweisend. Wenn nicht das Flugzeug gewesen wäre. Aber es war verschwunden. Nicht mehr zu sehen. Also begann ich zu bezweifeln, ob ich wirklich den Flieger gesehen hatte. Ich wollte mich vergewissern. Arved aber hatte das Fernglas. Er war weiter zurückgeblieben. Ich wollte nicht auf ihn warten. Der Boden war eisig, die Sastrugis zwischendurch einen Meter hoch und mehr. Es war windig und kalt. Das konnte doch nichts anderes als das Flugzeug gewesen sein! Über mächtige Bodenwellen zog ich den Schlitten dahin. Immer dem einen Punkt entgegen. Ab und zu verschwand er. Er erschien mir jetzt weiter weg als zu dem Zeitpunkt, als ich ihn zum ersten Mal als farbigen Tupfer entdeckt hatte. Auf dieser blaugrauen Eisfläche war sonst nichts Rotes. Nein, ich glaubte nicht, daß ich ein Überbild gesehen hatte. In den Bergen war das möglich. Auf großer Höhe ist der Sauerstoffmangel so stark, daß er Überbilder hervorruft. Halluzinationen. Je höher, um so größer die Anstrengung, um so größer auch das Gefühl der Einsamkeit. Die Folge sind Halluzinationen. In der Antarktis gab es keine Halluzinationen. Das spürte ich. Es gab Luftspiegelungen. Gebirge, die ich sah, obwohl ich sie geographisch nicht sehen konnte. Näherte ich mich diesen Bergen, so sah ich sie wirklich. Dabei erschienen sie oft weiter weg als zuvor die entsprechenden Luftspiegelungen. Ein bekanntes Phänomen, das schon öfter beschrieben worden war. Also keine Halluzination.

Nach mehr als zwei Stunden stand ich vor der Schwanzflosse des Fliegers. Plötzlich. Sie ragte über eine Bodenwelle. Das rot-weiße Flugzeug stand in einer Mulde. Wie ein Fremdkörper.

Als ich mich näherte, kamen zwei Männer heraus, Brydon Knibbs und Eric Stephens. Sie winkten mir zu. Sie hatten versucht, ihr Zelt aufzubauen, und taten es wieder. Ohne Erfolg. Der Wind riß es ihnen aus den Händen. Ich zog mein Zelt aus dem Schlitten, gemeinsam bauten wir auf. Alle drei krochen wir hinein, warteten auf Arved.

»Es war ein schwieriger Flug«, erzählte Brydon, »schlechte Sicht. Um 15.15 Uhr sind wir bei den Thiel-Bergen tiefer gegangen. Wir flogen eine Schleife nach Nordost, um uns bei euch bemerkbar zu machen. Dann landeten wir auf dem blauen Eis über dem Depotplatz. Die Felsnase darüber ist so charakteristisch.«

Drei Stunden hatten Knibbs und Stephens in der rot-weißen Twin-Otter gewartet, während wir der geographischen Position 85° 17′ Süd und 88° West, den Koordinaten des Depots, entgegenstrebten. »The Thiels«, wie die Kanadier die Berge nennen, sehen aus der Luft aus wie eine dunkle Herde in der unendlichen Schneefläche. Ein Gebirge, so groß wie die Dolomiten. Die einzelnen Gipfel sind weniger markant. Der höchste reicht bis 2800 Meter über den Meeresspiegel, aber die Eisdecke, die ihn umgibt, ist fast genauso hoch.

Der blonde Brydon Knibbs machte ein ernsthaftes Gesicht. Der Flug von Patriot Hills zu den Thiels war hart am Rand des Möglichen gewesen. Er wiederholte. »Ganz flaue Sicht.«

*

Am nächsten Morgen Nebel. Trotzdem gingen wir los.

Unter der festgezurrten Plane meines Schlittens lag jetzt der schwarze, runde Argos-Apparat. Er sah aus wie ein Rohr mit Antenne. Dieses Argos-Gerät sendet auf einer gleichbleibenden Frequenz ein Signal in den Weltraum. In mehr als 800 Kilometer Höhe wird dieses Signal von Satelliten aufgefangen und weitergegeben. Mit einem Kniff namens »Dopplerverschiebung« konnte der Satellit den Sender, den wir an jedem Abend im Zelt in Betrieb nehmen wollten, orten. Die entsprechenden Daten wurden sofort an das Rechenzentrum der französischen Raumfahrtbehörde CNES in Toulouse übermittelt. Anhand dieser Koordinaten konnte Bittorf unser Weiterkommen von den Thiel-Bergen in Richtung Pol verfolgen. Zusammen mit der amerikanischen NASA hatten die Franzosen dieses ingeniöse System »Argos« entwickelt. Mit ihm konnten nicht nur einsame Eiswanderer wie wir via Weltraum verfolgt werden, sondern jedes Objekt, an dem man einen Argos-Sender anbringen konnte. Das CNES in Toulouse meldete alle zwei Tage über Fernschreiber unsere Position nach Punta Arenas.

Arved hatte mir vor dem Aufbruch versichert, er werde ohne Rücksicht auf seine Füße bis zum Pol gehen. Jeden Tag sechs Stunden reine Laufzeit. Das entsprach zwölf Seemeilen. Auch ich stand zu diesem Fahrplan. Nicht bloß als Konzession an Arveds Füße, sondern auch, um unsere Kraftreserven zu schonen. Wir durften uns nicht zu früh verausgaben. Auch ich fürchte den Verschleiß bei zu schnellem Gehen.

Nach den zwei Rasttagen kamen wir am 9. Dezember trotz des windigen Wetters gut voran. Bald aber herrschte wieder Schneetreiben, dann »White out«. Null Sicht und dazu die deutlich schwereren Schlitten. In der Nacht war Neuschnee gefallen. Es war relativ warm. So warm, daß ich ohne Handschuhe gehen konnte. Wir liefen erstmals mit Grödeln an den Füßen. Beide Paar Skier waren auf die Schlitten geschnallt. Wir querten am Fuße der Felsen entlang, überwanden einen glatten Gletscher. Dann überkletterten wir eine Moräne. Es war nicht einfach, die Schlitten zwischen den Steinen hindurchzuzwängen. Über mehrere Stufen, teils über Eis, teils über Schnee, stiegen wir zu einem Paß rechts des King Peak auf. Ich konnte nur den Fuß der Berge erkennen. Darüber lag dichter Nebel. Die Einsattelung in den »Thiels«, über die wir auf das Hochplateau gelangen wollten, ahnte ich nur. Es wurde ein anstrengender Tag. Wir navigierten jetzt nach einer Detailkarte. Bei ausreichender Sicht hätten wir keine Probleme gehabt. Im Nebel aber, mit maximal hundert Metern Sicht, war ich oft nicht sicher, ob wir auf der besten Route waren. Der erste Versuch, den Sattel direkt über einen Steilhang zu erreichen, scheiterte. Ich querte den Hang. Mit der Hand gab ich Arved, der hinter mir war, ein Zeichen. Er sollte in der Talmulde bleiben und den Hang erst dort angehen, wo er flacher war. Nach mühsamer Querung erreichte auch ich die flache Passage. Es gab Spalten. Die Hänge waren steil, dementsprechend anstrengend war es, aus »Löchern« wieder herauszukommen.

Als wir die Paßhöhe erreicht hatten, ging es weiter aufwärts. Wenigstens war das mein Eindruck. Wir gingen über ein Hochplateau, das wir nicht sahen. Die vollgepackten Schlitten bremsten mehr als in der Woche vorher. Über viele Bodenwellen und weichen Schnee gingen wir geradewegs nach Süden.

Die höchsten Spitzen der Thiel-Berge sahen wir nicht. Bei schönem Wetter hätten wir Nunataks und Bergketten erkennen, uns auf Sicht besser orientieren können. Bei diesem Wetter sahen wir gar nichts. Es schneite und der Schnee war ziemlich stumpf. Wir kamen langsam voran. Einmal querten wir die Spur von »Transantarctica«, die drei Wochen vor uns hier durchgekommen war.

Arved hatte trotz der beiden Rasttage Schwierigkeiten. Er zog zwar den leichteren Schlitten als ich, brauchte pro »Laufstunde« aber durchschnittlich eine Viertelstunde länger. So wurden meine Pausen zu lang. Wenn ich beim Steigen schwitzte, fror ich beim Warten um so mehr. Das war unser einziges Problem.

Die Stimmung war sonst gut. Wir hatten das Camp mit vielen Hoffnungen verlassen. Es war jetzt natürlich trist, über die Pässe und zwischen diesen Bergen zu gehen, ohne sie sehen zu können.

»Wären wir einen Tag früher losgegangen, wir hätten schönes Wetter gehabt.« Diese Feststellung war nicht als Vorwurf gedacht. »Wir hätten die Berge gesehen, eine andere Stimmung erlebt.« »Ich hätte nie gedacht, daß es gleich wieder schlecht wird«, antwortete Arved. »Null Bock, bei null Sicht.«

Diese Schwierigkeiten waren auch die Folgen unseres Optimismus. Das Wetter würde schon halten, hatten wir gedacht, und jetzt dieses Sauwetter! Wir ertrugen es und jammerten nicht. Wir gingen weiter. Die ersten sechs Stunden im Nebel waren voller Spannung. Hinter den »Thiels« ging es eben weiter und nicht, wie erwartet, abwärts. Mit dem vollen Schlitten hatte ich ohnehin immerzu das Gefühl, es ginge aufwärts. Auch wenn das Gelände potteben war.

Wieder wäre ich lieber mehr und schneller gelaufen. »Jeden Tag, den wir früher zum Pol kommen«, sagte ich, »ist ein Reservetag auf der anderen Seite.« Der Südpol war nie mein Ziel gewesen. Dieser gedachte Punkt auf 90° Süd war zwar eine Art Gipfel im Rahmen dieser Überquerung. Mehr aber nicht. Arved argumentierte wieder mit Verschleißerscheinungen.

»Bei zu langen Tagesetappen riskieren wir, schon vor dem Pol aufgeben zu müssen!«

»Beim jetzigen Marschtempo haben wir keine Chance, die Antarktis zu überqueren.«

»Lieber wenigstens den Südpol erreichen, als mit deinem Wunschtempo vorher zu scheitern.«

Wir steigerten uns mehr und mehr in eine Treiber- und Bremserhaltung hinein. Die Geschwindigkeit, die dabei herauskam, war für uns beide ein Kompromiß. Daß sie am Ende zum Erfolg führen sollte, konnte noch keiner ahnen. Fast täglich diskutierten wir im Zelt über die Taktik. Am 10. Dezember diktierte ich während des Laufens meinen Ärger erstmals auf Band. Ich mußte ihn loswerden:

Ich dränge immer wieder. Ich versuchte, Arved für größere Strecken zu begeistern. Er läßt nicht mit sich reden. Er schiebt alles vor sich her und meint, wir werden schon Wind kriegen. Das Gelände wird besser werden. Mit dieser Taktik ist die Antarktis nicht zu durchqueren! Ich bin der Meinung, daß Arved physisch zu schwach ist, um eine so harte Tour zu machen. Mehr als sechs Stunden tägliche Marschzeit bei diesem Schlittengewicht kann er nicht hergeben. Er tut mir leid. Ich kann ihm nur einen Teil seines Gewichts abnehmen, wie ich es in der ersten Strecke schon getan habe. Ich werde es ihm morgen anbieten. Mit einem leichteren und einem schwereren Schlitten ist die Marschgeschwindigkeit etwas ausgeglichen. Trotzdem, auch das nützt nicht viel. Auch die Laufgeschwindigkeit müßte höher sein. Kein Problem für mich. Diese Viertelstunde, die ich pro Stunde schneller laufe als Arved, könnte am Ende 500 Kilometer ausmachen.

Abgesehen von diesen Diskussionen um die Marschtechnik ergänzten Arved und ich uns gut. Wir waren zu zweit, und ich hatte nie das Gefühl, daß wir wirklich in Gefahr geraten könnten. Falls wir einen Fehler machten, wäre es unser beider Fehler. Sicher, wir hätten beide sterben können. Es gab manchmal eine momentane Angst, aber nie dieses Gefühl, verloren zu sein. Einerseits war es gut, daß Arved bremste. Wir kamen voran und verausgabten uns nicht. In der Antarktis ist Langsamkeit so wichtig wie am Berg die Schnelligkeit. Hier wurde über den Erfolg in Monaten entschieden, nicht, wie am Berg, in wenigen Tagen. Vielleicht war Scott auch deshalb umgekommen, weil er seine Leute zu schnell zum Pol geführt und beim Rückmarsch immerzu angetrieben hatte. Wir mußten frisch am Pol ankommen, wenn wir weiterkommen wollten.

Beim Gehen ging es mir gut. Im Zelt vergaß ich die Umgebung. Die 2 × 2 Meter wurden mir zur »Heimat«. Ob draußen die Antarktis war oder etwas anderes, kümmerte mich drinnen nicht. Ich fühlte mich drinnen wie in einer gemütlichen Bauernstube im Winter. Es war warm und angenehm.

Anders das Gehen. Es bedeutete, die Gedanken denken lassen.

Nichts konnte aufregender sein als das fortwährende Gehen über das Eis. Ich entdeckte keine neuen Länder, und doch erregte jeder Sastrugi, jede Wolke meine Phantasie. Mit dem Sichtbaren kombinierte mein Erinnern eine phantastische Welt in mir.

Jetzt gab es große Senken, Löcher, wie wir sie bisher nicht angetroffen hatten. Wie Kraterlöcher sahen sie aus. Wir konnten sie häufig nicht umgehen. Auch die Gletscherspalten wurden mehr. Trotzdem gingen wir ohne Seil. Wir hielten auf einen letzten Nunatak zu, der wie eine Pyramide aus dem Eis ragte. Diese Felsspitzen sahen aus wie Orientierungspunkte einer verlorenen Zeit. Die Eskimos hatten ihnen vor Jahrtausenden ihren Namen gegeben.

Auch am zweiten Tag in den »Thiels« waren wir nicht schneller. Wir liefen wie an den anderen Tagen. Im Gegenteil, wegen der vielen Umwege und der steilen Anstiege war unsere Stundenleistung deutlich geringer. Wir kamen langsamer nach Süden, als es unser Soll vorsah. Dann ging es besser. Hinter dem letzten Nunatak wurde die Welt wieder eine Ebene. Es war immer noch anstrengend, zwischen großen Bodenwellen und Sastrugis einen möglichst geraden Weg zu finden, aber wir kamen etwas schneller voran.

Im Zelt machte ich Arved den Vorschlag. »Wir könnten«, so meine Idee, »uns in der Marschgeschwindigkeit angleichen, wenn ich dir Gewicht abnehme.« Arved zögerte. »Nachdem du etwa eine Viertelstunde länger brauchst, um die Strecke zwischen den Rastpausen zurückzulegen, wären wir dann gleich schnell, und wir könnten die Viertelstunde anhängen, die du jetzt länger gehst.« Arved sagte nichts. Er war also damit einverstanden. »Wenn wir beide gleich schnell sind und damit auf eine Marschzeit von sieben Stunden kommen, sind wir vor Silvester am Pol.« Arved stimmte zu. Am anderen Morgen nahm ich Arved etwa 10 Kilogramm Gewicht aus seinem Schlitten ab, Benzin vor allem.

Wir waren jetzt entschieden schneller. Wir liefen am Morgen wie bisher zwei Stunden ohne Rast. Da ich weiterhin vorausging, bestimmte meine Marschgeschwindigkeit die Strecke, die wir dabei hinter uns brachten. Nach einer kurzen Pause, in der ich auf Arved wartete, liefen wir nochmals viermal eineinviertel Stunden. Mit kurzen Pausen dazwischen. So kamen wir auf sieben Marschstunden. Da ich trotz des Mehrgewichts gleich schnell lief wie am Vortag, schafften wir knapp 30 Kilometer pro Tag. Arved war überrascht über mein Tempo. Aber er lief mit. Plötzlich kam wieder Zuversicht auf. Ich war überzeugt, daß die Kontinentalüberquerung zu schaffen war. Immer noch.

Arved war zäher, als ich gedacht hatte. Wenn er vorher nur bis zum Pol hatte gehen wollen, jetzt sah auch er eine Chance, über den Pol hinauszukommen. Und diese Hoffnung ab ihm Kraft.

Wirklich schnell wurden wir immer noch nicht. Wir gingen zwar auch bei »White out«, bei Sturm und Nebel, aber nie mehr als 30 Kilometer am Tag. Wir durften keine Zeit verlieren.

Als die Sonne durchkam, waren die Thiel-Berge nur noch als schwarze Silhouetten im Norden zu erkennen. Dazwischen Nebel und Haufenwolken. Vor uns wieder die Weite, die uns von der Mitte der ersten Etappe her vertraut war. Rechts wölbte sich ein langgezogener, märchenhaft schimmernder Bergrücken. Er war von Spalten zerfurcht, sah aus wie ein gigantisches Fischskelett. Hinter mir der Lewis-Nunatak, die letzte Felspyramide, die wir auf der Reise zum Pol sehen sollten.

Wieder war ich weit voraus. In den ersten zwei Stunden, einem ständigen Auf und Ab, hatte ich versucht, genau in Südrichtung zu gehen. Aber es ging nicht. Ich kam an glatten Eisplatten vorbei und mußte Umwege machen. Immer noch Sastrugis. Aber nicht der spitz ausgebildete Typus, sondern eher flache, breite. Die Landschaft sah aus wie ein von schnellen Wellen aufgewühltes Meer. Wir konnten wieder nicht mit den Sastrugis gehen. Wir querten sie in einem Winkel von 60°. Die häufigste Windrichtung war Südwest, und wir mußten nach Süden. Immer noch hoffte ich, daß nach den letzten Nunataks die Verhältnisse besser würden. Nach den weißen Bergketten mußte der Boden »ruhiger« sein. Das war keine Hoffnung – es war wie eine Verheißung.

Wir waren viereinhalb Stunden gegangen. Arved war als kleiner Schwarzer Punkt am Horizont zu erkennen. Er kam über Sastrugis, die ihn immer wieder verschluckten, näher. Ich hatte mich wieder leicht gekleidet. An den Vortagen war ich zu warm angezogen gewesen, und das hatte sich nicht bewährt. Wer zu dick angezogen ist, schwitzt. Am Abend ist alles naß. Und die Kleider waren schwer zu trocknen. Ich fror.

Beim Gehen verfolgte ich weiter einen einzigen Gedanken. So lange es ging. Er wurde zu einer endlosen Kette. Jetzt wuchsen mir neue Eiswander-Ideen zu. Die Antarktis-Expedition als der Anfang einer Serie von Abenteuern in Schnee und Eis. Ich war übermütig. Diese dritte Umstellung in meinem Leben – Felsketten, Höhenbergsteigen, Eiswandern – bedeutete einen Ideen- und Energiezufluß. Und wieder war sie verbunden mit freudiger Beklemmung. Wie mit 15 unter der ersten extremen Klettertour in den Dolomiten. Mit 25 unter dem Nanga Parbat. Mit 35 vor dem Everest-Solo-Gang. Jetzt war ich 45 und immer noch wie ein Bub, wenn es darum ging, etwas »Verrücktes« zu wagen.

Der Schnee, besonders an den großen Sastrugis, sah aus, als hätte er Jahresringe. Viele hundert Jahresringe. Dann wieder sah der Boden aus, als wären Tausende von Traktoren oder Raupenfahrzeugen herumgekurvt. Alles Erosionserscheinungen. Dort, wo der Wind vom Berg herunterfällt, greift er sich alles. Was beweglich ist, wird mitgerissen. Nur die harten, eisigen Brocken bleiben stehen. Dahinter bilden sich diese Schneedriften.

Im Westen zogen feine Nebel. Fransen dazwischen. Wie ausgekämmt. Wenn Arved näherkam, sah es gespenstisch aus: die glitzernden Eisflächen im Vordergrund, im Hintergrund diese Nebel, darüber der blaue Himmel. Es war unwirklich, daß hier Menschen unterwegs waren. Ich war verwirrt. Was war unwirklich? Die Antarktis oder wir? Hier gehörte der Mensch nicht her! Trotzdem, weiter. Ich mußte gehen. Ich wäre gerne vierzehn Meilen weitergekommen. Die Sastrugis, die Etienne bei jenem Funkgespräch, das wir kurz vor den Thiel-Bergen mit ihm geführt hatten, angekündigt hatte, waren immer noch da. Seit wir täglich sieben Stunden marschierten, überschritten wir in jeweils vier Tagen einen Breitengrad. Alle Probleme mit Arved waren damit gelöst. Ich war ruhiger. Seine Gewohnheiten störten mich nicht. Er hatte viel Kameradschaftlichkeit bewiesen und lange gezögert, mir Gewicht von seinem Schlitten abzugeben. Es war anstrengender, mit dem schwereren Schlitten zu laufen, aber ich hatte keine wunden Füße. Ich hatte auch nicht wie Arved den Nordpol auf dem Buckel, der ihn ausgehöhlt hatte. Für mich war dieses Eiswandern neu, voller Spannung. Es war etwas, was ich noch nie getan hatte, etwas, was mich ausfüllte.

Endlich waren die Thiel-Berge hinter uns. Dieses Hin und Her, das Auf und Ab zwischen den Bergen war schlimmer als das sture Geradeaus auf dem Inlandeis gewesen.

Sicherlich stanken wir beide, aber ich roch es nicht mehr.

In diesen Tagen erlebte ich die friedlichsten Wochen der Expedition. Zuversichtlich, voller Begeisterug marschierte ich nach Süden. Bei gutem Wetter, voller Freude am Gehen. Immer derselbe Rhythmus: Ich lief voraus und bestimmte mit dem Kompaß den Kurs. Sieben Marschstunden pro Tag. Am Abend trafen wir uns vor dem Zelt wieder. Alles war Gewohnheit: das Entladen des Schlittens, das Aufbauen des Zeltes. Zuerst kamen die Schaumgummimatten ins Zelt, dann die Schlafsäcke. Unsere persönlichen Habseligkeiten legten wir an den Rand. Arved linke Seite, ich rechts. Arved füllte die Kochtöpfe mit Schnee. Kocher, Benzinflasche und Holzbrett, um den Kocher stabil aufstellen zu können, legten wir ans Fußende. Das Schneeschmelzen dauerte lange. Wir freuten uns auf das Essen.

Alles verrichteten wir in einer genauen Reihenfolge. Das »Argos«, das wir an den Thiel-Bergen übernommen hatten, schaltete ich vor dem Schlafengehen ab. Wilhelm Bittorf mußte jetzt wissen, wo wir waren. Trotz der sterilen und unbegreiflichen Technik war diese Art der Kommunikation wie ein Gespräch mit ihm.

Das Funkgerät vermißten wir nicht. Was hätte uns ein Funkgerät auch genutzt, wenn wir es nur einmal im Monat hätten einsetzen können? Im Gegenteil, es wäre für diejenigen, die mit uns Kontakt hielten, eine Unsicherheit mehr gewesen. Sie hätten das Schlimmste annehmen müssen, wenn wir uns einmal nicht gemeldet hätten.

Mit Jaeger hatte ich über Funk einen Schlüssel ausgemacht für den Fall, daß wir in Lebensgefahr waren und Hilfe brauchten. Aber wir kamen nie in Lebensgefahr. An die Stürme hatte ich mich inzwischen gewöhnt. Aufgeben gab es nicht. Der Genuß überwog die Schinderei.

Arved war ein angenehmer Partner. Er klagte nicht, er konnte gut für sich sein. Vor allem hatte er Sinn für praktische Dinge. Nichts konnte ihn aus der Ruhe bringen.

Sicher war es nicht leicht, der Antreiber zu sein. Immer wecken, »Wir müssen los!«, »Wir müssen weiter!« sagen. Ab und zu hätte mir ein Aufschrei von Arved gut getan: »Laß uns gehen!«

Der Schlitten bremste, der Wind brannte im Gesicht. Wenn Arved vier Kilometer zurück war, konnte ich ihn kaum noch ausmachen. Zwischen den Schatten der Sastrugis sprang ein dunkler Strich hin und her. Ich spielte Blinde Kuh: »Er ist es. – Er ist es nicht.« Alle Punkte bewegten sich, wenn ich länger hinsah. Also weiter. »Er wird schon nachkommen.« Der Horizont vor mir war eine graue, gebogene Linie. Er narrt dich nicht, weil du längst weißt, daß er sich verschiebt, ohne daß du es merkst. Du fügst dich dieser weißen Unendlichkeit. Der Sturm hält dich zurück, und du stemmst dich dagegen, obwohl du kaum von der Stelle kommst.

Rüdiger Nehberg
Durch den Dschungel mit den Yanomami

Dann waren wir losmarschiert. Davi hatte alle, ungeachtet des Disputs, mit reichlich Proviant versorgt und ihnen auch rote Wolle, Perlen und Messer gegeben.

Hochbeladen machten wir uns auf den Weg. Wir freuten uns, daß es weiterging. Aber sehr weit kamen wir an diesem Tag nicht. Die Lasten waren schwer. Sie drückten und mußten umgepackt werden. Was möglich war, wurde gegessen. Erst am dritten Tag hatten die Yanomami sich in ihren Standard-Eilschritt hineingefunden. Ab jetzt hatten wir Mühe, mitzuhalten, und wir empfanden es als unübertreffliche Wohltat, wenn das Nachtlager gebaut wurde. Aber die Nächte schienen kurz, oder wir waren besonders erschöpft. Viel eher, als es uns recht war, dämmerte der Morgen. Dann ging es weiter. Ohne Frühstück.

Es war immer dasselbe Ritual. Mit überraschender Schnelligkeit waren die Wandernachtlager, Tapirís, jeweils abgebrochen, das Gepäck geschultert, und los ging es. Oft fingen wir uns einen Rüffel ein, weil wir zu langsam waren. Zähneputzen und ähnliche Spielereien konnten wir als Relikt vergangener Zeiten abhaken.

Zwei, drei der erfahrenen Männer brachen meist schon als Vortrupp auf. In kleinen Gruppen hätten sie eher Jagdglück. Trotz der prallvollen Kiepen sind Indianer permanent auf Nahrungssuche. Jedes Tier wird mitgenommen, jede reife Frucht geerntet. Sie kletterten ameisenübersäte Stämme hinauf, um deren Kronen abzuschlagen, die voller kirschenähnlicher Früchte waren. Sie ließen unvermittelt ihr Gepäck stehen und verfolgten Pekaris. Manchmal kamen sie erst wieder nach zwei Stunden zurück, und meist hatten sie eines der Wildschweine erlegt.

Wenn unmittelbar neben uns, quasi in letzter Sekunde, ein Vogel hochschwirrte, dann hatte er da ein Nest. Die Eier wurden gleich verzehrt – auch dann, wenn sie schon angebrütet waren, wie jene Krokodileier an einem See. Sie wickelten sie in Blätter, legten sie kurz in die Glut und schlürften sie mit Behagen.

Wir folgten mit dem Haupttrupp. Dazu zählten auch zwei Jugendliche. Mit ihrem Wissen um den Wald, ihrer Geschicklichkeit beim Klettern, ihrer Ausdauer und vor allem Schnelligkeit beim Gehen standen sie den Alten in nichts nach. Sie hatten lediglich etwas weniger Gepäck zu tragen.

Insgesamt waren wir vierzehn Personen. Höchstens fünf bekam man davon zu sehen. So weit gingen wir auseinander.

Das ›Ritual‹ begann mit einem Wink Norbertos – ihm waren wir anvertraut – »Los, geht voran!« Wie oft hatten wir das schon durchexerziert! Und wie oft mußten wir uns nach kurzer Zeit umgruppieren! Die Indianer wissen, daß der Weiße nicht mit ihnen Schritt halten kann. Deshalb lassen sie ihn vorweglaufen. Sie richten sich dann nach seinem Schneckentempo. Aber Norbertos Befehl war für uns unabänderlich.

Also gingen wir voran. Der Vorteil des Schrittmachers: Er bestimmt das Tempo und – in unserem Falle – man entwickelt allmählich einen Blick für die meist kaum auszumachenden Indianerpfade. Das erschien besonders mir sehr wertvoll. Es verlieh einem mehr Sicherheit im Wald, machte unabhängig und vermittelte die Illusion, man wäre selbst schon ein kleiner Indianer.

Aber dieses Glücksgefühl währte meist nicht lang. Eine Stunde, solange man frisch war, war der Weg klar und deutlich auszumachen. Oft ist sein einziges Erkennungszeichen nur das etwas zertretene, abgefallene Laub. Wenn's hochkommt, sind da abgeschnittene Äste. Das war dann schon fast wie auf der Autobahn. Dieses alles nun spielte sich im steten grünlichen Halbdunkel des Waldes ab, ein Dämmerlicht, das zusätzlich ermüdet.

Jedenfalls kostete ein Marsch doch immer mehr geistigen Aufwand und Energie, als man es beim Start erwartet hatte. Irgendwann schlug der Weg einen kleinen Haken, den man nicht bemerkt hatte. Man ging in die falsche Richtung durch das lichte Unterholz, bis man nach wenigen Metern merkte: ›Ende, Sackgasse – das kann's nicht gewesen sein.‹ Man schaute links, schaute rechts, aber kein Ausweg aus dem Labyrinth war zu sehen. Dann schaute man zurück und sah – da standen sie alle, aufgereiht wie zum Appell und warteten auf einen. Sie standen genau an der Stelle, wo man sich verlaufen hatte. Sie riefen nicht etwa »Hallo, hier entlang«, sie warteten geduldig. Auch zweimal, zehnmal. So wurde man nervös. Man hielt den Zug auf, und was sie dachten, war einem klar, auch wenn keiner sprach. Man wollte sich nicht blamieren, wurde immer hektischer und verlief sich nun bei jeder sich bietenden Gelegenheit. Schließlich wurde es einem zu blöd und man brummte sie an: »Sag' doch gleich Bescheid, wenn ich falsch gehe« oder »Geh' du doch voran«.

Schließlich übernahmen sie die Führung. Man war glücklich. Jetzt brauchte man sich nur noch an ihre Fersen zu heften und konnte sich geistig entspannen. Aber dann bemerkte man, daß diese Fersen Fersengeld gaben. Sie tippelten bedeutend schneller, als man selbst den Schritt vorgegeben hatte, und schließlich schaffte man nicht einmal das – sie liefen einem davon. Und das mit ihren viel kürzeren Beinen und den schwereren Lasten.

Blieb einem nichts als der Trost: »Na, Burschen, kommt ihr mal nach Deutschland. Dann packe ich euch in mein Auto und gurke von Hamburg nach München und irgendwann in der Nacht wieder zurück. Und ich werde euch nicht mit einer Silbe verraten, wonach ich mich orientiert habe. Und dann werdet ihr es sein, die da staunen, und *ich* bin der King« - Phantasien eines Ohnmächtigen.

Hatte man die Männer schließlich aus den Augen verloren, hieß es: nur keine Panik, wieder den Nehbergschen Langsamtrott einlegen und selbst suchen.

Spätestens nach einer Stunde Alleingehens stieß ich meist auf sie. Sie hatten mich vermißt und gewartet. Und sie hatten die Zeit genutzt, sich auszuruhen. Wollte ich mich nun zu ihnen setzen, sprangen sie auf die Beine: »Weiter! Ende der Pause.« Ich war immer der Benachteiligte. Von wegen Pause!

Ganz selten gab's auch eine angenehme Überraschung. Dann war bereits um vierzehn Uhr Camp. Ich erinnere mich an ein besonders idyllisches Lager. Es lag an einem Flußufer auf einer Anhöhe. Die Umgebung war gerodet und grasbestanden. Ein Palmdach bot Unterschlupf und ersparte das Bauen der Tapirís. Limonenbäume, die prall voller Früchte hingen, und das saubere Flußwasser luden zu coolem Drink und Bad ein.

Die Vorhut hatte längst ein Feuer entfacht und schleppte die ersten Fische heran: Siesta.

In der Nähe die Reste einer abgestürzten Sportmaschine. Den Motor und alles Brauchbare hatte längst jemand demontiert und abtransportiert. Sicherlich der Siedler, der in der Trockenzeit unter diesem Dach wohnte und dann Gummi, Paranüsse und Piassava sammelte.

Mit wenigen geschickten Handgriffen hatten sie ein Stück Aluminiumblech, Reste des Flügels, zu einem Topf geformt. So hatte man die Auswahl zwischen Flugzeug-Kochfisch und Stock-Bratfisch.

Es war noch hell, als zwei fremde Gäste sich zu uns gesellten. Hätten wir sie nicht kommen sehen, sie wären kaum aufgefallen. Sie begrüßten uns nicht, sondern waren plötzlich da. Zwei andere Indianer auf dem Durchmarsch.

Der eine fiel mir auf, weil er einen jungen Hund trug. Der kleine Knirps hatte sich völlig müde gelaufen und diverse Zecken und Sandflöhe eingefangen. Wir befreiten ihn von den Quälgeistern und bürsteten ihn. Irgendwie fühlten wir uns mit ihm solidarisch – geschundene Wanderer.

Der Hund leckte uns die Hände. Vorm Schlafen legten wir ihn zurück zu seinem Besitzer. Der saß, weltentrückt, in der Hängematte und verpackte gerade sorgfältig vier(!)rote Glasperlen. Dafür hatte Norberto ihm soeben das Tier abgekauft. Also reichten wir das Tier weiter an Norberto.

✳

Als Fremder im Regenwald und im Zusammensein mit den Yanomami erfährt man immer wieder sehr schnell die eigenen Leistungsgrenzen. Man ist ihnen in vielfacher Weise unterlegen. Der Indianer folgert daraus, daß alle Weißen deshalb unfähig seien und sie ihnen haushoch überlegen. Sie verkennen dabei, wie viele dieser Weißen es gibt und daß diese, in ihren Ländern, durchaus lebensfähig und letztlich den Indianern haushoch überlegen sind. Jedenfalls in Sachen High-Tech, Waffen und Rücksichtslosigkeit. Unter anderem durch diese Fehleinschätzung und die damit verbundene Gefahr wird ihr Untergang beschleunigt werden. Würde ihnen die Gefahr bewußt, könnten sie ihr anders begegnen. Sei es durch Vereinigung der zum Teil verfeindeten Nachbardörfer oder durch das Erlernen des Portugiesischen, um in unserer Welt klarzukommen.

In diesem Zusammenhang passierte mir einmal die folgende Geschichte.

Nach langem Bitten hatte mich eine Jägergruppe auf die Jagd

mitgenommen. Immer wieder ermahnte mich der Führer, leise zu gehen und nicht auf Äste zu treten. Das tat ich auch, wenngleich es für einen ungeübten Waldläufer schwerer ist als für einen Indianer, der morsche Äste sogar unterm Laub erkennt.

Aber eigentlich hatte ich mich wacker geschlagen. Sechs Stunden waren wir bereits unterwegs. Bis der Führer zwei Affen sah und mir bedeutete stehenzubleiben. Ich gehorchte und sah, wie er einen Pfeil auf den Boden legte und langsam zielte. Die Affen hatten uns noch nicht gesehen. Doch als er sie mit aller Besonnenheit und Präzision anvisierte, brach in mir das Foto-Jagdfieber durch. Welch eine Aufnahme: per Weitwinkel den Jäger im Vordergrund und die Affen im Baum. Die wollte ich mir nicht entgehen lassen. In jeder Sekunde konnte der Schuß losgehen. Während ich gleichzeitig die Kamera klar machte und einen Schritt zurücktrat, um beide Objekte im Bild zu haben, den Indianer und den Affen – da passierte es! Ich trat auf einen Ast, und es knackte unüberhörbar. Sogar die Affen hatten es mitbekommen und schauten runter. Und im selben Moment waren sie verschwunden. Der Pfeil des Häuptlings traf ins Leere. Entsprechend war sein Donnerwetter.

»Du Vollidiot«, mochte das auf deutsch geheißen haben, »mach bloß, daß du nach Hause kommst.«

Sein ausgestreckter Arm unterstrich den Befehl. Ich hielt es für das beste, ein schuldbewußtes Gesicht zu machen, die Klappe zu halten und mich zu fügen. Aber etwas mußte ich dann doch sagen: »Wo geht es denn überhaupt nach Hause?«

Sechs Stunden war ich im Gefolge der Männer und Jungen marschiert. Selten nur gab es einen erkennbaren Weg, nie hatte ich mir eine Richtung eingeprägt, weil ich annahm, wir kehrten auch gemeinsam wieder zurück. Und nun stand ich da wie in finsterer Nacht. Jede Richtung konnte die meine sein. Oder auch nicht.

Die Indianer schauten sich an und verständigten sich wortlos mit Blicken. Sonderlich überrascht schienen sie nicht zu sein. Demnach kannten sie das Problem schon. Der Häuptling blickte sich schweigend um. Dann gab er jemandem eine kurze Anweisung. Ich blickte ebenfalls zu diesem ›Jemand‹ und dachte sofort, der könne mit mir nichts zu tun haben, denn er war der absolut Allerjüngste in unserem Gefolge. Es war ein Kind, das mir gerade bis ans Ende meiner Beine reichte. Laß ihn vier oder fünf Jahre alt gewesen sein.

»Ja, Papi«, sagte der Knirps und trottete schon los. Papi gab mir einen unmißverständlichen Wink. Ich sollte dem Knirps folgen, er war mein Führer. Damit hatte Papi mir gleichzeitig ganz schön eins ausgewischt und eine Lehre erteilt. Ich ahnte sein diebisches Schmunzeln unter den unbeweglichen Gesichtszügen. Die Jägertruppe wandte sich ab, ging ihres Weges, und ich folgte dem Kleinen.

»Hoffentlich verliere ich ihn nicht aus den Augen«, fürchtete ich schon. Er war so klein, daß er sich hinter jedem Blatt bequem hätte verstecken können. Er trippelte wie eine kleine Disney-Puppe mit Federwerksantrieb vor mir her, schaute weder nach rechts noch links, sondern starrte nur jeweils ein paar Meter vor sich hin, als sähe er dort ganz deutlich die Brotstückchen, die Hänsel dort als Wegmarkierung ausgeworfen hatte.

Zutreffenderweise kam ich mir regelrecht blöd vor. Es blieb mir nichts anderes übrig, als fein artig hinter Knirpsi herzutrotten, der unterdessen unverdrossen weitertippelte. Nur einmal gestattete er sich eine Pinkelpause von 21 Sekunden. Und plötzlich, nach fünf Stunden, standen wir wieder im Dorf. Für den Kleinen war der Pfad so deutlich wie eine Autobahn gewesen.

Die Bewohner waren völlig erstaunt. Was denn los sei, wollten sie wissen. Ob ich mich verletzt hätte, warum wir schon zurück seien, sie hätten uns erst morgen erwartet.

Der Knirps lag, ohne einen Tropfen Schweiß am Körper, in seiner kleinen Hängematte und sagte nur: »Vati war sauer, weil der Weiße nicht schleichen kann. Er hat die Affen vertrieben.«

Da war für die Umstehenden die Welt wieder in Ordnung. Sie lachten sich tot über meine Unfähigkeit und waren glücklich, daß ich ihnen einmal mehr bestätigt hatte, was sie immer schon gewußt hatten: Der Weiße ist unfähig, der Indianer der Größte.

Ich dachte, damit sei die Story abgeschlossen. Aber das war sie keineswegs. Andernabends kehrten die Jäger zurück. Sie waren reichlich mit Fleisch beladen. Noch bevor sie sich in ihre Hängematten warfen, berichteten sie dem vor Vergnügen quiekenden Auditorium, was ich doch für eine Oberschleiche wäre. Mit phantasievollen Gesten, die jedem Pantomimen zur Ehre gereicht hätten, erzählten sie mein Mißgeschick des langen und des breiten. Sogar des sooo breiten, daß der Affenakt zu einem stattlichen 15-Minuten-Epos anschwoll, statt der tatsächlichen einen Minute.

Aber damit mußte ich leben, und ich dachte: »So macht man also aus 'nem Furz ein Megakonzert.«

Aber auch damit war meine Blamage noch längst nicht erledigt. Jedem Besucher wurde mein Mißgeschick als Schauspiel-Festival erneut vorgeführt. Kaum hatten Neuankömmlinge den Begrüßungsritus hinter sich gebracht, gegessen und sich ausgeruht, da kam die unvermeidliche Frage: »Wer ist denn das da, der mit der Glatze?«

»Ja«, erhielt er dann sinngemäß zur Antwort, »der nennt sich Alemão (Deutscher). Aber vergiß ihn, er ist zu allem zu blöd. Er kann nicht schleichen, er kann keine Spuren lesen, er findet keine Wege, er kann keine Tierstimmen erkennen, er kennt nur die wenigsten Pflanzen...«, und so zählten sie noch vieles mehr auf.

Ich ersetzte ihnen Radio und Fernsehen, und ich avancierte zum Dorftrottel. Immerhin, Trost Nummer zwei, verdiente ich mir so redlich und mühsam meine Kost und Logis. Aber innerlich wurmte mich der Zustand. Wer ist schon gern der Blödi des Dorfes? Ich sann auf Gegendarstellung. Irgend etwas wollte ich ihnen präsentieren, das meinen Ruf wiederherstellen würde.

Normalerweise führe ich dann so ganz locker und nebenbei das Feuerspucken vor. Mit diebischer Freude lauere ich auf den passenden Moment, wo sich jemand ein Pfeifchen, eine Zigarette oder ein Feuer anzünden möchte, und dem komme ich dann um genau eine Sekunde zuvor. Überall auf der Welt hatte das seine Wirkung gehabt. Doch für diese Show mangelte es mir an Petroleum. Krampfhaft überlegte ich, was ich sonst Verblüffendes zu bieten hätte. Meinen Seilzerschneide- und Da-ist-es-wieder-heile-Trick kannten sie schon. Das lockte keinen mehr von seinem Bananentopf fort. Es mußte etwas Imposantes sein. Und da hatte ich die Erleuchtung! Ich würde ihnen eine Combat-Schieß-Vorführung geben. Das ist jene Art von Verteidigungsschießen, bei dem man nicht erst lange über Kimme und Korn zielt, sondern nur noch zieht und abdrückt. Leser meiner Survival-Bücher wissen, daß man für diese Fertigkeit nur vier erlernbare Tricks wissen muß, und schon trifft man eine Handfläche auf fünf Meter Entfernung.

Genau das wollte ich den Yanomami jetzt demonstrieren. Ich besaß einen Revolver und reichlich Patronen.

Auf einen liegenden Baumstamm stellte ich fünf Holzscheite.

Ich nahm bewußt nur fünf, obwohl ich sechs Kugeln im Revolver hatte. Sollte ich einmal danebenschießen, hätte ich immer noch einen Reserveschuß. Wichtig wäre, daß alles sauber weggeschossen war. Das machte einen besseren Eindruck. Und da sie ja nicht zählen konnten, würde der kleine Zahlentrick niemandem auffallen.

Das hatten sie eben davon, wenn sie meinten, es genüge, bis zwei zählen zu können. Stille Rache des »zivilisierten« High-Tech-Menschen.

Das ganze Dorf beobachtete mich. Irgend etwas würde nun passieren. Das war ihnen klar. Warum sonst stellte Glatzi fünf Holzscheite auf.

Ich bat die Leute an die Seite, und ehe sie sich recht versahen, waren die Scheite weggeputzt, hatte ich sauberen Tisch gemacht.

Die Aufregung war groß. Alle redeten wild durcheinander. Die Kinder quietschten vor Vergnügen. Das war alleroberste Sahne, das hatte man noch nicht gesehen. Glatzi war der Größte. Hundert lachende Gesichter waren mein Lohn. Die Ära »Dorftrottel Nehberg« gehörte der Vergangenheit an. Meine Ehre war gerettet.

Der Häuptling erbat den Revolver. Ich reichte ihn ihm ungeladen. Ehrfürchtig ging er von Hand zu Hand. Er wurde gewendet und von allen Seiten betrachtet.

Dann kam wieder ein Besucher. Und wieder kam die Frage, wer denn das Bleichgesicht dort sei, und wieder führte man ihm meinen alten Lebenslauf vor. Ich war enttäuscht. Hatte meine Darbietung doch nichts bewirkt? Doch, sie hatte. Denn kaum war mein Mißgeschick durch und durch erzählt, da kam die Schießnummer. Ich sah es dem Häuptling sofort an, denn er mimte meine Bewegungen gekonnt nach. Fasziniert ließ ich kein Auge von ihm. Mit lässiger Armbewegung bat er, genau wie ich, die Leute an die Seite, und im selben Moment zog er einen imaginären Revolver. Es machte bum-bum-bum-bum – und vom Baumstamm fielen, wie von Geisterhand, fünf kleine Kinder rückwärts auf den Boden.

Alle Umstehenden brüllten vor Vergnügen. Am meisten die Kinder selbst. Und ich hatte vorher gar nicht wahrgenommen, daß sie dort Platz genommen hatten und stellte nun überrascht fest, daß es genau fünf waren. Konnten die Burschen also doch zählen?

Wie dem auch sei: auf den Besucher blieb das nicht ohne Eindruck. Er, der portugiesisch sprach, kam zu mir.

»Na, da staunen deine Landsleute wohl, wie gut ich schießen kann, oder?« begrüßte ich ihn.

»Ja«, gestand er und bewirkte, daß meine Brust vor Stolz anschwoll.

»Du hast einen guten Revolver. Ist das eine Vollautomatik? Trifft die von selbst?«

Ich verneinte lebhaft.

»Das ist mein Können.«

Er eilte zu den anderen und setzte sie davon in Kenntnis. Dann kam er zurück.

»Sie glauben das nicht. Sie sagen, das müsse an der Waffe liegen. Sie sagen, du seiest ja erwiesenermaßen zu allem zu blöd.«

Ich war fassungslos. Das war ein schmerzhafter Sturz aus selbstergträumter himmlischer Höhe in höllische Tiefen.

Ich ließ mich in meine Hängematte plumpsen und beobachtete die Kinder, die längst schon wieder ihren gewohnten Spielen nachgingen. Sie hatten eine Liane an einen hohen Pfahl gebunden und spielten damit Karussell, indem sie sich daranhängten und nach kräftigem Anlauf um den Pfahl wirbeln ließen. Bei jeder Umdrehung wickelte sich die Liane mehr auf und wurde kürzer. Das Schönste schien für sie aber nicht das Herumschleudern zu sein, sondern der Moment, wenn die Liane sich vollends aufgewickelt hatte und sie mit ihren Körpern vor den Pfahl krachten. Das war genau das Richtige für ein junges Yanomami-Herz.

Gérard d' Aboville
Den Kopf in den Sternen

Gérard d' Aboville ist allein über den Pazifik unterwegs – in einem Ruderboot!

Um dann mit der Stirn gegen eine Wand zu laufen, und zwar gegen eine bewegliche, unsichtbare Mauer. Gegen das Bollwerk der Ostwinde, widrige Winde bei meinem Kurs, die mich buchstäblich abdrängen.

Ganze zwei Wochen lang, vom 31. Juli bis zum 14. August, fahre ich im Zickzack: Ich mache mühsam ein paar Meilen gut, wenn ich bei nachlassendem Wind wie angekettet an den Riemen sitze, drifte dann nachts vor dem Treibanker und büße, wenn ich bei den erneut einsetzenden Ostböen glatt achteraus fahre, meine minimalen Fortschritte wieder ein.

Zwei depressive Wochen, während derer ich den Sommer, oder was davon übriggeblieben ist, sich unaufhaltsam davonstehlen sehe. Oft verzichte ich auf das tägliche Fix, so sehr deprimiert mich der Gedanke an das, was es mir unfehlbar zeigen würde – diese paar Längengrade, die ich so teuer erkauft und so schnell wieder verloren habe.

Um mein Ziel zu erreichen, habe ich mir eine geistige Welt erschaffen, in der sich alles dem Gedanken an die zurückgelegte Strecke unterordnet. Eine zerbrechliche Welt: Nun, da ich nicht mehr vorankomme, ist in ihr die Versuchung allgegenwärtig, aufzugeben. Stunden und Tage vergehen, in denen ich nur darauf warte, daß sich der Wind endlich dreht. Um mich wieder in die Gewalt zu bekommen, hole ich häufig den Treibanker ein und lege mich erbittert in die Riemen – obwohl ich nur zu gut weiß, wie nutzlos meine Anstrengungen sind. Aber mir ist alles recht, was die Illusion eines Vorankommens, das mich vor dem Schlimmsten bewahren würde, nährt.

Ich habe keinerlei Nachrichten von meiner Familie, die mir fürchterlich fehlt. Wenn ich an die Zivilisation denke, die ich hinter mir gelassen habe, komme ich mir wie ein Höhlenforscher vor, der sich immer weiter, immer tiefer in seine nächtliche Welt vorantastet. Ein paar Tage lang hatte ich mich an meine Erinnerungen an die Freunde geklammert, die mich nach Japan begleitet hatten, und mir mit manischer Detailversessenheit ihr Tun und Treiben vorgestellt. In Gedanken hatte ich Bruno bei seinem Rückflug nach Frankreich begleitet und auch bei der Reise, die er anschließend unternehmen mußte, um in der Bretagne sein Auto abzuholen und in den Midi zurückzukehren, wo er zu Hause ist. Christophe hatte mir etwas länger »gedient«, da ich wußte, daß er noch eine Woche in Japan geblieben und auf Charlies Yacht zu einer Segeltour aufgebrochen war. Aber im Laufe der Zeit hatte ich sie alle aus dem Blick verloren. Dann schloß sich die Einsamkeit um mich, die wahre, die einen von allen abschneidet.

Die Einsamkeit ist eine alte Bekannte von mir. Meine Erfahrung auf dem Atlantik hat mich gelehrt, daß man besser daran tut, in sie einzutauchen und sich in sie zu versenken, als gegen sie anzukämpfen. Aber jetzt gelingt mir das nicht. Daher zwänge ich mich bei jeder Pause in meine Kabine, um einen Blick auf das Amperemeter zu werfen und die Leistung der Solarzellen und die Ladung der Batterien zu prüfen, die mein Funkgerät mit Strom versorgen. Wenn auch uneingestanden, sie ist da, diese Sucht nach der kleinen Dosis *künstlichen* menschlichen Kontakts. Sie beherrscht mich so, daß sie mir Angst macht, diese Sucht nach meiner Glückspille, deren Wirkung so schnell nachläßt, nach diesen so fürchterlich kurzen Funkkontakten, für die ich jedesmal mit einer noch grausameren Einsamkeit bezahlen muß. Zwei Wochen nach der Abfahrt hatte ich mit meinem Funkgerät eindeutig amerikanische Stimmen eingefangen. Unglaublich! Aber seit Tagen keine Spur mehr von ihnen. Hatten in jener Nacht so ungewöhnlich gute Ausbreitungsbedingungen geherrscht? Das Herz ging mir auf, als ich diesen Akzent hörte, der mich schon mit dem noch fernen, fernen Ziel meiner Reise verband.

Das Rätsels Lösung fand sich ein paar Tage später, als ich auf denselben Frequenzen einen Mann sagen hörte, er wolle das Wochenende in Manila verbringen. Manila! Dann mußte dieser Funkamateur auf den Philippinen stationiert sein. Diese Chance durfte ich nicht verpassen, denn dort wohnten zwei meiner Brüder. Ich mußte diesen Amerikaner überreden, einen von ihnen anzurufen und einen Kontakttermin zu vereinbaren. Vielleicht könnte ich so endlich die Verbindung knüpfen, mit der ich bis nach Frankreich durchkäme?

»*Break! Break!*«

Nach einem kurzen Augenblick der Verwirrung stellt sich der Amerikaner auf meine Frequenz ein. Das muß für ihn komisch sein, diesen Franzosen sagen zu hören:

»*Also, ich überquere mit einem Ruderboot den Pazifik. Sie sind mein erster Kontakt seit neun Tagen. Könnten Sie bitte meinen Bruder anrufen?*«

Ich sehne mich so danach, mit Christophe zu sprechen und, vor allem, mit Cornélia ein paar Worte zu wechseln und zu erfahren, wie Guillaume in seinem Segelflug-Kurs zurecht kommt. Die Kinder haben ja Ferien. Einfache, konkrete Dinge. Aber bis ich mit meiner Familie Kontakt aufnehmen kann, werden noch Wochen vergehen. Das gelingt erst durch die Vermittlung einer Seefunkstelle, die meinen Funkstrahl mit einem Telefonnetz verbindet.

Bleibt noch der Fernschreiber, der aber an einem seidenen Faden hängt – an meinem Antennenkabel. Der Kabelanschluß macht mir große Sorgen, weil er unter jeder kleinen Verdrehung leidet, die beim Ausfahren der Cockpit-Antenne unvermeidlich ist. Wenn ich sie auch noch so sehr wie ein rohes Ei behandle: Der Kontakt wird schnell brüchig und geht dann vollends in die Binsen. Ich bastle mir einen neuen, der jedoch sehr instabil ist. Jedenfalls verweigert mir der Apparat weiterhin den Dienst und beschert mir eine Enttäuschung nach der andern.

Eines Abends spielt er mir dann so übel mit, wie es nicht übler geht: Auf dem Schirm erscheint die Anzeige »Nachricht empfangen«. Ich suche im Speicher des Computers fieberhaft danach. Nichts. Finde nur diese neue Anzeige: »Ende der Nachricht.« Ich hätte ihn am liebsten über Bord geschmissen.

»TM6 ABO, TM6 ABO, hier FK8CR, TM6 ABO bitte melden.«

So hält Eddy, ein Funkamateur in Nouméa, Einzug in meine kleine Welt. Er wird mein regelmäßiger, machmal täglicher Wellengefährte, gibt mir neue Kraft und kostbare meteorologische Informationen. Dieser sehr gut ausgerüstete FK8CR – das ist seine Kennung – empfängt per Fax die von Satelliten verbreiteten Wetterkarten für den Pazifik. Er wird mir bis zum Ende meiner Reise die Treue halten und seine Wochenenden opfern, um mich über die Entwicklung und Zugbahnen der Taifune zu informieren oder mir Nachrichten von Freunden zu übermitteln.

Neue Kraft, die kann ich wohl gebrauchen. Ich esse nur noch einmal täglich. Alle diese verlorenen Tage werden zusätzliche Tage sein. Wenn ich in diesem Tempo weitermache, gehen mir womöglich noch die Lebensmittel aus. Der Zweifel nistet sich ein. Der Ausgang dieses Unternehmens wird zunehmend ungewiß. Wann immer der Schraubstock sich lockert und ich eine kleine Lücke erspähe, setze ich mich an die Riemen, um den Teufelskreis zu durchbrechen. Aber wenn der Ostwind dann wieder steifer wird und in Sturmstärke bläst, muß ich den Rückzug antreten und am Heck den Treibanker ausbringen, mich in meine Kabine kauern und das Hämmern der Brecher, das Heulen der Sturmböen über mich ergehen lassen. Wann werde ich kentern? Ich fühle mich elend, aber ich halte aus.

Auch der Geist, die Seele, das Gemüt, kann sich dem Schrecken dieser Hölle nicht entziehen, ist ein Gefangener der regellosen, konvulsiven Bewegungen des Bootes.

Ich denke an die Schützengräben des Ersten Weltkriegs, an die in ihre Unterstände geduckten Soldaten, die das Kaliber und den Einschlagsort einer Granate nach dem Gehör errieten. So wie ich nun auf das Brüllen der herannahenden Brecher horche, um zu erraten, welcher von ihnen mich zum Kentern bringen wird. Eine Tortur, die sich über zehn Stunden erstrecken kann.

Wie zufällig haben sich nun auch die ersten körperlichen Beschwerden gemeldet. Eines Morgens, beim Aufstehen, spüre ich einen starken Schmerz hinter der linken Schulter, an einer Stelle also, die für meine Finger, die Salbe und die Massage unerreichbar ist. Aber jedes Unglück hat auch sein Gutes: Wenn das Wetter mich an den Treibanker zwingt, lege ich einen Ruhetag ein und hüte das Zimmer. Ich säubere und desinfiziere meine kleinen Wunden, eine unerläßliche Vorsichtsmaßnahme auf hoher See, wo sich der kleinste Kratzer im Handumdrehen zur Eiterbeule auswachsen kann. Ich habe endlich Zeit, sie verheilen zu lassen. Aber mein Seelenzustand bessert sich dabei nicht.

10. August. Ich habe von Cornélia ein Telex bekommen, das erste seit meiner Abfahrt. Es hat mich sehr froh gemacht und zu-

gleich aber auch frustriert. Ihre Worte haben meinen Hunger nach Informationen nicht stillen können. Zu wenig genaue Angaben, Details. Ich will mehr davon. Sie sagt, sie sei mit den Kindern in einem Restaurant gewesen, aber so genau? Ist sie mit dem Auto gefahren? Auf welcher Straße? In welches Restaurant? Ich will seinen Namen wissen, das Menü und den Tisch, an dem sie gegessen haben. All das, was mir hier fehlt. Alles, was seinen ganz eigenen Geruch, eine ganz besondere Farbe, einen ganz speziellen Geschmack besitzt. Kann sie sich denn überhaupt vorstellen, in welchem Maße ich diese einfachen Dinge des Lebens vermisse? Wie sehr mich danach verlangt, all das wirklich zu spüren, zu berühren, zu riechen?

11. August. In der Nacht, durchgeschüttelt wie nie zuvor. Ein Tief, das genau über mich hinweggezogen sein muß. Der Wind sprang plötzlich auf 180° um, die See geht hoch.

Ich mußte am Bug zwei Treibanker ausbringen, was die *Sector* aber nicht vor den gewaltigen Ohrfeigen bewahrt, die die See jetzt austeilt – das Gefühl, über den Bootsrumpf vermittelt, eine Tracht Prügel zu beziehen.

Aber der Morgen wartet mit einer schönen Überraschung auf. Ein leichter Nordwestwind hat diesen Alptraum hinweggeblasen. Ich krieche mit weit aufgerissenen Augen und eingeschlafenen Gliedern aus der Kabine und kann es kaum glauben.

Nach der plötzlichen Winddrehung bleibt das Meer aufgewühlt. Die Vorstellung, noch eine Dusche abzubekommen, wenn ich meine Höhle verlasse, ist alles andere als verlockend. Aber ich habe die Nase voll davon, wie ein Bettlägriger herumzuhängen. So hole ich erst mal den Treibanker ein, lasse die *Sector* vor Wind und Wellen ablaufen und mache mich an eine Generalüberholung von Mensch und Maschine, wie das sonntagmorgens an Bord eines Schiffes üblich ist. Ein bißchen Fett auf die Roststellen, ein paar Bürstenstriche, eine Minitoilette, und schon bin ich wie neugeboren, glatt rasiert, frisch gestärkt – und sitze bereits wieder für die nächsten neun Stunden an den Riemen, Kurs Nordost und Gott befohlen!

14. August. Gleichmäßig blauer Himmel, seit meiner Abfahrt ein seltenes Ereignis. Aber das Barometer fällt zusehends. Werde ich

endlich das Tief nutzen können, das sich diesmal auf der richtigen Seite nähert? Ich habe eben erst meine Position vom 31. Juli wieder erreicht. Bin also zwei Wochen auf der Stelle getreten!

Woher kommt bloß dieses Piep-Piep, das mich an einen Computer oder eine Quarz-Uhr erinnert? Ich war gerade beim Mittagessen in meiner Kabine, als ich diese Piepstöne zum erstenmal hörte. Ich prüfe meine Geräte. Alles normal. Als ich meine Nachforschungen weiter ausdehne, entdecke ich schließlich, daß diese Piepser nur das Echo der am Bootsboden reflektierten kleinen Schreie der gut hundert Delphine sind, die sich nicht weit von der *Sector* in den Wellen tummeln.

Meine Furunkel tyrannisieren mich nicht allzusehr. Zum Glück werde ich übrigens während der ganzen Überfahrt nicht mit großen Gesundheitsproblemen kämpfen müssen. Trotzdem hat es der Doktor Chauve, mit dem ich manchmal in Funkkontakt bin, nicht leicht, Schutzengel zu spielen. Wenn ich mal ein Wehwehchen habe, übergehe ich es lieber mit Schweigen, erwähne es dann vielleicht eine Woche später, aber beiläufig. Selbst als ich mir eines Tages zwei Rippen und einen Finger breche, ist das für mich kein Grund, mich im Gespräch mit ihm über das Thema zu verbreiten. Natürlich ist es schmerzhaft, und ich hätte auch gut darauf verzichten können. Aber es ist doch nichts wirklich Ernstliches – *rien de gravissime*. Solange ich noch an den Riemen sitzen und weiterpullen kann, ist mir alles andere egal. Daraus in meinem Logbuch einen Roman zu machen oder an der Funke darüber zu klagen, das hätte diese physischen Malaisen viel zu real und wichtig gemacht und mir nur gute Vorwände für die Aufgabe meines Unternehmens geliefert, wenn ich psychisch zusammengebrochen wäre.

17. August. Bin gegenüber meinem »Marschplan« zwei Wochen in Rückstand. Muß mich an einen strikten Arbeitsrhythmus halten.

Unter normalen Verhältnissen, wenn das Wetter zum Pullen nicht zu schlecht ist, beginnt mein Tag mit dem Morgengrauen. Um 6.00 Uhr Aufstehen. Ich schlinge mein Frühstück hinunter, ein Kraftfutter aus Dörrobst und Körnern, das Ganze mit Kaffee- oder Schokoladengeschmack. Dann werfe ich einen Blick nach draußen. Die Farben des Morgen- oder Abendhimmels geben mir wertvolle Hinweise auf das kommende Wetter. Eine Technicolor-Morgenröte ist ein schlechtes Vorzeichen; ein flammender Sonnenuntergang aber ein gutes.

Den heißen Kaffee stelle ich ins Cockpit. Eine Methode, um mich daran zu erinnern, daß »die Musik da draußen spielt«, und mich zu zwingen, die relative Behaglichkeit meiner Kabine aufzugeben. Weil diese Tasse Kaffee mich so unwiderstehlich anzieht, geselle ich mich bald zu ihr und mein Arbeitstag kann beginnen.

Von 6.30 Uhr bis 9.30 Uhr pulle ich. Dann gönne ich mir eine Pause, trinke noch einen Kaffee, manchmal auch eine Tütensuppe, und mache mich wieder an die Arbeit, bis 12.00 Uhr. Dann unterbreche ich für eineinhalb oder zwei Stunden, um zu Mittag zu essen, ein bißchen Sextanten- oder Kartennavigation zu machen und vielleicht auch ein Cigarillo zu schmauchen. Von 14.00 bis 16.00 Uhr sitze ich wieder an den Riemen, dann erneut eine Pause und wieder an die Arbeit, bis 20.00 Uhr. Wenn ich einmal ein paar Tage hintereinander an den Treibanker gezwungen und zur Untätigkeit verdammt bin, versuche ich die verlorene Zeit durch nächtliche Überstunden wieder wettzumachen, sobald das Wetter es erlaubt.

Ich zwinge mich, diesen einmal aufgestellten Stundenplan unbedingt einzuhalten, um die Distanz durchstehen zu können. Diese Routine ist meine goldene Regel. Gegen sie zu verstoßen, und sei es auch nur mit ein paar hier, ein paar da abgeknapsten zusätzlichen Pausenminuten, hieße einen verhängnisvollen Prozeß in Gang zu setzen, dem Schlendrian Tür und Tor zu öffnen, also Gefahr zu laufen, jeden Tag ein kleines bißchen weniger zu machen.

Wenn der Tag gut läuft – oder anders gesagt, wenn ich gut vorankomme –, ist auch meine Moral gut, und mein Appetit desgleichen. Sieht man von ein paar Konservenmahlzeiten ab, so ernähre ich mich im wesentlichen von jenen gefriergetrockneten Menüs, die meine japanischen Zöllner so beeindruckten und die ich mit ein bißchem heißen Wasser quellen lasse. Die Vorteile dieser Präparate: minimales Gewicht, tadellose Konservierung, intakter Geschmack. Nachteil: ein gewisser Überdruß, der sich gegen Ende der Reise verstärkt. Aber welche Art von Ernährung hätte man nach vier Monaten nicht satt? Die gefriergetrockneten Steaks muß man nach dem Quellen kurz braten, und dazu braucht es ein bißchen Fett oder Öl. Kurz vor der Abfahrt hatte ich in einem Camping-Fachgeschäft eine gefriergetrocknete Fettsubstanz aufgestöbert, sie damals aber leider nicht mehr testen können. Das waren kleine Pailletten in der Art der Seifenflocken, die man früher benutzte, als man die Wäsche noch mit der Hand wusch. In der heißen Bratpfanne zerlaufen sie zu etwas Ölähnlichem. Aber, Vorsicht, beim Abkühlen nimmt dieser *Ersatz* sehr schnell wieder seine ursprüngliche Konsistenz an, so daß sich der Mund nach zwei oder drei Bissen wie mit Wachs ausgekleidet anfühlt. Zum Glück hatte ich, um für ein bißchen Abwechslung zu sorgen und meinen Speiseplan anregender und appetitlicher zu gestalten, eine Ladung *Capitaine-Cook*-Konserven an Bord genommen, ein Souvenir von meiner Atlantiküberquerung. Bei diesen Konserven gab es auch ein paar mit Thunfischfilets in Olivenöl, und dieses Öl bewahrte ich mir immer zum Steakbraten auf.

Die für mein Überleben entscheidenden Geräte waren die Pumpen zur Meerwasserentsalzung. Vor zehn Jahren war das Problem noch ungelöst, so daß ich zu meiner Atlantiküberquerung annähernd dreihundert Liter Flüssigkeit, Wasser und Wein, mitnehmen mußte. Sie wogen mehr als mein Boot! Für den Pazifik hätte ich etwa fünfundert Liter einkalkulieren müssen. Glücklicherweise waren inzwischen Entsalzungsgeräte entwickelt worden, die wenig Platz beanspruchten. Das System beruht auf Filtern, die durch eine Pumpe gespeist werden. Bestimmte Gerätetypen, die gelegentlich einiger Weltumsegelungen ihre Bewährungsprobe bestanden haben, arbeiten mit elektrischen Pumpen und liefern ansehnliche Flüssigkeitsmengen. Andere, handbetriebene Apparate sind für Rettungsboote bestimmt.

Mit einer Pumpe, die ungefähr vier Kilo wiegt, kann ich in zwölf Minuten einen Liter Trinkwasser herstellen. Das ist ein gutes Ergebnis, weil ich für mich alleine kaum anderthalb Liter am Tag verbrauche. Ich habe zwei Geräte dieses Typs mitgenommen und, um meine Sicherheitsmarge zu vergrößern, noch einen dritten Apparat, der nach einem anderen Prinzip funktioniert. Er muß so tief im Wasser sein, daß der Wasserdruck über einen eingebauten Kolben das Meerwasser duch den Filter preßt. Die Idee ist genial, aber der Erfolg weniger. Ich werde das Gerät zwar nicht benutzen, aber doch froh sein, es als Notaggregat an Bord zu haben – man kann ja nie wissen.

Vor der Abfahrt hatte ich geglaubt, die Bewegungen meines Rollsitzes für den Betrieb dieser Pumpen zu nutzen und so mein Süßwasser beim Rudern produzieren zu können. Eine interessante Idee, die Bruno auch in dem einfachen Mechanismus konkretisieren konnte, mit dem er die Pumpen und den Sitz verband. Aber den Praxistest sollte der gute Einfall nicht bestehen: Dieses System zwingt mich nämlich zu einer leichten, aber auf die Dauer unangenehmen Erhöhung des Schlagtempos. Außerdem beschert mir das schlechte Wetter genügend Zwangspausen, in denen ich mich mit so nützlichen Arbeiten wie der Wasserentsalzung beschäftigen kann. Ich montiere daher eine der beiden Pumpen im Cockpit ab, um sie mit der Hand zu bedienen.

Bei der Atlantiküberquerung hatte ich noch ein anständiges Quantum Wein mitnehmen können und dafür entsprechend weniger Wasser getankt. Nun aber stürzte mich die Entsalzungsanlage in einen echten Gewissenskonflikt: Wein oder nicht Wein? Jeder Liter ist ein Kilo zusätzliches Gewicht. Ich gestand mir aber trotzdem fünfzehn Liter zu, weil ich sie zur Bewahrung meiner Moral für unerläßlich hielt. Der Genuß und das Vergnügen, zu jeder Mahlzeit eine halbes Glas Wein trinken zu können, wurden noch dadurch erhöht, daß ich dazu ein Ballonglas benutzte, das ich denn auch wie meinen Augapfel hütete, ohne aber verhindern zu können, daß es bei einer Kenterung in Scherben ging.

18. August.

Eine traurige Feststellung heute morgen: Ich habe kaum ein Viertel meiner Route hinter mir! In 38 Tagen. Bei diesem Tempo bräuchte ich etwas mehr als fünf Monate... Das stimmt mich alles sehr nachdenklich und tut meiner Moral gar nicht gut. Ich werde sogar auf meine Lebensmittelvorräte achtgeben müssen.

Um 5 Uhr fange ich wieder an und versuche auf nordwestlichem Kurs voranzukommen. Kompaß, Speedometer-Log... Immer dasselbe Lied. Immer im selben Takt, wie ein Metronom. Die

Schulter, der Arm, die Hand und der Riemen sind längst zu einer Einheit geworden, zu einer perfekt an ihre Funktion angepaßten Mensch-Maschine. Meine Nerven enden da unten, an den äußersten Kanten der Ruderblätter. Sie reagieren auf diese von Kreuzseen gestörte Dünung und regeln meine Pullbewegungen: nun einen Riemen laufen lassen, um keinen Bruch zu riskieren, jetzt den Angriffswinkel verbessern, steuerbords etwas stärker durchziehen, um den Kurs um drei, vier Grad zu korrigieren.

Mein Körper arbeitet wie eine Maschine, und mein Kopf funktioniert wie ein Computer. (...) Er führt Buch. Ich versuche in Gedanken die Dauer der Überfahrt abzuschätzen, fange immer wieder von neuem zu rechnen an, prüfe alle Möglichkeiten, Wahrscheinlichkeiten, Eventualitäten, extrapoliere. An den besten Tagen versuche ich meine 40 Seemeilen zu schaffen, einen Längengrad also. Das ist meine Bezugsgröße, mein Richtwert. Und die Zahlen rattern durch meinen Kopf, reihen sich in meinen Logbüchern auf, lange Zahlenreihen, die eine einzige plötzliche Winddrehung zu Makulatur machen kann.

Während ich pulle, beschäftige ich mich mit diesen inneren, geheimen Kalkülen, stundenlang. Nach meiner günstigsten Prognose könnte ich zwischen dem 10. und 15. November ankommen. Nach der ungünstigsten am 15. Dezember.

Am meisten fiebere ich jeden Tag dem Moment entgegen, da ich mein Fix mache. Meine Instrumente plazieren mich in bezug auf die Gestirne und die Navigationssatelliten. Meine unbedeutenden Fortschritte anhand dieser kosmischen Baken zu messen, ist ebenso faszinierend wie schwindelerregend. Ich stehe mit beiden Beinen in meinem winzigen Cockpit und habe doch – durch das Okular des Sextanten – den Kopf in den Sternen und spüre, wie mein geistiger Horizont das ganze Universum einschließt.

Und doch streben all meine Gedanken ständig, und machmal fast zwanghaft, in andere Dimensionen, zu den menschlichen Dingen zurück, zu vertrauten Geräuschen, Gerüchen und Orten.

Was für ein Paradox!

So von allem entblößt, entdecke ich die Wichtigkeit jener Dinge wieder, die man nicht mehr wahrnimmt, wenn man sie ständig um sich hat.

Mario Richner
Mit den Dieselcowboys auf der Straße der Tränen

Um sechs Uhr früh sitze ich wieder auf meinem vollbepackten Stahlroß, das immer mehr zum Dreckfänger wird. Der nächtliche Regen hat die Erdpiste aufgehen lassen wie einen Hefeteig. In langen Fladen quillt die zähe, rotbraune Masse unter den Schutzblechen hervor. Immer öfters muß ich diese mit dem Schraubenzieher von der Lehmlast befreien. Streckenweise erlaubt es der Pistenrand, auf einen schmalen, befahrbaren Grasstreifen auszuweichen, doch jeder Fußgänger könnte das Tempo mithalten.

Nach sechs Stunden habe ich genug, baue mein Zelt neben der Straße im freien Grasland auf und warte auf den nächsten Tag. Der kommt auch, und mit ihm die Erkenntnis, daß es nicht gerade eine glorreiche Idee ist, während der Regenzeit auf der Trans-Am eine »Fahrrad-Rallye« zu absolvieren. Am Himmel ballen sich bereits am Morgen wieder schwarze Wolkengebilde, und kaum sitze ich eine halbe Stunde im Sattel, holt mich der Regen ein. Was heißt »Regen«! Es schüttet! Der Schlamm verfängt sich dermaßen in den Bremsen und Schutzblechen, daß die Räder blockieren. Nachdem ich die Bleche demontiert und auf dem Gepäck festgebunden habe, drücke und ziehe ich unter dem schwitzigen Regenschutz das Rad barfuß durch den Dreck. Zwei Schritte voraus, einen Rutsch zurück. Mühsam kämpfe ich mich durch den glitschigen Pfuhl, doch gewinnen kann ich diese Schlammschlacht nicht. Der Regen hat mir jede Chance genommen.

Gegen Mittag taucht eine Fernfahrerkneipe auf. Es muß eine sein, drei Trucks stehen davor. Zielstrebig steuere ich darauf zu.

Unter einem Wellblechdach stehen ein paar Holztische, darum herum rohe Baumklötze, als Stühle gedacht. Auf dreien dieser Klötze sitzen stoppelbärtige, wilde Pioniertypen, die sich Fleischbrocken, Reis und Bohnen in die zumeist zahnlosen Mäuler schaufeln. Mit kleineren Essensresten werden die Hunde unter dem Tisch gefüttert, größere räumt ein etwa zehnjähriges Mädchen ab und kippt sie auf eine Halde direkt neben der Raststätte. Dort wühlen Schweine und Hühner in trauter Zweisamkeit im Abfall.

Ich setze mich an einen freien Tisch und bestelle beim Mädchen einen »Prato-Feito« – einen »fertigen Teller«. Kurz danach kriege ich das Gewünschte vorgesetzt. Fein säuberlich aufgehäuft, liegen vor mir schwarze Bohnen, Reis, Farofa, Salat und Fleischstücke an einer etwas zu fettigen Sauce. Das Eßbesteck ist tadellos eingerollt in einer blütenweißen Serviette aus Toilettenpapier. Während ich esse, bedient der Wirt persönlich die Stoppelbärtigen. Er stellt ihnen Gläser und eine volle Cachaça-Flasche auf den Tisch. Großzügig bedienen sie sich daraus.

»Como-vai, Suiço?« ertönt eine Stimme. Überrascht schaue ich auf. Wer kennt mich hier? Einer der Männer, die vorher mit dem Rücken zu mir saßen, hat sich umgedreht und mich angesprochen. Ich beende meine Mahlzeit, und »Rogenio«, so nennt er sich, erzählt unterdessen, daß er mit seinem Camion von Rio Branco komme. Beim Kontrollposten und in der letzten Kneipe hätte man ihm berichtet, daß ein Schweizer mit dem Fahrrad unterwegs sei.

»Du willst nach Porto Velho?« Dabei füllt er sein Glas wieder mit Schnaps auf und nimmt einen gesunden Schluck. »Ja«, antworte ich ihm. »Mit dieser Bicicleta schaffst du das nie!« meint er. »Du mit deinem Camion auch nicht, wenn du so weitersäufst«, kontere ich. Er lacht und meint: »Wer in den Amazonas fährt, braucht das. Willst du auch einen Pinga?« »Natürlich, aber einen doppelten!« Puh! Da habe ich den Mund wohl zu voll genommen. Der Stoff ist blödsinnig scharf und vermutlich auch mehr oder weniger ungesund. Mehr Methylalkohol als Gebranntes aus Zuckerrohr.

»Du bist Marinheiro, richtig zur See gefahren, über die Meere?« fragt derjenige, der sich beim Anstoßen als Sergio vorstellte. »Ja, alles zusammen etwa sieben Jahre. Auf Schiffen unter verschiedenen Flaggen, über alle Weltmeere.« Rogenio meint: »Dann kennst du bestimmt viele Länder«, und fügt hinzu: »Sag mal, wo gibt es die heißblütigsten Frauen?« Meine Antwort »schöne Mädchen gibt es überall« befriedigt ihn nicht. Jetzt bohren alle drei und wollen es genauer wissen. Mir ist natürlich klar, was diese Machos hören wollen. Als ich eingestehe, unten in Belo Horizonte einmal eine bidlhübsche und sehr liebe Freundin gehabt zu haben, gucken sie sich gegenseitig an, als hätte ich jede Brasilianerin zur Miss Universe gekrönt. So sind sie halt, diese Portugiesisch sprechenden Südamerikaner, die schlimmsten »Patrioten«, die ich kenne.

Während Rogenio eine weitere Flasche bestellt, erwähne ich noch beiläufig: »Nur treu ist mir die Schöne nicht geblieben.« Da brechen sie in schallendes Gelächter aus.

Die drei Fernfahrer überzeugen mich, daß ein Weiterradeln auf der Morastpiste unmöglich ist. Auch sie wollen bis morgen früh hier bleiben und mich dann mitnehmen. Notfalls bis Manaus, wenn ich wolle. Bescheiden gebe ich mich mit Abuná am Rio Madeira zufrieden.

Weniger bescheiden wird der Nachmittag, dabei hat er so harmlos begonnen. Als ganz gewöhnlicher, verregneter Wochentag in einer billigen Kaschemme, irgendwo entlang der Transamazonica am Rande der Zivilisation.

Einer nach dem anderen schmeißt eine Runde. Selbst der Wirt hält mit, bis ihn seine Frau in die Küche holt. Durch die dünne Bretterwand hören wir, wie sie ihm deshalb die Leviten liest. Die Trucker amüsieren sich köstlich darüber und reißen Witze. Nicht lange, dann ist der Lokalbesitzer wieder unter uns.

Irgendwann frage ich mich, ob brasilianische Fernfahrer mit einer Reserveleber ausgestattet sind. Die Gespräche drehen sich immer wirrer im Kreise, und mit ihnen der Strudel des »Feuerwassers« im Kopf. Natürlich muß in solch einem Saufgelage noch irgend etwas passieren, und so kommt es, daß der Kneipenwirt das größte der frei herumrennenden Schweine verkauft. An Sergio, zu einem Spottpreis, unter der Bedingung, daß er es alleine und innerhalb einer Stunde einfängt. Gelingt ihm das nicht, geht der bezahlte Betrag trotzdem an den Wirt. Ich mische mich nicht ein, doch die beiden anderen Fahrer raten ihrem Kollegen, die Hände davon zu lassen. »Das Vieh kriegst du nie!« Der hat indessen bereits ein ganzes Bündel Cruzados aus einer Hemdtasche gezogen, zählt den geforderten Preis ab und lallt: »Billiger habe ich noch kein Ferkel gekauft, zu Hause werden sie sich freuen.« Der Handel wird mit einem weiteren Schnaps begossen und ich zum neutralen Zeitstopper erkoren.

Punkt 16.00 Uhr erfolgt der Start des Rennens. Die Müllkippe, dort, wo Borsten- und Federvieh ihr stinkendes Reich haben, wird zur Arena. Ein schwarzes, spitzbäuchiges Schwein ist der auserwählte Gegenspieler und ahnt noch nichts von seinem Glück. Sterngranatenvoll schleicht sich der Truckfahrer von hinten an. Gar nicht einfach bei dem nassen, rutschigen Boden und den Promillen. Gespannt verfolgen wir die Show, vor allem der Wirt sitzt wie auf Kohlen. Da hechtet der Gladiator mit Todesverachtung nach dem Tier. Hochaufspritzender Schlamm, panisches Hühnergegacker, hysterisches Schweinequietschen, und der gute Mann liegt einsam und allein mitten im Abfall. Wir halten uns die Bäuche vor Lachen.

Mühsam versucht der glücklose Schweinefänger, sich aufzurappeln. Er torkelt zu uns an den Tisch, kippt sich einen weiteren Pinga in die Kehle und behauptet steif und fest, das Bein der Sau gefaßt zu haben. Der Kerl sieht vielleicht aus: Von oben bis unten beschmiert mit Schlamm, Abfall und Tierkot! Er verbreitet einen Gestank wie eine Jauchegrube. Ich wechsle hinüber an einen anderen Tisch und verkünde lauthals: »Eins zu null für das Vieh. Sergio, du hast noch immer fünfzig Minuten.« Nach kurzer Verschnaufpause steht er wieder auf und bahnt sich zwischen den Tischen und Holzklötzen seinen Weg in Richtung Küche. Was hat er jetzt für eine Schnapsidee? Dort angelangt, muß er mit der Wirtsfrau zusammengeprallt sein. Ein heftiges Wortgefecht ist zu vernehmen. Sie wirft ihn kurzerhand raus, doch einen Teilerfolg kann unser Komödiant – dem es todernst ist, geht es immerhin um seinen halben Wochenlohn – trotzdem verbuchen: Mit beiden Händen balanciert er einen Teller, randvoll mit gekochtem Reis. Mit glasigen Augen steuert er unseren Tisch an und blubbert zwischen stinkenden Schluckaufs: »Das Mistvieh gehört mir!« Er nimmt eine dreiviertelvolle Flasche Pinga und schüttet sie über den Reis. Aha! Der schlaue Fuchs will sie füttern und benebeln. So genau sehe ich das Zifferblatt meiner Uhr zwar nicht mehr, bin eher beim Schätzen angelangt. Trotzdem rufe ich: »Sergio, du hast noch vierzig Minuten!«

Für Sergio wird dies immer mehr ein Kampf gegen den schmierigen Boden. Verzweifelt versucht er, mit dem Teller Schnapsreis seinen Camion zu erreichen. Zwanzig Meter davor ist der Seiltanz zu Ende, der Reis liegt verstreut auf dem Boden, und der Südamerikaner legt die restlichen Meter auf allen Vieren zurück.

Sergio zaubert aus seinem Laster ein lassoähnliches Seil hervor, mit dem er eine Beinschlinge legt. Als Köder dient der Reis auf dem Boden. Was der Kerl an Gesten vollführt, ist reif für den Zirkus. Leider hat mich die Zecherei dermaßen gefordert, daß ich die Nummer nur noch schemenhaft wahrnehme. Irgend etwas ist da noch mit den Hühnern, die an den ausgelegten Köder wollen... Dann wird die Zeitnahme unterbrochen!

Warum werde ich verprügelt? Jemand traktiert erbarmungslos meinen Kopf. Wo bin ich überhaupt? Nur langsam löst sich der Dunst vor meinen Augen, doch da ist niemand, der mich schlägt. Die Mißhandlung sitzt mitten im Schädel. Mühsam richte ich mich auf, was die Drescherei im Schädel noch verstärkt. Von einem der Tische fixieren mich teilnahmslos zwei Augenpaare. Sehen die aber schlecht aus! Eine gute Fee muß mein Leiden ahnen und stellt einen Zuber voll Wasser neben mich. Instinktiv tauche ich meinen schmerzenden Körperteil dort hinein, worauf die gemeine Hämmerei geringfügig nachläßt. Komisch, das Erinnerungsvermögen ist nahezu ausgelöscht. Erst als ich mühsam aus dem »Restaurant« trete, hilft mir ein an einen Lkw angebundenes Schwein, den Vortag einigermaßen zu rekonstruieren. Ich gehe wieder zurück und setze mich zu den zwei verwetzten Gestalten an den Tisch. Bruchstückhaft erfahre ich dort den Rest der Geschichte: Mit dem Glück des blinden Huhnes sei es Sergio gelungen, das Schwein zu fangen. Ob es noch im Rahmen der vorgeschriebenen Stunde geschah, wisse man nicht, da die vielgerühmte Schweizer Zeitmessung ausgefallen sei. Den Wirt hätte man seitdem auch nicht mehr gesehen. Dafür zeigt seine Frau sportliche Fairneß und bedient uns mit heißem Kaffee. Die Genesungsphase dauert den ganzen Vormittag.

Die Sonne hat ihren Höchststand erreicht, als wir gemeinsam mein Fahrrad, das Gepäck sowie die an den Läufen zusammengebundene Sau verladen. Nur der neue Besitzer des Tieres hat sich zur Morgentoilette und zum Kleiderwechseln zurückgezogen.

Eine allerletzte Fahrzeugkontrolle, dann werden die Camions bestiegen. Rogenio übernimmt die Konvoispitze und sagt, ich solle bei ihm mitfahren. Als ich auf dem Beifahrersitz meinen Platz eingenommen habe, startet er den Motor. Gleich stellt sich ein starkes Schütteln des Fahrgestells ein. Die Vibrationen gehen aufs Lenkrad, den Schalthebel und die innere Motorenabdeckung über. Entsprechend laut ist die Geräuschkulisse in der Kabine.

Langsam tuckert der Lkw auf die Piste hinaus. Die drei anderen folgen in Abständen. Während der Fahrt überträgt die harte Vorderachsfederung Stöße und Schläge direkt auf den transpirationsfördernden Kunstledersitz und weiter auf mein Gesäß. Ob dem neben mir diese Schlaglöcher auch so zusetzen? Anmerken läßt er sich jedenfalls nichts. Im Gegenteil. Er nimmt eine Musikkassette aus dem Handschuhfach und schiebt sie ins eingebaute Abspielgerät. Fröhlich pfeift er zur Melodie, jenem typischen »Highway-Sound« von Fernweh, Freiheit und Heimweh, wie man ihn genausogut in einem Truck zwischen Amarillo und Memphis oder Hamburg und Istanbul hören könnte.

Auf einmal dreht Rogenio die Musik etwas leiser und sagt zu mir, ohne den Blick von der Straße zu nehmen: «Suiço» – eine brasilianische Eigenart, man wird selten mit seinem Namen angesprochen, sondern nach der Gegend benannt, aus der man stammt – »weißt du, drei Dinge sind es, von denen sich ein echter Caminhoneiro nicht trennen kann: der Lkw, die Musik und die Mutter seiner Kinder.« Eine bemerkenswerte Reihenfolge. Ich nicke, drehe die Musik noch leiser und antworte ihm: »Das glaube ich dir alles, bis auf das mit dem fürsorglichen Familienvater. In diesem Land kenne ich keinen Trucker, der nicht zwei, drei Verhältnisse gleichzeitig an verschiedenen Orten hat.«

Die folgende Stunde bemüht er sich, mich vom Gegenteil zu überzeugen. Auch er habe zwar fünf Kinder, verteilt übers ganze Land, doch ich dürfe das nicht als unmoralisch ansehen. Das hänge mit der etwas lockeren brasilianischen Mentalität und den unmenschlichen Distanzen des riesigen Straßennetzes zusammen. So gut es mit seinem bescheidenen Einkommen möglich sei, würde er alle unterstützen.

Monoton zieht die Gegend an den offenen Seitenfenstern vorbei. Wassersattes Land und unermeßliche Weite. Unser Gespräch hat sich ebenfalls in der Weite des Landes verloren. Alle Horizonte gleichen sich und machen apathisch. Wenn deshalb einmal ein Fahrzeug entgegenkommt, halten die Fahrer an, wechseln ein paar Worte oder geben sich den neuesten Straßenzustand durch. Dann schließen auch die Laster hinter uns auf, und wir sind für kurze Zeit wieder ein Konvoi.

Manchmal ist die Transamazonica so breiig, pappig und voller Löcher, daß nur im ersten oder zweiten Gang gefahren werden kann. Kein Durchdrücken des Gaspedals, kein lässiges Halten des Lenkrades, sondern knochenharte Schwerarbeit.

Die Durchfahrt eines Baches, der dort, wo die Piste im lehmfarbigen Wasser verschwindet, einen großen Tümpel bildet, scheint der Chauffeur gut zu kennen. Mit zunehmender Geschwindigkeit saust er die Senkung hinunter, direkt auf den »Baggersee« zu. Ein Knall, und wir werden wie von einer Riesenfaust hin und her geschüttelt. Das Wasser spritzt bis zu den Scheiben hoch. Einen Augenblick später dringt es durch Tür- und Bodenritzen ins Innere. Dann sind wir durch. Mit hoher Motorendrehzahl mahlt sich der Camion auf der Gegenseite die Steigung hinauf. Nach 300 Metern wird angehalten, bis auch der letzte Brummer sein Bad hinter sich hat.

Bald nähern wir uns einem Baucamp mit einer Tankstelle. »Porto Velho ist weit, wer weiß, wo noch ein paar Tropfen Diesel erhältlich sind«, meint Rogenio. Die drei hinter uns halten ebenfalls an. Nach zehnminütigem Hupkonzert erscheint jemand, ein mißmutiger, leidlich verschlafener Kerl. Ob er wieder Brennstoff habe, wollen die Fahrer wissen. Das schon, nur der Generator für Strom und Zapfsäule sei defekt. Drüben würden ein paar volle Fässer stehen. Zwei davon könne er abgeben.

Zu viert wuchten wir eine der rostigen 200 Liter-Tonnen auf zwei andere. Einer holt ein Stück Plastikschlauch, saugt an, spuckt aus, und schon läuft der kostbare Treibstoff in den Tank.

Monumentale Türme aus dunklen Gewitterwolken veranlassen die Fahrer, auf dem Campgelände die Nacht zu verbringen. Unser Maskottchen, das schwarze Spitzbauchschwein, wird aus seiner ungemütlichen Lage befreit. An langer Leine kriegt es seinen Auslauf, suhlt sich in einer Pfütze und sucht nach Futter. Hunger? Natürlich, auch von uns hat heute noch keiner was gegessen.

Ich hole meine Kochausrüstung und die Vorratstasche und baue die Feldküche unter dem Dach eines Bauschuppens auf. Da mein Zweiliter-Topf für fünf Personen und ein Schwein viel zu klein ist, leihe ich von den Fahrern zwei größere Kessel. Interessiert verfolgen die vier mein Tun, zweifeln jedoch an der Leistungsfähigkeit des kleinen Benzinkochers. Als das Wasser nach kurzer Zeit siedet, zweifelt keiner mehr. Das Abendessen, ein Nudeleintopf mit Fleischklößchen aus der Dose, übergossen mit einer Pfanne voll gebratener Zwiebeln, Sardinen und Corned-Beef, ist zwar kein typisch brasilianisches Gericht, doch übrig bleibt nichts. Das Schwein muß sich mit einem Kessel voll weißem Reis begnügen. Diesmal ohne Schnaps.

Im Kreis, um den Lichtschein einer Petroleumlampe, spannen wir unter dem Schuppendach die Hängematten. Der eine liegt, der andere sitzt darin, doch die Unterhaltung wird bis spät in die Nacht geführt. Ich genieße es, den Geschichten zuzuhören. So wie Jäger, Seeleute, Legionäre, Gauchos oder Goldwäscher haben eben auch Truckis ihre eigene Sprache, ihre eigenen Anekdoten, bei denen Reales und Irreales oft innig miteinander verschmelzen.

Was ich von ihnen wissen möchte, ist, weshalb sie im Konvoi fahren, während andere alleine unterwegs sind. Man erklärt mir das so: Alle vier sind Dono do caminhão – selbstfahrende Besitzer des LKWs. Auf abgelegenen Pisten, wie die Transamazonica, werden öfters mal Laster überfallen, geklaut und rollen dann über Boliviens, Paraguays oder Perus Straßen. Im Konvoi wird das Risiko auf ein Minimum reduziert. Die Solofahrer jedoch sind für eine Firma unterwegs und, im Unterschied zu ihnen, gegen Diebstahl versichert. Der Verlust ihres Camions dagegen, auf dem meist noch eine Hypothek lastet, wäre das Ende. Brasiliens Frachtverkehr läuft über die Straße. Der Konkurrenzkampf der selbstfahrenden Unternehmer gegen die großen Transportfirmen ist zwar hart, die Gewinnspannen klein, dafür würden sie aber ihre Gesundheit behalten. Auf meine naive Frage, wieso Gesundheit behalten, wollen sie nicht recht eingehen, doch ich bohre hartnäckig weiter. Etwas zögernd beginnen sie dann doch, aus der Schule zu plaudern.

Nun, der Traum des eigenen Fahrzeuges sei der eines jeden Caminhoneiros, der länger als ein Jahr hinter dem Lenkrad sitze. Jeder von ihnen habe sich das Startkapital als Verdureiro in der mörderischen Gemüsefahrt verdient. Das heiße im Klartext: Von Porto Alegre im Süden mit Zwiebeln nach Recife oder Belém, 4000 Kilometer in 48 Stunden, ohne zu schlafen, Anhalten nur bei den innerstaatlichen Zollposten, Essen während der Fahrt. Von dort mit Papayas oder Cajufrüchten zurück nach São Paulo. Zwei Tage ausschlafen und dann mit Salat wieder in den Norden nach Porto Velho und Manaus. 300000 Kilometer im Jahr sei die Norm. Das schaffe keiner nur mit Kaffee. Jeder Verdureiro – Gemüsefahrer – würde sich mit Aufputschmitteln wie Pervitin oder Dexedrin dopen. Nach zwei, drei Jahren sei man kaputt, ausgebrannt, süchtig, oder man ende in einem tödlichen Unfall. Ihnen wäre es gelungen, diesem Horror zu entfliehen. Reich werden könne man nicht mit nur einem Camion, dafür aber menschenwürdig leben.

Die Diskussion geht weiter, um Fracht und nochmals um

Fracht, über Vor- und Nachteile verschiedener Marken, vorwiegend über die vier oder fünf europäischen Firmen, die in Brasilien produzieren. Rogenio schwört auf seinen Daimler-Benz und meint: »Damit komme ich überall durch und flicke ihn notfalls mit Hammer, Nagel und Draht.«

Von mir will man wissen, was draußen in der Welt an Brummis so herumkurvt. Ich erzähle ihnen von den zwölf- bis vierzehnachsigen Lastzügen in Australien, den Road-Trains, von dem Luxus amerikanischer Kenworths und Macks, und von den wohl farbenprächtigsten rollenden Tempeln überhaupt, den Trucks der Naniwa-Kai-Clans in Japan, und zu guter Letzt, daß ich die brasilianischen »Diesel-Cowboys« für die verrücktesten und verwegensten Fahrer halte. Von den tausend Meilen, die ich auf Fernlastern mitfuhr, habe ich nirgends Blut und Wasser geschwitzt, außer in Brasilien. Mit Schaudern denke ich an einige halbverfaulte Holzbrücken und ans unerschütterliche Gottvertrauen der Fahrer zurück.

»Nun, das bessert sich ja täglich, schließlich wird auch hier fleißig gebaut, betoniert und asphaltiert.« Den ironisch-bitteren Unterton meines letzten Satzes hören sie nicht heraus. Wie sollen sie auch? Ihr persönliches Schicksal, ihre Existenz ist zu eng mit dem vermeintlichen Fortschritt verbunden.

Irgendwann machen sich die Strapazen des gestrigen Tages doch bemerkbar. Einer nach dem andern rollt sich in seiner Hängematte in die bequemste Position, meldet sich ab zur Nachtruhe.

Seit dem ersten zaghaften Lichtschimmer walzen die vier Camions wieder gegen Osten. Rogenio hat die Spitze einem anderen überlassen und liegt in seinem Mercedes an zweiter Stelle. Wir befinden uns inzwischen im Bundesstaat Rondônia. Bis zum Holzfluß, dem Rio Madeira, mögen es noch 100 Kilometer sein. Die Landschaft wird abwechslungsreicher. Die Piste verliert ihre linealgerade Eintönigkeit, durchschneidet ein Buschland mit hohem Gras, aus dem hie und da ein Strauch, ein einzelner Baum oder ein paar Fächerpalmen herausragen. Plötzlich, beim Einbiegen in eine abschüssige Kurve, geht der Fahrer vor uns auf die Bremsen. Wir schließen dicht auf und halten an. Unten in einer Mulde liegt ein sechsachsiger Tankwagen, ein Sattelschlepper, auf seiner Breitseite. Er präsentiert die vom Regen blank gewaschene Unterseite wie ein totes Tier. Zu dritt stapfen wir zum Führerhaus hinunter. In der querliegenden Kabine schläft ein junger Kerl in halber

Hockstellung und fährt erschreckt hoch, als wir ihn wecken. Er erzählt, daß er der Beifahrer sei und seit zwei Tagen hier auf seinen Chef warte. Der sei per Autostop unterwegs nach Porto Velho, um Hilfe zu holen. Verletzt sei niemand, doch der Laster könne nur mit Raupenfahrzeugen geborgen werden. Inzwischen sind die beiden anderen Fahrer ebenfalls erschienen. Gemeinsam wird beraten, ob man den Havaristen nicht doch aufstellen und hinaufziehen könnte. Die Antwort gibt die Piste: Unmöglich. Sie läßt keinen Schleppversuch zu. Hilfloses Schulterzucken. Der junge Beifahrer behauptet, nichts nötig zu haben, wobei er sehnsüchtig nach der Zigarettenschachtel in der halboffenen Brusttasche unsres Schweinedompteurs guckt. Der überläßt sie ihm, nicht ohne vorher auf die Aufschrift »Inflamavel« am Tankwagen zu weisen.

Als wir die Böschung hochkraxeln, meint Rogenio mit dem ihm eigenen, bissigen Spott zu mir: »Na ja, jetzt siehst du, wie es geht, wenn man mit solchen Asphaltschlitten die Trans-Am fahren will.«

Das schwierige Teilstück der Straße, dort, wo der Sattelschlepper ausbrach, ist höchstens 50 Meter lang, aber gefährlich abfallend und rutschig. Jeder fährt seinen Truck einzeln durch, während ihn die anderen zu Fuß lotsen. Zwei haben die kritische Stelle bereits passiert, als der Fahrer des dritten LKWs in der Kurve zu weit ausholt und in die Spur des Sattelschleppers gerät. Mit aufheulendem Motor versucht er, sich daraus zu befreien, verliert jedoch immer mehr die Kontrolle und rutscht mit durchdrehenden Rädern dem Abhang entgegen. Unmittelbar vor der Böschung sinkt er nabentief ein, kippt bedrohlich zur Seite. Wild gestikulierend geben die »Lotsen« ihrem Kollegen zu verstehen, daß er endlich aufhören soll. Einer holt ein 20 Meter langes Stahlseil, bindet es um die Hinterachse des Festsitzenden, das andere Ende koppelt er auf die Zugvorrichtung unter der vorderen Stoßstange des vierten, hintersten Camions. Beide Fahrer schalten den Rückwärtsgang ein. Die Räder schleudern Dreck, wühlen sich noch mehr ein. Sergio winkt ab, holt aus seinem Werkzeugkasten eine Motorsäge, geht damit zu einer Fächerpalme und ruft mir zu, ich solle mitkommen. Die Palme fräst er kurzerhand um, entastet sie, und ich schleppe die Äste zu den Camions. Dort legen die anderen mit Schaufeln und Hacken die eingesunkenen Räder frei. Hinter jedem freigeschaufelten Reifen entsteht ein regelrechter Palmblätterteppich. Dann der zweite Befreiungsversuch. Langsam, ganz langsam fassen die Reifen, rutschen wieder durch und greifen erneut. Es stinkt nach verbranntem Gummi. Zentimeter um Zentimeter bewegt sich das tonnenschwere Fahrzeug rückwärts. Ich stehe etwas abseits und beobachte den Chauffeur des eingesunkenen Trucks. Mit größter Konzentration sitzt er am Steuer, die Zigarette zwischen die verkniffenen Lippen geklemmt. Er dreht nicht mal den Kopf, nur seine Augen huschen von einem Rückspiegel zum anderen, als ob er sein verbissenes Adlergesicht mustern würde. Dann wieder ein kurzer Blick zu Rogenio, der zehn Meter vor seiner Motorenhaube steht und ihm genauso konzentriert mit den Händen Zeichen gibt. Jeder weiß, daß es nicht mehr viel braucht, bis sich der Laster überschlägt. Im Zeitlupentempo bewegt er sich aus dem Gefahrenbereich. Dann ist er draußen, und alle lachen wie Jungen, denen ein Streich gelungen ist. Keiner macht dem Fahrer Vorhaltungen, jeder ist sich wohl bewußt, daß ihm schon auf dem nächsten Kilometer dasselbe passieren kann.

Eine ganze Stunde arbeiten wir mit Hacken und Schaufeln barfuß im matschigen Dreck und bessern die Kurve aus. Ein mühseliges Unternehmen. Wenn sich der Spaten schmatzend aus der braunroten Masse löst, bleibt der Lehm danach hartnäckig am Schaufelblatt kleben. Mit weiteren Palm- und Baumstämmen werden die tiefsten Fahrrillen aufgefüllt und mit Zweigen, Steinen und Dreck zugepflastert. Daß ich auf der Transamazonica noch zum Straßenbauer würde, hätte ich mir auch nie träumen lassen.

Zu Fuß wird jeder Meter der Baustelle abgeschritten und die sicherste Durchfahrt gesucht. Ohne große Probleme schaffen es die beiden Nachzügler, und der Konvoi ist wieder komplett.

Eine kurze Kaffeepause, und schon wühlen sich die Trucks weiter durch den Morast. Nach knapp zweistündiger Fahrt erreichen wir den Wald. Ein Wald aus Riesenbäumen und Lianengerank beidseitig der Pistenschneise, eine Mauer aus zusammengewachsenem Blätterwerk und Holz, im unteren Teil beworfen mit einem Lehmverputz.

Das Wetter ist sprunghaft, eben waschen wieder sintflutartige Regenschauer die verschmutzten Scheiben mit solcher Wucht, daß die beiden massiven Wischer die Flut kaum bannen. Die tiefen Reifenspuren werden zu Bächen. Eine Dreckbrühe wälzt sich den Rädern entgegen. Dank der hohen Luftfeuchtigkeit, der Wärme, die der Motor abstrahlt, und den nun geschlossenen Seitenfenstern verwandelt sich die Fahrerkabine schnell in eine Sauna. Nicht nur mein Hemd beginnt am Körper zu kleben, sondern auch Rogenios rotschwarzes T-Shirt, das ihn als Anhänger des Fußballclubs Flamengo-Rio verrät, ist klatschnaß. Heimtückisch verdeckt das Wasser Steine und Löcher. Was eine Straße sein sollte, ist ein glitschiges Schlammbad geworden. Im Schneckentempo versucht der Fahrer, den Laster so gut als möglich in der Spur zu halten. Unermüdlich sind seine Arme in Bewegung. Kuppeln, schalten, am Steuer reißen. Ein ununterbrochenes Suchen nach der geeigneten Passage in diesem bodenlosen Morast. Trotzdem werden wir manchmal von den Sitzen abgehoben oder hin und her geschleudert.

Nachdem die Regenschauer vorüber sind, können wir wenigstens die Seitenscheiben wieder runterkurbeln und den »Dampf« ablassen. Doch das unendliche Band der »Straße der Tränen« bleibt gleich. Tief durchgewühlte Ackerfurchen laufen parallel zueinander, schneiden sich, streben auseinander und bündeln sich wieder. Man könnte Kartoffeln darauf pflanzen. Zum Ausweichen vor den größten Wasserlöchern muß der »Kapitän« oft hart an die Urwaldmauer herangehen. Dann peitschen Äste und Zweige die Frontscheibe, das Kabinendach, verstellen den Außenspiegel und scheuern entlang der Frachtplane. Kilometer um Kilometer ein erbarmungsloser Härtetest für Fahrer und Material. Die Kerle, die ich hier bei der Arbeit sehe, sind nicht mehr die, welche ich am ersten Tag in der Kneipe kennenlernte. Keine hirn- und gefühllosen Säufer, sondern jeder ein Profi vom Scheitel bis zur Sohle, der mit der Zähigkeit eines Maultieres seine Arbeit verrichtet. Was die US-Konzerne des blauen Dunstes mit viel Tamtam und Geld als »härtestes Abenteuer« für ein paar Auserwählte organisieren – hier ist es mühsame, tägliche Arbeit.

5 Krisen und Katastrophen

Gernot Spielvogel-Herrmann
Überlebenskampf im Yukon-Delta

3. Oktober: Nur eine Viertelstunde durfte ich an das so überraschend schöne Wochenende mit neuen Freunden in Mountain Village zurückdenken, dann geriet ich gleich während der Querung zum linken Ufer in einen Alptraum von Hexenkessel. Sicher, ich war einiges gewohnt, die Querung nach Pitkas Point war ein Höllenspektakel gewesen, aber dieses grünbraune, mit wütender Gischt durchzogene Inferno aus angriffslustigen Wellen und Brechern stellte alles bisher Erlebte in den Schatten.

Deswegen hatte mich Timothy gewarnt – zu spät, jetzt mußte ich zeigen, ob ich diesen Höllenaufruhr meistern konnte. Wenn ich da einigermaßen heil herauskommen wollte, mußte ich über mich hinauswachsen, mich selbst übertreffen. Zum Glück war das Boot bereits wasserdicht verschlossen.

Jetzt, ich nähere mich erst dem schlimmsten Gewoge, und schon krachen die ersten Brecher über das Boot, schmutzige Gischt klatscht mir an die Brust, zerplatzt und stiebt in eiskalten Fontänen in mein Gesicht. In Orkanstärke tobt mir der Wind entgegen, überschüttet Gesicht und Hände mit beißenden Eisnadeln, zerrt am Boot, wenn ich einer Welle aufreite und das Vorderteil des Bootes sekundenlang in der Luft hängt, reißt am Paddel. Die Wellen kommen ungleich, keine gleicht der vorherigen. Ich finde keinen Rhythmus, jede Welle muß wieder anders bezwungen werden.

Sekunden später: »Um Gottes willen, das ist ja Seegang – mörderischer Seegang!«

Schon schießt der »Sea Eagle« in die Höhe, fast senkrecht, wie in einem verrücktgewordenen Fahrstuhl, ein, zwei, drei Meter – einen Sekundenbruchteil scheint das Boot in der Luft zu schweben, während die Welle darunter vorbeirast. – Krach! Mit brutaler Gewalt klatscht die vordere Bootshälfte in das Wellental, Gepäck poltert, das Gewehr schlägt mir auf das linke Schienbein, Wasserfontänen sprühen nach beiden Seiten. Jetzt stürzt das Boot nach unten – und da – »verdammt« – baut sich die nächste Wasserwand drohend auf, wächst und wächst, droht überzukippen. Wie rasend schaufle ich, erreiche im letzten Augenblick den Kamm, die Welle bricht sich. Wütende Gischt hüllt mich ein, nimmt mir kurz den Atem, dann kracht das Boot erneut mit der Spitze nach unten. Diesmal empfängt mich kein Wellental, eine große Woge hat sich schon vorher gebrochen, schleudert mir ihr wütendes Gebrodel entgegen. Ich höre nur noch rauschende, gurgelnde Laute, eiskaltes Wasser dringt irgendwo ein, ich werfe mich automatisch zur Seite, balanciere den Teil des weißen Chaos aus, das sich kurz noch einmal auf der linken Bootsseite brechen will. Wie von einer Riesenhand wird das Boot gehoben, das rasende Weiß zergeht, olivgrüne Flanken wachsen erneut empor. Da! Sekundenlang überblicke ich den mich umgebenden Tumult und sehe, daß ich gerade in der schlimmsten Zone stecke.

»Los, ›Sea Eagle‹, da durch, Kaiilii!« Der Schrei reißt mich mit, setzt meine Kraftreserven frei. Ich dresche in Gewoge und Geschäume, presse, drücke und zerre, werfe mich mal nach links, mal nach rechts, gerate in einen Rausch von agieren und reagieren. Die Hände sind irgendwie taub, die Finger krallen sich wie erstarrte Klauen um das Paddelholz, in Schultern und Rücken wühlen Schmerzkaskaden, die Zähne sind gefletscht, das Gesicht verzerrt, der Atem explodiert stoßweise. Immer und immer wieder verschwinde ich mit dem Kajak in dunklen Wellentälern, um bald darauf wieder hoch oben auf wütenden Wasserkämmen daherzusausen.

»Da, hurra! Das linke Ufer, geschafft, gerettet! – Ja, verflucht, das ist doch nicht wahr!« Wellen wogen und drohen von der Uferseite, der ganze Strand – nichts als sich aufbäumende und donnernd zusammenbrechende Wellen, dazwischen rasende Gischt, spritzender Schlamm und geschundenes Treibholz. Dort, strandeinwärts, sah ich ein Blockhaus – doch landen war unmöglich. Also weiter – zurück in die Hauptströmung mit dem Seegang? Zum Glück nicht, zwischen dem angsteinflößenden Seegang und dem Uferbrandungsbereich brodelt ein etwa fünf Meter breiter Streifen »gemäßigten« Wasseraufruhrs. Da hinein steuere ich den »Sea Eagle« und versuche vorwärts zukommen.

Der tödliche Sturm schien sich eher noch zu steigern als abzuschwächen. Da, ein neues Fischercamp erscheint, die Uferbrandung ist nicht zu stark. Schnell paddle ich einen Bogen, komme senkrecht zur Brandung, erwische eine sich brechende Woge, sause in der Gischt der Strandfläche zu und bleibe mit dem Boot im Schlamm stecken.

Schnell springe ich aus dem Boot, klammere mich daran fest, zerre es zur Uferterrasse, bleibe stecken, sinke ein. Naß, frierend und ausgelaugt stecke ich zwischen Wasser und Land und komme einfach nicht weiter – immer tiefer beginne ich, in dem tückischen Schwimmsand einzusinken. Ich fühle mich elend, schon fast verloren – dann reagiere ich endlich. Schnell werfe ich mich auf den »Sea Eagle«, reiße mit einem schmatzenden Geräusch die Gummistiefel aus dem gefährlichen Sand, trete, stoße, schlage dagegen.

»Ja, so müßte es klappen, so komme ich durch die Brandung, ohne umzukippen. Eins, zwei, drei... sieben, acht, wieder und wieder der gleiche Zeitabschnitt.« Ich warte den nächsten Brecher ab, klammere mich am Kajak fest, laufe und trete mit den Beinen, so schnell und fest ich nur kann, ächze und japse vor Anstrengung, dann: Hopp, rein ins Boot, Paddel in die Hände, Vollschub, was die Arme noch bringen können. Jetzt, ein neuer Brecher faucht heran. Ich haue in das drohende Wasser, was das Zeug hält, werde mit dem Boot hochgerissen, und hinter mir – zum Glück ein paar Millimeter hinter der offenen Sitzluke – stürzen die Wasser zusammen – und laufen ab. Durch, geschafft.

Ich halte mich auf dem etwa fünf Meter breiten, »gemäßigten« Streifen fahrbaren Wassers zwischen Uferbrandung und dem Seegang der Hauptströmung und merke erst nach Minuten, daß meine Hosen und die Faserpelzjacke bis zum Bauch naß sind. Um das Maß voll zu machen, fängt es an zu regnen, die Schneeflocken werden weniger, dafür frischt der Sturm weiter auf. Mit geweiteten Augen blicke ich ab und zu nach dem Wellenspektakel in der Hauptströmung – dort wartet der sichere Tod – und halte mich trotz Uferbrandung lieber mehr auf der Strandseite.

Es fängt an zu schütten, eiskaltes Wasser wirft mir der Sturm ins Gesicht, drückt mir Regen und Spritzwasser in die Ärmel, – über Brust, Nacken und Rücken läuft die tödliche Nässe – und – ins Boot dringt Wasser, da ich während des turbulenten Einstiegs von vorhin unmöglich die Spritzdecke hatte schließen können. Zwanghaft – ich weiß, es war unüberlegt – hantiere ich an der Spritzdecke, zerre, klemme und presse – vergeblich. Wusch! – Schon wird der Fehler bestraft.

»Oh, verflucht!« brülle ich noch voller Wut. Schon steckt das Boot inmitten der Uferbrandung. Riesenkräfte reißen es zum umtosten Strand, eiskalte Schwälle stürzen in die Sitzluke, schwappen über das Bootsdeck, klatschen mir über den Kopf. Links herum, gegensteuern, rechts herum, wieder gegenschlagen, noch ein Brecher, ich kann nichts mehr sehen, kann nur noch das Paddel an mich pressen, Eiseskälte schlägt wieder ins Boot. – Wumm! Die Bootsspitze kracht gegen etwas Hartes – hoffentlich gegen Holz!

Ich mußte raus aus der verfluchten Hölle! Ich wische mir kurz Sand aus den Augen, spucke sandiges Schmutzwasser aus, greife das Paddel, trete wütend in die Fußsteuerung. Alles, was ich noch an Energie in mir habe, explodiert jetzt in die Paddelblätter, wie rasend fallen die Schläge. Da, der brave »Sea Eagle« reagiert, die Nase richtet sich senkrecht zu den Uferbrechern, wieder stürzt brausende Gischt in die Sitzluke. Ich knirsche mit den Zähnen, brülle vor Wut und Schmerzen in den Schultern, schlage wie von Sinnen.

Unaufhörlich paddle ich jetzt, eine, zwei, drei Stunden? – Ich weiß es nicht, habe jegliches Gefühl für Zeit verloren. Dann, endlich – die Mündung des gesuchten Seitenkanals taucht plötzlich vor mir auf.

Mit geballter Wut, Angst und Hoffnung hole ich das Allerletzte aus mir heraus, wie ein Motorboot schraube ich den »Sea Eagle« in die Kanalmündung, ignoriere Schmerzen, Kälte und Erschöpfung. Und dann – Ruhe und Stille umgeben mich, der Wind verschwindet fast schlagartig, Seegang und Uferbrandung gibt es nicht mehr. Ich möchte vor Freude und Erleichterung schreien und weinen – ich bringe jedoch nichts mehr heraus aus mir, ungläubig staune ich, starre auf das Blockhaus dort am linken Ufer. Langsam, wie in Trance, fahre ich zu der Anlegestelle, binde das Boot mit dem Nylonband an einen Pfahl, ziehe das Gewehr aus der Sitzluke, richte mich etwas auf und lausche in die Sumpflandschaft.

Nein, kein unharmonisches, verdächtiges Geräusch war zu hören, langsam arbeitete ich mich aus dem Boot – ich spürte da etwas, wurde ich beobachtet? So lautlos wie möglich kletterte ich auf die Anlegestelle, duckte mich, sorgfältig suchte ich nach Fährten am Uferbereich. Da – waren hier Wölfe? Überall sah ich Pfotenspuren im weichen Schlammboden. An einer Stelle, ganz dicht am Wasser, war der Boden übersät von Spuren. Ich lud das Gewehr durch und ging näher. Ein völlig verwickeltes Netz war hierher angetrieben worden, und aus dem Maschengewirr stanken mir übel zugerichtete Fischteile entgegen.

Urplötzlich huschte ein etwas hundegroßer Schatten über den Trampelpfad, beschleunigte in Richtung Hütte und verschwand im Gebüsch. Ein Wolf? Ich glaube, ich war einfach zu müde, um zu erschrecken. Ziemlich gelassen hielt ich das Gewehr schußbereit, ging zum Holzhaus und betrat die Treppe. Erleichtert atmete ich auf, als ich sah, daß das Haus nur verriegelt, aber nicht abgeschlossen war. Die Tür knarrte leicht, neugierig spähte ich ins Innere. Da waren Geschirrborde, Tisch und Stühle, rechts ein eiserner Ofen, dahinter ein Bett. Neben der Tür der Trennwand zum rückwärtigen Raum hingen Postkarten, Bilder mit religiösen Motiven, ein Rosenkranz und ein Kreuz. – Der Raum verströmte noch etwas von der positiven Art der Besitzer, ich fühlte mich willkommen und geborgen. Im rückwärtigen Raum standen noch zwei Betten an den Wänden. Alles wirkte gepflegt und war sorgfältig aufgeräumt verlassen worden.

»Mann, hast du ein Glück, so ein schönes Fischercamp, hier kannst du deine Wunden lecken, den Wasseralptraum vergessen und dich erholen.« Ich holte Gepäck aus dem Boot, band es so fest, daß es nicht abdriften konnte, saugte Wasser und Schlamm mit dem Schwamm auf, bis das Bootsinnere wieder trocken und sauber war. Alles Naßgewordene brachte ich in das Blockhaus, und richtete mich so gemütlich ein, wie ich nur konnte.

War das ein Gefühl, wieder trockene Sachen anzuhaben, und Schuhleder knarren zu hören, anstatt quatschende und gurgelnde Laute aus den Gummistiefeln. Mit dem kleinen Vorrat an Brennholz heizte ich den Ofen an, und bei jedem Funken, Rauchwölkchen und Geknister wäre ich am liebsten in Freudengeheul ausgebrochen. Allmählich wurde es dunkel, und ich zündete eine Kerze an. Mein Gott, war ich glücklich, wie herrlich es hier roch: Harz und Rauch, Kaffee und heiße Suppe, der Ofen knackte und bullerte – ab und zu öffnete ich das Ofentürchen und blickte minutenlang in die lebendigen Flammen. Der Schein des Feuers huschte durch den Raum, beleuchtete die kunstvoll gefügten Balken, modellierte ihre derbe Schönheit. Das Rot und Gelb der Flammen überdeckte und löschte die Bilder des nassen Grauens und der

Yukon-Querung – all das wütende Weiß und Olivgrün, ihre mörderischen Kräfte, Sturm und Kälte zergingen zu glühendem, flackerndem Leben.

*

Ein eigenartiges Iglu stand auf der verschneiten Halbinsel, an der sich der Seitenkanal, der ungefähr parallel zur Yukon-Hauptströmung floß, noch einmal gabelte. Wetten, daß der Langschläfer, dem das schnee- und eisverkrustete Doppelkajak am vereisten Kanalrand gehörte, blitzartig munter wird, wenn er bemerkt, daß er bald nicht nur eingeschneit, sondern auch von Eis eingemauert sein wird!

Merkwürdiges Licht drang ins Innenzelt, als ich aufwachte: Lediglich durch ein paar willkürlich verteilte Flecken drang etwas Helligkeit ein. Neugierig rüttelte ich am Innenzelt – am Außenzelt rutschte etwas zu Boden, und es wurde heller. Als ich den Eingangsvorbau öffnete, gleißte mir strahlendes Weiß und darüber lupenreines Azurblau entgegen. Ein großer, orangeroter Feuerball leuchtete durch wirres Astwerk, das momentan noch kein Wind zauste. »Ja, traumhaft hier!« Schnell zog ich mich an und zwängte mich ins Freie.

»Ist ja...« Dann wurde ich schnell, sehr schnell für diese Uhrzeit.

Die Frage, ob ich den abzweigenden, weiter nach Norden führenden Kanal fahren sollte, erübrigte sich – er war vollständig zugefroren. Ebenso sah es an der Landestelle aus, an der der »Sea Eagle« wie ein gestrandeter Minieisbrecher im weiß gezuckerten Weidenastwerk hing. In fliegender Hast stopfte ich irgend etwas Eßbares in den Mund, während ich den restlichen Schnee vom Zelt klopfte; den Reifüberzug ließ ich dran – für Kosmetik hatte ich wirklich keine Zeit mehr.

Lager abreißen, packen und ins Boot verstauen wäre wie im Akkord abgelaufen, wenn da nicht der Tarzan-Einstieg ins Boot gewesen wäre – der Einstieg dauerte heute morgen einige Sekunden länger als der nächtliche Ausstieg, da sämtliches Gehölz verreift oder sogar vereist war.

Beißende Kälte griff Gesicht, Füße und besonders die bloßen

Hände an. Handschuhe zog ich erst beim Paddeln an. Dann fing der große Himmelsofen an, sein Bestes zu geben: Schmelzwasser tropfte vom Bootsdeck und erwärmte, was direkt beschienen wurde; manchmal drehte ich das Boot, damit auch die im Schatten gelegene Körperseite etwas zusätzliche Wärme bekam. Der Eiskragen an den Kanalrändern blieb, und wenn die Bootswellen hinter dem Kajak gegen das Eis trafen, krachte und klirrte es, als ob zentnerweise Glas und Porzellan zerschlagen würden.

Das Fischercamp an der Kanalmündung erreichte ich überraschend schnell – ich war gestern viel weiter gekommen, als ich vermutet hatte. Erleichtert atmete ich auf, dem Einfrieren in den kleinen Seitenkanälen war ich entronnen. Und was da vor mir strömte und drückte, das würde vom Winter noch wesentlich mehr abverlangen, bevor es zufrieren konnte. Ein ziemlich friedlicher Yukon empfing mich, der Wind pausierte gerade, und flußaufwärts tauchte die Rampe des Küstengebirges aus den Nebeln des tieferen Sumpflandes auf.

»Zu schön, um wahr zu sein«, orakelte ich, während ich mit dem Gedanken spielte, die Kamera hervorzukramen. Es blieb beim Gedanken – statt dessen überprüfte ich den Sitz der Spritzdecke, dichtete die Ärmel ab, zog die Kapuze der Wetterjacke über und schlüpfte in die Handschuhe. Den Segen meiner Bemühungen durfte ich auch sehr bald ernten.

Was war los? Hatten sich all die Warnungen, Unkenrufe und Katastrophenprophezeihungen über die Wetterverhältnisse im Yukon-Delta heute gebündelt, um mir zu zeigen, daß sie wirklich werden konnten, ernst zu nehmen waren – alle zugleich, vereint in einem faszinierenden Auftritt des Grauens? Wie oft habe ich Kajakfahren bei schlechtem Wetter, ja sogar während Unwetters geschildert? – Jetzt sollte ich eigentlich längst damit vertraut sein, Gewohnheit bedarf doch keiner Beschreibung, höchstens einer kurzen Erwähnung. Sicher, aber die Wildnis Alaskas, besonders die des Yukon-Deltas, behält sich immer noch ein paar Asse im Ärmel zurück – und man weiß nie, wann man zum nächsten Pokerspiel eingeladen wird. – Zum nächsten oder zum letzten, den Spielausgang kennt niemand – nur der Einsatz ist bekannt: man selbst.

Der Schlußakt der langen Bootsfahrt begann wie eine Wiederholung der Anfangszeit: atemberaubend schöne Landschaftsszenen, dann kamen die Mühen, Anstrengungen und das Über-sich-Hinauswachsen des Mittelteiles der langen Flußfahrt und am Ende die gedrängte Dramatisierung der letzten Höhepunkte des Überlebenskampfes.

Schneestürme, Regen- und Hagelschauer sorgten für den atmosphärischen Widerstand der Elemente, Uferbrandung und Brecher in der Hauptströmung griffen im Wasser an, unterstützt von Turbulenzen bei Untiefen, kleinen Wirbeln und Querströmungen, und vom Lande her drohten Treibholzverfilzungen, die bis ins fließende Wasser reichten, Schwimmsand- und Schlammgürtel sowie überhängende Ufer mit gestürzten Bäumen.

Hier galt es verbissen auszuhalten, denn obwohl das Ufer in greifbarer Nähe war, konnte ich nicht einmal wenige Sekunden rasten. Ab und zu drehte ich das Boot mit dem Heck gegen den Wind und paddelte rückwärts, um dem quälenden Sandstrahlgebläse nicht ständig Gesicht, Brust und Hände zu bieten. Wenn meine Kräfte nachließen, wurde ich erbarmungslos zurückgetrieben, und oft genug mußte ich zähneknirschend erleben, daß ich so manche Strecke zwei-, dreimal, ja mehrmals bewältigen mußte. Dieses grausame Spiel zog sich stundenlang. Gegen Abend waren meine Kräfte nahezu erschöpft. Ich fror an Händen und Füßen.

Das linke Flußufer bot für mich keine Überlebenschance – ich hatte nur eine Wahl: hinüber, den Yukon queren. Die Querung war ohnehin fällig, da Alakanuk, das Ziel, am rechten Ufer lag. Zum letzten Mal den Yukon River überqueren – wie das klang – wie oft hatte ich diesen Strom schon gequert? – Und jetzt stand ich vor der letzten Überfahrt – und brachte nicht den Mut dazu auf. Verzweifelt paddelte ich gegen den Schneesturm, wich der Uferbrandung aus, umfuhr tückische Treibholzfallen, manövrierte den »Sea Eagle« durch unberechenbare Strömungen bei Untiefen, schaufelte und schaufelte. Was hielt mich an diesem heillosen linken Ufer? – Der Blick in die Flußmitte!

Gewaltige Wassermassen wälzen sich da dem Meere zu, was für ein stetes Drängen, Treiben und Drücken. Und der Wind, warum wütet er gar so beharrlich, will er die Vereinigung von Yukon und Bering-Meer verhindern? Der Zusammenprall der entsetzlich starken Titanen geschieht auf der Oberfläche der Hauptströmung: ein Schlachtfeld aus wogendem, sich überschlagendem olivfarbenem Gebrodel, über das weiße Gischtfetzen rasen. Ein stiller Aufruhr? – O nein, das ist ein Krachen, Zischen, Donnern und Tosen. Da! – Winkt da nicht einer? Steckt dort jemand in dieser Wasserhölle? Ein banges Gefühl überkommt mich, verschwindet wieder, als ich erkenne, daß dort drüben nur ein Baumstamm durch die Wassermühle gezogen wird.

»Mein Gott, da rüber! Schaffst du das noch, du kannst dich ja hier kaum noch halten? Unmöglich! – los, raus mit dem Notrufsender – gib auf, jetzt ist es soweit, drück den Knopf, du brauchst Hilfe!«

Eine unbarmherzige Macht beginnt mich rückwärts zu treiben, meine Finger umkrallen den leuchtend roten Notrufsender, schmutziges Wasser klatscht über das Bootsdeck – platsch! – ein schlammverklebter Weidenzweig gibt mir eine ekelhafte Ohrfeige.

»Weg mit dem Ding, das kann dir jetzt auch nicht mehr helfen! Vier Stunden und länger könnte die Suche dauern, hatte doch einmal ein Pilot gesagt – vier Stunden, oder auch länger, falls überhaupt jemand bei solch einem Unwetter im Delta helfen könnte! Vier Stunden in diesem Alptraum? – Zu spät, das hältst du nicht aus. – Es gibt hier nur eine Lösung – und du drückst dich schon seit Minuten davor, ach was, seit einer Stunde: los, rüber!«

Ich stecke den Notrufsender in die Jackentasche zurück und beginne wieder zu paddeln.

Schauer überkommen mich – lähmen sie mich, oder warnen sie? Meine Unsicherheit schwillt noch einmal an, ich fühle mich elend und verloren, drohe in einer schwarzen Angstwoge zu versinken. Dann kommt der Kraftschub.

Stechende, stahlharte Augen durchdringen die flackernden, sich jagenden Bilder in meinem Kopf, alle Kraft strömt zu diesen Augen, bündelt sich dort, verdrängt die Vorstellungen der Angst – Fieber oder Wirklichkeit? – egal, ich vertraue der tiefen, beschwörenden Stimme, die zu diesem Augenpaar gehört: »Du wirst es schaffen!«

Ich setze mich kerzengerade auf, die Hände umklammern das Paddel, als ob sie es zerbrechen wollten, die Zähne knirschen, die Augen schließen sich zu einem zielenden Blick, Wärme beginnt mich zu durchströmen, mein Atem geht tiefer und ruhiger.

»Gibt es doch nicht! Liegt dort drüben ein Sandstrand?« Ich wühle nach dem Feldstecher, suche nach der vielversprechenden

Uferstelle – und tatsächlich, ab und zu erkenne ich festen Sandstrand, buntes Gänsegras, ein paar magere Weidenschößlinge und etwas Treibholz. Und das alles liegt ein paar Kilometer flußabwärts – ich könnte es erreichen.

»Jetzt, alles auf eine Karte, raus mit dem As, Angriff ist Trumpf!«

Die Nase des »Sea Eagle« schert nach rechts aus, ich klopfe auf das vertraute Fiberglasdeck: »Noch einmal, ›Sea Eagle‹, nur noch ein einziges Mal.«

Ein paar Paddelschläge – wie leicht das geht, Minuten auf Minuten vergehen.

»Los, und jetzt rein in das Höllenspektakel – drauf, Kaiilii!«

Wie es weiterging? – Man erinnere sich, oder besser, lese die Schilderung der Querung von Mountain Village zum linken Yukonufer. Heute kamen lediglich ein paar beklemmende Herz- und Atemstillstände dazu, denen Stoßgebete, Flüche und Verwünschungen, Freuden- und Angstschreie folgten – und am Ende... Nein, für das krönende Triumphgeheul hatte ich ganz einfach keine Kraft mehr.

Ich schaffte es, erreichte sogar die Stelle, die ich zuvor mit dem Fernglas erspäht hatte. Eine schwache Uferbrandung mußte ich wohl überwinden, aber das war lächerlich im Vergleich zu den Anstrengungen, die ich gerade hinter mir hatte. Der Sand unter meinen Füßen hielt – allein dies wäre genug Anlaß für ein Freudengeheul gewesen, schnell zerrte ich den »Sea Eagle« aus dem Einflußbereich der Brandung. Jetzt stand ich barfuß, durchschwitzt und naß, frierend und erschöpft im eisigen Schneesturm.

Nun hatte ich zumindest endlich wieder sicheren Boden unter den Füßen – Land –, aber was für eins. So weit ich blicken konnte: Sand, Sand und wieder Sand, leicht gefrorener Sand, den die traurigen Reste ehemals bunten Gänsegrases bedeckten. Schneeflocken und Hagelkörner fegten über den Boden – der Sturm gönnte auch ihnen keinen festen Platz. Wie die Reste von zerfallenden Gerippen staken hier und da Treibholzstücke im Boden. Es roch ein wenig nach Sumpferde, oder bildete ich mir dies nur ein, um etwas sicherer zu sein, um endlich wieder Geborgenheit auf festem Boden zu spüren? Später erkannte ich, daß sich der Yukon in einer gigantischen Linkskehre nach Westen wand, und an den Ufern stand tatsächlich noch Wald. Wie lächerlich die Bäumchen in der

Ferne winkten – den Sturm konnten sie jedenfalls kein bißchen brechen.

Nach etwa einer halben Stunde saß ich am Lagerfeuer. Wie ich auf die Idee kam, nach den erfolglosen Flugversuchen des Zeltes aus dem dann doch so gemütlich eingerichteten Polyamid-Iglu und obendrein aus dem herrlichen warmen Schlafsack zu fliehen, um draußen ein Feuer zu entfachen, Kaffee, Tee und Unmengen Nudelsuppe zu kochen, weiß ich bis heute nicht so recht. Die Szenerie und ihre Wirkung auf mich wird mir wohl in ewiger Erinnerung bleiben.

Im Windschatten des Zeltes brannte ein gut angelegtes, kräftiges Lagerfeuer, aus Kaffee- und Teekanne entstiegen kleine Geysire, ebenso aus drei Töpfen, die mitten im Feuer standen. Ich saß auf dem Sandboden, den Schneesturm im Rücken. Glücklich hielt ich den großen, dampfenden Edelstahlbecher in das Schneetreiben, stand gelegentlich auf und dankte allen guten Geistern für meine vorläufige Rettung. Dann trank ich Becher für Becher, Kanne für Kanne wunderbar duftenden Darjeeling-Tee mit Zitrone und viel, sehr viel braunem Rohrzucker.

Was kümmerten mich Schnee- und Hagelschauer, die für Minuten das Sonnenlicht verdunkelten; konnte der rasende Sturm meine Stimmung trüben, wenn er ums Zelt heulte, in dem Gewirr von Spannschnüren sang oder am Tuch zerrte und rüttelte? Auch das Lagerfeuer konnte er nicht ausblasen, in das ich meine bloßen Füße zum Auftauen und Trocknen hielt. Jede einzelne Körperzelle schien zu jauchzen, wenn die wunderbar warme Nudelsuppe becherweise in den Magen rann. Dann war der Kaffee fertig, innerhalb weniger Minuten leerte ich die ganze Kanne. – Wie herrlich schmeckte jeder Becher des harten Gebräus, angereichert mit einer Überdosis Milchpulver und Rohrzucker.

Ich feierte und feierte, am liebsten wäre ich vor Freude Hunderte von Metern in die Luft gesprungen. Dann erinnerte ich mich an meinen zuverlässigen Begleiter: Mehrmals umarmte ich das ausgezeichnete Boot – trank eine weitere Kanne Darjeeling-Tee auf sein Wohl. Dann glühte der Himmel über den nach Westen rollenden Wassermassen des Yukon – all die rasenden Schnee- und Eisgeschosse schienen aus einer höllenartigen Riesenesse zu stammen. Und zum Rauschen, Brechen und Tosen der wütenden Hauptströmung mischte sich das Rascheln der Schneeflocken, das

Prasseln der Hagelkörner, wenn die Sendboten des Winters auf das Zelt oder auf meine Wetterjacke trafen.

Welch ein phantastisches Inferno – ich hätte nie zuvor geglaubt, daß ich in diesem Desaster aus Wasser, Erde und Luft so glücklich sein könnte. An wie vielen Lagerfeuern war ich schon gesessen, wie oft hatten mir die Flammen nicht nur Wärme und Geborgenheit gegeben, sondern auch Licht und Freude. In all dem Aufruhr des sibirischen Schneesturms leuchtete und wärmte das Feuer wie eine kleine Sonne zu meinen Füßen. – Hatten etwa so ähnlich die ersten Menschen empfunden, jene asiatischen Jäger, die sich in diese sturmgebeutelte Wildnis gewagt hatten? Alaska und der gewaltige Yukon hatten mir ein fürstliches Geschenk gegeben: War ich dem Wesen von Wasser, Erde, Luft und Feuer nicht ein Stück näher gekommen?

»Donnerwetter, das war doch sicherlich der Höhepunkt der Yukon-Tour gewesen, wie intensiv kann man denn noch erleben?« fragte ich mich begeistert.

Entspannt und zufrieden genoß ich die Geborgenheit des Zeltes, kuschelte mich in den warmen Schlafsack – daß Alaska bereits an der Antwort auf meine Frage arbeitete, ahnte ich noch nicht.

Rollo Gebhard
Von Piraten gefangen

Der Wind bereitete mir große Sorge, denn die Arabische See liegt im Winter im Bereich des Nordost-Monsuns.

Im Gegensatz zu den Passatwinden sind die Monsune in ihrer Richtung jahreszeitlich verschieden. Hervorgerufen durch ein riesiges Hochdruckgebiet über der Landmasse Zentralasiens im Winter und ein entsprechendes Tief im Sommer, wehen sie von April bis Oktober aus südwestlicher Richtung, dagegen von Dezember bis März aus Nordost. Der SW-Monsun im Sommer erreicht fast immer Sturmstärke und durfte deshalb von mir nicht in Betracht gezogen werden trotz der überaus günstigen Richtung.

Bezüglich der Periode des NO-Monsuns heißt es in *Ocean Passages*: »Während der Zeit des NO-Monsuns, von Oktober bis März, ist die Überfahrt vom Roten Meer nach Indien für Segelschiffe sehr schwierig und wird nur selten versucht. In früheren Zeiten dauerte die Fahrt, wenn sie unvermeidbar in diesen Monaten unternommen werden mußte, nicht selten 60 bis 90 Tage.«

Nun würde ich also den Wind auf der gesamten Strecke bis Bombay, etwa 1800 Seemeilen, gegen mich haben, wenn ich nicht mit etwas Glück leichten und wechselhaften Wind fände. Und darauf hoffte ich!

Nach der Überholung in der Marine-Werft durfte ich die *Solveig* wieder an der Brücke der Air Force festmachen. Die sportliche Kameradschaft der britischen Garnison war erfrischend und wurde von Offizieren und Mannschaften in jener kühlen und unaufdringlichen Art gepflegt, für die das Inselvolk bekannt ist.

Auf der *Patapsco*, die noch immer in meiner Nähe lag, hatte sich die Stimmung in den letzten Wochen zunehmend verschlechtert.

Der Grieche heuerte auf einem anderen Schiff an, Bob und Sven gingen sich aus dem Weg, sprachen nicht miteinander und machten ihre Einkäufe nur noch getrennt. Bob als Eigner und Navigator war der harten Arbeit körperlich nicht gewachsen. Dagegen beherrschte Sven Segel und Schiff vollkommen und wußte, daß Bob auf ihn angewiesen war.

Beide schliefen mit einer Pistole unter dem Kopfkissen und schreckten in die Höhe, wenn sich der andere nur bewegte!

Zum ersten Mal kam mir der Gedanke, daß die Alleinsegelei auch Vorteile hatte... Am 3. März um 10 Uhr vormittags machte ich von der Pier der Air Force Naval Base los, verabschiedete mich von Sven und Bob und segelte über die weite Bucht von Aden nach Osten auf die Arabische See.

Eine halbe Stunde gaben mir die Schnellboote der RAF noch das Geleit, dann kehrten sie um, überließen die *Solveig* und ihren Steuermann einem ungewissen Schicksal.

Ich hatte etwa 30 Liter Wasser an Bord, ein Vorrat für zwei Monate.

Während der ersten Tage setzte ich mein neues Großsegel und die Genua, der Wind war leicht und von längeren Flauten unterbrochen. Ich schaffte nicht mehr als 45 Meilen am Tag, doch genoß ich das ruhige Wetter. Mein Plan war, der Küste zu folgen bis zu den Kuria Muria Inseln, etwa 800 Seemeilen nordöstlich von Aden, um von dort die Überfahrt nach Indien anzutreten.

Am 6. März gab es für mich eine Sensation. Im Logbuch steht:

»10.00 SO I, große Hitze. BP Tanker ›Chambo‹, Heimathafen Dünkirchen, ändert Kurs, läuft dicht (50 m) an Backbord vorbei, grüßt, und wirft eine 5 kg Dose Milchpulver in das Kielwasser!!!«

Vor Freude standen mir Tränen in den Augen, ich war so glücklich über diese Geste eines Riesen gegenüber dem Zwerg.

Es folgte ein weiterer Tag mit Flauten, doch dann, am 8. März, begann es aus Osten zu wehen! Der Monsun hatte eingesetzt.

Zwölf Stunden kreuzte ich gegen eine steile See, die sich bei Windstärke 5 rasch aufgebaut hatte. Abends brachte ich den Treibanker aus, um nicht zu schnell rückwärts zu driften. Aber der Sack half nicht viel, ich setzte das Sturmtry und drehte bei; die *Solveig* lief mit zwei Knoten langsam nach Südosten. Ich konnte ein paar Stunden schlafen.

Am nächsten Tag das gleiche Spiel: hoch am Wind knüppelte ich mein Boot gegen die Wellen, nahm unheimlich viel Wasser über, mußte ständig schöpfen und kam nicht vorwärts.

Im Logbuch ist vermerkt:

»Bin erschöpft und sehe auch keinen Nutzen, gegen diesen harten Wind anzubolzen. Setze Fock und segle auf Küste zu, um Ankerplatz zu suchen!«

Das schrieb ich um 9 Uhr; um 14 Uhr hatte ich bereits eine geschützte Bucht zwischen Felsen gefunden und dort geankert. Anzeichen von Schwäche machten sich bemerkbar, ich notierte:

»Endlich ein ruhiger Platz. Sachen getrocknet, gegessen.«

Als die See am nächsten Morgen freundlicher aussah, setzte ich Segel, nahm einen neuen Anlauf.

Doch schon um 12 Uhr hatte ich wieder Windstärke 5 entgegen. Abends ein kurzer Eintrag ins Logbuch:

»Bei Ras el Kelb. Das alte Lied! Komme mühsam vorwärts, anscheinend auch Strom entgegen. Alles naß, Fock eingezogen, lege mich schlafen.« Und weiter am 12. März: »Auf der Höhe von Ras Assas, Wind legt wieder zu, muß jede Meile zweimal segeln. Beschließe umzukehren zu meinem Ankerplatz.«

Nur 30 Seemeilen wären es noch gewesen bis Mukalla. Doch ich segelte zurück! Um 16 Uhr legte ich am alten Platz zwei Anker aus »wegen der unheimlichen Böen, die von den Felsen herunterschießen«.

Da am folgenden Tag, dem 13. März, der Wind nicht nachlassen wollte, blieb ich vor Anker liegen. Eintragung im Logbuch:

»Monsun ist zu stark für mein Boot, gönne mir einen Ruhetag.«

Es war ein öder Platz zwischen hohen Felsen auf 14° Nord und 48°25' Ost bei Ras Makdaha.

Gegen 14 Uhr segelte eine Felukke an der Bucht draußen vorbei. Ich erschrak, dachte an die Warnung des britischen Marine-Offiziers und machte mich bereit, die Anker aufzuholen, aber sie hatten mich wohl nicht gesehen. Das jedenfalls redete ich mir ein, als in der nächsten Stunde nichts geschah.

Unglücklich und nervös versuchte ich, mich durch Arbeit abzulenken, machte kleinere Reparaturen, räumte auf. Ständig mußte ich an die Warnungen denken, an dieser Küste nicht zu ankern. Aber hier war ja niemand!

Ich sehnte das Ende dieses Tages herbei, und nachdem die Dunkelheit hereingebrochen war, legte ich mich schlafen – hoffte, daß der Morgen, wie so oft, die Dinge in freundlicherem Licht zeigen würde. Schlaflos wälzte ich mich auf der Matratze. Der Wind pfiff schaurig von den Felsen und durch die Takelage. Es war heiß und schwül. Erst spät, es ging auf Mitternacht, schlief ich ein.

Plötzlich schreckte ich hoch! Ein Geräusch? Oder hatte ich geträumt? Aber ja doch! Ich höre Stimmen – ein Stoß gegen die Bordwand, ein anderes Boot ist neben mir!

Ich halte den Atem an, in meinem Kopf jagen wirre Gedanken: Verdammte Bucht, warum bin ich hiergeblieben? Selber schuld! Du hast es gewußt! Sie haben dich gewarnt! Selber schuld! Ein dumpfer Aufschlag im Cockpit, ein Mann ist hineingesprungen. Das Boot schwankt, bekommt Schlagseite, ich krieche aus der Kajüte. Vor mir steht ein Araber mit nacktem Oberkörper, die Maschinenpistole im Anschlag – auf mich gerichtet.

Ein zweiter springt von der Dhau in mein Cockpit, ein dritter, ein vierter! Alle vier halten ihre MPs schußbereit. Unter dem Gewicht sinkt das Boot beängstigend tief, Wasser schwappt herein. Das ist ja Wahnsinn! Was wollen die?

Die Männer sind fast nackt und barfuß, nur mit Lendentuch und Patronengurten bekleidet, das lange, schwarze Haar hängt strähnig bis auf die Schultern.

Wild fuchteln sie mit den Armen, schreien hinüber zur Dhau, von dort wird zurückgerufen. Es ist eine ganze Horde, ein Dutzend oder mehr. Alle bewaffnet. Ein geplanter Überfall! Die *Solveig* ist gekapert, ich bin gefangen!

Unsicher versucht einer auf der *Solveig* nach vorne, zum Bug zu kriechen, rutscht aus, bekommt schließlich die Ankerleine zu fassen und reißt wie verrückt daran. Durch Handzeichen und Rufe machen sie mir klar: der Anker soll heraus, sie wollen das Boot mitnehmen, abschleppen!

»Wehre dich nicht, es ist zwecklos«, schießt es mir durch den Kopf, und ich hole selbst erst den einen, dann den anderen Anker vom Grund. Das ist schwere Arbeit in der Dunkelheit und dazu die vier Bewaffneten an Bord.

Auf der Dhau verlangen sie eine Leine von mir; ich werfe sie hinauf, befestige den anderen Tampen am Bug. Wieder Rufe, Befehle – und jetzt schreie auch ich:

»Fünf Mann sind zu viel! Zu viel für das kleine Boot!«

Dazu Gesten. Das wird verstanden, zwei klettern auf die Dhau zurück.

Quietschend steigt die Rah am Mast hoch, das riesige schwarze Dreieck des Segels entfaltet sich und langsam nimmt die Sambuk Fahrt auf. Ihre Konturen zeichnen sich gespenstisch vom Nachthimmel ab. Im Schlepp dahinter die *Solveig* mit einer schweren Last: drei Männer, Waffen – Angst und Spannung.

Der Wind ist schwach, füllt kaum das schwere Segel der Araber. Lautlos gleiten die Schiffe aus der Bucht, hinaus auf die schwarze See. An Bord der Dhau ist es still geworden, nur gedämpfte Kommandorufe dringen an mein Ohr.

Ich kniee im Cockpit, auf der Sitzducht hocken meine Bewacher, halten ihre Maschinenpistolen fest in den Händen. Sie sprechen nicht.

Ist es wirklich geschehen? Träume ich? Doch es ist kein Traum. Vor mir sitzt dieser Mann mit seinem breitflächigen Gesicht und einer riesigen Mähne krausen Haares; der andere schmal gebaut, langes schwarzes Haar, stechende Augen.

Ich versuche, Ordnung in meinen Kopf zu bringen, ohne Erfolg. Wohin fahren wir nur?

Ich frage den mit dem schmalen Gesicht:

»Warum seid ihr gekommen?«

Die Antwort ist unverständlich.

»Habt ihr das Boot vorher gesehen?«

»Yes, Felukka, Felukka!«

Verdammt, das Fischerboot, das am Nachmittag vorbeifuhr! Ich Idiot, zu denken, daß die mich nicht sehen! So leichtsinnig konnte mich nur die Müdigkeit machen!

»Was wollt ihr von mir, was geschieht jetzt?«

Wieder kann ich ihn nicht verstehen.

»Warum seid ihr nachts gekommen, warum nicht am Nachmittag?«

»Ramadan, Ramadan«, er macht die Bewegung von Essen.

Was soll das? Ramadan ist der Fastenmonat der Moslems, aber was hat das mit mir zu tun? – Später sollte ich es erfahren.

Sie beobachteten mich.

Sie deuten auf meinen Ring am Finger.

»Give your ring!«

»Wo ist dein Geld? Give money! Give money! Give your radio!«

Diesen Augenblick hatte ich gefürchtet.

Jetzt mußte ich handeln, sie ablenken!

Ich werde ihnen warme Sachen holen, werde versuchen, nett zu sein, um sie von ihrem Vorhaben abzubringen.

Als ich in die Kajüte kriechen will, heben sie die Maschinenpistolen. Durch Zeichen mache ich ihnen klar:

»Ihr sollt nicht frieren, ich hole Kleidung!«

Mit einer Wolljacke für den einen und einer Decke für den anderen komme ich wieder ins Cockpit, hänge ihnen die Sachen über die Schultern. Ihre Gesichter bleiben undurchdringlich. Nochmal versuche ich abzulenken und erscheine mit einer Stange Zigaretten, mit einer Dose Kompott.

Zögernd greifen sie zu, verlangen nach Wasser. Davon trinken sie eine Menge.

Ich muß verhindern, daß die Burschen anfangen, selbst die Kajüte zu durchsuchen, daß sie sehen, was ich an Ausrüstung besitze.

Auf der Sambuk bewegt sich nichts, ruhig pflügt das altertümliche Schiff durch die Wogen, die weiße Bahn des Kielwassers schimmert aus der Dunkelheit.

Ich muß den goldenen Ring loswerden!

Auf der Matratze liegend streife ich ihn ab; er läßt sich nur schwer über das Gelenk ziehen, die Angst hilft mir. Ich lasse ihn zwischen den Bodenbrettern ins Bilgenwasser fallen.

Wie lange dauert diese Fahrt denn noch?

Wir sind inzwischen weit draußen auf See, die *Solveig* schlingert in der Dünung, den Männern wird übel. Einer nach dem andern fängt an, sich zu erbrechen.

Es geht ihnen erbärmlich schlecht. Sie sind seekrank.

»Wasser, Wasser!« verlangen die Araber, stürzen gierig mehrere Becher hinunter und legen dabei ihre Waffen aus der Hand. Danach werden sie müde, der Kopf sinkt ihnen auf die Brust.

Jetzt könnte ich es tun! Jetzt könnte ich sie niederschlagen, die MPs greifen! In Gedanken spielte ich den möglichen Ablauf durch: die beiden kampfunfähig machen, die Schlepptrosse kappen, Segel setzen – aber wohin soll ich fliehen? Die Sambuk ist schneller, holt mich ein und gegen acht oder zehn Bewaffnete kann ich nichts ausrichten.

Schrecklich ist das Warten, die Ungewißheit!

Mein Herz klopft bis zum Hals, ich höre jeden Schlag. Die Angst wird größer, je länger ich nachdenke.

Die sind doch nicht zum Spaß mit so viel Waffen gekommen und in der Nacht! Zuerst wollten sie mich ja aus meinem Boot herausholen. Nur mein Zupacken beim Ankerlichten hatte bewirkt, daß ich in der *Solveig* bleiben konnte. Vielleicht auch ihre Angst, mit dem kleinen Boot zu kentern?

An dieser Küste gibt es keine Hilfe für mich, kein Gesetz außer dem Koran und dem Gewohnheitsrecht der Wüstenstämme. Ein Ungläubiger, ein Fremder ist Freiwild!

Ich muß ruhig werden, darf keine Angst zeigen! Wenn ich hier noch einmal herauskomme, breche ich die Reise ab, kehre um. Ich schwöre es!

Quälend langsam vergeht die Zeit. Stunden werden zu Ewigkeiten. Doch endlich beginnt es zu dämmern.

Schemenhaft erkenne ich durch das Fenster die Küste, Berge und Hügel in der Wüste.

Wir steuern in eine Bucht. Armselige Häuser stehen verloren im Sand, dahinter eine Burg mit hohen Mauern und Zinnen! Männer versammeln sich am Strand, schieben zwei Pirogen durch die Brandung. Der Anführer bedeutet, daß ich an Land genommen werde. Ich lasse mir Zeit, spiele den eingeladenen Gast. Freundlichkeit ist meine einzige Waffe.

Ganz selbstverständlich ziehe ich mich an, suche die beste Kleidung, rasiere mich und packe Geld, Ausweise – und eine Ausgabe der Kairoer Illustrierten, die über mein Leben und meine Reise berichtet hatte – in eine Tasche. Mit der Tasche in der Hand klettere ich in die schmale Piroge und sehe mich am Strand sofort von einer Gruppe Bewaffneter umzingelt.

Der Trupp setzt sich in Marsch, ich werde in die Mitte genommen, und wortlos stapfen wir durch den Sand auf die Festung zu.

Vor dem Tor ein Wallgraben, darüber die Zugbrücke. Wir gelangen in einen finsteren Gang, dann in einen großen Raum. Er ist leer, man befiehlt mir: Hinsetzen!

Zwei Wachtposten bleiben an der Tür. Während der nächsten drei Stunden geschieht nichts.

Aber dann betritt ein Araber den Raum, der eine führende Rolle zu spielen scheint. Die ganze Mannschaft, die mich in der Nacht gefangen genommen hatte, und noch einige andere Männer folgen ihm und bilden einen Halbkreis. Alle haben ihre Waffen mitgebracht, halten sie im Arm.

Der Anführer setzt sich mir gegenüber, auf die andere Seite des Saales, würdigt mich keines Blickes, keines Grußes. Er richtet auch nicht das Wort an mich.

Ohne aufzublicken fragt er seine Männer. Er sieht niemanden an.

Den Gesten nach zu schließen muß von meiner Kaperung die Rede sein. Sie erzählen ihm, ausführlich, einer nach dem anderen. Man hat Zeit! Nach den Berichten jedesmal lange Pausen, völlige Stille.

Die beiden Bewacher von der *Solveig* tragen noch meine Wolljacke und die Decke. Der mit dem breiten Gesicht deutet mehrfach auf die Jacke, wahrscheinlich erzählt er, daß ich sie ihm gegeben habe.

Eine Stunde oder mehr muß vergangen sein. Alle haben nun berichtet, schweigen jetzt, blicken vor sich hin. Die Stille ist unerträglich. Was haben die vor?

Auf einmal gibt der Anführer ein Zeichen, wechselt einige Worte mit seinem Nachbarn, noch immer ohne aufzublicken.

Jetzt wendet sich der andere an mich:

»Welche Nationalität? Warum hast du hier geankert? Weißt du, wo du bist und bei wem?«

Ich verstehe die Fragen, die nur aus einzelnen englischen Worten bestehen, nicht richtig, auch fürchte ich, daß meine Antworten nicht richtig verstanden werden.

Wo ich bin, weiß ich jedenfalls nicht, die Fahrt in der Nacht war zu lang.

»Liebst du Nasser?«

Jetzt, endlich, kann ich etwas sagen, was mir vielleicht nützt. Ich lobe Nasser und ziehe die Illustrierte hervor mit dem Bericht über meine Fahrt in Arabisch.

Das Blatt wandert von Hand zu Hand, bis es bei dem Anführer angelangt ist. Er studiert es. Kann er lesen? Aufmerksam betrachtet er Seite für Seite, reicht das Heft zurück.

Ohne aufzublicken, ohne mich ein einziges Mal angesehen zu haben, verläßt er den Raum.

Wieder sitze ich allein, stelle mir Fragen, die ich nicht beantworten kann.

Um die Mittagszeit erscheinen meine Bewacher und einige andere Männer. Sie wollen mir etwas sagen, machen Zeichen.

Ich verstehe zuerst nicht, doch nach einigen Wiederholungen wird es deutlich:

»You free, you free, you go!«

Es ist ein Schock! Ich weiß nicht, wie ich mich verhalten soll, wage nicht, Freude zu zeigen.

Vorsichtig stehe ich auf, bewege mich auf die Tür zu – niemand hindert mich. Es ist also wahr: Ich bin frei!

Ich weiß nicht mehr, wie ich aus der Burg herausgekommen bin, ich weiß nur, daß ich auf einmal wieder in der Piroge sitze – mit dem Breitgesichtigen, der mir immerfort zulächelt – und mit ihm an Bord der *Solveig* gehe. Er weicht mir nicht von der Seite, und kaum sind wir im Cockpit, weiß ich auch warum!

»I want the radio!« Du gibt mir das Radio, erklärte er fest entschlossen.

Jetzt komme ich wieder zu mir.

Das Radio bin ich los, denke ich, aber ich will wenigstens versuchen, ein paar Aufnahmen zu machen. Also hole ich meine Kameras aus der Kajüte und das Radio. Ich zeige es ihm.

»Du bekommst das Radio, du bist mein Freund, aber du nimmst mich mit an Land und erlaubst mir, zu fotografieren!«

Das gefällt ihm nicht: Wir palavern eine Weile, ich gebe das Radio nicht aus der Hand, bis er nachgibt.

Nochmals steigen wir in die Piroge und steuern zurück zum Strand. Er hält sein Radio, ich habe Leica und Filmkamera umgehängt.

Am Ufer stehen ein Dutzend Männer. Als sie meine Kamera entdecken, gibt es Aufruhr! Einige wollen absolut nicht, daß hier fotografiert wird, und schreien wild durcheinander. Aber das Radiogerät beeindruckt alle, und schließlich darf ich meine Aufnahmen machen, nachdem sich die Gegner wütend entfernt haben.

Mein Begleiter treibt zur Eile. Er hat Angst, daß das ganze Dorf rebellisch wird; also verstecke ich die Kameras.

Rasch gehen wir durch das Dorf, zum Haus meines Freundes. Dort soll ich fotografieren, doch ich mache auch Aufnahmen von der Burg.

Die Menschen hier leben in unvorstellbarer Armut. Nichts als Sand, kein Baum, keine Palme, kein Pflänzchen. Ein paar Ziegen stehen herum, kauen altes Papier. Getrocknete Fische hängen vor den Hütten.

Ein alter Mann kommt auf uns zu.

»My father, this my father«, erklärt mein Begleiter.

Er spricht einige Worte mit dem Alten. Der streckt mir zum

Gruß die Rechte entgegen und gleichzeitig reißt er mir mit der anderen Hand meinen Beutel mit Geld und Ausweisen von der Schulter, rennt los!

Der Sohn ihm nach, schlägt ihn nieder, bringt mir meine Tasche zurück. Jetzt nichts wie weg!

Eilig laufen wir zum Strand, wo sich inzwischen eine größere Menschenmenge versammelt hat. Ich höre Rufe, ärgerliche Stimmen; mein Begleiter bekommt Angst.

Wir springen in den Einbaum, paddeln zur *Solveig* zurück. Ich gebe ihm noch ein paar Konservendosen, um die er mich bittet, und hole dann rasch den Anker auf. Nur fort hier, fort! Die Furcht sitzt mir im Nacken.

Ich setze alles Tuch und halte auf die offene See. Nur weg von dieser Küste! Der Wind ist nicht gerade kräftig, aber er nimmt zu, je weiter ich mich vom Land entferne. Sobald ich Hügel und Berge nicht mehr erkennen kann, nehme ich Kurs nach Westen.

Keine Dhau, die mir folgt! Ich bin wirklich frei! Die finden mich nicht mehr!

Eine nie gekannte Schwäche lähmt plötzlich meinen Körper – ich kann nicht mehr. Segel runter, dann verliere ich das Bewußtsein...

Wie lange ich so gelegen habe, weiß ich nicht. Als ich zu mir komme, ist es 17 Uhr. Der Tag geht zu Ende. Die *Solveig* treibt auf der Dünung. Was ist los? Wie komme ich hierher?

Nur allmählich baut sich meine Erinnerung wieder auf, und mit ihr die Angst. Schnell die Segel hoch und weiter! Fort von hier! Genug der Erlebnisse für diese Reise! Was habe ich für ein Glück gehabt! Noch einmal darf ich das Schicksal nicht herausfordern, die Grenze ist erreicht.

Ich will nach Aden zurück, in den sicheren Hafen!

Bis tief in die Nacht sitze ich an der Pinne, das Boot macht gute Fahrt mit dem Monsun von achtern. Irgendwann berge ich die Segel und versuche zu schlafen.

Über die folgenden vier Tage geben meine Aufzeichnungen Auskunft, die ich in Aden niedergeschrieben habe:

»15. 3. Bin nervlich am Ende. Höre immer Stimmen, schrecke bei jedem Geräusch auf. Nur die Freude über meine wunderbare Rettung und baldige Heimkehr hält mich aufrecht.

Auf Navigation verzichte ich, behalte die Küste im Auge und

segle WSH. Keine Karte, kein Logbuch. Bin zu kaputt. Der Wind ist
erbarmungslos, finde keinen Schlaf.

16. 3. Die Sonne brennt furchtbar. Meine Lippe ist wieder ganz
schlimm und schmerzt. Versuche es mit Fett, aber das hilft nichts.
Esse jetzt viel, da ich nicht mehr sparen muß, aber nur kalt. Bin
noch zu elend, um den Kocher zu benutzen.

17. 3. Wind noch immer sehr hart und genau von achtern. Zehn
Stunden jeden Tag am Ruder. Kann nachts nicht mehr schlafen.

18. 3. Bin während der Nacht am Leuchtturm von Aden vorbei
bis vor die Einfahrt getrieben. Gegen 9 Uhr Mole passiert, gelbe
Flagge gesetzt. Es kommt niemand, das Boot ist zu klein und zu
viele Sportsegler hier. Halte direkt zur Brücke der RAF. »Patapsco«
liegt noch immer da! ›Große Begrüßung!‹«

In der Air Force Basis wurde ich aufgenommen wie der verlorene
Sohn; ihr Befehlshaber, Commander Lynch, nahm sich besonders
meiner an. Er gratulierte mir zu meiner Rückkehr wie zu einem
Geburtstag, und erst aus seinen Erzählungen wurde mir klar, wieviel Glück ich tatsächlich gehabt hatte, dem Stamm von Bir Ali (so
heißt der Ort, an dem ich gefangen war) entkommen zu sein.

»Soviel ich weiß, ist von dieser Küste noch keiner lebendig
heimgekehrt, der durch Flugzeugabsturz oder Schiffsstrandung
dorthin verschlagen wurde. Die Kerle bekommen die neuesten
Waffen von ihren Scheichs und schießen auf alles, was sich bewegt.
Oft besitzen sie modernere Gewehre als wir, denn die Armee er-
hält ihre Waffen auf dem Dienstweg über das Ministerium und das
dauert Jahre. Die Scheichs dagegen kaufen direkt beim Herstel-
ler!«

Lynch erklärte mir auch, was es mit dem Ramadan auf sich
hatte: Im Fastenmonat dürfen die Moslems vor Sonnenuntergang
weder essen noch trinken. Deshalb überfielen mich die Männer in
der Nacht, nachdem sie gegessen und getrunken hatten.

Er fuhr mit mir zu »Radio Aden«, wo ich im Rahmen einer aktu-
ellen Sendung meine Piratengeschichte erzählen mußte.

Die *Patapsco* segelte am gleichen Tag in Richtung Ceylon.

Reinhold Messner
Der Tod meines Bruders am Nanga Parbat

Nach dem erfolgreichen Sommer 1969 waren mir die Alpen erstmals zu klein geworden. Da war kein Gefühl der Überheblichkeit, nur Neugierde. Ich war 25 Jahre alt. Mehr als 50 Erstbegehungen waren mir gelungen und 20 extrem schwierige Alleingänge. Darunter die Philipp-Verschneidung in der Civetta, die damals »großzügigste Freikletterei der Ostalpen«, und die Droites-Nordwand, die »vielleicht schwierigste Westalpenwand«.

Ich war immer noch Student, aber mit halber Konzentration. Nach der Andenexpedition hatte ich keine Vorlesungen mehr besucht und kein Examen mehr gemacht. Meine Begeisterung gehörte den Bergen.

Im späten Herbst erhielt ich von Karl Herrligkoffer eine Einladung zur Teilnahme an seiner nächsten Expedition zur Rupalwand des Nanga Parbat. Sie sollte »Siegi-Löw-Gedächtnisexpedition« heißen. War diese Wand, angeblich die höchste der Welt, nicht die neue Dimension, von der ich träumte?

Bis dahin war ich ein Alpenbergsteiger gewesen. In erster Linie Dolomitenkletterer. Die Senkrechte war meine Welt. Der Abstecher in die Anden Südamerikas ein willkommener Zufall, einen anderen Kontinent kennenzulernen. Nun ging es um eine grundsätzliche Entscheidung.

Für die Himalaya-Berge hatte ich vorher kein allzugroßes Interesse aufgebracht. Den Aufnahmen und Berichten nach zu urteilen erschienen mir die Aufstiege dort zu flach. »Schneetreten« wollte ich nicht.

Es gab aber da eine Wand, die mich seit Jahren faszinierte: die Rupalwand am Nanga Parbat. Fast 5000 Meter hoch sollte sie sein, steil und undurchstiegen. Hermann Buhl, der Erstbesteiger des Nanga Parbat, hatte sie in seinen Berichten als »unbesteigbar« geschildert. Er war von Norden auf den Nanga Parbat gestiegen und hatte von oben in die bodenlose Tiefe der Südwand hinabschauen können.

Ich sagte zu. Natürlich wußte ich, daß der Expeditionsleiter,

Karl Herrligkoffer, selbst kein extremer Bergsteiger war. Die Auseinandersetzungen zwischen ihm und Buhl nach der Nanga-Parbat-Expedition 1953 kannte ich vom Hörensagen, und es gab einige Bergsteiger, die mich warnten: »Vorsicht!«

Aber Herrligkoffer bot damals als einziger einen Weg zu dieser Wand, die mich gepackt hatte, die mir Rätsel und Herausforderung zugleich war. Ich wollte dorthin. Ein großes Problem war die Finanzierung der Expedition. Jeder Teilnehmer mußte einen Eigenbetrag leisten, wenigstens 3000 Mark. Als Student sah ich keine Chance, so viel Geld aufzutreiben. Also bewarb ich mich noch einmal als Mittelschullehrer, um mir einen Teil der Teilnehmerquote zu verdienen. Als »Mathematikprofessor« und Sportlehrer verdiente ich zwar nicht mehr als 100 000 Lire im Monat, dafür aber konnte ich in Südtirol besser trainieren als in Padua, wo ich meine Studien unterbrach. Um die Weihnachtszeit erhielt auch Günther seine Einladung. Peter Habeler und Sepp Mayerl, die ursprünglich mit von der Partie sein sollten, hatten abgesagt. Peter, weil er damals in den USA war, und Sepp, weil er es vorzog, mit den »Karwendlern«, einer Klettergilde aus Innsbruck, zum Lhotse Shar nach Nepal zu gehen. Günther sollte einen der beiden freigewordenen Plätze einnehmen.

Kurz vor der Abreise unterschrieben wir jenen Expeditionsvertrag, der die Auswertung der Expedition und die Berichterstattung darüber im Detail regeln sollte. Was interessierte mich jetzt das Nachher! Wir mußten erst einmal zum Nanga Parbat kommen! Und dann war da die Wand. Der Gipfel war so weit weg. Fast unwichtig. Günther und ich waren sehr glücklich. Günther reiste mit der ersten Gruppe im LKW an, ich mit der zweiten im Flugzeug. Wir trafen uns in Rawalpindi. 10 Tage lang hielten wir uns dort auf. Dann flogen wir nach Gilgit, 400 Kilometer nördlich. Zunächst im Jeep, dann zu Fuß ging es weiter. In drei Tagen errichteten wir das Basislager in 3600 Meter Höhe. Wir waren auf der »Tapalpe« im Rupaltal.

Nun standen wir vor dieser immensen Wand. Als ich sie zum ersten Male sah, verlor ich den Mut: Sie war fast dreimal so hoch wie die Eiger-Nordwand! Unsere Ausrüstung, von 300 Trägern transportiert, kam nach und nach im Hauptlager an.

Es war Mitte Mai. In der ersten Woche war das Wetter schön. Alles ging gut beim Errichten des ersten Lagers in 4700 Meter

Höhe. Lager II stellten wir wenige Tage später in 5500 Meter Höhe auf. Dann schneite es. Trotzdem stiegen wir weiter. In 6000 Meter Höhe gruben wir Lager III ein. Wir nannten es Eisdom. In 6400 Meter Höhe warf uns der Schneesturm endgültig zurück. Wir konnten unser Unternehmen nicht fortsetzen. Erst drei Wochen später sollte es möglich sein, das Lager IV in 6400 Meter Höhe zu errichten.

Wegen eines Sturms blieben Günther und ich zehn Tage lang im Lager III. Wir erlebten eine schlimme Zeit. Täglich Schnee und Lawinen. Am 15. Juni kehrten wir zum Basislager zurück. Wir mußten neue Kräfte sammeln.

Inzwischen fühlte ich mich in der Rupalflanke so sicher wie Jahre vorher in der Civettawand. Die Orientierung, die dünne Luft, das Zusammenspiel der Mannschaft machten mir wenig Sorgen. Der Expeditionsleiter saß im Basislager und störte uns kaum.

Der Sturm hatte nachgelassen. Gut aber war das Wetter immer noch nicht. Wir beschlossen, wieder aufzusteigen. Das Wetter besserte sich. War das unsere Chance?

Alle Lager waren besetzt. Zu fünft saßen wir im Lager IV in der Rupalwand. Nur im Lager V war niemand. Mittags sprach ich über Funk mit Karl Herrligkoffer, dem Expeditionsleiter, der im Basislager war. Das Wetter schien sich abermals zu verschlechtern. In breiter Front stand eine Wolkenbank im Süden. Unaufhaltsam wälzte sie sich näher. Ich vereinbarte mit dem Expeditionsleiter, der am Abend den Wetterbericht hören sollte, folgende Signale:

Blaue Rakete hieß: Das Wetter bleibt gut. Wir können in Ruhe die Merkl-Rinne mit fixen Seilen versehen und dann zu viert den »Gipfelsturm« versuchen. Wir hätten also Zeit.

Rote Rakete hieß: Das Wetter wird schlecht, wir haben keine Zeit mehr, es ist die letzte Chance. In diesem Fall wollte ich den Aufstieg allein wagen. So weit wie möglich steigen, eventuell bis zum Gipfel.

Blaue *und* rote Rakete bedeuteten zweifelhaftes Wetter. Die Entscheidung sollte der Spitzengruppe überlassen bleiben.

Am Abend, wir kletterten gerade im oberen Merkl-Eisfeld, sahen wir eine rote Rakete in den Himmel steigen. Es gab keinen Zweifel! Zu dritt waren wir ins Lager V aufgestiegen. Wir hatten nun keinen Funkkontakt mehr zum Basislager. Es stand alles fest: Ich würde anderntags aufsteigen und versuchen, so weit zu gehen, wie ich kam. Gerhard Baur und Günther würden den untersten Teil der Merkl-Rinne versichern.

Ich hatte den Wecker auf Mitternacht gestellt. Aber ich wachte nicht auf. Erst um zwei Uhr stand ich auf. Schnell war ich fertig, denn ich hatte mich völlig angezogen in den Schlafsack gelegt. Nur die Überhose mußte ich anziehen, die Schuhe und den Anorak, in den ich am Tag vorher die nötigsten Sachen für den »Gipfelsturm« gepackt hatte: eine Dose mit Brausetabletten, Dörrobst, eine Minox-Fotokamera.

Als ich das Zelt verließ, schliefen Günther und Gerhard noch. Der Mond beleuchtete die oberen Stellen der Wand und das Merkl-Couloir. Als ich das Zelt verließ, stand es noch im Mondschatten. Ich war jetzt ganz oben am Nanga Parbat, weit weg von der Erde. Ich hatte mich warm angezogen und sonst nur das Allernotwendigste dabei. Für ein Biwak war ich eventuell gerüstet. Unsicher tastete ich mich im Licht meiner Stirnlampe hinein in die Merkl-Rinne. Dort kam mir endlich der Mondschein zur Hilfe. Eine bessere Orientierung war möglich. Ich kletterte langsam. Zuerst stapfte ich über steilen Firn und Schnee. Eine Steilstufe versperrte in der langen Rinne den Weg. Ich zog die Handschuhe aus. Nur mit Seidenhandschuhen an den Händen kletterte ich über diesen steilen Felsriegel. Weiter oben war ein zweiter. Auch dieser war nicht übermäßig schwierig. In freier Kletterei kam ich über das Hindernis hinweg. Es ging weiter. Plötzlich stand ich vor einem Wulst, der nicht frei zu bewältigen war. Ich stieg wieder zurück und querte an die rechte Kante der Merkl-Rinne. Ich mußte versuchen, auf die Eisfelder zu kommen, die rechts hinauf zur Südschulter leiteten.

Ein große Stille war in mir.

Der Mond war weitergewandert, und mein Schatten im Schnee wurde länger. Das Couloir war eisig, und es lag viel Pulverschnee. Es war ähnlich wie in der Ausgangsschlucht der »Philipp-Flamm« in der Civetta. Damals war ich auch allein gewesen. Ich begriff aber, daß die Schwierigkeiten nicht vergleichbar waren.

Ich querte über ein steiles Schneeband zur Wand auf der rechten Seite des Couloirs. Über eine schneebedeckte Rippe, die das Couloir begrenzte, wäre die Südschulter zu erreichen, dachte ich. Diese Passage hatte ich vom Basislager aus mit dem Fernglas studiert. Sie kam mir günstig vor. Ich erreichte die Rippe, mußte aber feststellen, daß es keine sichere Möglichkeit gab, den Schneeabhang zu queren. Etwas höher vielleicht? Nein. Schließlich mußte ich umkehren. Ich versuchte es an einer anderen Stelle. Vergeblich. Das Gelände war zu klettern, der Schnee aber gefährlich, teils pulvrig, teils gefroren. Ich mußte umkehren! Sollte ich die Sache aufgeben? Da entdeckte ich etwas weiter oben im Merkl-Couloir eine halb verborgene Rampe. Dort war ein Umgehen der Hindernisse möglich. Eine felsige Wand, die ziemlich glatt und verschneit war, leitete auf eine neue Rampe, die zu dem Eisabhang unter der Südschulter führte.

Die Schwierigkeiten wurden geringer. Natürlich galt es aufzupassen. Ich kletterte mit Steigeisen, und die Felsen waren ungünstig geschichtet. Der Weg zum Gipfel schien frei zu sein.

Noch einmal ließ ich meinen Blick die steile Merkl-Rinne hinauf- und hinuntergleiten. Ich erschrak, als ich plötzlich jemanden hinter mir hersteigen sah. War das Einbildung oder war ich bereits höhenkrank? War das wirklich ein Mensch?

Es war Günther, mein Bruder! Das war doch nicht möglich, das war nicht abgesprochen!

Trotzdem, da war Günther. Ich wartete. Bald stand er neben mir. Ich fragte ihn nicht, warum er nachgeklettert war. Seine Stimme klang wie immer, nicht müde, nicht heiser – ganz fröhlich.

Ob er ein Seil dabeihatte? Nein! 40 Tage lang waren wir in dieser Riesenwand zusammen geklettert, hatten nebeneinander geschlafen und füreinander gekocht. 15 Jahre lang waren wir an einem Seil in die Berge gestiegen. Es war klar, daß wir zusammen weitergehen würden.

Der Vormittag war bald vorbei. Als wir die große Traverse nach rechts unter der Südschulter begannen, kam Müdigkeit auf. Aber auch Hoffnung. Der Gipfelgrat mußte bald kommen. Wir gingen langsam, einer hinter dem anderen. Immer suchte ich den besten Weg in den steilen, schneereichen Felsen. Der Nebel, der die Sicht behindert hatte, war verschwunden oder lag unter uns. Die Sonne schien. Der Schnee wurde weich. Unsere Beine ermüdeten. Immer öfter mußten wir stehenbleiben. Den Körper auf den Pickel gestützt, rasteten wir. Uns gegenseitig aufmunternd, versuchten wir gegen die Müdigkeit anzukämpfen. Unterhalb des Grates blieb ich länger stehen als sonst. Günther schlug mir eine

Rast vor. Er wollte jetzt spuren. Er ging an mir vorbei. Die Sonne stach heiß vom Himmel. Die Hitze war schlimmer als die Anstrengung. Sie machte uns mürbe, schläfrig und langsam. Ein Nebelmeer bewegte sich unter uns. Immer, wenn der Rupal-Peak, ein kleiner Gipfel gegenüber dem Nanga Parbat, aus dem Nebel auftauchte, schaute ich mich um. Wo war das Basislager? Ich suchte es vergeblich. Wir waren weit von der Erde entfernt.

Die Anstrengung wuchs vor allem mit der Höhe. Aber auch mit der Hitze, mit den Schneemassen. Das Spuren hatte mich ermüdet. Doch auch beim Rasten erholte ich mich nicht. Die Sonne war unbarmherzig. Günther stieg den steilen Schneehang hinauf, dem Gipfelgrat entgegen. Dabei machte ich einige Fotos – die letzten, die mir von ihm bleiben sollten.

»Der Gipfel!« sagte Günther und verschnaufte. Er stand knapp unter der Südseite. Als ich ihn einholte, stand er am Grat und fotografierte den Gipfel.

Diese Ankunft auf dem Grat war aufregend. Da lag alles vor uns: der Gipfel, das Plateau, der Silbersattel, der Rakhiot Peak. Günther und ich waren beeindruckt. Wir sprachen von Buhl. Wir sahen seinen Aufstiegsweg. Vor 17 Jahren war er allein hier gewesen. Wir dachten auch an Merkl und Welzenbach, an alle jene, die 1934 da unten ums Überleben gekämpft hatten.

Der Gipfel stand vor uns, diese sanfte Schneepyramide. Er erschien mir ganz nahe. Dann verdeckte ihn ein Nebelfetzen, und die Entfernung zu ihm schien größer zu werden. Über einen schneebedeckten Grat näherten wir uns der Südschulter, 8042 Meter hoch. Windgepreßter Schnee wechselte mit Pulverschnee ab. Mehrere Male suchten meine Füße Halt und stießen ins Leere. Alles schien ganz nah zu sein. Ich überlegte, ob ich schneller gehen sollte und stieg an einem großen Felszahn vorbei. Dann erreichte ich eine Senke, den letzten Abhang. »Nur noch einige Minuten«, dachte ich. Diese Minuten erschienen mir wie Sekunden. Endlich eine Schneekuppe. Der Gipfel des Nanga Parbat!

Günther, der meinen Aufstieg fotografiert hatte, kam langsam nach. Er war da, bei mir. Er zog alle seine Handschuhe aus und streckte mir die Hand entgegen. Ich sah seine Augen. Wir hatten unsere Brillen abgenommen. Ich weiß nicht warum. Das also war's. Keinerlei Euphorie, kein Siegesbewußtsein. Die erste Begehung der Rupalflanke lag hinter uns. Wir dachten nicht in

Schlagzeilen, wir waren so erfüllt von den vielen Eindrücken, daß wir uns das Denken ersparten.

Wir fotografierten uns gegenseitig und betrachteten immer wieder das Panorama. Erstmals im Leben hatte ich das Gefühl, wirklich über den Wolken zu sein! Eine Stunde schon waren wir oben. Wir mußten absteigen. Ich versuchte, meine Norwegerhandschuhe wieder anzuziehen. Aber sie waren derartig steif vom Frost, daß es mir nicht gelang. Ich hatte ein Paar in Reserve dabei und ließ die Eisklumpen auf einem Felsen östlich des Gipfels zurück. Ich beschwerte sie mit einigen Steinen. Nicht als Beweis dafür, daß wir auf dem Gipfel waren, nur so. Dann begannen wir mit dem Abstieg.

Günther fühlte sich nicht in der Lage, die schwierigen Passagen, die wir im Aufstieg überwunden hatten, im Abstieg zu klettern. Wir entschlossen uns, vorerst in die Scharte am Ende der Merkl-Rinne abzusteigen. Wir mußten so oder so biwakieren. Anderntags könnten wir um Hilfe rufen.

Die Stunden waren vergangen, ohne daß wir uns der lebensgefährlichen Lage bewußt geworden waren. Die Nacht würde bald hereinbrechen. Wir beschleunigten unseren Abstieg. Hintereinander her gingen wir bis zur Südschulter. Nochmals prüften wir unsere Abstiegsmöglichkeiten. Der Abstieg über das Merkl-Couloir wäre zu schwierig, meinte Günther. Ich begriff den Ernst der Lage. Konnten wir westlich zur Merkl-Scharte absteigen? Nach einer Fotografie des Berges, die ich mitgenommen hatte, würden wir von dort die Merkl-Rinne unterhalb der Hauptschwierigkeiten wieder erreichen. Von diesem Sattel mußte es dann möglich sein, Hilfe aus Lager V herbeizurufen. Nach einem Abstieg über eine felsige Rampe und eine Schneemulde erreichten wir den Sattel. Es war schon Nacht. Unter einem Felsvorsprung fand ich eine Nische, in der wir uns zum Biwak hinhockten. Wir zogen unsere Schuhe aus und wickelten unsere Füße in Astronauten-Folien. Dann zogen wir die nassen Innenschuhe über und hockten uns auf unsere Außenschuhe. Stunde um Stunde. Eine lange Nacht ohne Ende. Immer wieder zwangen wir uns, die Zehen zu bewegen.

Mehrere Male forderte mich Günther auf, ihn zuzudecken. Er tat so, als ob er etwas von der Erde aufheben wollte. Aber da war nichts. Wir hatten weder Decken noch einen Biwaksack. Die Temperatur lag sicher unter minus 30 Grad. Der Zustand meines Bruders beunruhigte mich. In seiner Verfassung und ohne Seil war das Queren vom Sattel zu unserem Aufstiegsweg riskant. Ich entschloß mich gegen sechs Uhr früh, um Hilfe zu rufen. Ich ging an eine Stelle links des Sattels, von wo aus ich direkt ins Couloir sehen konnte. Ich wollte um ein Seil bitten. Plötzlich sah ich jemanden unten im Merkl-Couloir. Gegen zehn Uhr dann entdeckte ich zwei Männer im Couloir, die auf unserer Spur heraufgekommen waren. Felix und Peter! Sie waren bald nur noch 100 oder 120 Meter von uns entfernt. Ich sah, daß sie ein Seil hatten. Ich ging rastlos hin und her. Dann zum Biwak zurück.

In diesem Augenblick zweifelte ich nicht daran, daß sie heraufkamen, um uns zu helfen. Ich war erleichtert. Ich rief Felix, der vorstieg, etwas zu. Aber er verstand mich nicht. Und ich hörte nicht, was er rief. Als ich begriff, daß beide zum Gipfel wollten und nicht wie angenommen unseretwegen aufgestiegen waren, war ich verwirrt. Ich schrie ihnen zu, daß sie zu uns heraufkommen und in unserer Abstiegsspur weiter zum Gipfel gehen sollten. Das wäre genauso schnell für sie gewesen. Ob alles in Ordnung wäre, gestikulierte Felix. Ich bejahte. Er kletterte zurück in die Rinne, drehte nach rechts ab, und beide verschwanden hinter einer Rippe. Ich versuchte zu begreifen. Warum waren sie nicht zu uns heraufgekommen? Ich hatte doch um ein Seil gerufen! Ja, Günther war nicht verletzt, er war o. k., nur zu unsicher auf den Beinen für den Abstieg. Er saß im Biwak. Es war stürmisch auf der Scharte, die Verständigung war schlecht gewesen. Wir hatten uns nicht verstanden. Als die beiden weitergingen, entschloß ich mich nicht sofort, über die andere Seite des Berges abzusteigen. Und doch war dies unser einziger Ausweg. Das wußte ich. Denn es war nicht nur sinnlos, eine zweite Nacht in dieser Höhe und in dieser Kälte zu verbringen, es wäre unser sicherer Tod gewesen. Die einzige Rettung, die uns offenstand, war ein Abstieg über die Diamir-Seite. So schnell wie möglich.

Nachdem Felix und Peter verschwunden waren und ich wußte, daß sie weiter zum Gipfel gingen, kehrte ich verzweifelt zum Biwak zurück. Ich stolperte, fiel ein paarmal hin und zog mir eine Wunde an der Hand zu. Ich ging zu Günther, um ihm alles zu erklären. Dann ging ich wieder zurück zum Couloir. Die Sonne fiel schräg zu mir herüber. Für einen Augenblick kam eine große Unruhe in mir auf. Es war mir, als ob ich verrückt würde. Meine Gedanken wirbelten durcheinander. Ich stürzte hin und sah auf den Pickel und mich selbst. Wie von außen. Ich weinte. Ohne zu wissen, warum. Günther holte mich ein und sagte: »Jetzt bist du es, der den Kopf verloren hat.« Seine Stimme schreckte mich auf. Der kritische Moment war vorbei. Ich hatte für kurze Zeit die Kontrolle über mich verloren. Jetzt mußte entschieden werden. Was war zu machen? Günther bestand auf einem sofortigen Abstieg. Nein, kein zweites Biwak in dieser Höhe! Vielleicht hätte ich allein über das Merkl-Couloir absteigen können, um Hilfe zu holen? Aber dann wäre Günther eine Nacht lang allein gewesen. Nein, nur keine Trennung!

So gab es nur eine Abstiegsmöglichkeit: die Diamir-Wand. Diese Westwand, über die Mummery im Jahre 1895 einen Aufstiegsversuch unternommen hatte, war viel leichter als die Rupalwand.

Wir hatten daheim Fotografien des Nanga Parbat studiert, und ich hatte den Weg Mummerys klar in Erinnerung. So wie viele tausend andere Routen. Wenn Mummery 1895 dort durchgekommen wäre, mußten wir es ohne zu sichern schaffen. Ich fand diesen Plan nicht aufregend und nicht verrückt, sondern möglich. Ich rieb mein Gesicht ein, ohne ein solches zu haben. Ich war sicher, daß sich Günther weiter unten wieder erholen würde. An ganz unten dachten wir noch nicht. Um elf Uhr brachen wir auf. Wie nützlich es war, daß wir im Winter vorher den Nanga Parbat gründlich studiert hatten! Ohne diese Kenntnisse wären wir verloren gewesen.

Über einen Schneeabhang, links von einem Felsgrat, der zum Gipfel führt, stiegen wir ab. Unter uns zog ein heftiges Gewitter auf. Dann hagelte es. Ich ging voraus, um im Nebel einen Weg zu finden. Die Nebel verdichteten sich ab und zu. Dann riß es wieder auf. Wir fanden einen schmalen Durchschlupf zwischen den beiden Seracs, die das höhergelegene Bazhin-Becken vom mittleren Wandabbruch trennten. Wir kamen zu einer Felsrippe und setzten unseren Abstieg auf ihr fort.

Die Nacht war hereingebrochen, aber wir stiegen weiter ab. Von Zeit zu Zeit hatte ich das Gefühl, daß wir zu dritt gingen, wußte aber, daß das nur eine Illusion war. Gegen Mitternacht waren wir irgendwo am obersten Mummery-Sporn. Wir richteten unser Biwak ein.

Aber wir blieben nicht lange. Der Mond ging auf. Günther hatte sich einigermaßen erholt. Beim ersten Mondlicht machten wir uns weiter talwärts auf den Weg. Gegen acht Uhr erreichten wir einen steilen Hang am Fuß der Wand. Langsam stiegen wir hintereinander ab, zuerst über einen Felsriegel, dann über eine große Schneeflanke. Wir waren uns stillschweigend einig. An der ersten Quelle wären wir gerettet. Dort sollte der eine auf den anderen warten. Ich ging sehr schnell und blieb von Zeit zu Zeit stehen, um Günther nachkommen zu lassen. Die Schwierigkeiten waren nicht groß. Nur Lawinen drohten. Weiter unten, am Fuß der Felsen, wo der Gletscher eine Plattform bildete, beschloß ich, nach links zu gehen. Ein langer Lawinenkegel ermöglichte einen schnellen Abstieg. Ich kam in die Sonne. Wasser! Das Eis begann zu schmelzen. Endlich gab es Wasser. Wasser! Ich trank und trank. Müdigkeit überkam mich. Immer wieder drehte ich mich nach Günther um. Ich wartete. Er kam nicht. Weil ich ihn nicht sah, glaubte ich, er wäre nach rechts unter die Felsen abgestiegen, um so den grünen Talgrund schneller zu erreichen. Vielleicht war er schon dort.

Ich ging weiter, stolperte über einen von Schutt und Steinen bedeckten Gletscher. Plötzlich sah ich Menschen. Sie kamen mir am Rand des Gletschers entgegen. Ein Reiter war darunter. Ich hörte Stimmen und machte Zeichen. Nach einiger Zeit kam ich zum Gletscherrand. Aber da war niemand. Ich trank wieder. Nochmals Stimmen, bekannte, unbekannte Stimmen. Einen Moment lang hörte ich Günther, der neben mir sprach. Aber es konnte nicht Günther gewesen sein, es war niemand da. Vielleicht war da nur mein Wunsch, ihn neben mir zu sehen. Vielleicht hatte ich Halluzinationen. Immer wieder das eindeutige Gefühl, Günther wäre hinter mir.

Als ich mich aber nach ihm umsah, war er immer noch nicht zu entdecken. Ich begann nach ihm zu suchen. Zuerst am Rande der Moräne. Taleinwärts, talauswärts.

Ich kehrte über den Gletscher zurück. Ich suchte und rief an der frischen Eislawine, die ich im Lärm am Wandfuß zunächst gar nicht wahrgenommen hatte. Immerzu waren Steine und Lawinen abgegangen! Ich konnte nicht glauben, daß mein Bruder unter einer Lawine begraben lag. Ich suchte weiter. Es wurde Nacht. Ich stolperte über den Gletscher. Ich hockte mich hin, schlief ein. Vor Kälte und Angst schreckte ich hoch, rief weiter. Alle Rufe verhallten ungehört – eine ganze Nacht lang.

Dann ging ich weiter. Mein Schritt war schwer. Ich kam zum Rand des Gletschers und stieg die letzten Moränen hinauf. Ich beugte mich vor und sah eine Wiese, über die ein dünner Wasserlauf rann. Ich trank. Ich fand die Spuren eines alten Lagers. Aber keine Spur von Günther. Ich schaute, ob er nicht schon vorher dagewesen war. Kein Zeichen. Er war nicht da. Ich wartete. Er mußte jeden Moment kommen. Ich zog mich aus. Ich wusch mich und trank wieder. Eine Stunde ging vorbei. Günther war immer noch nicht da. Ich rief nach ihm. Keine Antwort. Ich zog mich wieder an. Ich ließ Kleidungsstücke bei einem Felsblock zurück. Er sollte wissen, daß ich schon da war. Dann ging ich wieder los, um ihn zu suchen. Ich stieg die Moräne hinauf, ging weiter, talauswärts zuerst. Immer wieder rief ich. Günther war nicht da. Ich ging eilig bergwärts zu meinem Ausgangspunkt zurück. Niemand! Ich drehte mich um und ging nochmals in Richtung Tal: Niemand.

Wieder zum Lager zurück. Ich nahm meinen Pickel auf und stieg nochmals über den Gletscher auf. Alle Strapazen waren vergessen. Rufend und suchend ging ich den Weg, den ich am Vormittag gegangen war. Der Gletscher war weich, alles war in Bewegung, und ich wurde naß bis zu den Knien. Ich stieg langsam bis zum Plateau, wo ich Günther zuletzt gesehen hatte. Es waren keine Spuren zu sehen. Auch nicht mehr von mir. In dem harten Schnee hatten wir ohnehin kaum Spuren hinterlassen. Es war Nachmittag geworden. Ich mußte Günther vor Anbruch der Nacht finden. Ich rief, keine Antwort.

Die Sonne war schon untergegangen, als ich mich entschloß, dort über den Gletscher hinunterzugehen, wo Günther abgestiegen sein mußte. Waren da Fußspuren? Nein, aber eine große Lawine.

Ich stieg über die Trümmer, immer nach meinem Bruder rufend. Ich suchte, grub mit den Händen, rief. Ich schlief wohl auch zwischendurch ein. Die Kälte weckte mich immer wieder. Oder war es mein Rufen? Oder Günthers Schreie? Ich war verrückt geworden! Eine ganze Nacht lang stieg ich suchend über Eisblöcke, rief. Am Morgen war ich noch immer da und rief. Aber ich wußte nicht mehr, warum. Die nasse Hose, die nassen Schuhe waren zu Eisklumpen gefroren. Noch einmal stieg ich den Gletscher hinauf. Als die Sonne in die Wand strahlte, ging ich zurück zur Moräne. Wie ein Schlafwandler – und viele Kilometer von jeder bewohnten

Gegend entfernt. Ich fühlte mich verlassener als je zuvor in meinem Leben. Dann rief ich wieder, wartete auf Günther. Aber er kam nicht. Ich war am Ende meiner Kräfte. »Vielleicht ist er auf der Lawinenseite abgestiegen«, halluzinierte ich, »vielleicht wollte er mich hier unten treffen.« Ich hielt Ausschau, und meine Verzweiflung ging in meinem Kopf im Kreis herum. Ich mußte wieder zurück und dort suchen, wo die Lawine niedergegangen war.

Es war zwischen neun und elf Uhr vormittags. An der Diamir-Seite des Nanga Parbat gingen immer wieder Lawinen ab. Vielleicht 20, 30 Lawinen. Überall, ständig Lawinen. Kleinere und größere. Ich wußte, daß ich in einer gefährlichen Lage war.

Alles Rufen war unnütz. Dennoch konnte ich mich nicht entschließen, weiterzugehen. Ich wartete bei der Quelle. Ich rief. Langsam kam die Stille der Nacht über das Tal. Mit angezogenen Beinen hockte ich da. Ich lauschte. Ich wartete. Ich wußte nun, daß Günther tot war – trotzdem wartete ich auf ihn. Dann legte ich mich unter einen großen Steinblock und versuchte zu schlafen.

Am Morgen konnte ich mich wieder nicht gleich entschließen aufzubrechen. Er könnte immer noch kommen. Als die Sonne dann die Diamir-Wand beschien, packte ich meine Sachen in den Anorak. Ich legte meine roten Gamaschen auf den Felsblock, unter dem ich in der Nacht gelegen hatte und beschwerte sie mit zwei Steinen. Wie ein Signal lagen sie da! Wo war der Weg ins Tal?

Ich ging nicht, ich schleppte mich vorwärts. Ab und zu zog ich mir Schuhe und Strümpfe aus, um meine Füße im Gebirgsbach baden zu können. Die Zehen waren blau! Ich ging zwischen Berg und Gletscher.

Schließlich fand ich einige von einem Erdrutsch zerstörte Hütten. Ich rief. Keine Antwort. Ich ging weiter. Als eine große Felswand mir den Weg versperrte, stieg ich auf eine Gletscherzunge ab. Ich überquerte sie. Schritt für Schritt erreichte ich nach mehreren Stunden die gegenüberliegende Seite. Mühsam stieg ich die Moräne hinauf, die mit Grasbüscheln bewachsen war. Dort gab es einen schmalen Weg! Aber die Beine trugen mich nicht mehr, ich fiel hin. Als ich mich hinhockte, schlief ich auf der Stelle ein. Ich war am Ende!

Ich wachte auf, es war Spätnachmittag. Die Sonne stand tief. Ich machte mich auf den Weg. Da war eine schmale Lichtung, dann durchquerte ich ein mit Gestrüpp bewachsenes Hochtal. Endlich kam ich auf eine Wiese. Einige Kühe grasten dort. In der Nähe des Waldes stand ein Mann. Ich rief, aber er verschwand zwischen den Bäumen. Ich rief lauter. Nichts. Hatte ich wieder Halluzinationen? Aber die Kühe waren wirklich da. Ich kam zu der Stelle, wo ich den Mann gesehen hatte. Nichts. Ich lauschte. Da hörte ich im Wald jemanden Holz hacken. Ich ging näher hin und traf auf drei Holzfäller.

Es waren arme Bauern. Würden sie mir helfen? Eine Stunde dauerte es, bis ich ihnen begreiflich machen konnte, daß ich Hunger hatte. Sie gaben mir ein Stück Tschapati, ein dünnes Fladenbrot aus Gerstenmehl, meine erste Nahrung seit fünf Tagen. Dann begleiteten sie mich zu ihrer Hütte in Nagatou, einer Alm oberhalb von Diamir. Ich bekam auch eine Tasse Milch. Die Nacht verbrachte ich unter einem Baum.

Am nächsten Tag begleitete mich ein junger Mann nach Diamir. Gehen konnte ich nur noch mit Schmerzen. Im Dorf tauschte ich fünf Eier und ein Huhn gegen meine Überhose ein. Gemeinsam mit einigen Einheimischen kochte ich mir das alles im Freien und legte mich dann ins Gebetshaus. Ich versuchte, einige der jungen Leute zu gewinnen, mich das Tal hinauszutragen. Ich bot ihnen die Kleider dafür, die ich entbehren konnte. Nein, Geld hatte ich nicht, und für mein letztes Hemd wollten die Leute mich nicht tragen. Ich packte meine Sachen zusammen und versuchte, mich auf die Füße zu stellen. In der einen Hand den Pickel, in der anderen einen Stock, auf diese Weise konnte ich das Gleichgewicht halten. So schleppte ich mich durch das Dorf.

Am Dorfausgang konnte ich nicht mehr. Der vordere Teil meiner Füße war schwarz. Blut sickerte aus den Zehen. Ich war barfuß. Zwei Männer kamen mir entgegen. Einer trug ein Gewehr. Ich bekam Angst. Ob sie mir helfen oder mich umbringen wollten? Ich war auf sie angewiesen. Allein hätte ich nur noch liegenbleiben können. Sie würden mir schon helfen. Meine Füße waren so geschwollen, daß ich nicht mehr stehen konnte, geschweige denn gehen.

Sie nahmen mich abwechselnd auf ihre Schultern. Als der Weg felsig und schwierig wurde, kroch ich auf Händen und Knien weiter. Dieser Abstieg dauerte viele Stunden. Nur selten fanden wir Wasser in der engen Schlucht. Schließlich lief einer der beiden Männer weg, talwärts. Vor Sonnenuntergang kam er mit Helfern zurück. Wieder wurde ich abwechselnd getragen. Am Abend nahm man mich in einem Bauernhof auf. Wieder bekam ich Milch und ein bißchen Brot. Am darauffolgenden Morgen bat ich die Bauern, eine Tragbahre zu bauen. Sie verstanden mich nicht. Aus vier Ästen und einigen Seilen baute ich sie mir dann selbst. Auf ihr trugen mich die Bauern bis zur Bunar-Brücke im Indus-Tal. Ich lag völlig apathisch am Rand der Straße. Die Sonne brannt unbarmherzig vom Himmel. Es gab kaum Schatten. Ich ließ mich unter die Brücke legen, wo ich für einige Stunden Schutz fand, neben dem kühlen Bergbach, der vom Nanga Parbat herunterkam. Ich war allein, aber ich konnte wieder klare Gedanken fassen. So schnell wie möglich mußte ich nach Gilgit kommen. Die Schmerzen durch meine Erfrierungen waren schlimmer geworden.

Das erste Auto, das vorbeikam, war ein Jeep. Er fuhr in die entgegengesetzte Richtung. Dann kam niemand mehr. Stundenlang. Plötzlich kam der Jeep zurück. Er hielt. Zwei Soldaten stiegen aus, von denen der eine Englisch sprach. Es war ein pakistanischer Offizier, der sich meiner annahm, mich einlud und in eine Kaserne brachte. Er sprach von mir wie von einem Geist, von »dieser Person«. Ich konnte mich endlich waschen. Er gab mir zu essen. Er war der erste Mensch, mit dem ich mich verständigen konnte. Obwohl er mir meine Geschichte vom Nanga Parbat nicht glaubte, erzählte ich ihm Einzelheiten: daß wir zu zweit gewesen waren, daß ich zur Expedition zurück mußte. In der Nacht noch sollte mich ein Jeep nach Gilgit bringen. Ungefähr 30 Kilometer vor der Stadt war die Straße durch einen Erdrutsch unterbrochen. Wir mußten in einer Herberge warten, bis das Hindernis beseitigt war. Der Zufall wollte es, daß dort auch Herrligkoffer und die anderen warteten, die vom Basislager abgestiegen und auf dem Heimweg waren.

Das Wiedersehen in dieser dunklen Nacht, acht Tage nach unserem letzten Funkgespräch, war sehr traurig.

Steven Callahan
Der Untergang

Am 4. Februar wird der Wind stärker und beginnt durch die Takelage zu pfeifen. Sturmböen ziehen auf. Eine Wolkendecke rast
über meinem Kopf dahin. Um mich herum fängt das Meer an zu
kochen. Ich möchte so schnell wie möglich wieder friedlich dahinsegeln und rufe zum Himmel hoch. »Komm schon, verpaß mir
eins, wenn's unbedingt sein muß, aber dann laß mich wieder in
Ruhe.«

Mein kleines Boot gleitet weiter durch wellige Hügel, die sich
sehr schnell zu kleinen Bergen auswachsen. Das Wasser, eben
noch von funkelnder Klarheit, spiegelt nun den dunklen, bedroh-
lichen Himmel wider. Der Gischtschaum der Wellen spuckt uns
an, während wir auf die sinkende Sonne zuhalten. Die *Solo* wird
mehr oder weniger von der kleinen elektrischen Selbststeueranla-
ge auf Kurs gehalten. Der Motor, der unermüdlich Überstunden
macht, summt ein einschläferndes Lied. Trotz der gelegentlichen
Wasserkaskaden, die über das Deck spülen, geht's mir einigermaßen gut. Vor meiner Filmkamera mache ich Späßchen, knabbere
an einer fetten Wurst und krächze: »Aargh, Maat, wie du siehst,
haben wir einwandfreies Wetter. Natürlich könnten wir ein bißchen Wind gut gebrauchen.« Ich krieche aufs Vordeck und stopfe
einen der Klüver in seinen Sack. Kaltes Wasser läuft mir die Arme
hoch und den Rücken runter.

Die Dämmerung nähert sich, und der Himmel wird noch finsterer. Wenn die *Solo* in die Wellentäler eintaucht, kippt die Sonne
auf den Horizont zu. Immer tiefer und tiefer, bis sie schließlich im
Westen ertrinkt. Die *Solo* bohrt sich weiter in die Nacht. Wellen
und Wind scheinen jetzt noch heftiger zu werden. Ich kann die
Wellen nicht sehen – und dann sind sie ganz plötzlich da und brechen über uns herein, um gleich wieder in den dunklen Schatten
der Welt zu huschen, fast bevor mir bewußt wird, daß sie zuge-
schlagen haben.

Seit über zehntausend Meilen und anderthalb Atlantiküberque-
rungen sind mein Schiff und ich jetzt schon zusammen. Die *Solo*

hat Schlimmeres erlebt, viel Schlimmeres. Wenn sich das Wetter deutlich verschlechtert, kann ich immer noch Sturmtaktiken anwenden: Segel wegnehmen und mich entweder gegen den Wind stellen oder mit dem Wind laufen. Für diesen Teil des südlichen Atlantik und für diese Jahreszeit prophezeit die Karte gelegentliche, schwächere Stürme, der Wind kann bis auf Stärke sieben auffrischen, kräftig genug, um einem die Frisur in Unordnung zu bringen und für ein Bad an Deck zu sorgen, aber nicht ausreichend, um einem das Gebiß zu lockern. In ungefähr zwei Wochen werde ich in der heißen karibischen Sonne liegen, einen kalten Rumpunsch in der Hand. Die *Solo* wird mit gerefften Segeln an irgendeinem Palmenstrand gemütlich vor Anker liegen.

Zum Glück muß ich nur selten an Deck; nur um Segel zu reffen oder die Klüver zu wechseln. Ich habe das Boot mit einem innenliegenden Steuer und einer zentralen Kontrollstation ausgerüstet. Ich sitze unter einer Plexiglasluke, die wie eine Düsenjägerabdeckung aussieht. Von hier aus kann ich mit dem Innenruder steuern und durch das offene Setzbord nach den Klampen und Winden neben der Luke greifen, um die Segel zu justieren, und gleichzeitig Ausschau halten. Zusätzlich kann ich noch einen Blick auf die Karte auf dem Tisch unter mir werfen, über das Funkgerät neben mir sprechen oder mir eine Mahlzeit auf dem Kombüsenherd kochen, alles ohne meinen Sitz zu verlassen. Trotz der Akrobatikvorstellung der See bleibt es in der Kabine relativ gemütlich. Von ein paar Wasserspritzern abgesehen, die sich ihren Weg durch die Lukenöffnungen suchen, ist meine Umgebung trocken. Die Luft ist schwer von der Feuchtigkeit des aufkommenden Sturmes, aber das polierte Holz der Kabine glüht warm unter dem sanften Licht. Die Holzmaserungen werden zu Tieren, Menschen, Gefährten. Sie beruhigen mich. Das bißchen Kaffee, das ich von meiner schwankenden Tasse zum Mund bringe, wärmt mich und hält mir die Augen offen. Mein Magen, aus irgendeiner rostfreien, unzerstörbaren und auch sonst unbeeindruckbaren Legierung hergestellt, verspürt keinerlei Sehnsucht nach einer trockenen Biskuitdiät; statt dessen esse ich herzhaft und mache Pläne für mein in zwei Tagen stattfindendes Geburtstagsdinner. Einen Kuchen kann ich nicht backen, weil ich keine Ofenröhre habe, aber ich werde mich mal an Schokoladencrêpes versuchen. Ich werde Curry machen und dazu eine Büchse Kaninchen öffnen, die ich noch gerettet habe, unter völliger Mißachtung des französischen Aberglaubens, daß selbst die leiseste Erwähnung von *lapin* das größte Unglück über eine Crew bringt.

Obwohl ich mich in meinem schwimmenden Nest sicher fühle, weckt der Sturm meine Vorsicht, die nun eine Woche lang geschlafen hat. Jede vorbeirauschende Drei-Meter-Woge enthält mehr Tonnen Wasser, als ich mir vorstellen möchte. Der Wind pfeift über Deck und durch die Drähte der Takelage. Gelegentlich bekommt das Heck der *Solo* einen Tritt ab, und sie dreht ihren Kopf in den Wind, als wollte sie sich nach dem Angreifer umschauen. Knatternd luvt der Klüver an, spannt sich dann wieder, als sich die *Solo* dreht, um ihren Weg fortzusetzen. Visionen einer Riesenwelle schießen mir durch den Kopf, ausgelöst durch das Zusammentreffen von Wellenkämmen mit unterschiedlicher Richtung und unterschiedlicher Geschwindigkeit. Solch eine riesige Welle kann bis zu viermal größer werden als die durchschnittlichen Wellen und die *Solo* wie ein Spielzeug herumwerfen. Auch zusammenlaufende Wellentäler können einen Canyon bilden, in den wir stürzen könnten. Oft strömen solche Anomalien aus unterschiedlichen Richtungen aufeinander zu und formen hochaufragende Klippen, über die das Wasser in Sturzbächen nach unten donnert.

Vor sechs Monaten fiel die *Solo* nahe den Azoren mit Donnergetöse in solch eine Kaskade. Der Himmel verschwand, und nichts als Grün war über der Deckluke zu sehen. Das Boot richtete sich sofort wieder auf, und wir segelten weiter, aber es hatte einen kräftigen Schlag abbekommen.

Meine Bücher und mein Sextant kamen über die hohen Schlingerborte geflogen, knallten auf den Kartentisch und ließen die Leisten zersplittern. Hätten sie nicht den Tisch getroffen, wären sie in meinem Gesicht gelandet. Da hatte ich noch mal Glück gehabt; jetzt mußte ich aber vorsichtiger sein.

Auf See kann jeden Augenblick eine Katastrophe über einen hereinbrechen: manchmal ohne Vorwarnung, manchmal nach langen Tagen voll böser Erwartungen und Befürchtungen. Das Meer muß dabei nicht immer wild toben, sondern es kann auch geschehen, wenn die Wasseroberfläche glatt und gelassen daliegt wie flüssiges Metall. Jeden Moment kann das Schicksal zuschlagen, bei Ruhe oder bei Sturm, aber die See tut das nicht aus Gehässigkeit. Sie muß keinen Zorn entladen, aber sie streckt einem auch keine freundliche Hand entgegen. Sie ist lediglich vorhanden, unermeßlich, mächtig und gleichgültig. Mich stört ihre Gleichgültigkeit nicht oder meine vergleichsweise Bedeutungslosigkeit. Tatsächlich ist das einer der Hauptgründe, weshalb ich gerne segle: Die See macht die Bedeutungslosigkeit meines eigenen kleinen Ichs und der ganzen Menschheit so deutlich.

Ich beobachte *Solos* kochendes, phosphoreszierendes Kielwasser, das zwischen den Purzelbäume schlagenden Wogen verschwindet. Könnte schlimmer sein, denke ich mir. Stimmen aus der Vergangenheit mischen sich ein. »Jedesmal, wenn du diesen Satz von dir gegeben hast, ist es wirklich schlimmer geworden.« Ich denke an die Zahlen im Segelhandbuch, die Durchschnittswerte nach Schiffsaufzeichnungen angeben. Es mag etwas Wahres dran sein, daß verzeichnete Schätzungen von Sturmstärken dazu neigen, etwas tiefzustapeln. Wenn ein Kapitän von schlechtem Wetter hört, dann richtet er gewöhnlich den Bug seines Rosteimers nicht auf das Sturmzentrum, um ein bißchen frische Luft schnappen zu können. Zweifellos wird es für mich einige Tage lang ein bißchen ungemütlich werden.

Ich überprüfe meine Ausrüstung und sorge dafür, daß alles so sicher und schiffsgerecht ist, wie es ein Segelnarr nur hinbekommen kann. Ich inspiziere Rumpf, Deck, Schotten, Kabine und all die Verbindungsstücke, die mein hölzernes Schmuckkästchen sichern. Der Wasserkessel ist für Kaffee oder heiße Zitrone gefüllt. Ein Stück Schokolade liegt neben dem Funkgerät griffbereit. Alle notwendigen Vorbereitungen sind getroffen.

Es ist ungefähr 22.30 Uhr Greenwich-Zeit. Ein voller Mond hängt weiß und bewegungslos am Himmel, ungerührt von dem Sturm und dem tobenden Meer. Wenn die Verhältnisse noch schlechter werden, dann muß ich weiter nach Süden ausweichen. Im Moment kann ich nichts weiter tun, also lege ich mich hin, um auszuruhen. Um 23.00 Uhr stehe ich auf und ziehe mich aus. Nur mit einem T-Shirt bekleidet lege ich mich wieder hin. An meinem Handgelenk trage ich eine Armbanduhr, und ein Stück Walzahn hängt an einer Schnur um meinen Hals. Viel mehr werde ich während der nächsten zweieinhalb Monate nicht tragen.

Mein Boot dreht sich um die anstürmenden Wogenkämme, der Kiel klammert sich wie eine Bergziege an die Wellenhänge, die Backbordseite wird tief gegen den schwarzen, rollenden Ozean gepreßt. Ich liege in meiner Koje; in das Segeltuch auf der Leeseite gewickelt komme ich mir wie in einer Hängematte vor.

PENG! Eine ohrenbetäubende Explosion löscht plötzlich alle anderen Geräusche aus. Ich springe auf. Wasser bricht über mich herein, als wäre ich in einen tobenden Fluß geworfen worden. Bug, Heck – wo kommt es her? Ist die halbe Seite weggerissen? Keine Zeit. Ich fummle mit dem Messer herum, das in einer Scheide am Kartentisch steckt. Das Wasser steht bereits hüfthoch. Die Nase des Bootes senkt sich. Die *Solo* stoppt ruckartig, bevor sie übelkeitserregend nach unten wegtaucht.

Sie sinkt, sie sinkt! Mein Verstand bellt Befehle. Mach das Rettungspaket klar! Meine Seele schreit. Du hast sie verloren! Ich halte den Atem an, tauche unter, zerfetze die Befestigungen, die meine Notausrüstung sichern. Mein Herz ist ein Preßlufthammer. Die schwere Arbeit quetscht die Luft aus meinen Lungen, und mein Geist kämpft mit meinen Gliedern nach einer Gelegenheit zu atmen. Endgültige Finsternis und Chaos umgeben mich. Raus, nur raus, sie sinkt! Ich stoße mich ab, schieße nach oben, schiebe die Luke vor und katapultiere meinen bebenden Körper auf Deck; das Paket mit all meinen Hoffnungen lasse ich hinter mir zurück. Seit dem heftigen Schlag sind weniger als dreißig Sekunden vergangen. Der Bug zeigt in einem zögernden, abwärts gerichteten Winkel auf sein Grab, die See umspült meine Knöchel. Ich zerschneide die Befestigungen, die den Kanister der Rettungsinsel sichern. Gedanken zucken durch meinen Kopf wie Echos in einer Höhle. Vielleicht habe ich zu lange gewartet. Vielleicht ist es Zeit zu sterben. Hinunter ... sterben ... spurlos verschwinden. Ich rufe mir die Instruktionen der Rettungsinsel ins Gedächtnis: Wirf die kompakten hundert Pfund vor dem Aufblasen über Bord. Wer kann schon mitten in einem bockenden Zirkusritt ein solches Gewicht handhaben? Keine Zeit, schnell, schnell – sie sinkt! Ich ziehe. Der erste Ruck, dann der zweite – nichts, nichts! Das ist es, das Ende meines Lebens. Bald, sehr bald schon wird es da sein. Ich brülle den sturen Kanister an. »Komm schon, du Miststück!« Ich reiße ein drittes Mal kräftig, und das Floß bläst sich mit einem zischenden Geräusch auf. Eine Welle peitscht über das ganze Deck, und ich lasse das Floß einfach treiben. Am Ende seiner Fangleine führt es einen wilden Tanz auf. Innerhalb einer Minute hat sich die *Solo* von einem schmucken kleinen Schiff in ein halb abgesoffenes Wrack verwandelt. Als ich, das Messer im Seeräuberstil zwischen den Zähnen, in das Floß hechte, bemerke ich, daß die auf der Heckkanzel befestigte Filmkamera läuft. Das rote Auge zwinkert mir zu. Wer ist der Regisseur dieses Films? Mit der Beleuchtung hat er's anscheinend nicht so, aber sein Sinn für dramatische Effekte ist beeindruckend.

Unbewegt und ungerührt schaut der Mond auf uns herab. Kleine Wolkenfetzen streichen über sein Gesicht, verdunkeln den Todeskampf der *Solo*. Mein Instinkt und mein Training haben mich automatisch die Überlebensaktionen ausführen lassen, aber jetzt, als mir ein Moment Zeit zum Nachdenken bleibt, trifft mich der Untergang meines Schiffes mit voller Wucht. Nie schienen all meine Sinne so geschärft wie jetzt. Meine Emotionen setzen sich aus einer unverständlichen Mischung zusammen. Ein durchdringender Schmerz in mir beklagt den Verlust meines Bootes. Tiefe Enttäuschung über mein Versagen durchzuckt mich. All das wird überschattet von der nackten Erkenntnis, daß meine Gedanken und Gefühle nicht mehr lange eine Rolle spielen werden. Mein Körper zittert vor Kälte. Ich bin zu weit von jeglicher Zivilisation entfernt, um irgendeine Hoffnung auf Rettung zu haben.

In der Zeitspanne eines kurzen Augenblicks zucken Tausende von Gesprächen und Debatten durch meinen Geist, so als würde sich eine Gruppe von Männern in meinem Schädel unterhalten. Einige von ihnen machen Witze, fühlen sich auf komische Art erleichtert, daß die Kamera Aufnahmen gemacht hat, die nie jemand zu Gesicht bekommen wird. Andere schüren die Furcht. Furcht wird zur Nahrung. Ihre Energie liefert den Nährwert für Aktionen. Ich muß vorsichtig sein. Ich kämpfe gegen die blinde Panik an: Ich möchte nicht, daß die von meinem pumpenden Adrenalin herrührende Kraft zu wirren, alles andere als produktiven Aktivitäten führt. Ich kämpfe gegen den Drang an, in katatonische Hysterie zu verfallen: Ich will nicht starr vor Furcht dasitzen, bis das Ende kommt. Konzentriere dich auf das Notwendige, hämmere ich mir ein. Konzentriere dich und tu was.

Ich sehe mein Schiff, meine Gefährtin, mein Kind, von dem tiefen Atlantik geschluckt, der dieses winzige Krümel gar nicht spürt. Wellen gleiten über sie hinweg. Wieder taucht das weiße Deck der *Solo* auf. Sie sinkt nicht, noch nicht. Warte, bis sie untergeht, bevor du die Fangleine durchschneidest. Obwohl ich zu den Floßvorräten noch einen Wasserkanister und einige andere Ausrüstungsgegenstände hinübergerettet habe, werde ich ohne zusätzliche Vorräte nicht lange überleben. Vor Angst und Kälte zittert mein Körper noch heftiger, und meine Augen brennen vom Salz. Ich brauche Kleidung, irgendwas zum Zudecken. Ich beginne ein Stück des Hauptsegels herauszuschneiden. Trenn nicht das Floß vom Schiff, sei vorsichtig, sei bloß vorsichtig. Ein Schnitt, und das Segeltuch läßt sich leicht herunterreißen. Das Floß schwankt wild, als ich den hufeisenförmigen Rettungsgürtel und die Mann-über-Bord-Stange vom Heck der *Solo* zerre. Gischt und Wogen fegen über sie hinweg, aber jedesmal taucht sie wieder auf. Mein Geist redet ihr gut zu. Bitte geh nicht, noch nicht, bitte bleib oben. In den wasserdicht abgeschotteten Teilen, die ich entworfen und installiert habe, halten sich Lufttaschen. Sie wehrt sich. Mit lautem Knall peitscht der Klüver durch die Luft, Luke und Ruder krachen, als der Ozean auf sie einhämmert. Vielleicht wird sie gar nicht sinken. Ihr Kopf ist unter Wasser, aber ihr Hinterteil zögert, wie ein Kind am Ufer, das sich nicht ins Wasser zu springen traut.

Die Kälte tut richtig weh; der Gestank von Gummi, Plastik und Talk füllt meine Nase. Die *Solo* kann jeden Moment versinken, aber ich muß noch mal in ihr Inneres. Viel Zeit bleibt nicht. Ich ziehe mich seitlich heran, klettere an Bord; ein eigenartiges Gefühl, gleichzeitig auf Deck und im Meer zu sein. Die Wellen türmen sich hoch und begraben das Boot unter sich, aber jedesmal kämpft sich die *Solo* wieder an die Oberfläche. Wie viele Schläge wird sie noch ertragen, bevor das Wasser in die restlichen Luftkammern dringt? Wie viele Augenblicke bleiben mir noch, bevor sie endgültig verschwindet?

Zwischen hoch aufragenden Wellenkämmen, die über mich hinwegspülen, lasse ich mich durch die Luke nach unten. Im Vergleich zu dem oben tobenden Sturm ist das Wasser hier unten ruhig. Ich ducke mich in das feuchte Grab; hinter mir knallt dröhnend die Luke zu. Ich taste nach der Notausrüstung und schneide die Sicherungsleinen durch. Wogen überschwemmen uns und marschieren weiter. Ich japse nach Luft. Der Sack ist jetzt frei, scheint aber so viel zu wiegen wie die gesammelten Sünden dieser Welt.

Während ich mich im Niedergang schwankend abmühe, die Ausrüstung an Deck zu zerren, kämpfe ich gleichzeitig mit der

Luke, die mir gegen den Rücken knallt. Ich brauche all meine mir noch verbleibende Kraft, um den Sack in das Floß zu hieven.

Als er in das Floß fällt, kehre ich zur Luke zurück und klettere wieder rein. Meine Hände tasten nach achtern und bekommen ein nach oben gepreßtes Luftkissen zu fassen. Ich reiße daran, steige hoch, um Luft zu schnappen. Da ist keine. In diesem Moment habe ich das Gefühl, als wäre der letzte Sauerstoff im ganzen Universum von einer anderen Person eingeatmet worden. Ganz plötzlich reißt das Meer auf, wie tausend Kerzen sehe ich die Wasseroberfläche schimmern. Luft dringt ein, und ich japse und keuche, bis das Geklapper der *Solo* von der anstürmenden nächsten Welle ausgelöscht wird.

Ich binde das Kissen ans Ende einer Falleine und lasse es treiben, während ich erneut untertauche, um mein Bett zu bergen. Meinen nassen Schlafsack zu bündeln, das ist so, als wollte man einen Haufen Schlangen in die Arme nehmen. Stück für Stück schaffe ich es, den Schlafsack in das Floß zu schieben, zu stoßen und zu rollen. Zuletzt kommt das Kissen, dann falle ich hinterher. Ich habe erfolgreich mein Schiff verlassen.

Mein Gott, die *Solo* schwimmt immer noch! Sie rollt sich weiter auf die Seite, während ich Sachen einsammle, die nacheinander aus der Kajüte getrieben kommen: ein Kohlkopf, eine leere Kaffeebüchse, eine Schachtel mit ein paar Eiern. Die Eier werden sich wahrscheinlich nicht lange halten, aber ich nehme sie trotzdem.

Dann bin ich zu erschöpft, um noch was zu tun. Ich will mich nicht von der *Solo* trennen, aber wenn sie sich endgültig verabschieden will, muß ich mich jederzeit von ihr lösen können. Siebzig Fuß einer 3/8-Inch-Leine, am Großschot festgemacht, erlauben mir, auf der Leeseite zu treiben. Die *Solo* verschwindet völlig, wenn wir in die Wellentäler eintauchen. Gewaltige Schaumkronen wühlen sich auf uns zu. Gegen den Wind werden sie aufgepeitscht wie die Brandung am Strand. Ich höre ihren Ansturm; ich höre das Klappern und Knallen und Schlagen, mit der die *Solo* mir zuruft: »Ich bin hier!« Das Floß hebt sich und wirft sich den Wellenkämmen entgegen, die auf mich losstürmen. Gischt und Schaum zischen auf der Backbordseite vorbei.

Die Eingangsklappe der zeltartigen Abdeckung gibt jedesmal, wenn der Sturm sich mit voller Kraft daraufstürzt, ein reißendes Geräusch von sich. Ich muß die Rettungsinsel drehen, sonst durchschlägt mir womöglich ein Brecher die Öffnung. Auf einem Wellenkamm schaue ich nach achtern, wo *Solo* von der nächsten Woge emporgehoben wird. Die See steigt geschmeidig aus der Dunkelheit hoch, ein Riese, der sich nach dem Schlaf aufrichtet. Auf der gegenüberliegenden Seite des Zeltes gibt es eine straffe, runde Öffnung. Bis zur Hüfte strecke ich meinen Oberkörper durch diese Beobachtungsluke. Ich darf die Leine zur *Solo* nicht lösen, aber ich muß sie an anderer Stelle befestigen. Ich ziehe eine Leine durch das Großschot, das vom Deck der *Solo* hängt, und führe sie zurück zur Rettungsinsel. Das eine Ende mache ich an der Handleine fest, die um das Floß gespannt ist. Das andere Ende wickle ich um die Handleine und ziehe es dann durch die Beobachtungsluke. Wenn die *Solo* sinkt, kann ich dieses Ende loslassen, und wir sind getrennt. Moment – ich komme nicht wieder rein... ich hänge fest. Ich versuche mich von der Abdeckung zu befreien, die meinen Brustkorb umklammert. Die See spuckt nach mir. Schaumkronen brüllen in der Finsternis. Ich zerre, drehe und wende mich und falle rücklings hinein. Das Floß schwingt herum und trotzt dem Ansturm der Wellen nun mit der Zeltwand. Ha! Ein guter Witz; eine Zeltwand gegen das Meer – das Meer, das Granit zu Sand hämmert.

Mit einem Gleitknoten befestige ich die Leine von der *Solo* an dem Griffband, das die Innenseite des Floßes umläuft. Während ich in rasender Eile meine gesamte Ausrüstung an dem Band festmache, höre ich luvwärts ein kräftiges Grollen. Es muß eine gewaltige Welle sein, wenn sie schon aus so großer Entfernung zu hören ist. Ich lausche ihrem Ansturm. Ein Wassersturz, dann Schweigen. Ich kann fühlen, wie sie über mir hochsteigt. Die Rettungsinsel gibt ein schmerzerfülltes Quietschen von sich, als die Woge über uns hereinbricht; der mir verbleibende Raum ist plötzlich nur noch halb so groß. Die Luvseite knallt herein und schleudert mich quer über das Floß. Das Dach sackt durch, überall schießt Wasser herein. Der Ruck an der Fangleine, die an meinem vollgelaufenen Schiff hängt, verstärkt noch die Wucht. Ich werde sterben. Heute nacht. Hier, ungefähr 450 Meilen vom nächsten Land entfernt. Die See wird mich zerschmettern, mich kentern lassen, meinem Körper die Wärme und den Atem nehmen. Ich werde spurlos verschwinden, und erst wenn ich Wochen überfällig bin, wird man davon erfahren. Ich krieche wieder zur Luvseite, eine Hand an der

Leine zur *Solo*, die andere am Griffband. Ich kauere in meinem durchgetränkten Schlafsack. Gallonen von Wasser gurgeln auf dem Boden des Floßes herum. Ich sitze auf dem Kissen, das mich vor dem eiskalten Boden schützt. Ich zittere, aber allmählich wird mir wieder etwas wärmer. Jetzt bleibt mir nur noch zu warten, zu lauschen, zu denken, zu planen – und Angst zu haben.

Während eine Woge das Floß und mich hochhebt, kann ich sehen, wie sich die *Solo* in das darauffolgende Tal wälzt. Dann steigt sie mit der nächsten Welle hoch, während ich in das Tal stürze, das eben noch sie in den Armen gehalten hatte. Sie holt jetzt schon schwer über, Bug und Steuerbordseite sind unter Wasser, während das Heck ziemlich hoch hinausragt. Wenn du dich bloß bis zum Morgen über Wasser halten könntest! Ich muß dich noch einmal sehen, muß mir den Schaden betrachten, den ich dir meinem Gefühl nach zugefügt habe. Warum habe ich nicht auf den Kanarischen Inseln gewartet? Warum habe ich's mir nicht bequem gemacht und mich entspannt? Warum habe ich dich soweit getrieben, bloß um mein dämliches Ziel, eine doppelte Atlantiküberquerung, zu erreichen? Es tut mir leid, meine arme *Solo*.

Ich habe eine Menge Salzwasser geschluckt, und meine Kehle ist wie ausgedörrt. Am Morgen kann ich vielleicht weitere Ausrüstungsgegenstände bergen, Wasserkannen und etwas Nahrung. Ich plane jeden Zug und setze genaue Prioritäten. Verlust von Körperwärme droht als unmittelbarste Gefahr, aber vielleicht bietet mir der Schlafsack genügend Schutz. Wasser kommt an allererster Stelle, dann Nahrung, danach, was immer ich zu fassen bekomme. Zehn Gallonen Wasser liegen in dem Kombüsenschrank direkt unter dem Niedergang – Überlebensrationen, die für vierzig bis achtzig Tage gut sind, warten nur hundert Fuß entfernt auf mich. Der hochragende Heckspiegel macht es leichter, nach hinten zu kommen. In der Achterkabine hängen zwei große Seesäcke; einer ist mit Nahrungsmitteln für ungefähr einen Monat vollgestopft, der andere mit Kleidung. Wenn ich hinuntertauchen und vorschwimmen kann, dann schaffe ich es vielleicht, meinen Überlebensanzug aus dem Vorpiek zu zerren. Ich träume davon, wie das dicke Neopren mich aufwärmen wird.

Die Wellen hämmern weiter gegen das Floß, schlagen die Seite ein, drücken Wasser herein. Die Gummischläuche sind so kompakt wie Teakstämme, und doch biegen sie sich wie Spaghetti.

Während ich unermüdlich mit der Kaffeebüchse Wasser schöpfe, frage ich mich, wieviel so ein Floß aushalten kann, und suche nach ersten Anzeichen der Auflösung. Ein kleines Lämpchen über meinem Kopf erhellt meine winzige neue Welt. Die Erinnerung an den heftigen Stoß, der ranzige Geruch meiner Umgebung, das Hämmern der See, der jaulende Wind und mein Plan, am Morgen nochmals an Bord der *Solo* zu gehen, wirbeln wieder und wieder durch mein Hirn. Sicherlich wird bald alles vorbei sein.

Ich schwimme irgendwo in den verlassensten Gewässern herum, die der Atlantik aufzuweisen hat. Ich befinde mich ungefähr 450 Meilen nördlich der Kapverdischen Inseln, aber der Wind steht gegen mich. Ich kann mich nur in die Richtung treiben lassen, in der er weht. Dann sind es noch 450 Meilen bis zur nächsten Schifffahrtstraße. Die Inseln in der Karibik sind für mich das nächstmögliche Land, 1800 Seemeilen entfernt. Denk nicht dran. Schmiede statt dessen Pläne für den nächsten Morgen. Ich habe Hoffnung, wenn das Floß durchhält. Wird es durchhalten? Die See greift weiter an. Nicht immer schickt sie eine Warnung voraus. Oft brandet das Wasser erst hoch, wenn es fast schon zuschlägt. Ein dröhnendes Grollen begleitet den Knall, mit dem es auf das Floß einhämmert, an ihm reißt.

Ich höre ein weit entferntes Grollen aus dem Zentrum des Sturms. Es steigert sich zu einem Toben, wird lauter und lauter, bis es den gesamten Raum um mich herum ausfüllt. Neptuns Faust schlägt zu, und die Wucht des Schlages bringt das Floß taumelnd zum Halten. Es quietscht und kreischt, und dann senkt sich urplötzlich Friede über uns, als wären wir in das Reich des Lebens danach eingetreten, wo wir nicht länger gequält werden können.

Schnell reiße ich die Beobachtungsluke auf und stecke den Kopf hinaus. *Solos* Klüver klatscht immer noch, und das Ruder klappert, aber ich treibe ab. Die elektrischen Leitungen haben einen Wackelkontakt, und das Licht oben im Mast zwinkert mir ein letztes Goodbye zu. Lange beobachte ich, wie die Lichtblitze immer seltener aufzucken; ich weiß, daß ich sie nun zum letzten Mal sehe, und fühle mich, als hätte ich einen Freund und einen Teil meiner selbst verloren. Ein paarmal blitzt es noch auf, dann nichts mehr. Die tobende See hat sie verschlungen.

Joe Simpson
Der Sturz ins Leere

Bei der Erstbesteigung des 6400 m hohen Siula Grande in den Anden hat sich Joe Simpson verletzt. Sein Freund und Bergpartner Simon Yates seilt ihn ab:

Ich war völlig darauf konzentriert, mich vorsichtig abzuseilen, als Simons Stimme mich aus meinen Gedanken riß. Ich schaute hinunter und sah, wie er sich an einer Eisschraube zurücklehnte und mich angrinste:

»Da unten ist noch ein steiles Stück. Ich habe den Schneehang darunter gesehen, es kann also nicht weit sein.«

Beim Sprechen streckte er den Arm aus und zog mich sanft zu sich hin. In der Art, wie er mich herumdrehte, so daß ich vom Hang wegblickte, als ich neben ihm zum Stillstand kam, lag etwas Behutsames, ja fast Zärtliches. Er klinkte mich in eine zweite Eisschraube ein, die er neben jene gesetzt hatte, an der er selbst hing, und führte mein unverletztes Bein auf einen Tritt, den er aus dem Eis gehackt hatte. Jetzt erst wurde ich gewahr, daß er sich der Marter, der er mich ausgesetzt hatte, völlig bewußt gewesen war, und mit seiner Obhut gab er mir auf wortlose Weise zu verstehen: »Schon gut. Ich bin kein Scheißkerl. Es mußte einfach sein.«

»Nicht mehr weit jetzt. Vielleicht noch vier Längen nach diesem nächsten Abseilen.«

Ich wußte, daß er bloß mutmaßte. Er versuchte mich aufzumuntern, und ich war ihm richtig dankbar dafür. Eine kurze Weile hatte sich an der sturmgepeitschten Sicherung ein warmes Gefühl von Freundschaft eingestellt. Es fühlte sich an wie ein Klischee aus einem drittklassigen Kriegsfilm – »Wir sitzen alle im selben Boot, Kameraden, und wir schaffen es alle wieder nach Hause!« Es fühlte sich aber auch wahr und echt an, etwas Sicheres, Unangreifbares in all der Ungewißheit. Ich legte meinen Arm auf seine Schulter und lächelte ihm zu. Hinter seinem Grinsen konnte ich sehen, wie es in Wahrheit um uns bestellt war. Er sah abgezehrt und mitgenommen aus. Sein Gesicht war durchfroren und zeigte die ganze Anspannung, die er durchgemacht hatte, und seine Augen lachten nicht. Dort war Besorgnis und Angst, und ich konnte sehen, wie trotz seiner zuversichtlichen Worte eine dunkle Unsicherheit die wahre Sachlage widerspiegelte.

»Mir geht's ganz gut«, sagte ich. »Die Schmerzen sind jetzt nicht mehr so schlimm. Was machen deine Hände?«

»Schlimm, und es wird immer schlimmer.« Er grinste mir zu, und ich verspürte ein jähes Schuldgefühl. Es kam ihn teuer zu stehen. Ich hatte bereits bezahlt.

»Ich seile mich ab und setze die Sicherung.«

Er trat vom Hang weg und hüpfte weich in das wirbelnde Sprühschneegestöber hinab.

Ich schloß schnell zu ihm auf, bei einem großen Schalensitz, den er ausgegraben hatte. Wir waren wieder beim alten: Rutschfahrten aus nicht vorhandenen Sicherungen. Ich blickte auf meine Uhr. Ich konnte das Ziffernblatt nicht sehen und bemerkte überrascht, wie dunkel es geworden war. Als ich das kleine Kontrolllämpchen anknipste, sah ich, daß es schon halb acht war. Es war seit über einer Stunde dunkel, ohne daß ich es bemerkt hatte! Es hielt mir vor Augen, wie wenig ich hatte leisten müssen: Die Sicherungssitze auszugraben und mein Denken gegen das Hinuntergleiten abzuschotten hatte kein Licht benötigt.

Die Wärme, die ich bei der Abseilsicherung verspürt hatte, hielt während der nächsten Abwärtsfahrt an, und ich mußte dem Drang widerstehen, aufgeregt zu kichern, während ich weiterrutschte. Ich fühlte mich kindisch irrational. Der Gedanke, den Gletscher und mit ihm eine behagliche Schneehöhle zu erreichen, war unwiderstehlich geworden. Er durchflutete mich wie ehedem die Vorstellung von einer warmen Mahlzeit vor dem Kaminfeuer nach einem langen, kalten Tag in den Bergen. Ich versuchte ihn wegzuschieben, aus Furcht, so zu denken würde bloß ein Unheil heraufbeschwören. Wer etwas will, kriegt schon mal gar nichts, sagte ich mir, aber es fruchtete wenig. Ich glitt jetzt schneller und leichter hinab. Der Schmerz blieb konstant, aber es war zweitrangig – alles, woran ich denken konnte, war, nach unten zu gelangen.

Das System, mich den Hang hinunterzulassen, war uns in Fleisch und Blut übergegangen, als hätten wir es jahrelang geübt, und während wir unbemerkt durch den Sturm glitten, wuchs unser

Optimismus mit jeder zurückgelegten Seillänge lawinenartig an. Simons Grinsen wurde bei jedem Zusammentreffen breiter, und seine Augen, die hell im Licht meiner Stirnlampe blitzten, sprachen Bände. Wir hatten die Situation wieder im Griff. Es hatte nicht den Anschein, als befänden wir uns in wilder Flucht oder führten einen verzweifelten, aussichtslosen Kampf. Wir wußten, daß wir einen kontrollierten und ordentlichen Rückzug angetreten hatten.

Ich zog meine Schultern vor einem ungewöhnlich starken Sprühschneeschauer ein und versteifte mich, bis er sich erschöpft hatte. Als ich mich wieder rührte, rieselte mir der Schnee, der sich zwischen meiner Brust und dem Hang angehäuft hatte, über die Beine hinab, und ich wischte den Pulver aus dem ausgegrabenen Sicherungssitz. Das Wetter zeigte kein Anzeichen einer Besserung, doch wenigstens wurde es nicht schlechter. Simon erschien aus der Düsternis über mir. Seine Lampe blitzte gelb aus dem Schneegewölk. Ich behielt ihn im Auge, so daß ihm der Strahl meiner Stirnlampe den Weg wies. Als er mich erreichte, fegte eine weitere Lawine über uns. Wir duckten uns beide weg.

»Scheißlawinen! Die vorher hat mich fast umgehauen«, sagte er.

»Sie sind größer geworden. Wahrscheinlich, weil wir fast unten sind. So kann sich auf dem Weg mehr Schnee aufbauen.«

»Ich habe daran gedacht, mich loszuseilen. Dann reiße ich dich nicht mit, wenn ich voll getroffen werde.«

Ich mußte lachen. Selbst wenn er an mir vorbeigestürzt wäre und mir das Seil gelassen hätte, hätte ich nichts damit anfangen können.

»Ich würde so oder so abstürzen. Du kannst also ebensogut angeseilt bleiben. So brauche ich mir wenigstens nicht den Kopf zu zerbrechen ... ich kann dir die Schuld zuschieben!«

Simon lachte nicht. Er hatte ganz vergessen, daß ich ja verletzt war, und ich hatte ihn wieder daran erinnert. Er setzte sich im Sitz zurecht und ordnete die Seile für die nächste Abwärtsfahrt.

»Allerhöchstens noch zwei, schätze ich. Das ist die achte, plus die zweimal Abseilen, wir müssen also an die achthundert Meter zurückgelegt haben. Es kann nicht mehr als neunhundert sein. Vielleicht ist die da sogar die letzte.«

Ich nickte zustimmend, und er grinste mich zuversichtlich an, als ich den Hang hinunterrutschte und er im Schneesturm verblaßte. Schon vorher war mir aufgefallen, daß das Gefälle des Hangs allmählich abnahm. Ich hielt es für ein hoffnungsvolles Anzeichen, das darauf hinwies, wie nahe wir dem Gletscher schon gekommen waren. Kurz nachdem ich Simon aus den Augen verloren hatte, merkte ich jedoch, wie der Hang wieder steiler wurde. Ich rutschte schneller und hakte mit meinem Fuß öfter ein. Der Schmerz und die Beschwerden lenkten mich ab, und ich dachte nicht mehr an den Hang. Ich versuchte erfolglos, das Bein aus dem Schnee freizubekommen, bevor ich es aufgab und die Marter in Kauf nahm.

Das Gewicht an meinen Gurten nahm spürbar zu, genau wie die Geschwindigkeit. Ich versuchte, mit den Armen zu bremsen, doch es ging nicht. Ich wälzte mich herum und blickte in die Finsternis hoch. Im Strahl meiner Lampe flimmerte Schneegestöber. Ich schrie Simon zu, langsamer zu machen. Die Geschwindigkeit wurde noch größer, und mein Herz schlug wild. Hatte er die Kontrolle verloren? Ich versuchte nochmals zu bremsen. Nichts. Ich unterdrückte die aufkommende Panik und versuchte klar zu denken. Nein, er hat die Kontrolle nicht verloren. Ich gehe rasch hinunter, aber gleichmäßig. Er will Tempo machen... das ist alles. Ich wußte, daß es wahr war, doch irgend etwas stimmte nicht.

Es war der Hang. Natürlich! Ich hätte früher daran denken müssen. Er war jetzt viel steiler, und das konnte nur eines bedeuten: Ich näherte mich einem weiteren Absturz.

Ich schrie eine verzweifelte Warnung hinaus, aber Simon konnte mich nicht hören. Ich schrie nochmals, so laut ich konnte, doch die Worte wurden in die Schneewolken hinein weggepeitscht. Er hätte mich auch in fünf Meter Entfernung nicht gehört. Ich versuchte zu erraten, wie weit ich vom Mittelknoten weg war. Dreißig Meter? Fünfzehn? Ich hatte keine Ahnung. Jede Fahrt wurde zeitlos. Ich rutschte eine Ewigkeit durch den brodelnden Schnee, ohne Gefühl, wie die Zeit verging – eine kaum noch erträgliche Periode voller Qualen.

Die Vorahnung einer großen Gefahr überspülte mich. Ich *mußte* anhalten. Ich wußte jetzt, daß Simon nichts hören würde, also mußte ich mich selbst anhalten. Wenn er spürte, daß mein Gewicht vom Seil loskam, würde er wissen, daß ein guter Grund dazu vorlag. Ich packte meinen Eispickel und versuchte, meine Talfahrt zu bremsen. Ich lehnte schwer über den Pickelkopf und grub ihn in den Hang hinein, doch er wollte nicht greifen. Der Schnee war zu locker. Ich grub meinen linken Schuh in den Hang, aber auch er kratzte bloß über den Schnee.

Dann waren meine Füße urplötzlich im Leeren. Ich fand kaum noch Zeit, loszuschreien und mich verzweifelt in den Schnee zu verkrallen, bevor mein ganzer Körper über eine Kante wegschwang. Ich ruckte ins Seil, kippte nach rückwärts und drehte mich an den Gurten im Kreis herum. Das Seil lief zu einem Eiswulst hoch, und ich sah, daß ich noch weiter hinuntersank. Als sich eine schwere Pulverschneelawine über mich ergoß, löste sich das Bild auf.

Als sie schließlich aufhörte, merkte ich, daß ich nicht weiter hinabsank. Simon war es geglückt, die Wucht des Aufpralls von meinem Körper, der plötzlich ins Seil fiel, abzufangen. Ich war verwirrt. Ich verstand nicht, was passiert war, außer daß ich frei im Raum hing. Ich packte das Seil und zog mich in eine sitzende Stellung hoch. Die Drehbewegung fuhr fort, wurde jedoch langsamer. Jedesmal wenn ich eine Drehung vollendete, konnte ich zwei Meter von mir entfernt eine Eiswand erblicken. Als ich zu kreisen aufhörte, schaute ich von der Wand weg, so daß ich mich zurückwenden mußte, um sie zu sehen. Das Schneegestöber hatte aufgehört. Ich ließ meine Lampe die Wand hochscheinen, der Linie des Seils nach, bis ich die Kante ausmachen konnte, über die ich gestürzt war. Sie lag etwa viereinhalb Meter über mir. Die Wand war aus solidem Eis und stark herabhängend. Das Seil ruckte ein paar Zentimeter hinunter, hielt dann still. Eine weitere Lawine Pulver stob über den Rand. Der Wind blies sie in Wirbeln um mich herum. Ich zog vorsichtshalber den Kopf ein.

Wenn ich zwischen meinen Beinen durchschaute, konnte ich die Wand im schrägen Winkel von mir wegfallen sehen. Sie war bis ganz hinunter überhängend. Ich starrte hinab und versuchte, ihre Höhe zu schätzen. Ich wähnte den schneebedeckten Fuß der Wand mit den dunklen Konturen einer Spalte direkt unter mir zu sehen, dann versperrten mir Schneeschauer die Sicht. Ich blickte wieder zur Kante über mir hoch. Es war unmöglich für Simon, mich da hochzuziehen. Selbst mit einer soliden Sicherung wäre es extrem schwierig gewesen, doch aus dem Schneesitz war ein Versuch ein glatter Selbstmord. Ich schrie in die Dunkelheit hoch und hörte einen unverständlichen, gedämpften Ruf. Ich war mir nicht sicher, ob es Simon oder nur das Echo meines eigenen Schreis gewesen war.

Ich wartete still und hielt das Seil mit meinen Armen umklammert, um aufrecht sitzen zu bleiben. Als ich zwischen meinen Beinen hindurch in den Absturz starrte, traf es mich wie ein Schock.

Mit einem Gefühl wachsender Furcht begann ich allmählich das, was ich da sah, in eine gewisse Perspektive zu rücken. Ich hing beängstigend hoch über einer Spalte am Fuß der Klippen, und während mir das langsam aufging, spürte ich, wie sich mein Magen verkrampfte. Da waren mindestens dreißig Meter Luft unter meinen Füßen. Ich starrte weiter in die Tiefe und hoffte, daß ich mich geirrt hätte, merkte aber, daß ich im Gegenteil eher zu konservativ geschätzt hatte. Eine Zeitlang blieb ich bewegungslos, während meine Gedanken herumrasten und ich versuchte, die veränderte Lage zu erfassen. Dann begriff ich blitzartig die Situation.

Ich schwang mich herum und starrte die Wand an. Sie war fast zwei Meter weg von mir; selbst mit ausgestreckten Armen konnte ich mit meinem Pickel das Eis nicht erreichen. Der Versuch, mich gegen die Wand zu schaukeln, endete damit, daß ich mich hilflos im Kreis drehte. Ich wußte, daß ich am Seil hoch zurück mußte, und zwar schnell. Simon hatte keine Ahnung, worüber ich da gestürzt war. Die anderen Abstürze waren bloß kurze Steilwände gewesen. Es bestand kein Grund zur Annahme, daß es sich hier anders verhielt. In diesem Fall ließ er mich vielleicht hinunter. Oh Gott, ich werde am Mittelknoten steckenbleiben, lange bevor ich nach unten gelange!

Es war unmöglich, die Wand zu erreichen, und ich merkte rasch, daß es mir auch gar nichts nützen würde. Ich konnte keine viereinhalb Meter überhängendes Eis mit einem Bein erklettern. Ich fingerte an meinen Hüftgurten nach den zwei Seilschlingen, die ich dort angebunden hatte. Ich fand sie, konnte sie jedoch mit dem Fausthandschuh nicht packen. Ich zerrte die Fäustlinge mit den Zähnen weg und griff wieder nach den zwei Schlingen. Eine ließ ich über mein Handgelenk gleiten, die zweite hielt ich zwischen den Zähnen. Als ich nach den Schlingen langte, hatte ich das Seil losgelassen und war nach rückwärts gepurzelt, so daß ich an den Hüftgurten hing. Mein Rucksack hatte mich nach hinten gezogen, und jetzt baumelte ich in Rückenlage in einem Bogen, den Kopf und die Beine tiefer als die Hüften. Ich zappelte, um mich hochzuschwingen, bis ich das Seil fassen und mich in eine sitzende Stellung zurückziehen konnte.

Ich krümmte meinen linken Arm um das Seil, um mich aufrechtzuhalten, und nahm mit der rechten Hand die Schlinge aus meinen Zähnen. Ich versuchte, die dünne Reepschnur rund um das Seil zu wickeln, aber meine Finger waren zu klamm. Ich mußte einen Prusikknoten ans Seil knüpfen, damit ich den Knoten hochschieben und mit Zugkraft belasten konnte, so daß er sich zuzog. Die Anstrengung, mich aufrechtzuhalten, zehrte an meinen Kräften. Endlich ließ sich die Schlinge mit vereinten Kräften von Zähnen und Hand einmal ums Seil wickeln. Dann versuchte ich die ganze Prozedur zu wiederholen, denn ich brauchte mindestens drei Wicklungen, bevor der Knoten überhaupt etwas taugte. Die Enttäuschung trieb mir die Tränen hoch, bis es mir schließlich doch noch gelang. Es hatte mich fast fünfzehn Minuten gekostet. Der Wind stupste mich in eine sanfte Drehung und blies mir unablässig Lawinen von Schnee ins Gesicht, die mich blind machten. Ich klinkte einen Karabiner in die Prusikschlinge und befestigte ihn an meiner Hüfte.

Ich schob die Schlinge so weit das Seil hoch, wie ich greifen konnte, und lehnte mich in sie zurück. Der Knoten straffte sich, verrutschte ein paar Zentimeter, dann hielt er mich. Ich ließ das Seil los und hing zurück. Ich blieb aufrecht sitzen. Die zweite Schlinge mußte ans Seil geknüpft werden, doch diesmal würde ich beide Hände gebrauchen können.

Erst als ich versuchte, sie von meinem linken Handgelenk zu streifen, merkte ich, wie nutzlos meine Hände geworden waren. Beide waren steifgefroren. Ich konnte die Finger meiner rechten Hand zwar leicht bewegen, doch meine linke Hand, die stillgehalten hatte, während ich mich ans Seil festklammerte, hatte es erwischt. Ich schlug sie zusammen und bog die Finger gegen meine Handflächen ein, schlug sie, bog sie, schlug sie, immer und immer wieder, doch der heiße Schmerz kam nicht. Etwas Bewegung und Gefühl kehrte zurück, aber nur minimal.

Ich nahm die Schlinge von meinem Handgelenk und hielt sie gegen das Seil. Bei meinem ersten Versuch, sie herumzuwickeln und durchzuschlaufen, ließ ich sie fallen. Sie fiel auf den Hauptseilknoten an meinen Gurten, und ich schnappte nach ihr, bevor sie weggeweht wurde. Als ich sie wieder ans Seil hob, schien sie aus meiner Hand zu gleiten. Ich schnappte mit der linken Hand danach und konnte sie gerade noch gegen meinen rechten Unterarm einklemmen. Hochheben konnte ich sie nicht. Meine Finger wollten sich einfach nicht um sie schließen, und als ich versuchte, sie meinen Arm hochrutschen zu lassen, fiel sie wieder hinunter.

Diesmal mußte ich zusehen, wie sie unter mir wegfiel. Ich wußte sofort, daß mir jetzt keine Möglichkeit mehr blieb, das Seil hochzuklettern. Schon mit zwei Schlingen wäre es schwierig genug gewesen, doch jetzt, mit zwei so unnützen Händen, war es aussichtslos. Ich sackte ins Seil und fluchte bitter.

Wenigstens mußte ich mich nicht mehr aufrechthalten. Immerhin ein Trost, obwohl ich wußte, daß es mir nicht weiterhalf. Das Seil lief von meiner Hüfte straff wie eine Eisenstange hoch. Die Reepschnur, die ich angebunden hatte, umfaßte es etwa einen Meter über meinen Klettergurten. Ich klinkte sie von den Gurten los und fädelte sie dann durch die Träger meines Rucksacks, so daß sie diese quer über meiner Brust zusammenzog, befestigte sie mit meinem letzten Karabiner und lehnte mich zurück, um sie zu prüfen. Sie tat ihre Wirkung. Die Schlinge hielt jetzt meinen Rumpf am Seil oben, so daß ich wie in einem Sessel im Leeren saß. Als ich sicher war, daß sie so gut saß, wie es nur möglich war, sackte ich wieder ins Seil zurück. Ich fühlte mich völlig ausgepumpt.

Der Wind stieß böig gegen mich und ließ mich wie irr am Seil schaukeln. Mit jedem Windstoß wurde mir kälter. Der Druck der Gurten auf meine Lenden und Oberschenkel hatte die Blutzirkulation abgeschnitten, und beide Beine fühlten sich taub an. Der Schmerz am Knie war weg. Ich ließ meine Arme schlaff hinabhängen und fühlte das tote Gewicht unbrauchbarer Hände in meinen Fausthandschuhen. Es war zwecklos, sie wiederzubeleben. Es gab keinen Ausweg mehr aus diesem trägen Hängen. Ich kam nicht hoch, und Simon würde mich da nie hinunterbringen können. Ich versuchte auszurechnen, wieviel Zeit seit meinem Sturz über den Rand vergangen war, und kam zu dem Schluß, daß es nicht mehr als eine halbe Stunde her sein konnte. In zwei Stunden war ich tot. Ich konnte fühlen, wie mich die Kälte holte.

Zuckende Angst umlauerte meinen Verstand, doch selbst sie verblich neben der Kälte, die durch mich kroch. Ich fragte mich müßig, wie sie mich wohl holen würde. Die Empfindungen weckten mein Interesse. Wenigstens tat es nicht weh – darüber war ich froh. Die Schmerzen hatten mir zugesetzt, doch jetzt, wo es vorbei war, fühlte sich alles ruhig an. Über meiner Mitte kam die Kälte langsamer voran. Ich stellte mir vor, wie sie sich langsam ihren Weg in mir hochbahnte, den Venen und Arterien folgte, unerbittlich weiterkroch. Ich dachte an sie wie an etwas Lebendiges, etwas, was davon lebte, daß es in meinen Körper kroch. Ich wußte, daß es nicht so vor sich ging, doch es fühlte sich so an, und das schien Grund genug, um es zu glauben. Ich hatte nicht im Sinn, mich mit irgend jemand darüber zu streiten, dessen war ich mir gewiß. Ich mußte beinahe laut auflachen bei dem Gedanken. Ich fühlte mich so müde. Schläfrig müde. Und schwach. Noch nie hatte ich mich so schwach gefühlt. Ein gliedloses, körperloses Gefühl. Es war merkwürdig.

Ich ruckte scharf nach unten und wippte am Seil. Als ich mich umdrehte und zur Wand schaute, merkte ich, daß ich hinabrutschte. Simon ließ mich wieder hinunter. Ich schüttelte meinen Kopf und versuchte die Lethargie zu vertreiben. Er hatte keine Chance! Ich war sicher, daß er darauf spekulierte, mich hinunterlassen zu können, bevor der Knoten sich verklemmte. Heimlich hoffte ich, daß es ihm gelang, zugleich wußte ich mit absoluter Gewißheit, daß es aussichtslos war. Ich schrie eine Warnung in die Nacht hinein. Keine Antwort. Ich sank ständig weiter. Ich blickte hinunter und sah die Spalte unter mir. Sie ließ sich jetzt klar erkennen. Als ich hochschaute, konnte ich den oberen Rand der Klippe nicht mehr ausmachen. Das Seil lief ins Schneegestöber hoch und verschwand. Es gab einen kleinen Ruck, dann noch einen, und ich hielt an.

Eine halbe Stunde verstrich. Ich hörte auf, nach Simon zu rufen. Ich wußte, daß er in derselben Situation war wie ich – bewegungsunfähig. Entweder würde er in seinem Sitz sterben oder vom konstanten Zug meines Körpers herausgerissen werden. Ich war gespannt, ob ich wohl starb, ehe es geschah. Es würde geschehen, sobald er das Bewußtsein verlor, und vielleicht tat er das eher als ich. Am Seil war ich vor den schlimmsten Lawinen geschützt. Er würde mehr frieren als ich.

Jeder Gedanke an den Tod, an meinen oder seinen, erfolgte ganz emotionslos und nüchtern. Ich war zu müde, um mich zu sorgen. Vielleicht, wenn ich Angst hätte, würde ich heftiger kämpfen, dachte ich, dann ließ ich den Gedanken wieder fahren. Beim Knüpfen der Schlinge hatte ich Angst gehabt, doch es hatte nichts gefruchtet. Toni Kurz hatte gekämpft und gekämpft, als er am Eiger starb. Er hatte kein einziges Mal aufgehört zu kämpfen, und plötzlich, als er noch immer um sein Leben kämpfte, war er tot ins Seil zusammengesunken. Die Rettungsmannschaften konnten zuschauen, wie er starb. Es schien merkwürdig, in derselben Situation zu sein und sich nicht darum zu kümmern... Vielleicht wegen der Kälte? Dauert nicht mehr lange. Ich halte nicht bis zum Morgen durch... Die Sonne sehe ich auch nicht mehr. Hoffentlich stirbt Simon nicht, das wäre hart... er sollte nicht meinetwegen sterben müssen...

Ich ruckte hoch. Die ziellos treibenden Gedanken waren weggescheucht, verdrängt von einer alles verzehrenden Wut auf das, was geschehen war. Ich schrie den Wind an. Fluchte und brüllte blind.

»Beim letzten verdammten Mal, und nach all den Schmerzen! DU SCHEISSKERL! DU DRECKIGER SCHWEINEHUND!«

Worte, an Schnee und Wind vergeudet, an niemand besonders gerichtet, geschrien in zitternder Wut aus Bitterkeit und Groll. Idiotische Worte, so sinnlos wie der zischende, leere Wind um mich. Zorn wallte in mir hoch. Er wärmte mich, schüttelte mich, trieb die Kälte in einer Tirade von Obszönitäten und Tränen der Enttäuschung weg. Ich weinte um mich selbst und fluchte über mich selbst. Alles blieb an mir hängen. Es war *mein* Knie, das zerschmettert war. *Ich* war abgestürzt, und *ich* war am Sterben und Simon mit mir.

Das Seil rutschte. Ich wippte ein paar Zentimeter hinunter. Dann nochmals. Hatte er den Knoten befreit? Ich glitt erneut. Hielt an. Dann wußte ich, was los war. Er kam herunter. Ich zog ihn heraus. Ich hing still da und wartete, daß es geschah. Jede Minute, jede Minute...

Joe hatte gelächelt, als ich ihn von mir weggleiten ließ. Es war kein eigentliches Lächeln. Seine Schmerzen verzerrten es zu einer Grimasse. Ich ließ ihn schnell losgehen und kümmerte mich nicht um seine Schreie. Er war rasch aus dem Strahl meiner Lampe weg, und als eine weitere Lawine über meinen Kopf fegte, verschwand auch das Seil. Abgesehen von seinem Gewicht an meiner Mitte gab es kein Lebenszeichen mehr von ihm.

Ich hielt die Geschwindigkeit bei. Die Sicherungsplatte war trotz meiner abgestorbenen Finger leicht zu handhaben. Es stand schlimm um die Finger. Sie machten mir Sorgen, schon seit wir das Joch verlassen hatten. Ich wußte, daß Joe nie wieder klettern würde, aber jetzt bangte ich um meine Hände. Es war unmöglich zu sagen, was zurückbleiben würde. Ich hatte sie kurz gesehen, als es noch hell war, doch ich konnte nicht erkennen, wie groß der Schaden war. Vier Fingerspitzen waren schwärzlich, dazu ein Daumen, aber wer wußte schon, ob den anderen nicht dasselbe bevorstand.

Ich hörte einen schwachen Schrei von unten. Das Seil ruckte leicht. Armes Schwein, dachte ich. Ich hatte ihn den ganzen Weg hinunter geschunden. Es war seltsam, so kalt zu reagieren. Es war mich hart angekommen, kein Mitgefühl zu haben. Jetzt war es leichter. Wir waren so schnell vorangekommen. Effizient. Ich war stolz darauf. Wir hatten alles bestens im Griff gehabt. Nicht schlecht! Es war ganz wider Erwarten leicht gewesen, ihn hinunterzulassen, besonders weil Joe die Sitze für mich ausgegraben hatte. Er hatte wirklich alles unter Kontrolle. Wenn das keine Selbstbeherrschung war! Ich hatte ihn nie gebeten, die Sitze zu graben, doch er machte einfach weiter. Ob ich das wohl auch getan hätte? Wer weiß.

Meine Hände wurden wieder starr. Vor dem Knoten wurden sie immer schlimm. Steif, wie Klauen. Das Seil lief glatt aus. Ich hatte dafür gesorgt, daß es sich nicht verhedderte. Die Vorstellung, Joe mit einer Hand zu halten und zu versuchen, mit der anderen ein verknäueltes und vereistes Seil zu entwirren, war unerträglich. Der Zug an meinen Gurten wurde stärker. Der Hang muß wieder steiler werden, dachte ich. Noch gut zwanzig Meter, bevor der Mittelknoten hinübergewechselt werden muß. Ich erhöhte das Abstiegstempo. Ich wußte, daß es ihm weh tat. Als es hell gewesen war, konnte ich seine Schmerzen einen langen Weg mitverfolgen, aber wir waren heruntergekommen. Es war nötig. Ein weiterer schwacher Ruf drang aus der Dunkelheit. Wieder ergoß sich ein sausender Strom von Pulverschnee über mich. Ich bückte mich tiefer in den Sitz und spürte, wie der Schnee sich setzte und leicht wegkrümelte. Die Sitze hielten eine Abwärtsfahrt aus, doch danach waren sie wirklich kurz vor dem Zusammenbrechen.

Plötzlich ruckte ich von der Körpermitte aus stark nach vorn und wurde beinahe aus dem Sitz gerissen. Ich warf mein Gewicht zurück, in den Schnee hinein, und stemmte die Beine fest gegen den plötzlichen Druck. Mein Gott, Joe ist abgestürzt! Langsam ließ ich das Seil zu einem Halt gleiten und versuchte dabei die Zugwirkung zu vermeiden, die ein abruptes Anhalten mit sich gebracht hätte. Der Druck blieb konstant. Meine Klettergurten schnitten in meine Hüften, und das Seil, das straff zwischen meinen gespreizten

Beinen hindurch an mir zerrte, drohte mich durch den Boden des Sitzes hinunterzureißen.

Nach einer halben Stunde ließ ich das Seil wieder gleiten. Was auch immer es war, worüber Joe abstürzte, es hatte ihm verunmöglicht, sein Gewicht vom Seil zu nehmen. Meine Beine waren gefühllos geworden, da der Druck auf meine Hüften die Blutzufuhr abschnitt. Ich versuchte, mir etwas anderes auszudenken, als ihn weiter hinunterzulassen. Nichts. Joe hatte nicht versucht, nach oben zurückzuklettern. Ich hatte kein Zittern im Seil verspürt, das mir verraten hätte, daß er etwas unternahm. Es gab keine Möglichkeit, ihn hochzuzerren. Der Sitz war bereits nur noch halb so groß wie ursprünglich; er hatte sich unter meinen Oberschenkeln ständig weiter aufgelöst. Ich konnte das Gewicht nicht mehr viel länger halten. Die steilen Abschnitte höher oben an der Wand waren weniger als fünfzehn Meter hoch gewesen. Ich stellte mir vor, daß er nach einer kurzen Strecke sein Gewicht vom Seil nehmen und eine Sicherung herstellen konnte. Ich hatte gar keine andere Wahl.

Während das Seil auslief, merkte ich, daß sich der Zug nicht verringerte. Joe hing immer noch im Freien. Über was zum Teufel ließ ich ihn da bloß hinunter?

Ich sah zum losen Seil hinab, das durch die Sicherungsplatte geführt wurde. Sechs Meter weiter unten entdeckte ich den Knoten, der unaufhörlich näher zu mir rückte. Ich begann zu fluchen und versuchte Joe zu beschwören, doch endlich auf etwas Solides zu treffen. Drei Meter vor dem Knoten hörte ich auf, ihn hinunterzulassen. Der Druck auf das Seil hatte sich nicht geändert.

Ich fuhr fort, mit den Füßen zu stampfen und versuchte den Einbruch des Sitzes aufzuhalten, aber es ging nicht. Ich fühlte die ersten Angstschauer. Wieder traf mich Schnee von hinten, brandete über und um mich. Meine Oberschenkel rutschten um ein Geringes nach unten. Die Lawine drückte mich nach vorn und füllte den Sitz hinter meinem Rücken auf. Oh Gott, es zieht mich heraus!

Dann hörte alles so abrupt auf, wie es angefangen hatte. Ich ließ das Seil weitere eineinhalb Meter gleiten und dachte hastig nach. Konnte ich es mit einer Hand unter dem Knoten halten und die Platte hinüberwechseln? Ich hob eine Hand vom Seil und starrte sie an. Sie ließ sich nicht einmal zu einer Faust ballen. Ich dachte daran, das Seil blockiert zu halten, indem ich es um meinen Oberschenkel wand und dann die Platte von meinen Gurten löste. Schnapsidee!

Ich konnte Joes Gewicht nicht mit den bloßen Händen halten. Wenn ich die Platte löste, würden fünfundvierzig Meter freies Seil ungehindert durch meine Hände laufen, und dann würde es mich glatt aus dem Berg reißen.

Es war fast eine Stunde her, seit Joe über den Absturz gefallen war. Ich zitterte vor Kälte. Mein Griff am Seil wurde trotz meiner Anstrengungen immer schwächer. Das Seil schob sich langsam hinunter, der Knoten drückte schon gegen meine rechte Faust. Ich kann es nicht halten, kann es nicht anhalten. Der Gedanke überwältigte mich. Schneerutsche, Wind und Kälte waren vergessen. Ich wurde hinausgezogen. Der Sitz bewegte sich unter mir, und Schnee rutschte an meinen Füßen vorbei weg. Ich rutschte ein paar Zentimeter mit. Als ich meine Füße tief in den Hang stampfte, hörte die Bewegung auf. Himmel! Ich mußte etwas tun.

Das Messer! Der Gedanke tauchte aus dem Nichts auf. Natürlich, das Messer. Mach schnell, los, hol es heraus.

Das Messer war in meinem Rucksack. Es dauerte eine Ewigkeit, die eine Hand loszulassen, den Träger über meine Schulter zu streifen und dasselbe mit der anderen Hand zu wiederholen. Ich klemmte das Seil über meinen Oberschenkel und hielt die Platte so stark, wie ich konnte, mit meiner rechten Hand fest. Während ich an den Verschlüssen des Rucksacks herumfingerte, konnte ich spüren, wie der Schnee langsam unter mir nachgab. Panik drohte mich zu überfluten. Ich tastete im Sack herum und suchte verzweifelt nach dem Messer. Meine Hand schloß sich um etwas Glattes und zog es heraus. Der rote Plastikgriff rutschte durch meinen Fausthandschuh, und beinahe hätte ich es fallen lassen. Ich legte es mir in den Schoß, bevor ich meinen Handschuh mit den Zähnen loszerrte. Ich hatte mich bereits entschieden. Mir blieb keine andere Wahl. Die Metallklinge klebte an meinen Lippen, als ich es mit den Zähnen öffnete.

Ich langte zum Seil hinunter und hielt dann inne. Das lose Seil! Zuerst das lose Seil zur Seite räumen, das sich um meinen Fuß wand! Wenn es sich verfing, würde es mich mit sich hinunterreißen. Ich räumte es sorgfältig auf eine Seite und prüfte, ob es ganz im Sitz und von der Sicherungsplatte weg lag. Wieder langte ich hinunter, doch diesmal führte ich die Klinge ans Seil.

Es brauchte keinen Druck. Das straffe Seil explodierte, sobald die Klinge es berührte, und ich flog rückwärts in den Sitz hinein, als die Zugspannung nachließ. Ich zitterte.

Als ich mich gegen den Schnee zurücklehnte, vernahm ich ein wütendes Hämmern in meiner Schläfe, während ich versuchte, meinen Atem zu beruhigen. Schnee zischte in einem Sturzbach über mich. Ich nahm keine Notiz davon, als er sich mir über Gesicht und Brust ergoß, in den offenen Reißverschluß am Hals spritzte und dann weiter, nach unten. Es kam immer mehr. Fegte über mich und hinunter, dem zerschnittenen Seil nach, auf Joe hinunter.

Ich lebte noch – das war das einzige, was ich in dem Moment denken konnte. Wo Joe war oder ob er noch lebte, beschäftigte mich während der langen Stille nach dem Schnitt nicht. Ich war von seinem Gewicht erlöst. Es blieben noch der Wind und die Lawinen.

Als ich mich endlich aufsetzte, fiel mir das lose Seil von den Hüften. Ein ausgefranstes Ende ragte aus der Sicherungsplatte hervor – er war weg. Hatte ich ihn getötet? Ich gab mir keine Antwort auf diese Frage, obwohl eine drängende, leise Stimme in mir insgeheim sagte, es sei so. Ich fühlte mich stumpf. Eisigkalt und im Schock einer lähmenden Stille starrte ich düster ins Schneegestöber unter mir. Ich hätte gerne gewußt, was wohl geschehen war. Ich verspürte keine Schuld, nicht einmal Kummer. Ich starrte auf den schwachen Strahl der Lampe, der durch den Schnee schnitt, und fühlte eine gespenstische Leere. Ich war versucht, nach ihm zu rufen, erstickte jedoch den Schrei. Niemand würde ihn hören. Da konnte ich sicher sein. Ich schlotterte im Wind, während mir die Kälte den Rücken hochkroch. Eine weitere Lawine fegte in der Dunkelheit über mich hinweg. Ich war allein und gefährlich unterkühlt in einer sturmgepeitschten Lawinenwand, und mir blieb nichts anderes übrig, als Joe bis zum Morgen zu vergessen.

Ich stand auf, drehte mich zum Hang und begann zu graben. Der Sicherungssitz war vom Pulver der Lawinen angefüllt. Bald war das Loch groß genug, daß ich halb vergraben im Hang liegen konnte und nur noch meine Beine dem Sturm ausgesetzt waren. Ich grub automatisch, während sich meine Gedanken in quälende Auseinandersetzungen verstrickten und nicht zu beantwortende Fragen stellten, und dann hörte ich auf zu graben, lag still und dachte über die Nacht nach. Dann grub ich weiter. Alle paar Minuten schüttelte ich ein Gewirr von Gedanken von mir ab und machte mich wieder ans Graben, bis ich merkte, daß ich schon wenige Minuten später erneut abgeschweift war. Es dauerte eine lange Zeit, bis ich diese Höhle fertig hatte.

Es war eine verrückte Nacht. Es fühlte sich seltsam an, so kalt darüber nachzudenken, was geschehen war, als würde ich mich bewußt von den Geschehnissen distanzieren. Hie und da fragte ich mich, ob Joe noch am Leben war. Ich hatte keine Ahnung, worüber er abgestürzt war. Ich wußte, wie nahe wir am Fuß des Berges waren, daher bestand eine gewisse Hoffnung, daß er einen kurzen Sturz auf den Gletscher überlebt hatte, sich jetzt vielleicht sogar ebenfalls eine Schneehöhle grub. Doch etwas ließ mich denken, dies sei nicht der Fall, und ich konnte mich des dringenden Gefühls nicht erwehren, er müsse tot sein oder im Sterben liegen. Ich spürte, daß in den Pulverlawinen, die wie irr durch die schwarze Nacht unter meiner Schneehöhle wirbelten, etwas Schreckliches verborgen lag.

Als die Höhle fertig war, verkroch ich mich in meinen Schlafsack und versperrte den Eingang mit meinem Rucksack. Der Wind und die Lawinen, die über das Dach brausten, waren unhörbar, und so lag ich in der stillen Dunkelheit und versuchte zu schlafen, von endlosen Gedanken gemartert, die sich in einem Teufelskreis wie wahnsinnig um sich selbst drehten. An Schlaf war nicht zu denken. Ich versuchte, meinen Verstand zur Ruhe zu bringen, indem ich darauf zurückblickte, was ich getan hatte. Aber nach einer Weile hörte ich damit auf, weil es mir bloß gelungen war, die Tatsachen zu vergegenwärtigen, und diese waren so real, daß ich keine Schlüsse aus ihnen ziehen konnte. Ich wollte das, was ich getan hatte, in Frage stellen. Es schien mir notwendig, mich selbst anzuklagen und mir zu beweisen, daß ich im Unrecht gewesen war.

Das Ergebnis war noch schlimmer als das endlose Kreisen der Gedanken, das mich nochmals alles aufrollen ließ. Ich warf mir vor, ich sei selbstzufrieden. Im Grunde war ich froh, daß ich stark genug gewesen war, das Seil durchzuschneiden. Es war mir nichts anderes übriggeblieben, also hatte ich es hinter mich gebracht. Ich hatte es getan, und zwar gut. Scheiße! Das brauchte schon etwas! Viele Leute wären eher gestorben, als soweit zu gehen und so etwas zu tun! Ich war noch am Leben, weil ich bis zum allerletzten Moment alles im Griff gehabt hatte. Es war mit Überlegung ausgeführt worden. Ich hatte sogar vorsichtshalber innegehalten, um sicherzugehen, daß sich das Seil nicht verfing und mich hinunterzog. Deshalb also fühlte ich mich verdammt konfus! Ich sollte mich wohl schuldig fühlen! Tue ich aber nicht. Ich habe richtig gehandelt. Aber Joe...?

Schließlich döste ich ein, ein paar wenige zermürbende Stunden verloren im Schlaf, zwischen Stunden wachen Nachdenkens in einer dunklen, sturmgepeitschten Höhle. Nachdenken, weil mein Bewußtsein sich weigerte zu schlafen oder weil ich vor Anspannung, Angst und Bangen derart aufgeputscht war. Nachdenken – Joe ist tot, ich weiß, daß er tot ist! – in einer eintönigen Litanei. Und dann nicht mehr an ihn als an Joe denken, nur noch an das Gewicht, das so plötzlich und so heftig von meiner Mitte weg war, daß ich das alles gar nicht richtig begreifen konnte.

Während sich die Nacht dahinzog, sank ich in eine verwirrte Benommenheit, und Joe entschwand mir aus dem Sinn. Durst trat an seine Stelle. Bei jedem Aufwachen verlangte es mich immer dringlicher nach Wasser, bis es alle meine Gedanken ausfüllte. Meine Zunge fühlte sich trocken und geschwollen an. Sie klebte mir am Gaumen, und ich konnte mir noch so viel Schnee in den Mund stopfen, er löschte den Durst nicht. Es war beinahe vierundzwanzig Stunden her, seit ich etwas getrunken hatte. In dieser Zeit hätte ich mindestens eineinhalb Liter Flüssigkeit zu mir nehmen müssen, um die von der Höhe bewirkte Dehydration wettzumachen. Ich witterte das Wasser im Schnee rund um mich, und es machte mich halb wahnsinnig. So döste ich in einer erschöpften Betäubung vor mich hin, bis ich mit dem Verlangen nach Flüssigkeit abrupt wieder aufwachte.

Allmählich wurde es hell. Ich sah Spuren des Eispickels im Dach. Die Nacht war vorüber. Bei Tagesanbruch überlegte ich mir, was zu tun war. Ich wußte, daß ich es nicht schaffte. Es war einfach nicht richtig, daß ich es schaffte. Ich hatte alles genau erwogen. Das also war es, was mir jetzt zustoßen mußte. Ich hatte keine Angst mehr. Die nächtliche Furcht war mit dem Morgengrauen gewichen. Ich wußte, ich würde den Versuch wagen, und ich wußte auch, daß es mich umbringen würde, aber ich würde es durchstehen. Wenigstens blieb mir dabei ein letzter Rest Selbstachtung. Ich wollte mein Bestes geben. Es würde zwar nicht ausreichen, aber ich wollte es wenigstens versuchen.

Ich kleidete mich in einem feierlichen, sorgfältigen Zeremoniell an, wie ein Priester vor der Messe. Ich hatte es nicht eilig, mich an den Abstieg zu machen, da ich wußte, daß dies mein letzter Tag war. Ein Gefühl der Verdammnis erfüllte mich, und so bereitete ich mich auf diesen Tag vor, als sei ich Teil eines uralten, universellen Ritu-

als, eines auf lange Sicht geplanten Rituals, das während der dunklen, von Gedanken zerrütteten Stunden, die hinter mir lagen, geboren worden war.

Ich befestigte den letzten Riemen meiner Steigeisen am Schuh und starrte dann still auf meine behandschuhten Hände. Die sorgfältige Vorbereitung hatte mich beruhigt. Meine Angst war geschwunden, ich war gefaßt. Ich fühlte mich kalt und hart. Die Nacht hatte mich gereinigt, hatte die Schuld und den Schmerz geläutert. Auch die Einsamkeit seit dem Schnitt war weg. Der Durst hatte nachgelassen. Ich war zum letzten bereit.

Ich zertrümmerte das Dach der Höhle mit meinem Pickel und erhob mich in den blendenden Glanz eines vollkommenen Tages. Keine Lawinen, kein Wind. Schweigsame Eisgipfel glänzten weiß, und der Gletscher bog sich sanft zu den schwarzen Moränen über dem Basislager. Ich fühlte mich beobachtet. Etwas im Sichelrund der Gipfel blickte zu mir herunter und wartete. Ich trat aus dem Wrack der Höhle und begann hinunterzuklettern. Ich mußte sterben; ich wußte es, und sie wußten es auch.

*

Ich hing schlaff im Seil, kaum noch fähig, meinen Kopf hochzuhalten. Eine schreckliche Müdigkeit hatte mich ergriffen, und mit ihr eine glühende Hoffnung, daß dieses endlose Hängen bald vorbei war. Diese Tortur war unnötig. Ich wünschte von ganzem Herzen, daß sie ein Ende nahm.

Das Seil ruckte ein paar Zentimeter nach unten. Wie lange hältst du das noch aus, Simon? dachte ich. Wie lange, bevor du mir nachfolgst? Es war bald soweit. Ich konnte spüren, wie das Seil wieder zitterte. Es war so straff wie ein Kabel und erzählte mir die Wahrheit so gut wie jeder Anruf. So! Hier geht es zu Ende. Schade! Hoffentlich findet uns jemand und erfährt, daß wir die Westwand erklettert haben. Ich will nicht spurlos verschwinden. Keiner würde je wissen, daß wir es geschafft hatten.

Der Wind schwang mich in ein sanftes Kreisen. Ich blickte zu der Spalte unter mir, die auf mich wartete. Sie war groß. Mindestens sechs Meter breit. Ich schätzte, daß ich fünfzehn Meter über ihr hing. Sie erstreckte sich am Fuß der Eisklippe entlang. Unter mir war sie mit einem Dach aus Schnee bedeckt, doch nach rechts öffnete sie sich, und dort gähnte ein dunkler Abgrund. Bodenlos, dachte ich müßig. Nein. Sie sind nie bodenlos. Wie tief ich wohl fallen werde? Bis ganz unten... bis zum Wasser auf dem Grund? O Gott! Hoffentlich nicht!

Noch ein Ruck. Über mir sägte das Seil durch den Klippenrand und löste Brocken krustigen Eises. Ich starrte es an, wie es sich in die Dunkelheit hoch erstreckte. Die Kälte hatte ihre Schlacht längst gewonnen. In meinen Armen und Beinen war kein Gefühl mehr. Alles wurde langsamer und milder. Gedanken wurden zu müßigen Fragen, die unbeantwortet blieben. Ich nahm es hin, daß ich sterben mußte. Es gab keine andere Möglichkeit. Es machte mir fürchterlich Angst. Ich war klamm vor Kälte und fühlte keine Schmerzen – so unempfindlich kalt, daß ich mich nur noch nach Schlaf sehnte und mich nicht um die Folgen kümmerte. Es würde ein traumloser Schlaf sein. Die Wirklichkeit war zum Alptraum geworden, und der Schlaf winkte mir eindringlich zu – ein schwarzes Loch, das mich rief, schmerzlos, zeitlos, wie der Tod.

Der Strahl meiner Lampe erstarb. Die Kälte hatte die Batterien getötet. Ich sah Sterne in einer dunklen Lücke über mir. Sterne oder Lichter in meinem Kopf. Der Sturm war vorüber. Es war gut, die Sterne zu sehen. Ich war froh, sie wiederzusehen. Alte Freunde kehren zurück. Sie schienen weit weg, weiter, als ich sie je zuvor gesehen hatte. Und hell. Man hätte sie für Edelsteine halten können, die in der Luft oben schwebten. Einige bewegten sich, kleine, blinkende Bewegungen, an und aus, an und aus, und ließen die hellsten Lichtfunken zu mir herunterschweben.

Dann machte sich das, worauf ich gewartet hatte, über mich her. Die Sterne gingen aus, und ich stürzte. Wie etwas lebendig Gewordenes peitschte das Seil ungestüm gegen mein Gesicht, und ich fiel still und endlos ins Nichts, als träumte ich nur vom Fallen. Ich fiel schnell, schneller als ein Gedanke, und mein Magen protestierte gegen diese sausende Geschwindigkeit. Ich fegte hinunter, und von weit oben sah ich mich fallen und fühlte nichts. Keine Gedanken, und alle Angst wie weggeblasen. So war das also!

Ein wummernder Aufprall auf meinen Rücken zerbrach den Traum, und der Schnee verschlang mich. Ich spürte kalte Nässe an meinen Wangen. Ich hielt nicht an, und einen jähen, blinden Moment lang hatte ich Angst. Jetzt, die Spalte! Ahhh... NEIN!!

Die Beschleunigung nahm mich wieder mit sich, barmherzig schnell, zu schnell für den Schrei, der über mir erstarb...

Die weißesten Blitze zerbarsten in meinen Augen, als ein fürchterlicher Aufprall mich in die Stille jagte. Die Blitze dauerten fort und zerplatzten in meinen Augen zu elektrischen Funkengarben, während ich die Luft aus meinem Körper weichen hörte, ohne etwas davon zu verspüren. Schnee folgte nach, flockte auf mich herunter, und ich registrierte seine weichen Schläge von weit weg, hörte ihn auf ferne, körperlose Weise über mir kratzen. Etwas in meinem Kopf schien zu pochen und wieder zu schwinden, und die Blitze kamen jetzt weniger häufig. Der Schock hatte mich betäubt, so daß ich eine unermeßliche Zeit benommen dalag, kaum bewußt, was geschehen war. Wie im Traum hatte sich die Zeit verlangsamt, und ich schien reglos in der Luft zu hängen, ohne Unterlage, ohne Masse. Ich lag still, mit offenem Mund, mit offenen Augen, die ins Schwarze starrten, glaubte, sie seien geschlossen, nahm jede Empfindung, alle die pulsierenden Botschaften in meinem Körper wahr und tat nichts.

Ich konnte nicht atmen. Ich würgte. Nichts. Drückender Schmerz in meiner Brust. Würgen und krampfhaftes Schnappen nach Luft, mit zugeschnürter Kehle. Nichts. Ich verspürte ein vertrautes, dumpf tosendes Geräusch von Kieseln an einem Strand und entspannte mich. Ich schloß meine Augen und überließ mich grauen, verbleichenden Schatten. Meine Brust zuckte spasmodisch, wölbte sich dann hinaus, und das Tosen in meinem Kopf klärte sich plötzlich, als kalte Luft hereinströmte. Ich lebte.

Ein brennender, messerscharfer Schmerz griff von meinem Bein hoch. Es war unter mir eingeknickt. Mit wachsendem Brennen wurde das Gefühl, lebendig zu sein, zu einer Tatsache. Teufel auch! Ich konnte nicht tot sein und so etwas fühlen! Es brannte weiter, und ich lachte – lebendig! Ihr könnt mich alle! – und lachte, ein wirklich glückliches Lachen. Ich lachte durch das Brennen, lachte weiter wie irr und spürte, wie mir die Tränen das Gesicht hinunterrollten. Ich konnte nichts finden, was daran so verdammt lustig war, aber ich lachte trotzdem. Weinte und lachte in den höchsten Tönen, während etwas in mir drin sich glättete, etwas Verknotetes und Verknäueltes in meinen Eingeweiden, das sich in Lachen auflöste und verschwand.

Olivier de Kersauson
Eintauchen in die wilden Vierziger

Am 14. Februar erlauben es die Wetterbedingungen, mit der Abfahrt nach Süden, in die 40er Breitengrade, zu beginnen. Diesmal tauche ich wirklich ein in die wilden Vierziger. Von heute an werde ich für zwei Monate genug abkriegen an Kälte und Dreckswetter.

Die Abfahrt kann aus zwei Gründen beginnen: zunächst, weil der Wind von Norden weht und mir so die Fahrt leichter machen wird. Zudem scheint es kein gefährliches Tiefdrucksystem im Süden mehr zu geben. Und trotzdem werde ich die schlimmsten Prügel meines Lebens abkriegen. Ich gerate fast augenblicklich in unbefahrbares Meer mit Winden von 45 bis 50 Knoten. Das ist nicht übermäßig, aber ich treffe auf Wellentäler von sieben bis neun Meter achtern und fünf bis sieben Meter querab, jeweils mit kurzen Abständen dazwischen. Die Gefahr auf dem Meer hängt nicht so sehr von der Höhe der Wellen ab, als von dem geringen Abstand, der sie voneinander trennt. Hier habe ich kaum zwei Schiffslängen zwischen jeder Welle. Das heißt: eine Welle alle dreißig oder vierzig Sekunden... Die heftigen Angriffe sind grauenhaft. Meine einzige Abwehr besteht darin, daß ich das Schwert eingeholt habe. So bietet das Schiff, wenn es von der Seite attackiert wird, weniger Widerstand, der Aufprall wird abgeschwächt. Das verhindert nicht, daß ich eine Abreibung bekomme und das Schiff noch viel mehr.

Niemals habe ich so starke Wellen erlebt. Woher dieses Brodeln kommt, weiß ich nicht: entweder ist es ein lokales Phänomen oder eine Minitiefdruckzone, die von den Satelliten nicht geortet worden war. Auf jeden Fall ist es eine sehr gefährliche See, in der das Schiff nur mühsam vorankommt. Aber mir bleibt keine Wahl... ich bin in einer Sackgasse. Wenn ich versuche, Geschwindigkeit aufzunehmen, um vor der Welle zu fliehen, die von achtern kommt, so droht die von der Seite, mich ins Trudeln und damit zum Kentern zu bringen. Von Zeit zu Zeit habe ich Schlagseite bis zu vierzig Grad. Vierzig Grad, das ist enorm: fast die Hälfte eines rechten Winkels! Weil das Schiff jegliche Stabilität verloren hat, schaukelt es mit unglaublicher Vehemenz von einem Schwimmer auf den anderen. Mehrmals ist es völlig von den Wogen überschwemmt, die querab kommen. Alles, was nicht vertäut war, ist heruntergefallen, und ich selbst muß mich dreißig Stunden lang ständig mit beiden Händen irgendwo festklammern. Es kann keine Rede davon sein, auch nur ein Spiegelei in der Pfanne zu machen. Nichts würde auf der Kochplatte stehenbleiben. Es kann keine Rede davon sein, daß ich mich auf der Koje ausruhe, sonst würde ich herausgeschleudert.

Mehrmals verliere ich das Gleichgewicht und falle hin. Die Regale in der Küche sind leer. Die Lukendeckel und die Kisten mit den Lebensmitteln sind aufgegangen... Ein gutes Drittel der Apotheke schwimmt in der roten Pfütze eines zerbrochenen Topfes Erdbeermarmelade. Auf Knien versuche ich, Ordnung in dieses Tohuwabohu zu bringen... So bin ich wenigstens beschäftigt. In dem Unwetter achte ich darauf, daß ich die Kleider, auf die ich meine, im Falle eines Kenterns nicht verzichten zu können, aus dieser riesigen Schweinerei raushalte, und verstaue sie in Müllsäcken, um sicher zu sein, daß sie trocken bleiben.

Draußen ist es schrecklich. Das Merr ist dunkelgrün mit metallischen Funken. Eine Weltuntergangsfarbe. Seine Form ist unbeschreiblich. Eine Art brüllendes Chaos, das von allen Seiten gleichzeitig auf das Schiff einstürmt, auf den Schwimmern zerbirst und die Gischt bis zu den ersten Salings sprüht, die zwölf Meter entfernt sind! Von Zeit zu Zeit gibt das Meer unter dem Schiff nach, das dann in ein Loch fällt. Ich hebe jedes Mal um mindestens fünfzig Zentimeter vom Boden ab. Aber das schlimmste ist der Krach, der von den Bewegungen des Schiffes verursacht wird, von seinen vibrierenden Schwimmern und dem gepeitschten Takelwerk. Bei jeder Woge kommt es mir vor, als ob ich einen Faustschlag in den Plexus bekäme. Von den Stößen wie betäubt, stürze ich mich in regelmäßigen Abständen gegen die Scheiben des Ruderstandes, um zu sehen, ob das Meer nicht schon ein Stück von einem Schwimmer abgerissen hat... Das Schiff wird an Ort und Stelle massakriert. Ich glaube jedes Mal, daß die nächste Welle für mich bestimmt ist, daß sie mich wegträgt und daß ich an diesem Punkt meiner Strecke verschwinden werde...

Dies ist einer der seltenen Augenblicke in meinem Seefahrerleben, wo ich spüre, daß ich *nichts* tun kann. Es ist, als befände ich mich in einem Ring, Cassius Clay gegenüber, und würde darauf warten, daß er mir endlich keine Schläge mehr in die Fresse verpaßt. Dreißig Stunden lang ertrage ich diese See, ohne andere Aussicht als das Kentern. Zum erstenmal befinde ich mich in einer Situation, wo ich keinerlei Möglichkeit habe, irgend etwas zu entscheiden. Bei jeder Woge ist mein Magen vor Angst mehr verkrampft. Um das Maß vollzumachen, habe ich zudem ausfindig gemacht, daß mein Backbordschwimmer ein Leck hat. Ich habe darin ungefähr fünf- bis siebenhundert Liter Wasser untergebracht... anders gesagt: sechshundert Kilo am Ende einer Achse von acht Metern, was die Gefahr des Kenterns noch erhöht. Ich habe auch Angst vor den Stößen auf das Takelwerk und falle wieder zurück in meine Furcht vor einem Mastbruch. Das wäre diesmal um so schlimmer, als es mir nicht gelingen würde, die Rettungsmanöver bei einer so hochgehenden See anzustellen (die Want durchschneiden, den Mast vom Schiff wegschaffen, damit er kein Loch in den Rumpf schlägt). Ich steuere, um mich zu beschäftigen, oder um mir den Anschein einer Beschäftigung zu geben, aber ich sehe genau, daß das nichts nützt. Ich bringe das Schiff nicht besser durch als der Autopilot. Von Zeit zu Zeit kann ich einem großen Loch ausweichen, das schon, aber nach sechs, sieben Stunden Steuern bin ich derart verkrampft, daß mir jeder Muskel, jedes Gelenk wehtut. Ich habe dermaßen Schiß, daß ich meine Taucherkombi über Kleidungsstücke aus Seide streife. Ich bereite mich schon fürs Überleben vor. Ich befestige ein langes Messer an meinem Gürtel und verriegle die Hintertür. Die Erstehilfekiste habe ich griffbereit. Ich weiß, daß mir im Fall des Kenterns nur einige Minuten bleiben, um wieder in dem Laderaum vorn einzuziehen, wo ich, wenigstens hoffe ich das, einigermaßen vor Wasser und Kälte geschützt bin.

Schließlich wünsche ich mir fast, endlich zu kentern, damit ich aktiv werden und selbst entscheiden kann, was dann geschehen soll, als weiter mit Angst im Bauch das über mich ergehen zu lassen. Aber ich weiß auch, daß, wenn ich in diesem Gebiet hier kentere, die Überlebenschancen nicht höher als fünf Prozent sind... wenn man Optimist ist. Niemand wird mir zu Hilfe kommen, ich bin zu weit weg. Sogar wenn mein Seenotsender funktioniert. Ich muß zweitausend Kilometer von den Kerguelen entfernt sein, aber von den Kerguelen kann mir niemand zu Hilfe kommen. Ich bin nicht mehr in der roten Risikozone, ich bin mittendrin in der Gefahr. Der puren, absoluten Gefahr.

Ich glaube trotzdem, nach allem, was ich auf dem Meer erlebt habe, behaupten zu können, daß ich von diesem Beruf etwas verstehe. Ich habe mich schon oft in extremen Situationen befunden, bin durch Zyklone gefahren, habe Winde von mehr als hundertzwanzig Knoten erlebt und Wellen von achtzehn oder zwanzig Metern Höhe. Mir ist mitten auf dem Atlantik ein Schiff geborsten... Und ich habe auf früheren Fahrten schon fast vier Monate im Süden verbracht. Es ist also ein Meer, das ich ein wenig kenne und über das ich zudem viel nachgedacht habe. Aber angesichts dieser entfesselten Naturgewalt nützen keine Erfahrungen mehr, keine Kenntnisse, und technische Lösungen noch viel weniger. Die einzige Antwort, die es gibt, ist, eine Kerze anzuzünden und sich zu sagen: »Wenn das Schiff doch nur hält!« Gewöhnlich ist der Segelsport kein Hasardspiel. Die Risiken sind immer berechenbar. Einer unerwarteten Gefahr kann man durch folgendes Schema begegnen: zunächst die Einschätzung der Lage, danach die Analyse und schließlich die Bewältigung der Gefahr. Aber hier gibt es kein Schema, nach dem man vorgehen kann. Es ist die Gefahr in ihrer ganzen Gewalt. »Dem« ist der Mensch nicht gewachsen. Hier ist er an die Grenze seines Mutes und seiner Fähigkeiten gelangt. In solchen Augenblicken hat man wirklich den Eindruck, daß der Ozean rebelliert und daß er einem sagt, man solle sich verziehen: »Hau ab! Bleib nicht hier!«

Für mich werden diese Stunden der Heimsuchung meine schlimmste Erinnerung im Segelsport bleiben und auch die größte Demütigung meines Lebens aufgrund der völligen *Ohnmacht*, mit der ich mich konfrontiert sehe. Ich habe mich für einen Kerl gehalten, der über ein solides physisches und psychisches Potential verfügt, und bin mir doch angesichts der Furcht zu sterben, die mich dreißig Stunden lang nicht losließ, nackt wie ein Wurm vorgekommen. Ich habe dreißig Stunden der Not und der Panik, abgesunken auf das Niveau eines Tieres, erlebt. Im Krieg kann man wenigstens einen Gegenangriff führen... Man muß sich ein letztes Vergnügen machen können, indem man sich sagt, daß man, wenn man schon verloren ist, immer noch einen Feind abknallen kann... Hier ist meine einzige Hoffnung, daß es aufhört. Eine Hoffnung, die weder von meinem seemännischen Können abhängt noch von meinem Schiff, sondern von den blinden Schlägen des Zufalls oder des Schicksals.

Dann habe ich soviel Angst, daß ich bete. Um durch diese wilde und feindselige Welt zu kommen, bleibt mir nur Gott. Der Mensch ist stark im Hochmut, aber nicht immer dem Grauen gegenüber. Und hier muß ich das Grauen hinnehmen, verdammte Scheiße! Es bleibt mir nichts anderes mehr, als den lieben Gott zu bitten, mit seiner Hand diese kleine Ecke des Ozeans sauberzumachen, damit ich endlich weiterkomme.

Wenn es mir gelingt, das hier lebend zu überstehen, habe ich das sicher nicht meiner seemännischen Erfahrung zu verdanken. Es bleibt also nichts anderes als der Zufall oder die Gnade.

Wie soll ich je erfahren, ob es meine Gebete waren, die erhört wurden? Tatsache ist, daß ich lebend herausgekommen bin. Nach dreißig Stunden...

6 WILDE TIERE

Harry E. Rieseberg
Der Seepolyp auf der Schatzkiste

Eines Tages kurz vor Mittag stand ich in der Nähe des Bugs. Vor mir kam eine Insel und die Bucht eines Hafens in Sicht. Tano schien aufgeregt. Seine Augen hingen an den verdämmernden Linien eines felsigen Berges östlich der Hafenbucht, schweiften dann nach den westlichen Vorgebirgen hinüber und glänzten vor Unruhe. Der Junge zitterte vor Ungeduld wie ein Hühnerhund, der Vögel riecht.

»Halt!« rief er plötzlich, »hier!«

Ich schrie der Mannschaft die erforderlichen Befehle zu; die Anker rasselten über dem bezeichneten Ort in die Tiefe. Ich sah in das klare Wasser zu meinen Füßen und es war mir, als erblickte ich tief unten auf dem Grunde die dunklen Konturen eines geborstenen Schiffes. Aber wahrscheinlich hatte auch mich das Jagdfieber erfaßt. Würden wir hier etwas finden, so hätte Tano jedenfalls eine großartige Lotsenarbeit geleistet. Aber er hatte ja gesagt, er sei schon unten in dem Wrack gewesen; da hatte er sich natürlich die Stelle gemerkt.

Tano ging denn auch zuerst hinunter, um auszumachen, ob das Wrack vorhanden sei. Schon nach kurzer Zeit gab er das Zeichen, um heraufgezogen zu werden. Als er oben war und ich ihm den Helm abnahm, zog sich sein Mund zu einem breiten Lächeln auseinander. Ja, das Schiff war da. Nach meinen Aufzeichnungen mußte es sich um das Flaggschiff des Admirals de Grasse handeln, das im Jahre 1782 unter dem tödlichen Feuer der englischen Fregatten des Admirals Rodney gesunken war. Nach meinen Feststellungen mußte das Schiff seinerzeit an die zwei Millionen in Gold- und Silberfranken an Bord gehabt haben.

Wir waren alle wie elektrisiert; alle Mann gingen fieberhaft an die Arbeit; jeder Handgriff saß. Mein Helm wurde festgeschraubt, und ich ging über Bord. Langsam ließen sie mich hinab, und ich sank durch das goldgelb schimmernde Wasser hinunter in die Tiefe.

Bei etwa zwanzig Faden stieß ich auf Grund. Trübe Düsternis

umgab mich. Selbst in diesen klaren Gewässern gab es in hundertzwanzig Fuß Tiefe nur spärliches Licht. (Die Tauchstelle liegt ein Stück außerhalb des Hafens von Roseau an der südwestlichen Küste Dominicas leewärts der Inseln.)

Meine bleischweren Schuhe schlugen mit leichtem Klirren auf festem Boden neben der beschwerten Leine auf. Ich wandte mich noch einmal um, um meinen Luftschlauch zu sichern und zu kontrollieren, ob die anderen Leinen in gerader Linie zum Schoner hinaufliefen, der in den Wogen hoch über mir sacht hin- und herschaukelte. Der Messinghelm, den ich seinerzeit sehr sorgfältig und mit besonderer Vorsicht ausgewählt hatte, gab mir die Möglichkeit, alles um mich herum zu sehen, der vom Helm ausstrahlende Lichtkegel zerschnitt die Dunkelheit, sobald ich mich vorwärts bewegte.

Ich tastete mich vorsichtig weiter und blieb schließlich stehen. Es war genau so, wie Tano gesagt hatte. Vor mir ragten die düsteren Umrisse des zerbrochenen Schiffswracks. Es lag vor mir in schauerlicher Einsamkeit. Sonderbare Gefühle beschlichen mich. Hatte ich recht? Auch Tano hatte es behauptet, und unter den Eingeborenen von Roseau sollte das Geschwätz darüber umgehen. War es wirklich Admiral de Grasses Flaggschiff, das da vor mir lag? Das Schiff, das Rodney im Jahre 1782 versenkt hatte?

Ich tat wieder ein paar vorsichtig tastende Schritte vorwärts. In dem geschmeidigen Gummianzug konnte man leicht manövrieren. Ich hatte einen langen Weg hinter mir bis zu diesem Augenblick: Jahre eifrigen Schmökerns und Studierens über alten Urkunden und Pandekten, Tabellen und Zahlen; Tauchversuche und zähe und langwierige Kämpfe um die Finanzierung meiner Arbeit. Lag sie nun vor mir, die erste wirkliche Chance, alte, gesunkene Schätze zu bergen?

Es ist nicht gut, sich tief im Wasser zu erregen. Das Tauchen erfordert größtmögliche Kaltblütigkeit, man muß sich selbst jederzeit im Zaum haben, aber es gelang mir nur sehr schlecht, mein Blut ruhig zu halten. Ich hörte im Geist immer wieder Tanos Worte: »Es ist sicher sehr reich; ein oder zwei Millionen Franken in Gold und Silber.«

Noch einmal prüfte ich Ausrüstung und Zuleitungen. Dann sah ich, daß das Wrack in zwei gewaltige Hauptstücke auseinandergebrochen war. Welchen Teil sollte ich zuerst untersuchen?

Ich hatte ja bereits getaucht; ich wußte ziemlich genau, womit ich rechnen mußte. Ich hatte schon grauenhafte Seespinnen gesehen, ich wußte von riesigen Muränen, die imstande sind, mit einem einzigen Biß eine Hand abzureißen oder einem Mann mit einem einzigen Schlag des gewaltigen Schlangenleibes das Rückgrat zu brechen. Ich kannte die großen Barracuda-Pfeilhechte, deren Rachenkiefer Gummi, Fleisch und Knochen ohne Mühe zerschneiden.

Zudem konnten einem die zackigen Holzteile des zersplitterten Wracks leicht gefährlich werden; sie waren überall von Seetang durchsetzt, in dessen Geschlinge man sich gefährlich verwickeln konnte. Man konnte sich die Hände an den giftigen Seeigelstacheln verletzen, oder die Tintenausspritzungen des Seepolypen konnten einem die Sehscheiben verkleben; man konnte mit dem Fuß unversehens in eine scharfkantige Korallenspalte abrutschen und hoffnungslos festsitzen.

Ich starrte aufmerksam spähend in die Düsternis des Wassers. Überall rund um mich her lauerten versteckte Gefahren. Ich hatte eine Vorstellung ihrer vielfältigen Möglichkeiten, ich wußte genau, was zu tun war, wenn ich auf dem Meeresgrund arbeiten wollte, aber da gab es zahllose Möglichkeiten, die sich nicht oder nur dunkel voraussehen ließen. Rechts von mir klaffte zwischen Korallenbergen eine tiefe, dunkle Spalte. Hier mußte man aufpassen, sie konnte allerlei Tücken in ihrem Grunde bergen. Jedes einzelne der halben Fabelwesen, mit deren Anwesenheit ich hier rechnen mußte, konnte plötzlich aus diesem schwarzen Schlund heraus auf mich zustürzen.

Und wieder sah ich auf die geborstenen Wracktrümmer, die Überreste einer stolzen Fregatte; ich war begierig, ihr Inneres zu untersuchen, um zu sehen, ob die millionenschweren Kisten noch zwischen den zertrümmerten Bordwänden steckten. Aber ich ließ mich von meiner Begierde nicht zu Unbesonnenheiten verführen. Ich wußte, daß es notwendig war, zunächst einmal die Umgebung genauestens zu sichten und zu untersuchen, bevor ich an die eigentliche Arbeit ging. Vorsichtig weitergehend, näherte ich mich dem dunklen Schacht zwischen den zackigen Korallenwänden.

Schritt um Schritt tappte ich mich vorwärts, bemüht, immer festen, betretbaren Boden unter den Füßen zu haben. Mein Blick war auf ein ungewisses dunkles Etwas gerichtet, das Ding, das sich zu bewegen und Form und Umriß zu verändern schien; der Strahl meiner Helmlampe vermochte es nicht auszumachen. Mit unendlicher Vorsicht setzte ich Fuß vor Fuß – noch einen Schritt und noch einen – –.

Willst du wissen, wie man sich auf dem Grunde des Ozeans fühlt, dann stelle dir vor, du tapptest in einem dunklen Hause herum. Du hörst ein unbestimmtes Geräusch und gehst ihm vorsichtig nach. Plötzlich tippt dir jemand von hinten auf die Schulter. In der ersten Sekunde glaubst du noch nicht an die Wirklichkeit der Empfindung; wahrscheinlich hat deine Angst sie dir suggeriert. Aber dann weißt du plötzlich: es stimmt, es ist etwas hinter dir her. Es hat dich berührt.

Ebenso eine Berührung fühlte ich plötzlich auf meiner linken Schulter. Der Schreck – eisiger, lähmender Schreck – ließ meinen bleibeschwerten Fuß innehalten, als ich ihn eben niedersetzen wollte. Für den schreckensvollen Zeitraum einer Sekunde war ich starr, wie gelähmt. Die Bewegung auf meiner Schulter wiederholte sich.

Da blieb denn keine Zeit, darüber nachzudenken, was das wohl sein, woher die Berührung wohl kommen könnte. In einer Art Reflexbewegung riß ich mein Messer aus der Scheide im Gürtel, wandte mich um und schlug aus, noch einmal und noch einmal, wieder und wieder. Ich traf auch etwas, ich wußte nicht was; ich spürte nur, daß mein haarscharfes Messer eine weiche, gallertartige Masse zertrennte.

Und dann sah ich, was da war. Acht Fangarme eines ungeheuren Seepolypen, jeder einzelne mit griffbereiten schleimigen Saugnäpfen bewehrt, kreisten über mir und rund um mich her; sie kamen aus allen Richtungen auf mich zu und tasteten sich an mich heran. Das Ungeheuer wälzte seinen dicken, schrecklich und widerwärtig anzusehenden Körper durch das Wasser. Kein Zweifel, ich hatte das Untier bei dem Versuch, die Korallenhöhle zu erkunden, aufgeschreckt. Jetzt hieß es um das Leben kämpfen. Die großen Fangarme waren bereits dabei, mich zu umschlingen. Einer legte sich um meinen linken, ein anderer um meinen rechten Arm. Einmal gefesselt, würde mir das schärfste Messer nichts mehr nützen; so schlug ich denn wieder aus, nach links und nach rechts, stach und schnitt und hackte aus voller Kraft um mich herum, um einer völligen Umklammerung zuvorzukommen.

Ich sah: etwas Langes, Dunkles floß mit der Strömung fort. Ich

trat einen Schritt zurück und sah ein anderes dunkles Etwas weg-
ziehen. Und noch ein Drittes trieb in schlangenhaften Windungen
in die Dunkelheit hinein. Das mußten Fangarme des Polypen sein;
drei Fangarme – ich hatte sie dem Ungeheuer abgetrennt, und sie
trieben wie selbständige Lebewesen davon.

Aber da tasteten sich schon neue Saugarme heran; wanden sich
um mich wie ringelnde Schlangen. Ich schlug und stieß um mich
mit dem Mut der Verzweiflung. Je ein Fangarm wickelte sich um
meine Fußgelenke; ich verspürte einen Ruck, der mich fast um-
warf. Ich taumelte und war für ein paar Sekunden frei. Ich stieß
wild mit dem Messer nach allen Seiten.

Ich hatte früher abenteuerliche Geschichten von Seeungeheu-
ern gehört, so zum Beispiel die Geschichte des Kapitäns Jim Floyd
vom Schoner »Perle«. Der hatte erzählt, ein riesiger Seepolyp sei
an der Reling seines Schiffes aufgetaucht, hatte es geentert und
mitsamt der Mannschaft, ihn selbst ausgenommen, in die Tiefe
gerissen. Ich hatte das für Seemannsgarn genommen damals, wie
alte Seebären es bei Rum und Pfeifenqualm zu spinnen pflegten.
Fürchterliche Geschichten mit grausigen Einzelheiten waren zu-
tage gekommen; ich hatte gelacht; die Jungen waren wieder einmal dabei, »eine große Schleife zu ziehen«; es war eine schöne
Zeit.

Hier und jetzt aber war grausige Wirklichkeit. Ich befand mich
weit weg von Roseau, hundertzwanzig Fuß tief unter der Oberfläche des Wassers. Und vor mir wand sich ein fremdartiges Ungeheuer und suchte mich zu vernichten.

Eine große, wabbelnde, hüllenlose Fleischmasse drang mit ihren sich windenden und zitternden Fangarmen auf mich ein, offensichtlich gewillt, mich nicht mehr freizugeben, und dieses urwelt-
liche Vieh befand sich auf gewohntem Grunde in seinem eigenen
heimatlichen Bereich.

Die gierigen Fangarme mit ihren Saugnäpfen krümmten sich
und stießen züngelnd zum Angriff vor, sie glitten wabernd zurück
und ringelten sich ein, sie schienen einem Fechter zu gehören, der
in allerlei Finten beschlagen war. Wieder fühlte ich, wie sich etwas
um meine Fußgelenke ringelte. Im Augenblick, da ich mich blitz-
schnell niederbeugte, um mich mit Hilfe des Messers zu befreien,
bekam ich einen gewaltigen Schlag. Ich schlug blind vor Wut und
Ingrimm zurück und erhielt unverzüglich einen neuen Schlag. Es

wurde mir immer schwieriger, mich auf dem mit allerlei Schlinggewächsen bedeckten felsigen Boden zu halten. Jedesmal, wenn das Untier mich ergriff und schüttelte, stieß mein Kopf an den Metallhelm. Ein plötzlicher Ausfall der Bestie schmetterte mich gegen einen scharfgratigen Korallenfelsen; der Anprall benahm mir fast den Atem, ich war wie betäubt.

Panik überfiel mich. Diese teuflische Kreatur schien mit kalter und lauernder Klugheit jede meiner Bewegungen vorauszuberechnen und ihr zuvorzukommen. Bist du jetzt nicht auf der Hut, bist du verloren! durchschoß es mich; ich fuhr weiter fort, das Messer zu schwingen und um mich zu schlagen.

Ob es nicht besser sein würde, das Gefahrensignal zu geben – des Tauchers letzte Zuflucht? Vier scharfe Züge an der Leine, und George Wright, Runi und Tano würden wissen: Ziehen, bis die Leinen reißen!

Aber ich war hartnäckig; ich gab mich nicht gerne geschlagen. Ich war hier heruntergekommen, um das Wrack von de Grasses Flaggschiff zu untersuchen und um Gold- und Silberfranken zu finden. Ich mußte auf irgendeine Weise dieses schleimige Ungeheuer loswerden. Ich stand unmittelbar vor dem Ziel meiner Träume; ich durfte nicht nachgeben.

Und ich kämpfte weiter. Der Kampf nahm meine letzte Kraft in Anspruch, mich der zerrenden und saugenden Gewalt des Polypen zu erwehren. Plötzlich bemerkte ich, daß meine schweren Gewichte sich verrückt hatten und verkehrt schwangen; sie drohten, mich aus dem Gleichgewicht zu heben. Gelang es mir aber nicht, mich aufrecht zu halten, dann würde die Luft aus meinem Helm in den Körper und die Beine des Gummianzuges fließen, ich würde, mit dem Kopf nach unten, wehr- und hilflos den Angriffen des Untiers ausgesetzt sein und ihm zum Opfer fallen. Immer wieder versuchte ich, meine von den Fangarmen umklammerten Fußgelenke zu befreien. Bei jeder Bewegung in dieser Richtung fuhr das Ungeheuer auf mich los, und mein Kopf schlug gegen die Helmwand. Ich spürte warmes Blut in den Mundwinkeln. Mein Körper brannte und schmerzte von dem ständigen Anprall gegen die Korallenfelsen.

Ich vermochte seit einiger Zeit nur noch mit Unterbrechungen zu sehen. Die Wasserfläche um mich herum war mehrere Quadratmeter weit von den blauschwarzen Ausscheidungen des Polypen verdickt und gefärbt. Nach einer Weile wurde es plötzlich klar. Ich vermochte einen Blick auf meinen gefährlichen Gegner zu werfen und starrte gerade in das wachsam lauernde schiefe Oval seines Auges, das mich keine Sekunde aus dem Blick ließ. Ich denke noch heute nicht ohne Schaudern an diese Polypenaugen.

Wir mochten fünfundzwanzig bis dreißig Minuten zäh und verbissen gekämpft haben; mir schien es eine Ewigkeit. Die Welt oben, der tänzelnde Schoner in den grünen Wellen, die leuchtende Sonne über der Bucht von Roseau und dem dominikanischen Land schien in endloser, nie mehr erreichbarer Ferne.

Meine Beinnerven zuckten vor Anstrengung; ich war fast gelähmt von der Vorstellung, von einem schleimigen, urwelthaften Ungetüm, das in hundertzwanzig Fuß Meerestiefe an meinen Fußgelenken hing und dessen weitere Fangarme mich zu umklammern drohten, vernichtet und überwältigt zu werden.

Blind und taub und besessen, konnte ich nichts anderes tun, als immer wieder zuzuschlagen, jedoch offensichtlich ohne irgendeinen Erfolg. Der Polyp schüttelte mich noch immer, hilf- und willenlos schlug ich alle Augenblicke gegen die Felswand. In meinem Kopf, der bei jedem Ruck gegen die Metallwand des Helmes prallte, dröhnte es, meine Arme wurden schwer, und meine Bewegungen träger und langsamer. Es mußte etwas geschehen und zwar unverzüglich.

Und wieder packte ich in verzweifelter Entschlossenheit das Messer fester. Ich mußte diesen Wasserteufel töten und frei von dem pressenden Druck seiner Fangarme werden. Ich wollte in das Wrack, ich wollte seinem toten, halb vermoderten Körper die Geld- und Silbermillionen entreißen. George sollte mir auf die Schulter klopfen und »Ganz hübsche Arbeit, mein Junge!« sagen. Ich wollte Tanos bronzefarbenen Körper sehen und sein glattes schwarzes Haar. Er sollte seine prachtvollen Zähne fletschen und Runi angrinsen. Nein, es durfte nicht sein, daß am Ende so vieler Mühen gleich bei dem ersten ernsthaften Bergungsversuch irgendein Seepolyp mein Leben vernichtete. Verdammt nochmal, es durfte nicht sein!

Ich stach, blind vor Wut, mit dem Messer zu. Plötzlich war Nacht um mich herum. Meinen Körper durchfuhr ein heftiger Ruck. Ich taumelte, suchte mich zu halten und glitt wieder aus. Der lange Kampf und die ständigen Schläge gegen Kopf und Körper hatten mir fast die Besinnung geraubt; ich spürte erschreckend meine Unsicherheit.

In einer unbestimmten und nebelhaften Weise wußte ich indessen: Jetzt mußt du handeln oder du bist verloren! Gleich würde dieses vielarmige schleimige Ungeheuer mich haben, würde mich zusammenpressen, und alles würde aus sein. Es begann vor meinem Blick schon zu dunkeln. Ich blinzelte in halber Betäubung, hob meinen Arm und riß viermal kurz und heftig an der Leine. Fast im gleichen Augenblick wurde ich ohnmächtig.

Ich befand mich in einer bösen Verfassung, als George und die anderen mich an Deck des Schoners zogen. Sie sagten es mir einige Tage später, als ich imstande war, ihnen wenigstens bruchstückweise zu erzählen, was vorgegangen war, bevor ich das Alarmzeichen gegeben hatte.

Wright und Tano hatten gewußt, daß etwas Böses geschehen sein mußte, als ich das Alarmzeichen gab. Aber sie hüteten sich peinlich, eine unvorsichtige Bewegung zu machen, solange sie den genauen Sachverhalt nicht kannte. Ein einziger falscher Handgriff beim Heraufholen kann hinreichen, den Taucher zu töten. Sie zogen oben alle Mann an den Leinen. Tief unten wurde ich in bewußtlosem Zustand von dem Ungetüm festgehalten. Sie zogen und zogen, aber es rührte sich nichts. Eine Brise hatte sich aufgemacht, und der Schoner hob und senkte sich in den Wogen, so daß die Männer über dem Ziehen immer wieder aus dem Gleichgewicht kamen. Tano, eine Chance erkennend, sprang von der Luftpumpe zurück und schlang die Leine in blitzschneller Bewegung mehrere Male um einen Pfosten, und zwar zu einem Zeitpunkt, zu dem der Schoner tief unten zwischen den Wellen tanzte. Einen Augenblick später hob das schäumende Meer das Schiff wieder hoch, schleuderte es förmlich in die Höhe.

George erzählte, er hätte den Atem angehalten, als die Leinen sich unter dem Ansprung der See zum Zerreißen strafften. Krachen und Knirschen und Stöhnen, – aber die Leinen hielten. Ich weiß ja nicht, was geschah, ich hing, ohnmächtig und willenlos, in den Fängen des Untiers; es war aber wohl so, daß der letzte heftige Leinenruck den Polypen überraschte, so daß er losließ, oder er hatte in eben jenem Augenblick versucht, sich an einer anderen Felsformation festzuklammern. Was immer geschehen ist, jedenfalls hatte der letzte scharfe Ruck an der Leine mich befreit, und ich war in einem Strudel von Blasen zur Oberfläche hinaufgeschossen.

Dieses schnelle Heraufholen barg ein außerordentliches Risiko, aber in diesem Risiko hatte gleichzeitig meine einzige Rettungschance gelegen.

Etwa ein Dutzend Fuß unterhalb der Oberfläche kam ich wieder zu mir. Ich weiß noch, daß ich den abgerundeten Schiffsbauch des Schoners über mir erblickte. Und trotz meiner halben Betäubung erinnere ich mich noch gut an das schreckliche Gefühl, einerseits von den Männern im Schoner herauf- und andererseits von dem Untier auf dem Meeresgrund hinabgezogen zu werden und im nächsten Augenblick in zwei Stücke auseinanderzureißen.

Ich denke noch schaudernd daran, wie ich hinuntersah in die Tiefe, die entsetzlichen Fangarme erblickte und feststellte, daß sie noch immer meine Fußgelenke umklammert hielten und mich hinabzuziehen trachteten, während die Leinen mich heraufzogen. Der massige Körper des Seeungeheuers kämpfte noch immer und entfaltete offenbar seine ganze Kraft. Er saugte große Züge von Wasser wie eine automatisch arbeitende Pumpe ein und stieß sie wieder aus. Die ekelhafte Kreatur dachte fraglos gar nicht daran, ihr Opfer fahrenzulassen.

Die schleimigen Arme zogen mich hinab, und die Leinen holten mich herauf; darüber versagten meine Kräfte, ich wurde abermals ohnmächtig.

Als ich mit einem plötzlichen Ruck an die Oberfläche gestoßen wurde, war ich bewußtlos. Da zog mich der Polyp wieder hinunter in die Tiefe, und vom Schoner aus konnte mich nun niemand mehr sehen.

Jetzt rannte Tano auf dem Deck nach vorn und holte eine Fangleine, die er in einer weitgeöffneten Schlinge auswarf. Wunderbarerweise erfaßte die Leine mich und umschlang mich. Die anderen Jungen griffen zu, und nun zog man mich mit vereinten Kräften abermals an die Oberfläche. Der große Polyp haftete noch an mir und versuchte, mich zurückzureißen. Tano ergriff ein großes Haimesser und sprang, ohne einen Augenblick zu zögern, neben mir ins Wasser.

Ein Nackttaucher mit einem Haimesser gegen einen Riesenpolypen! Als George es mir erzählte, schauderte er immer noch. Und auch alle anderen an Bord schauderten, als der Eingeborene geradewegs auf das vielarmige Ungeheuer losging und kurzentschlossen die Fangarme wegschlug, während die hin und her schwankende Meereskreatur nach ihm griff. Hin und her geschleudert, gebrauchte er sein Messer schnell und mit außerordentlicher Geschicklichkeit. Er hackte sämtliche Arme ab, die mich hielten. Minutenlang währte die Schlacht in dem schäumenden Wasser, dann plötzlich und ruckartig – war ich frei. Die dicken Enden der Fangarme waren noch um meine Beine geschlungen, als sie mich an Deck niederlegten und den Taucherhelm losschraubten. Die Salzluft biß mein geschundenes und zerquetschtes Gesicht, meine Augen waren geschlossen; ich war wieder betäubt.

Die Jungs hielten mich wohl alle schon für tot; trotzdem rannte einer nach Branntwein und goß ihn mir in den Mund. Und das tat denn auch seine Wirkung. Als ich die Augen öffnete, sah ich sie alle: George, Tano, Runi und die anderen, sie standen bei strahlendem Sonnenschein um mich herum. Ich sah sogleich, daß ich mich auf dem Schiff befand und nicht zwanzig Faden tief unter Wasser und mit einer scheußlichen Bestie kämpfend. Es schoß in mir auf, ich hätte lachen, weinen, schreien, brüllen mögen – ich war frei, ich lebte und atmete.

Als ich dann später die Einzelheiten des Kampfes um meine Befreiung erfuhr, schämte ich mich ein wenig – der anderen wegen. Es ist immer etwas peinlich, zuzusehen, wie einem Menschen die Nerven versagen.

Als ich wieder zu mir kam, fuhr George mit dem Schiff eilends in einen Hafen und brachte mich in einer strohgedeckten Hütte unter, wo ich mich von meinem unterseeischen Erlebnis erholen konnte.

Die Expedition war zu Ende. Keiner von uns hegte den Wunsch, noch einmal dieses Wrack aufzusuchen.

Herbert Rittlinger
Leviathan

Mit seiner Frau und zwei Freunden befährt Herbert Rittlinger im Paddelboot den Blauen Nil:

Das Krokodil ist wahrscheinlich der »Drache« der Sage und des Märchens. Im Buch Hiob führt es den Namen Leviathan. Von den alten Ägyptern wurde es heilig gehalten. Das riesige Tier bewohnte ursprünglich den größten Teil von Afrika. Aber heute trifft man es nicht mehr häufig an. Wie hoch Krokodile ihre Jahre bringen, weiß man nicht. Nach zitierten Berichten hielt Brem ein Alter von dreihundert Jahren für möglich. Unzweifelhaft ist, daß sie mehrere Menschenalter durchleben.

Ein würdiges Tier. Doch wenn wir die Boote wieder einsetzten, dachten wir an die unwürdige und blamable Behandlung, die sie uns zuteil werden ließen. Wir versuchten, uns daran zu gewöhnen.

Doch beschwor diese Gewöhnung – wie jede Gewöhnung in heiklen Situationen – die in Wahrheit größere Gefahr herauf. Natürlich badeten wir in der Glut des Tales unter der brennenden Sonne in unserem kühlen und klaren Fluß. Das Baden, freilich in Ufernähe mit viel Lärm, und einer paßte mit dem Gewehr auf, ging sogar ganz gut. Aber beim Fahren im Boot machten uns doch wieder die stumm verschwindenden Schnauzen und die Höcker mit den starrenden Augen darunter nervös. Es wurden immer mehr.

Und dann kam der Angriff.

Kurz vorher sahen wir zu unserer Überraschung einen Menschen im Tale.

Wir hatten gerade eine lange Stromschnelle durchfahren, die Boote dümpelten noch etwas im hierhin und dorthin wirbelnden Wasser – da sahen wir diesen Menschen.

Wir starrten ihn an, als wäre er aus einer anderen Welt. Er war ein hochgewachsener Eingeborener mit einem Ziegenbärtchen, ein *Agau*.

Der Agau rannte hin und her vor Aufregung, und wir fuhren gleich hin zu ihm ans Ufer. Er schlug sich auf die Schenkel vor Vergnügen. Er freute sich ziemlich, daß wir ihn besuchten.

Landeinwärts bemerkten wir unter einer Baumgruppe einen primitiven Kral mit ein paar Zebus. Das Tal war hier nur auf dem rechten Ufer schroff. Wir näherten uns der Einmündung des Mugher, das ist ein großer Nebenfluß, der von Schoa herunterkommt. Der Abai hat hier eine Reihe weiterer Talkessel gebildet, die Plateaus treten erst weiter unten wieder näher heran. Deshalb konnten die Agau hier verhältnismäßig leicht von ihren Bergen herunterkommen. Aber sie kamen nicht gern herunter. Nur ein oder zwei Hirten, beherzte Männer, trieben das Vieh herunter. Sie mußten ihr Vieh heruntertreiben, weil es oben verenden würde, so schlimm war die Trockenzeit jetzt, an ihrem Ende. Wir sahen das alles später. Sie mußten ihr weniges Vieh heruntertreiben, obwohl unten reißende Tiere und Krokodile warteten – aber dafür war hier genug Wasser, das oben nicht reichte. Es war eine arge Zwangslage für die Stämme im Hochland.

Es wäre famos, sagte ich zu den unseren, wenn wir hier etwas Milch bekämen. Frische Milch! Sicht ganz danach aus.

»Wir sind alle ziemlich große Milchtrinker«, sagte ich zu dem Mann mit dem Ziegenbart.

Der Agau sah mich lächelnd an. Es war großartig, wie er alles gleich begriff. Er war ein ganz famoser Agau. Er lief in seinen Kral und kam bald mit zwei Kalebassen Milch zurück. Die Milch schmeckte nach Hammelfett und Holzfeuer. Oben schwamm Ruß vom Holzfeuer und alles mögliche darauf. Unser Freund, der Agau, rührte mit seinem Finger in der Milch herum und kostete sie schmatzend ab. Unsere Frauen lehnten die Milchaufnahme ab. Bob und ich redeten ihnen nicht zu. Wir tranken dafür lieber die doppelte Menge. Wie ein Mundschenk zu seinem Ras beugte sich der Agau zu Bob hinab, der noch im Boot saß, setzte dem Erschreckten – nicht ohne die obenauf schwimmende dunkle Schicht noch einmal mit dem Finger umzurühren und aufmunternd ein Schlückchen vorzukosten – die Kalebasse an die Lippen und flößte ihm die Milch ein. Bob schluckte eine Weile ganz brav, ehe er sich aufraffte und die Sache selbst in die Hand nahm.

Es war eine köstliche Milch unter der heißen Sonne am Blauen Nil.

Wir gaben dem Agau schönes, blankes Geld dafür. Er sah sich die Münzen lange und interessiert an. Es kam uns ganz unwahrscheinlich vor, daß er nicht wußte, was Geld war. Aber wir überzeugten uns dann, daß er wirklich kein Geld kannte. Unsere Münzen waren jedoch blank und funkelnagelneu, äthiopische Fünfundzwanzig-Cent-Stücke. Von soviel Schönheit überwältigt wickelte er sie sorgfältig in seinen Gürtel.

Bobs ließen sich dann noch Milch in den Topf geben, so etwas gab es schließlich nicht alle Tage. Wir in unseren beiden Einern fuhren langsam voraus. Aus dem steilen Felsufer rechts hatte der Fluß idyllische kleine Sandbuchten ausgewaschen. Links öffnete sich eine anmutig bewachsene kleine Talebene, die, zehn bis fünfzehn Meter hoch, mit schrägem Sand- und Geröllufer zum Fluß abfiel und voraus wieder von hohen Felsbergen begrenzt wurde. Auf sechs- bis achthundert Meter war der Fluß klar zu übersehen.

Er war tief und floß träge.

Der Fluß war auf einmal ganz unheimlich träge. Still floß er vor sich hin. In den kleinen Sandbuchten rechts waren eine Menge Krokodilspuren.

Das gefiel mir alles nicht. Es war alles nicht ganz geheuer in dieser beklemmenden Stille. Vielleicht fingen wir dadurch zu streiten an, meine Frau und ich. Die anderen kamen nicht und waren weit hinten, und ich machte meiner Frau schnell ein paar Vorwürfe. Dabei sah ich immer mehr Spuren am Ufer. Die kleinen Buchten und Felsgründe waren ideal für Krokodile. Dort konnten sie ihre Beute bergen.

Der Großwildjäger Alexander Lake berichtet in einem Buch, das ich zuerst für übertrieben gehalten hatte, so gut ist es (und nicht übertrieben), daß die Krokodile, die grausamsten und ekelhaftesten Tier- und Menschenfresser ganz Afrikas, während sie einen aus ihren boshaften Augen hungrig anstarren, gleichzeitig »ihre Reptilienschnauze zu einem hinterlistigen Grinsen verziehen. Dabei weiß man, daß sie einen nicht in frischem Zustand auffressen, wenn sie einen erwischen, sondern auf den Grund des Flusses hinunterzerren, dort in Stücke reißen und die Stücke so lange im Schlamm liegen lassen, bis sie faulen. Denn Krokodile können nicht kauen und müssen warten, bis ihre größeren Beutestücke in Fäulnis übergegangen sind, um sie schlucken zu können«.

Die Zoologen Anthony C. Pooley und Carl Gans berichteten im

»Scientific American« (April 1976, S. 114), daß die bisher vorherr-schende Ansicht, Krokodile lägen lethargisch im Wasser und warte-ten auf eine in ihre Reichweite kommende Beute, falsch sei. Wie neueste Forschungen ergeben hätten, seien diese großen Reptilien nicht nur schnelle Schwimmer, sondern sie erreichten auch auf dem Lande beträchtliche Geschwindigkeiten. Außerdem lebten sie keineswegs in ungegliederten Gruppen, sondern sie hätten ein ausgeprägtes Sozialleben mit differenzierten Verhaltensmustern bei der gemeinsamen Jagd, beim Territorialverhalten, bei der Balz und bei der Brutpflege. Die bekannteste an Nilkrokodilen beob-achtete Form der »Kooperation« bei der Jagd sei, daß ein Tier den Kadaver einer Beute festhält, während ein anderes durch Drehbe-wegungen Stücke herausreißt und beide ohne Futterneid die Stücke verzehren, die jedes herausreißen konnte.

Schön. Oder vielmehr interessant. Wir stritten uns übrigens nur halblaut, meine Frau und ich, und eigentlich zum ersten Mal auf dieser ganzen Reise. Natürlich über irgend etwas ganz Fernliegen-des, Absurdes – ich habe längst vergessen, über was. Als wir ver-schnauften, war es wieder so still, daß wir die nächste leichte Stromschnelle weit voraus, auf die der Fluß gerade und träge zu-floß, rauschen hörten. Dann hörten wir ein Paddel klappern. Un-sere Freunde im Zweier hinten. Dann wieder nur Stille und Sonne.

Es war ein unheimlicher Fluß.

Auf einmal teilte sich unmerklich die Wasseroberfläche. Ein merkwürdig gelber Kopf tauchte still auf – Augenhöcker und auf-geworfene Schnauze.

»So ein blondes Krokodil!« sagte meine Frau.

»Ja«, sagte ich. »Komisch. Ganz blond.«

Das Tier äugte mindestens dreißig Meter halbrechts vor uns. Urwelthaft. Bleich von Sonne, Fluß und Alter.

Wir hatten nicht mehr als die übliche Nervosität.

Eigentlich hatten wir überhaupt keine Nervosität, weil wir ja mit unserem absurden Streit beschäftigt waren, der uns nicht absurd vorkam. Mechanisch griffen wir nur ein wenig in die Paddel –.

Da war der Spuk schon verschwunden. Wir waren vorbei.

Ich war richtig froh, daß wir vorbei waren, und drehte mich um, um den Zweier hinten zu warnen.

Da sah ich im Wasser den Schatten des Todes.

Wie ein Pfeil schoß es lautlos heran – an das Boot meiner Frau.

Ein dumpfer Stoß, gepeitschtes Wasser und gelbes, helles Scheppern –.

Das Boot wurde so hoch ausgehoben, daß ich meine Frau mit dem Oberkörper nach vorn fallen sah.

Sie hielt krampfhaft das Paddel fest. Das ganze Heck des Bootes war hoch heraus und im meterweit klaffenden Rachen des Krokodils. Dann glitten die mächtigen Zähne an dem harten Metall des Flußsteuers entlang, daß es noch einmal aufschepperte.

Vom Zweier hinten schrille Entsetzensschreie.

Rosie schrie ganz verrückt: »Marianne – Ma-ri-anne –«

Meine Frau hatte einen unartikulierten Laut ausgestoßen. Irgendwie hatte sie den furchtbaren Stoß abgefangen. Sie paddelte wie wild drauflos. Das Reptil scheuerte mit den Zähnen am Steuer entlang und ließ aus.

Irgendwie hatte es meine Frau fertiggebracht, mich umzuwerfen.

Die Bestie tauchte mit fauchendem, weit aufgesperrtem Rachen noch einmal direkt neben ihr auf. Aber das Aveckle paddelte drauflos und ans Ufer, das Krokodil rauschte im aufgewühlten Wasser ab. Ich hörte meine Frau schluchzen. Rosie, weit hinten, schrie noch immer ganz irre: »Marianne – Marianne –«

Ich war froh, daß meine Frau schluchzte.

Ich paddelte ganz dumm hinter ihr her.

Ich hatte eine Stinkwut.

Keinen Meter fahren wir mehr weiter. Keinen Meter. So eine Stinkwut hatte ich, daß mir alles egal war, wenn wir nur keinen Meter mehr hier weiterfahren. Aber das Vieh krieg ich!

Das Aveckle hockte im Boot am Ufer. Sie schluchzte ein bißchen herum, und ich half ihr heraus. Als sie heraußen war, heulte sie los.

»Heul nur los!« sagte ich. »Das ist das beste.«

Da war auch schon der Zweier heran. Bob war ganz bleich, und Rosie heulte auch. Sie war wirklich sympathisch.

»Ich halte das mit den Nerven nicht mehr aus!« sagte Rosie und heulte.

»Heul auch du los!« sagte ich zu Rosie, und sie heulten beide brav, aber nicht lange.

Das Aveckle hörte auf mit dem Heulen, weil es auch eine Stinkwut hatte, daß die Krokos immer dazwischenfunkten, und ich sagte ihr: »Keinen Meter mehr weiter! Ich verbiete es dir direkt.« Auch zu

Bob sagte ich, ich fahr keinen Meter mehr weiter, und Bob war auch gleich einverstanden, so sehr war ihm der Schreck in die Glieder gefahren. Aber das Vieh, sagte ich, das Vieh krieg ich! Und wenn es drei Wochen dauert, aber ich kriege es! Es ist ganz blond und groß und leicht zu erkennen, erklärte ich, und wir standen ein bißchen dumm herum, es waren kaum fünf Minuten vergangen, glaube ich, daß wir geschlagen ans Ufer gekrabbelt waren.

Und siehe, da kam auch unser Freund, der Agau!

Er war unser Retter, er erfuhr es nur nie.

Sogar drei Zebugäule kamen hinter ihm hergezockelt, haha! Ein Bild wie von Vergil. Ein rührendes Idyll. Aber ich glaube, die Kühe hatten nur noch niemals etwas von Krokodilen gehört. Unser Retter aber sagte: »*Anze*-hrrr-hrrr-hrrr – whopp!« Dabei ahmte er mit seinen Handschlägen die schnappende Bewegung einer Krokodilschnauze nach. Dann schlug er sich vor Vergnügen auf die Schenkel.

Er war außer sich vor Freude.

Wir starrten ihn fassungslos an.

Er schlug sich auf die Schenkel vor Vergnügen und sagte: »*Abai – jellum*!«

Er erläuterte es im Verlauf der nächsten Zeit noch unzählige Male ausführlich: »*Anze* – hrrr-hrrr-hrrr-whopp – – *Abai jellum*!«

Als wir alle gerade so gemütlich herumstanden und mit dem Agau, Gott segne ihn, daß er da war, in derart ausführlicher Unterhaltung begriffen waren – sah ich plötzlich 150 Meter weg am anderen Ufer drüben zwei unglaubliche Exemplare von Krokodilen herauskrauchen.

Das eine davon war das blonde.

Sie lagen drüben und schielten herüber. Den neuartigen Auftrieb in ihrem Bereich fanden sie offenbar interessant. Sie fühlten sich so sicher, daß sie sich nicht einmal in acht nahmen beim Herüberschielen. Sie fühlten sich so sicher, daß sie ihrer Neugier keinerlei Hemmung auferlegten.

Das blonde war (genau) fünfeinhalb Meter lang, das andere noch länger. Abermals bestürzend: wie breit und hoch sie außerdem waren! So etwas an Panzerechsen – Riesen, wie sie es nur am Blauen Nil noch gibt. Ich zeigte sie dem Aveckle durchs Glas, und da ging meine Frau vorübergehend in die Knie, wurde richtig ohnmächtig. Denn so ein 1 × 50-Zeiss-Glas schiebt alles so zusammen, daß man erst richtig gewahr wird, wie alles ist. Da sieht man die riesige, in wilden Kurven mit schwammigem Zatter übereinanderlappende Schnauze so eines Krokodils ganz nah. Man sieht sie richtig stinken und stellt sich unwillkürlich vor, wie es ist, wenn so ein Vieh einmal etwas geschickter zugreift – und das können sie! – als bisher, und man hängt dann selbst unwiderruflich darin. Deshalb war das Aveckle vorübergehend in die Knie gegangen. Danach heulte sie wieder los.

»Jetzt brauchst du nicht mehr zu heulen«, sagte ich. »Wo wir doch keinen Meter mehr fahren.«

»Wieso?« fragte sie. »Wir können doch nicht mittendrin aufhören –«

»Und wie wir mittendrin aufhören können!«

»Du bist verrückt«, sagte das Aveckle.

»Geradezu großartig können wir mittendrin aufhören.«

»Ich weiß nicht –« entgegnete sie. Es fehlte nur noch, daß ihr das übel beleumundete Wort »Pflicht« über die Lippen kam. Sie sah noch einmal durchs Glas, und vielleicht fiel ihr gerade ein, wie gräßlich die Bestie neben ihr gefaucht hatte, daß sie dann nicht weiter wußte.

»Das hat mir gelangt«, versetzte ich. »Aus nächster Nähe in den meterweit aufgerissenen Rachen eines Krokodils zu sehen, langt für diese Woche.«

»Ich weiß nicht«, entgegnete sie. »Warten wir ab. Wir sind doch bisher mit ihnen fertig geworden. Irgendwie werden wir auch weiterhin mit ihnen fertig werden...«

»Nein«, erwiderte ich. »Heul lieber wieder.«

Das war ein erbauliches Gespräch.

Es wurde übrigens ganz nebenher, fast mit zusammengepreßten Zähnen geführt. Denn selbstverständlich fuzzelten wir gleich die Gewehre heraus. Da waren die richtigen Patronen darin.

Es ist nicht schwer, ein Krokodil irgendwohin zu treffen. Es ist aber sehr schwer, ein Krokodil so zu treffen, daß es gleich liegenbleibt. Man muß es genau an die einzige, winzige Stelle treffen. Ich meine den kleinen Fleck hinterm zweiten Rückenwirbel, wo es gleich paralysiert wird.

Aber es war alles ideal an diesem steilen Sandufer.

Da war, ein Meter hoch und isoliert auf dem Sand, das Halbrund eines toten Busches, der, irgendwann einmal vom Hochwasser gebogen, mit seinen Spitzen Wurzeln gefaßt hatte, aber doch nicht weiter gewachsen war. Was für eine feste, ideale Auflage!

»Da legen wir auf!« sagte ich zu Bob. »Ich zähle bis drei. Wir schießen zu gleicher Zeit. Du auf das rechte, du weißt wohin. Ich auf das blonde.«

Wir knieten nieder. Wir stellten die Visiere in aller Ruhe auf einhundertfünfzig Meter. Im letzten Moment lief uns Rosie gedankenverloren vor die Mündungen. Aber nicht einmal durch unser halblautes Zischen ließen sich die Krokodile drüben stören. Auch die »Krokodilwächter«, die Warnvögel, die wir auf einmal sahen, sie mußten gerade erst gekommen sein, machten keinen Lärm. Sie waren hier nicht an Menschen gewöhnt.

Alles Voraussetzungen für eine ideale Tötung.

Kniend aufgelegt ließen wir bei drei »fliegen«.

Die Schüsse peitschten pfeifend hinüber.

Das zweite Krokodil war wie der Blitz und weg im Wasser.

Aber das blonde riß die Schnauze hoch auf. Es ging einmal kurz und wie rasend mit dem ganzen Vorderteil in die Höhe. Dann blieb es liegen. Der furchtbare Schwanz streckte sich.

Unsere Frauen und der Agau jubelten. Gleich der erste Schuß hatte gesessen.

Obwohl alles so ideal war und obwohl alles gegen das Krokodil war, war es auf diese Entfernung dennoch ein unwahrscheinliches Jägerglück, daß gleich der erste Schuß so gesessen hatte. Denn sie sind so zähe, habe ich das schon erwähnt? daß sie auch mit sieben Herzschüssen noch ins Wasser flüchten, wo man sie nie kriegt.

Wir luden durch und schossen noch einmal und noch einmal. Zweimal noch wurde die meterlange Schnauze aufgerissen. Zweimal krachte sie häßlich und schon tot herab. Nach der dritten Salve schoß ein dicker Blutstrom an der Seite heraus und färbte den Fluß rot.

Wir fuhren dann gleich hinüber.

Die leichte Sommerschnelle unterhalb der Krokodilstrecke zog über eine Furt, und dort fuhren Bob und ich im Zweier hinüber. Oberhalb der Schnelle war der Fluß schon wieder mit Krokodilschnauzen gesprenkelt. Unsere Frauen standen, die Flinten (die wir auch noch mithatten wegen der Flugwildjagd) mit Vollgeschossen bestückt, am Ufer und sicherten stromauf.

»Na, eure Sicherung!« riefen wir ihnen zu. Hoho, so obenauf

waren wir schon wieder, daß wir über die Sicherung unserer Frauen Witze rissen und ihnen zuriefen, nur weit wegzuhalten, auf die Krokos und nicht auf uns.

Dann standen wir vor dem toten Krokodil, eine mächtige Masse, und wußten mit ihm nichts anzufangen – außer, daß wir es von vorn und hinten fotografierten, natürlich. Bob haute ihm einige Zähne heraus. Aber er konnte immer nur die Spitzen abhacken, es war eine langwierige Arbeit.

Auch der Agau kam herüber. Wir dachten erst: so ein Spaßvogel. Er stieg einfach in den Fluß und watete durch die Furt, als ob es oben und unten keine Krokodile gäbe. In der Mitte mußte er sogar ein paar Armlängen schwimmen und wurde ein wenig abgetrieben, ehe er wieder Grund faßte.

Wir staunten ihn an. Einige Tage später, als auch andere Eingeborene in der Furt badeten, wurde mir klar, daß die Statistik, nach der so viele Eingeborene Krokodilen zum Opfer fallen, ziemlich recht haben mußte. Es ist nämlich nicht so, daß die Eingeborenen am besten wissen, wie man sich in ihrem Land am zweckmäßigsten verhält. Im Gegenteil, manchmal leiden sie an ausgesprochenem Kurzschluß.

»*Anze*!« sagte der Agau und deutete auf den ruhigen Flußteil mit den Krokodilen (von denen sich jetzt keins zeigte) oberhalb. Dann sagte er noch einmal »*Anze*!« und deutete flußabwärts. Dann zeigte er auf die Furt und das rasch strömende Wasser vor uns und erklärte: »*Anze – jellum*!«

In der Furt sollte es also keine Krokodile geben.

Ein kühner Schluß. Denn wir hatten schon Krokodile mitten in Stromschnellen und vor allem in den Kolken zwischen unmittelbar aufeinanderfolgenden Stromschnellstufen gesehen. Wahrscheinlich halten sie sich in rasch strömendem und womöglich verblocktem Wasser wirklich nicht gern auf – aber sie benutzen es hinauf wie hinab ohne weiteres als Durchgang.

Das tote Krokodil war so schwer, daß wir es auch zu dritt nicht einen Zoll bewegen konnten.

Mit dem Agau im Schlepptau fuhren wir wieder hinüber. Dort schlugen wir das Lager auf der schönbewachsenen Uferterrasse auf, fünfzehn Meter überm Fluß.

Die Sonne verglühte über dem herrlichen Tal.

Unser Lagerfeuer loderte. Immer laufen wir unseren Träumen

nach, guten Träumen und manchmal Angstträumen – und dann wird doch jeder Traum von der Wirklichkeit übertroffen, die Augenblick an Augenblick reiht, gute Augenblicke und böse Augenblicke, und sie ist das Kurioseste von allem, die Wirklichkeit. Ja. Und manchmal ist es mutiger, eine Sache abzubrechen, anstatt sie weiter zu verfolgen.

Dreimal hatte das Schicksal an die Pforte geklopft.

»Jetzt wirst du auch noch pathetisch!«

»Nein. Aber es ist eine beinahe mythische Verstrickung.«

»Haha«, sagte meine Frau. »Seht euch den kleinen Rationalisten an.«

»Warum denn haben sie nur immer dich angegriffen!«

»Du hältst doch sonst nichts von diesen Bezirken«, sagte meine Frau.

»Ich will euch was sagen«, sagte ich. »Hier kommen wir noch heraus. Zehn oder zwanzig Kilometer weiter unten kommen wir für lange Zeit nicht mehr heraus. Der Agau ist unser Retter. Denn wo einer ist, sind auch andere – und wenn sie von tagelang weit weg herunterkommen. Und wenn wir, andernteils, sogar durchkommen würden – was ich nach allem bisher für die nächsten zweihundert Kilometer bezweifle –, wie sollt ihr mit der ständigen Nervenbelastung fertig werden? Alle paar zehn ruhige Meter kann's klappen. Dreimal hat das Schicksal –«

»Schon gut«, sagte meine Frau. »In der fünften Sinfonie klopft es viermal.«

»Also«, sagte Bob, »wir könnten versuchen, dreihundert oder vierhundert Kilometer weiter unten wieder in den Blauen Nil einzusetzen. Nur ein bißchen schwierig, hinzukommen. Aber dort, unterhalb des Djabus und gegen die Sudangrenze gibt es bereits Siedlungen und Eingeborene am Fluß. Dort gibt es bestimmt nicht so viel Krokodile, und zweitens nicht mehr riesige.«

»Ja«, sagte ich. »Dort sind sie nicht mehr so selbstherrlich unter sich.«

»Dort kennen sie Boote. Dort werden sie seit je vom Menschen unablässig verfolgt. Dort meiden sie ihn wie die Pest.«

»Außerdem ist im Sudan der Fluß mächtig breit. Da gibt es mehr Platz«, meinte das Aveckle.

»Ich verstehe meine Gattin nicht«, sagte ich. »Ich fahre keinen Meter mehr auf einem Fluß mit Krokos. Dabei habe ich gar nichts mit ihnen zu tun. Mir tun sie nichts. Euch tun sie nichts. Aber jedesmal, wenn ich in den aufgesperrten, fauchenden, stinkenden Rachen eines Krokodils sehe, keine halbe Armlänge von meiner Frau entfernt, und dann haut sie mit dem Paddel zu – dann kriege ich Zustände. Warum das so ist, kann ich nicht erklären. Aber ich kriege sie.«

»Schließlich kann das Paddel auch mal abbrechen«, sagte Rosie.

»Sicher«, sagte ich. »Deshalb bin ich dafür, wir fahren für den Rest unseres Geldes ins südliche Rote Meer, zu den Perlenfischern – eine alte Lieblingsidee von mir. Dort gibt es nur Mantas, Barracudas und Haifische. Und die halten sich an die Spielregeln. Haben wir bei Suakin schon ausprobiert. Vor allem die Haie. Die sind geradezu herzig.«

»Alles schön und gut. Aber wie sollen wir hier herauskommen?«

»Der Agau muß –« sagte ich.

Aber es war mir selber schleierhaft.

Auch eilte es nicht. Wenn wir nicht auf dem Fluß fahren mußten, eilte rein gar nichts.

Jean-Yves Domalain
Der Biß der Bungar

Die Dorfbewohner laufen wie jeden Abend hinunter zum Fluß, um ihr abendliches *mané* zu nehmen. Und wie jeden Abend tolle ich freundschaftlich mit den Mädchen im Wasser herum, einer bespritzt den anderen, jeder versucht den nächsten ins Wasser zu stoßen. Nach dem Bad bin ich mit dem Heimweg etwas später daran, denn heute ist die Reihe des Wassertragens an mir. Meine Frau ist in der Küche beschäftigt, und da ich ein guter Ehemann bin, nehme ich ihr eine Arbeit ab.

Der Pfad hinauf zum Dorf ist ziemlich steil und schmal, gerade nur so breit, daß man aneinander vorbei kann, ohne den Abhang hinunterzurutschen. Der Lehmboden macht den Aufstieg nur noch schwieriger, denn er lädt eher zu einer Rutschpartie als zu einem Aufstieg ein. Plötzlich schießt knapp zwei Meter vor mir eine prachtvolle Bungar aus dem Gebüsch. Ihr glänzendes, für diese Art charakteristisch gezeichnetes Schuppenkleid läßt keinen Zweifel zu. Sie bewegt sich sehr rasch, während die übrigen Arten, die ich bisher sah, als Nachttiere eher träge Bewegungen hatten. Ich verliere die Schlange einen Moment lang aus den Augen, entdecke sie aber im Gebüsch auf der anderen Seite des Pfades wieder. Sie scheint zum Wasser zu wollen. Ich setze die beiden Kürbiseimer ab und sehe mich nach einem Stock oder einer Gerte um, leider ohne Erfolg. Da ich dieses Exemplar unbedingt meiner Sammlung einverleiben will, muß ich versuchen, das Tier mit bloßen Händen zu fangen. Das ist keine sehr gute Idee, vor allem wenn man die raschen Bewegungen und die ausgezeichneten Reflexe des Tieres kennt. Endlich, am Flußufer, gelingt es mir, die Schlange am Schwanz zu erwischen, aber sie ist viel zu schnell für mich, und ich habe gerade noch Zeit, sie auszulassen, bevor sie mir die Zähne in den Daumen schlägt. Der Biß verfehlt mich nur um Zentimeter. Die Bungar schlängelt sich zum Wasser weiter, auf ein Bambusgerüst zu, das als Ponton für die Pirogen dient und von den Frauen als Waschplatz benutzt wird. In der Mitte dieses Flechtwerks befindet sich ein kleines Planschbecken von ungefähr

zwei mal zwei Meter Größe, das mit starken Rundhölzern einge-
zäunt ist und in dem die Kinder baden können, ohne von den Krokodilen gefährdet zu sein.

Die Bungar vergnügt sich schon längst im Fluß, als es mir endlich gelingt, eine Gerte zu finden. Sie schlängelt sich auf den Ponton hinauf und nimmt dummerweise in der dort liegenden Wäsche
Zuflucht. Nur ihr Schwanz sieht aus dem Haufen hervor. Niemand
ist mehr auf dem Ponton. Vorsichtig beobachten die Frauen und
einige Männer vom Ufer aus den Fortgang meiner Jagd. Ich
drücke die Gerte so nahe wie möglich beim Kopf der Bungar nieder – zumindest dort, wo ich den Kopf vermute, denn sehen kann
ich ihn nicht – und hebe vorsichtig das oberste Wäschestück. Ich
habe die Schlange gut erwischt, sie zappelt wie ein Fisch unter dem
Stock. Nach einiger Zeit kann ich sie mit Daumen und Zeigefinger
hinter dem Kopf packen und steige mit ihr zum Dorf hinauf. Sie
versucht, die Kiefer so zu drehen, daß sie meine Finger erreichen
kann. Dabei sehe ich ihre kurzen gebogenen Zähne, die im rosaro-
ten Fleisch eingebettet sind. Die Bungar, wie die Kobra, hat nicht
die langen Giftzähne der Vipern, im besonderen der *Bitis gabo-
nica*, die nahezu fünf Zentimeter lange Dolche besitzt. Das Gift
der Viper wird daher tief unter die Haut gespritzt, während die
Bungar und die Kobra nur oberflächliche Wunden verursachen.
Sie müssen daher länger zubeißen. Manche dieser Schlangen, auch
die Bungar, verbeißen sich so fest, daß eine Menge Gift in das
Fleisch des Opfers dringt. Da dieses Gift sehr stark ist und schnell
in den Blutkreislauf eindringt, führt ein derartiger Biß zu einem
ebenso raschen wie schmerzhaften Tod. Beim Menschen kann das
zwanzig Minuten, aber auch bis zu zwei Stunden dauern. Das
hängt von der Bißstelle, dem Gesundheitszustand des Tieres ab,
davon, ob die Schlange gerade gejagt hat, und schließlich auch von
der Jahreszeit. Für die auf Borneo vorkommenden Arten ist die
Jahreszeit von nicht so ausschlaggebender Bedeutung, aber in den
Tropen ist eine Kobra während der Regenzeit, wenn sie genügend
zu fressen findet, gefährlicher. Während der Trockenperiode neigt
sie zum »Übersommern«, wie die Schlangenexperten sagen; die
Giftmenge, die produziert wird, ist geringer und weniger konzentriert. Die seelische Verfassung des Opfers spielt ebenfalls eine
gewisse Rolle. Klarerweise verbreitet ein Mensch, der sich über
den Biß sehr aufregt und dadurch seine Zirkulation beschleunigt,

damit das Gift noch schneller im ganzen Körper. Gar nicht zu reden von jenen, die schreiend und gestikulierend herumrennen. Auf dem Gebiet des Schlangenbisses bin ich kein großer Fachmann, da ich nur fünfmal gebissen wurde. Ich kenne jedoch einen Thailänder aus Bangkok, der an die dreißigmal gebissen wurde, einmal sogar von einer Königskobra. Hierzu ist jedoch zu sagen, daß er im Pasteur-Institut in Bangkok arbeitet, das sich mit der Herstellung von Schlangenserum beschäftigt. Sehr zufrieden mit meinem Fang, suche ich in meinem Gedächtnis nach der Schuppenformel. Das ist eine sehr nützliche Hilfe, will man feststellen, ob es sich um eine besonders interessante Untergruppe handelt. Wenn ich mit meiner Untersuchung fertig bin, könnte ich die Schlange ja meiner Familie zum Essen anbieten, so die Verwandten Lust darauf haben. Ich persönlich finde, daß die Bungars, vor allem die schwarze und die gelbe *(Bungarus candidus)*, ausgesprochen zäh, fast ungenießbar sind.

Der Pfad zum Dorf ist wirklich sehr rutschig, und in meiner Ungeduld, das Longhouse zu erreichen, komme ich zum Sturz. Ich versuche noch, mich zu fangen, und schaffe es auch fast. Um mein Gleichgewicht wiederzufinden, hebe ich den Arm und steige unglückseligerweise im selben Augenblick mit dem linken Fuß auf den Schwanz der Schlange, so daß mir der Kopf der Bungar aus den Fingern rutscht. Wir landen fast gleichzeitig auf dem Boden – ein unglücklicher Zufall, den das Biest sofort dazu benutzt, um mir über dem Knie die Giftzähne einzusetzen. Ich merke den Biß nicht sofort, sondern erst dann, als eine Frau aufkreischt. Ich war überzeugt, die Schlange noch in der Hand zu halten. Das Tier läßt mich nicht los. Ich reiße sie mit Gewalt aus dem Fleisch und schleudere sie weit weg, bevor sie noch Zeit findet, ein zweites Mal anzugreifen.

Jetzt bin ich wirklich gebissen worden. Deutlich sind die kleinen Wunden der Giftzähne zu erkennen, die sich in mein Fleisch eingegraben haben. Mit einer Reflexbewegung quetsche ich die Wunde aus, um möglichst viel Gift herauszupressen. Dann reinige ich sie mit etwas Wasser. Ich darf mich keinen Illusionen hingeben. Das Gift ist bereits in die Blutbahn gelangt, seine Wirkung wird bald einsetzen. Trotzdem empfinde ich keinerlei Angst, nicht mehr als bei den vorangegangenen Bissen. Das ist ein Phänomen, das ich mir nicht erklären kann, denn ich hänge wie jedermann an meinem

Leben und habe Angst, wenn ich in Gefahr bin – aber seltsamerweise nicht nach Schlangenbissen.

Ich bin völlig beherrscht, klar bei Verstand und zeige nicht die geringste Panik! Es ist schwer zu fassen, aber ich habe mich niemals so sehr Herr meiner selbst gefühlt wie nach einem Schlangenbiß.

Die Erforschung der Wirkung von Schlangenbissen und Schlangengiften gehört auch ein wenig zu meinem Beruf. Ich habe zahlreiche Tierversuche angestellt, und wie ich schon früher beschrieben habe, hatte ich Gelegenheit, die Auswirkungen der Bisse einer ägyptischen Kobra *(Naja haje)*, der indischen Kobra *(Naja naja)* und – kurz vor meiner Abreise – der Sandviper *(Cerastes cerastes)* an mir selbst zu beobachten.

Ich weiß also ungefähr, was mich erwartet, obwohl der Mensch auf Bisse oft atypisch reagiert. Das Gift der Bungar *flaviceps* gilt als besonders gefährlich, und ohne entsprechendes Serum habe ich die besten Aussichten auf einen schönen Tod. Natürlich will ich nicht an das Schlimmste denken, doch in meinem Fall sollte man auf alle Möglichkeiten vorbereitet sein...

Das Dorf liegt unmittelbar vor mir, aber dessen ungeachtet bitte ich zwei starke Burschen, mich hinaufzutragen. Die Neuigkeit verbreitet sich in Windeseile. Zu dieser Tageszeit, am späten Nachmittag, ist alles von der Arbeit auf den Feldern, vom Sammeln oder von der Jagd heimgekehrt. Die Bevölkerung des Rumah Selidapi drängt sich um mich. Die arme Lintaü ist zu Tode erschrocken, für sie bin ich schon tot. Ihr Vater bemüht sich, sie zu trösten, während die übrigen Stammesbrüder lautstark ihre Meinungen austauschen. Viele stellen unumwunden fest, daß ich keinerlei Chance hätte, davonzukommen, und auf dem besten Weg ins Reich der Ahnen, ins Land der unendlichen Orgie, wäre... Im Moment, das heißt, fünf Minuten nach dem Biß, spüre ich nicht viel, außer vielleicht ein Unbehagen in der Kniegegend. Noch kann ich mich ohne Schwierigkeiten bewegen. Ich scherze mit den Freunden und bitte sie, sich um mich keine Sorgen zu machen. Man legt mich auf die gemeinsame Veranda. Angesichts meines Optimismus fragen sich die Ibans wieder einmal, ob ich nicht so eine Art Medizinmann wäre. Ob ich nicht irgendeinen Filter in mir hätte, durch den das Gift immunisiert würde? Leider nein, denn nun setzen die ersten Anzeichen der Vergiftung ein. Die erwarteten Symptome treten sehr rasch auf: ich fühle mich von Minute zu Minute schwächer und kann das linke Bein nicht mehr bewegen. Nun bin auch ich beunruhigt. Bei den Kobrabissen traten diese Erscheinungen viel später auf. Bevor ich nicht mehr sprechen kann, bitte ich den Häuptling zu mir.

»Tangalé, ich werde bald nicht mehr atmen können. Du mußt dich auf meine Schenkel setzen und mit den Händen mit aller Kraft auf meinen Brustkorb drücken. Wenn du müde wirst, mußt du einen anderen bitten, dich abzulösen. Das ist eine Medizin aus meinem Land. Ich bin schon von *ullars* [Schlange] gebissen worden und weiß daher, was man tun muß. Versuch es einmal zur Probe!«

Ich bemühe mich, ihm die künstliche Beatmung eines Menschen beizubringen, denn das Gift der *Elapidae* verursacht den Tod durch Atemlähmung.

»Ja, so ist es gut. Du drückst mit derselben Geschwindigkeit, mit der du atmest. Das ist nicht schwer.«

»Dioudi, warum spielst du immer mit den Schlangen? Ich habe dir gesagt, daß du eines Tages gebissen werden wirst. Siehst du nun?«

»Die Schlangen können mich nicht töten. [Ich selbst bin allerdings weniger von dieser Behauptung überzeugt, als ich meine Freunde glauben machen will.] Wenn du die Bewegungen, die ich dir gezeigt habe, richtig machst, besteht keine Gefahr. Hör nicht auf, nicht einmal, wenn du glaubst, daß ich schon tot bin... Lintaü, hast du verstanden? Paß gut auf, daß alles so geschieht, wie ich es von deinem Vater verlangt habe.«

Die Lähmung kündigt sich an. Die Halsmuskeln werden als nächstes ausgeschaltet. Mein Kopf fällt kraftlos hin und her. Ich muß um ein Kissen bitten. Ich habe schon von Fällen gelesen, wo sich die Opfer infolge plötzlicher unkontrollierbarer Bewegungen die Wirbelsäule gebrochen haben. Die Sache wird immer ernster, mir ist gar nicht mehr zum Scherzen zumute. Hier und da hebt sich mein Arm oder mein Bein, um im nächsten Augenblick leblos wieder zu Boden zu fallen. Als nächstes kommen die Magenkrämpfe, das Erbrechen.

Nicht ganz eine Stunde später – diese Zeitangabe kann nur ungefähr sein, denn ich habe keine Uhr bei mir – beginnen die Muskeln, die die Lungenflügel in Gang halten, auszusetzen... Jeder

Atemzug erfordert eine gewaltige Willensanstrengung, die mich mehr und mehr erschöpft... Atmen, atmen... Das Einatmen wird fast unmöglich, immer schwächer werden die Züge... Immer größer werden die Abstände zwischen den einzelnen Atemzügen. Ich habe das Gefühl, als würden meine Augen aus den Höhlen treten. Ich muß einen fürchterlichen Anblick bieten. Die um mich versammelte Menge nickt bedeutsam und kommentiert leise ihre Beobachtungen.

Wo ist denn der Häuptling? Warum beginnt er nicht mit der künstlichen Atmung? Ich versuche, ihn zu fragen, aber kein Laut kommt über meine Lippen. Zum Glück hat er meine Bitte in meinen Augen gelesen und mich verstanden. Mit gottergebener Miene kniet er sich auf mich und nimmt die angegebene Stellung ein. Die Hilfe tut gut, auch wenn sie nicht an die natürliche Atmung herankommt. Ich bin bei vollem Bewußtsein, und das vergrößert nur noch meine Angstzustände. Ich sehe alles, höre alles und habe das Gefühl, daß der Tod in der nächsten Sekunde eintreten muß. Ich habe keinerlei Kontrolle mehr über meinen Verdauungsapparat, mein Magen scheint voller Rasierklingen und Paprikaschoten. Ich werde von ruckartigen Zuckungen geschüttelt, muß im letzten Stadium der Agonie sein. Die um mich Stehenden haben anscheinend ebenfalls diesen Eindruck.

Der Häuptling bittet Lintaü, in unser Bilek zurückzugehen, aber sie will mich nicht verlassen. Drei Frauen müssen sie mit Gewalt fortziehen. Ich wünschte, sie bliebe bei mir, aber wie soll ich ihr das verständlich machen? Von Zeit zu Zeit verringert sich mein Sehvermögen, und ich nehme alles um mich nur noch durch einen Nebelschleier wahr. Dann wieder sehe ich klar und deutlich. Ich schwebe zwischen Bewußtsein und Ohnmacht. Die Schmerzen im Magen sind unerträglich geworden. Ich muß mich schon wieder übergeben, ich bin nicht mehr Herr meiner selbst. Zwei alte Frauen säubern mich.

Jetzt kommt der Medizinmann. Er stellt seine Utensilien auf. Aus einem Ledersäckchen nimmt er ein halbes Duzend farbiger Kieselsteine, rund wie kleine Erbsen. Einen davon legt er auf meine Lippen, haucht darüber und steckt ihn wieder in seinen Sack. Dasselbe tut er mit allen seinen Steinen. Später wird natürlich das ganze Dorf davon überzeugt sein, daß er mir mit seinem Abrakadabra das Leben gerettet hat... Das Vertrauen der Ibans in den Medizinmann hat mich fast das Leben gekostet, denn nach seiner Intervention wollten sie die künstliche Atmung, die ja jetzt überflüssig geworden war, aufgeben.

Lintaü aber macht den Männern eine derartige Szene, daß sie schließlich doch mit der Beatmung fortfahren. *Thank God!*

Die Nacht verbringe ich in einem schmerzhaften Dämmerzustand. Mein Gehirn arbeitet nur zeitweise. Psychedelische Wachträume verfolgen mich, die von phantastischen Farben und Formen erfüllt sind. Über allem lastet die unerträgliche Zwangsvorstellung, nicht atmen zu können.

Wie durch ein Wunder geben die Männer während der ganzen Nacht die künstliche Beatmung nicht auf. Dem Häuptling, vor allem aber seiner Tochter verdanke ich es, daß ich heute noch am Leben bin. Lintaü hat es abgelehnt, in ihrem Bilek zu bleiben, und wenn einer der Männer Anstalten macht, in seinen Bewegungen abzusetzen, auch wenn es nur für Sekunden ist, um sich auszuruhen oder zu erklären, daß jede weitere Mühe umsonst ist, höre ich, wie die Kleine ihn mit Flüchen belegt, die einen erwachsenen, starken Mann erzittern lassen können. Niemals hätte ich geglaubt, daß dieser feine, zarte Mund zu solchen ungeheuren Beschimpfungen fähig wäre...

Gegen Mitternacht beginnt die Lähmung langsam, aber wahrnehmbar zurückzugehen. Am nächsten Tag bleibt mein Zustand unverändert. Ich atme ohne Hilfe, aber schwer, als ob eine Zentnerlast auf meiner Brust läge. Obwohl ich meinen gesamten Magen- und Darminhalt von mir gegeben habe, werde ich noch immer von Krämpfen und Zuckungen geschüttelt. Ich bin zu schwach, um eine Hand zu heben.

Ich mache mir viel zu spät Sorgen um die späteren Folgen. Ich wußte zwar von Anfang an, daß ich durchkommen würde – der kritische Punkt ist auch schon überschritten –, aber was mich beunruhigt, sind die Nachwirkungen. Ich habe davon gehört, daß manchmal nach Schlangenbissen schwere Nervenstörungen auftreten, die oft nicht mehr ausgeheilt werden können. In einem solchen Fall wäre es besser, an Ort und Stelle zu verrecken, als impotent oder schwachsinnig weiterzuleben.

Am Morgen des dritten Tages spüre ich, daß ich mich bald werde bewegen können. Meine Muskeln zeigen schwache Reaktionen auf die Befehle des Gehirns. Innerhalb weniger Stunden beginnt der ganze Apparat wieder zu arbeiten. Der Magen macht den Anfang... Ich habe Hunger... In dem Maß, in dem mein Appetit wächst, findet die Familie ihre gute Laune wieder.

Es wird noch einige Tage dauern, bevor ich wieder auf eigenen Füßen stehen kann. Besonders meine Nerven waren einer harten Zerreißprobe ausgesetzt, ich bin unfähig, meine Gefühle und Reaktionen zu beherrschen. Plötzlich breche ich in Tränen aus oder lache im nächsten Augenblick ganz unvermittelt.

Ich habe unwahrscheinliches Glück gehabt. Die Bisse der Bungar und der afrikanischen Mamba *(Dendroaspis viridis)* gelten als die gefährlichsten. Es gibt nur wenige Menschen, die den Biß einer Mamba überlebt haben. Ich habe allerdings noch nie von Menschen gehört, die von der *Flaviceps* gebissen worden wären, aber aus Studien geht hervor, daß beide Gifte eine ähnlich starke Wirkung haben. Die starke Dosis von Nervengiften, die dieser Saft enthält, reduziert die Überlebenschancen auf ein Minimum, und in den meisten Fällen ist der Ausgang ohne Serumgabe tödlich.

Ich würde gern behaupten, daß ich eine so außergewöhnlich robuste Konstitution besitze, daß es mir möglich war, den Großteil der Wirkungen des Giftes zu neutralisieren...

Um der Wahrheit die Ehre zu geben, muß ich doch sagen, daß die Erklärung für mein Überleben ganz woanders zu suchen ist: meine Bungar dürfte, als sie sich in der Wäsche gefangen sah, sich im Zorn darin verbissen und somit einen Teil ihres Giftes abgegeben haben. Als ich sie dann zwischen den Fingern hielt, versuchte sie mich zu beißen. Ich habe sie mit dem Ende meines Stockes zwischen den Zähnen gekitzelt, um ihren Rachen besser studieren zu können. Auch dabei dürfte sie ein wenig Gift abgegeben haben. Welche Dosis hat sie dann mir verpaßt? Das wird sich niemals mehr feststellen lassen. Jedenfalls hätte sie genügt, um mich ins Jenseits zu befördern, hätten mich meine Freunde nicht künstlich beatmet.

Mehrere Wochen lang kann ich keine Schlange, selbst keine tote sehen, ohne einen hysterischen Anfall zu bekommen. Das gibt sich aber ganz plötzlich.

7 AM ZIEL

Reinhold Messner
Allein auf dem höchsten Gipfel der Erde

Plötzlich gab der Schnee unter mir nach. Meine Stirnlampe erlosch. Ich fiel in die Tiefe – zeitlupenartig, so erlebte ich es –, einmal mit dem Rücken, einmal mit der Brust an den Eiswänden anschlagend. Mein Zeitgefühl war weg. Stürzte ich nur Sekundenbruchteile, oder waren es schon Minuten? Plötzlich hatte ich wieder Halt unter den Füßen. Jetzt wußte ich: Ich war gefangen. Vielleicht für immer!

Ich hätte doch ein Funkgerät mitnehmen sollen. Dann hätte ich jetzt Nena rufen können, die ich 500 Meter weiter unten in unserem vorgeschobenen Basislager auf 6500 Meter Meereshöhe um fünf Uhr morgens verlassen hatte. Nena war eine erfahrene Bergsteigerin. Sie hätte jetzt vielleicht bis hierher aufsteigen, mir ein Seil herunterlassen und mich aus diesem eisigen Gefängnis befreien können. Aber ein Funkgerät wog soviel wie drei Gaskartuschen, und Brennstoff für meinen Kocher erschien mir wichtiger als die Möglichkeit, um Hilfe rufen zu können.

Ich fingerte an meiner Stirnlampe herum, und plötzlich war es hell. Ich legte den Kopf in den Nacken und sah etwa acht Meter über mir ein baumstammdickes Loch, darüber ein paar Sterne. Die Eiswände, etwa zwei Meter auseinanderklaffend, schillerten blaugrün und liefen nach oben hin zusammen. Da würde ich nicht mehr herauskommen. Mit meiner Stirnlampe versuchte ich, den Grund der Spalte auszuleuchten. Doch es gab kein Ende. Die Schneebrücke, die meinen Sturz gestoppt hatte, war nur etwa einen Quadratmeter groß. Glück, dachte ich und spürte, wie ich am ganzen Körper zitterte. Ich hatte Angst. Ich überlegte, ob ich auf der morschen Schneeunterlage meine Steigeisen anziehen konnte. Aber bei jeder Bewegung überkam mich die Furcht, tiefer zu fallen. Da entdeckte ich eine Rampe, die schräg nach oben leitete. Das war der Ausweg. In wenigen Minuten war ich wieder an der Oberfläche – aber immer noch auf der Talseite.

Wie in Trance ging ich zum Loch zurück, durch das ich zehn Minuten vorher verschwunden war. Das erste Dämmerlicht erhellte den Nordsattel des Mount Everest. Ich schaute auf meine Uhr: Es war kurz vor sieben. Der Sturz in die Gletscherspalte hatte mich hellwach gemacht. Ich wußte, es gab nur diese eine Stelle, wo ich die Spalte, die die 300 Meter hohe Eiswand unterhalb des Nordsattels quer durchriß, überschreiten konnte. Vor vier Wochen, bei meinem ersten Erkundungsmarsch zum 7000 Meter hohen Nordsattel, hatte ich diese knapp zwei Meter breite Schneebrücke entdeckt. Damals hatte sie mich getragen. Sie mußte auch jetzt kurze Zeit halten, denn ich hatte bei meinem Alleingang keine Aluminiumleitern und Seile dabei, mit deren Hilfe sich vielköpfige Expeditionen über derartige Hindernisse halfen. Zwei Skistöcke und der Eispickel aus Leichtmetall waren meine einzigen Hilfsmittel. Ich war vorsichtig. Jenseits der Spalte stand eine steile Schneewand. Ich beugte mich vornüber und schlug die Skistöcke – Handknauf voraus, bis zu den Tellern – hoch in die Wand. Dann schwang ich mich mit einem Kraftakt nach drüben. Ich wußte: mehr als zehn Bergsteiger hatten in den Hängen zum Nordsattel ihr Leben verloren.

Es wurde Tag. Weit im Osten stand das mächtige Massiv des Kangchendzönga über einem graubläulichen Nebelmeer. Es war richtig gewesen, den Versuch im Juli abzubrechen. Der Schnee, aufgeweicht durch den warmen Monsun, war damals grundlos tief gewesen und die Lawinengefahr groß. Jetzt, am 18. August, war der Schnee tiefgefroren und gut zu begehen.

Über dem Gipfel des Mount Everest lag eine leichte Morgenröte. Er stand so klar gegen den tiefblauen Himmel, daß ich den freistehenden Felssturm am Nordostgrat klar erkennen konnte. Dort waren George Mallory und Andres Irwine 1924 bei ihrem kühnen Gipfelvorstoß zum letztenmal gesehen worden. Niemand wußte, ob die beiden beim Aufstieg oder erst während des Abstiegs umgekommen waren. Hatten die beiden damals den Gipfel erreicht? Waren sie die Erstbesteiger des höchsten Berges der Welt, den die Tibeter Tschomolungma nennen, »Göttin der Mutter Erde«?

Die Engländer hatten sich als erste die Eroberung des Mount Everest in den Kopf gesetzt. Nach einer großangelegten Erkundung 1921 war ein Jahr später der erste Angriff über die Route, an der jetzt auch ich kletterte, gefolgt. Mit einer für heutige Begriffe kärglichen Ausrüstung, mit der ich nicht einmal mehr aufs Matterhorn steigen würde, hatten Mallory und seine Freunde Norton und Somervell erstmals in der Geschichte des Bergsteigens die 8000-Meter-Grenze überschritten. Und der Feuergeist George Mallory hatte schon damals erkannt, daß der Mount Everest nach gründlicher Vorbereitung und einer sechswöchigen Akklimatisationsspanne vom Basislager beim Rongbuk-Kloster (5100 Meter) in sechs Tagen zu erstürmen sein müßte. Zwei Jahre später war Mallory tot. Doch erst 1953 – Tibet und damit die Nordseite des Mount Everest war inzwischen von den Chinesen für Ausländer gesperrt worden – bestiegen Edmund Hillary und der Sherpa Tensing Norgay den Berg über die nepalesische Südseite.

In diesem Frühjahr 1980 hatten die Chinesen die Grenzen geöffnet. Die ersten Ausländer, die kamen, waren Japaner. Mit einer Großexpedition schafften sie als erste nach den Chinesen den Gipfel über die Nordroute. Kurz nach ihnen hatte ich über Lhasa und Shigatse das Basislager erreicht. Sieben Wochen waren vergangen. Auf dieser Reise hatte ich auch vielfältige Eindrücke von Tibet gewonnen, von diesem Land mit seiner schier endlosen Weite. Die Pastellfarben der Hügelketten hatten mich gefangen genommen. Dies war das Land, von dem ich bisher nur geträumt hatte. Gleichzeitig hatte es mich oft deprimiert. Vor den weiß gekalkten Lehmhäusern mit den schwarzen Fensterlöchern wehten keine tibetischen Gebetsfahnen mehr, dort hingen nur noch rote Tücher. Das Kloster Rongbuk, früher von 400 Mönchen bewohnt, war leer. Geplündert. Tausende von Wandmalereien bröckelten von den morschen Wänden. Die Dächer der Tempel waren eingestürzt. In den Bergdörfern hatte ich arme, stumpfe Gesichter gesehen. Hier lachten die Leute nicht wie in den Bergen Nepals. Und wo war die so reiche tibetische Kultur geblieben? Der Potala in Lhasa, der ehemalige Palast des Dalai Lama, stand noch, aber in ihm war kein Leben mehr. Die wenigen Mönche fungierten als Statisten. Ein Volk hatte seinen Gott verloren.

Der Höhenmesser zeigte 7360 Meter. Es war etwa neun Uhr. Ich stieg jetzt langsamer. Die Strecke bis zum Nordsattel hatte ich in zwei Stunden geschafft und mir so ein Biwak ersparen können. Ab und zu war der Schnee knöcheltief, und die Schneeverwehungen kosteten Kraft. Ich durfte mich nicht verausgaben. Morgen und übermorgen würde es viel anstrengender werden. Die zwei ausziehbaren Skistöcke waren eine große Hilfe. So konnte ich mein Gewicht auf Beine und Arme verteilen.

Die Nordflanke rechts von mir war eine riesige Schneefläche mit dunklen Felsinseln. Deutlich waren Lawinenstriche zu erkennen. Ich blieb vorerst auf dem stumpfen Nordgrat. Das war die sicherste Route. keine Spur von meinen Vorgängern. Alles war unter einem dicken Schneemantel begraben. Nur einmal, auf 7500 Meter etwa, sah ich ein rotes Seil im Schnee, »Müll« der vorhergehenden Expedition. Es war an einer Felsinsel verankert. An diesen Seilen waren die Bergsteiger ins Basislager abgestiegen, wenn das Wetter schlecht geworden war, und an ihnen hatten sie sich hochhangeln können, um die Aufstiegsroute weiter zu präparieren. Stufe um Stufe.

Mit dieser Taktik hatte auch ich 1979 den Mount Everest über die Südroute bestiegen. Diesmal hatte ich niemanden, der mir tragen half, der mir die Biwaks vorbereitete. Keinen Kameraden, der mir im tiefen Schnee spuren half, und keine Sherpas, die meine Ausrüstung schleppten.

Wie eine Schnecke ihr Haus auf dem Rücken trug ich mein Zelt im Rucksack. Ich wollte es aufbauen, darin schlafen und es wieder mitnehmen für die nächste Nacht. Ein zweites Zelt wäre zu schwer gewesen, gar nicht erst zu reden von den Sauerstoffgeräten, die meine Last verdoppelt hätten. Meine 15 Kilo drückten in dieser Höhe so schwer, daß ich nach einem Dutzend Schritten stehenblieb, nach Atem rang und alles rings um mich vergaß. Die Strecken zwischen den Rastpausen wurden immer kürzer. Oft, sehr oft setzte ich mich jetzt hin, um zu verschnaufen.

Es kostete mich jedesmal größere Willensanstrengung, wieder aufzustehen. Schritt für Schritt quälte ich mich bis auf 7800 Meter. Ich hatte das Gefühl, als wäre da jemand hinter mir, der mich ermunterte.

Der erste Lagerplatz, auf dem ich den Schnee festtrat, gefiel mir nicht. Ich mußte an einem Felsen lagern, um das Zelt gut verankern zu können. Wenige Meter unter mir sah ich eine ideale Stelle. Aber mir fehlte die Kraft, meinen Rucksack auszupacken und das Zelt aufzustellen. Ich saß da und schaute hinunter zum vorgeschobenen Basislager, wo ich um fünf Uhr früh aufgebrochen war. Jetzt war es nach drei Uhr nachmittags. Ich erkannte einen winzigen roten Fleck. Nena hatte wohl den Schlafsack auf das Zeltdach gelegt, um sich vor der Hitze zu schützen. Die Hitze war bisher schlimmer gewesen als die Kälte. Nachts sank im Basislager das Thermometer nur auf minus 10 Grad. Hier oben auf minus 20 Grad. Untertags dörrte die Sonne mich aus. Die sauerstoffarme Höhenluft rieb den Rachen förmlich auf. Ich erinnerte mich, daß ich ein winziges Fläschchen mit japanischem Heilpflanzenöl bei mir hatte und nahm zwei Tropfen auf die Zunge. Das spendete für eine Weile Erleichterung und öffnete die Atemwege. Neben Aspirin war dieses Pflanzenmittel das einzige Medikament, das ich nahm.

Nena mußte mich mit ihrem Fernglas sehen können. Ich hoffte, sie war beruhigt. Vor dem Start hatte ich ihr erklärt, daß es keine Probleme geben dürfte, wenn ich am ersten Tag mehr als 1200 Höhenmeter schaffte. Beim Alleingang auf den Nanga Parbat zwei Jahre vorher, der mir den psychischen Rückhalt für diese Solo-Tour auf den Everest gegeben hatte, konnte ich am ersten Tag zwar 1600 Höhenmeter klettern, aber damals war ich bei 4800 Metern gestartet. Und es war ein himmelweiter Unterschied, ob man in 6000 oder 7000 Metern Meereshöhe kletterte. Hier wurde jeder Handgriff zur Überwindung.

Mein winziges Zelt, keine zwei Kilogramm schwer und doch so gebaut, daß es Stürme mit bis zu 100 Stundenkilometern Geschwindigkeit standhalten konnte, brauchte nicht viel Platz. Es war gerade so groß, daß ich mit angewinkelten Knien darin liegen konnte. Ich hatte Mühe, es aufzuspannen, weil immer wieder eine Windböe hineinfuhr und es hochhob. Mit Skistöcken, Eispickeln und dem einzigen Felshaken, den ich dabei hatte, fixierte ich es. Ich legte eine fingerdicke Schaumgummimatte auf den Boden und kroch hinein. Eine Zeitlang lag ich nur da und hörte dem Wind zu, der die Eiskristalle auf die Zeltwand warf. Er kam aus Nordwesten. Das war ein gutes Zeichen: Das Wetter blieb gut.

Ich sollte kochen. Aber von den vielen kleinen Vorbereitungen für das Nachtlager war ich so müde, daß ich mich nicht dazu aufraffen konnte, obwohl ich seit dem Morgen nichts gegessen hatte.

Mit Bewunderung dachte ich an Maurice Wilson, einen religiösen Fanatiker, der 1934 bereits einen Alleingang auf den Everest gewagt hatte, obwohl er kein Bergsteiger war. Er war felsenfest davon überzeugt gewesen, daß Gott ihn auf den Everest führen würde. Er hatte auch nach schlimmsten Schneestürmen und meh-

reren Abstürzen nicht aufgegeben. Beim ersten Anlauf zum Nordsattel hatte er die Strecke vom vorgeschobenen Basislager bis auf
den Paß in 7000 Meter Meereshöhe in vier Tagen nicht zurücklegen können. Am Ende seiner Kräfte war er zurückgekrochen in
sein letztes Lager, wo zwei Träger auf ihn gewartet hatten. Sie
hatten gewußt, daß es Wilson nicht schaffen konnte und versucht,
ihn zum Aufgeben zu überreden. Als er sich wieder auf den Beinen
hatte halten können, war der Besessene wieder aufgestiegen. Ein
Jahr später hatte man am Fuße des Nordsattels seine Leiche gefunden. Die letzten Zeilen seines Tagebuches lauteten: »Herrlicher
Tag, auf geht's.«

War ich genauso verrückt wie Wilson, besessen von einer Idee,
die niemand verstand, nicht einmal die Bergsteiger? Ich hatte den
Mount Everest schon einmal bestiegen. Warum ein zweites Mal
das Risiko, die Schinderei? Diesmal war ich auf einem anderen
Berg, auch wenn er denselben Gipfel hatte.

»Fai la cucina«, sagte jemand neben mir, »kümmere dich um die
Küche«, und ich dachte wieder ans Kochen. Ich redete halblaut
vor mich hin. Das starke Gefühl, mit einem unsichtbaren Begleiter
zu sein, ließ mich hoffen, daß der andere kochte. Ich fragte mich,
wie wir wohl Platz haben würden beim Schlafen in diesem winzigen Zelt. Ich wollte das erste Stück Trockenfleisch, das ich aus
dem Rucksack holte, in zwei gleiche Hälften teilen. Ich redete Ita-
lienisch, obwohl für mich als Südtiroler Deutsch die Mutterspra-
che war und ich mit meiner kanadischen Freundin Nena seit drei
Monaten nur Englisch sprach.

Der Wind war so stark geworden, daß das Zelt flatterte, und
immer, wenn ich den Eingang zwei Handbreit öffnete, um mit dem
Deckel meines Kochtopfes Schnee hereinzuschaufeln, blies er die
Flamme meines Gasbrenners aus. »Das wird eine schlimme
Nacht«, dachte ich.

Es brauchte eine Menge Schnee, bis ich einen Liter Wasser ge-
schmolzen hatte. Zuerst machte ich eine Tomatensuppe. Dann
zwei Töpfe mit tibetischem Salztee. Von Nomaden hatte ich gelernt, ihn zuzubereiten. Eine Handfläche voll Kräuter für einen
Liter Wasser, dazu zwei Prisen Salz. Ich mußte viel trinken: Vier
Liter am Tag, wenn ich nicht austrocknen wollte. Mein Blut würde
zu dick werden, wenn ich nicht genug Flüssigkeit zu mir nahm.

Das Kochen dauerte einige Stunden. Ich lag nur da, hielt den

Kochtopf und schob ein Stück Trockenfleisch oder Parmesankäse in meinen Mund. Dazu kaute ich ein hartes Südtiroler Bauernbrot. All die kleinen Handgriffe summierten sich zu einer körperlichen Qual.

Ich lag mit meinen Kleidern im Schlafsack und döste vor mich hin. Wenn ich die Augen aufschlug, wußte ich nicht, ob es Abend oder Morgen war. Aber auf die Uhr sehen wollte ich nicht. Ganz tief drinnen in mir saß die Angst. Es war nicht Furcht vor etwas Bestimmtem, die mich packte, es war die ganze Erfahrung meines Bergsteigerlebens, die Anstrengung von 30 Jahren Kletterei, die in mir wach wurde. Lawinen, Erschöpfungszustände, die ich erlebt hatte, verdichteten sich jetzt zu einer breiten, tiefen Angst. Ich wußte, was mir alles zustoßen konnte da oben. Ich wußte, wie groß die Schinderei unter dem Gipfel sein würde. Hätte ich es nicht gewußt, wie hätte ich mich später Stunde um Stunde, Schritt für Schritt überwinden können, weiterzugehen.

Als die Sonne am Morgen mein Zelt traf und den Rauhreif von der Innenwand leckte, packte ich alles wieder ein. Zwei Sardinenbüchsen und eine Gaskartusche sowie die Hälfte der Suppen und des Tees ließ ich zurück. Ich mußte mit dem Rest der Nahrungsmittel auskommen. Das Wetter war gut, anderntags mußte ich auf dem Gipfel sein.

Die ersten 50 Meter war ich langsam. Dann fand ich meinen Rhythmus wieder. Ich kam ganz gut voran. Ich kletterte jetzt etwas rechts vom Nordgrat, das Gelände wurde steiler und steiler. Ich blieb im Schnee stecken. Es ging unendlich langsam. Bis ich an eine Lawinenbruchstelle kam. Rechts in der Nordwand sah ich eine Chance. Die ganze Flanke war ein einziger Lawinenstrich. Dort könnte ich mich schnell genug bewegen. Ich redete mir ein, daß nach den zwei Schönwetterwochen keine Lawinengefahr bestand, daß der Schnee sich da oben verfestigt hatte. Zwei Tage würde das Wetter schon noch halten.

So begann ich eine lange, leicht ansteigende Querung nach oben, mit vielen Pausen, aber gleichmäßig. Über der Anstrengung und Konzentration hatte ich nicht bemerkt, daß das Wetter schlecht geworden war. Ringsherum war alles mit Nebel verhangen.

Die Berge unter mir hatten sich verflacht. Ich selbst ging mit dem Gefühl, nicht mehr zur Welt da unten zu gehören. Als ich um drei Uhr nachmittags nahe der Norton-Schlucht auf den Höhenmesser schaute, war ich enttäuscht. Er zeigte nur 8220 Meter. Ich wäre gern weiter hinaufgekommen. Aber da gab es keinen Biwakplatz. Im übrigen war ich zu müde. Also blieb ich.

Auf einem Felsvorsprung stand eine Stunde später mein Zelt. Das Fotografieren hatte ich aufgegeben. Es kostete zuviel Anstrengung, die Kamera auf den Eispickel zu schrauben, auszulösen, zehn Schritte wegzugehen und auf das Klicken des Selbstauslösers zu warten. Es war viel wichtiger, daß ich mir etwas zu trinken machte.

Der Schnee war am Rand des Felsens zu Eis geworden. Ich war sicher, es taute im Hochsommer, wenn es windstill und neblig war, sogar auf dem Gipfel des Mount Everest.

Ich durfte trotzdem nicht leichtfertig werden, weil in dieser Höhe schon einige Grade unter Null Erfrierungen verursachen konnten. Was wäre, wenn sich morgen früh der dichte Nebel nicht auflöste? Sollte ich abwarten? Nein, das war sinnlos. Auf dieser Höhe gab es keine Erholung mehr. Übermorgen wäre ich so geschwächt gewesen, daß es für einen Gipfelangriff nicht mehr gereicht hätte. Ich mußte entweder hinauf oder hinunter. Es gab keine andere Wahl.

Zweimal maß ich während des Schneeschmelzens meinen Puls. Weit über 100 Schläge in der Minute. Diese Nacht dauerte lange. Ich behielt meine plumpen, doppelschichtigen Plastikstiefel an, damit sie nicht auskühlten.

Am Morgen des 20. August ließ ich alles zurück. Auch der Rucksack blieb im Zelt, aber schon nach kurzer Zeit vermißte ich ihn wie einen treuen Freund. Er war mein Gesprächspartner geworden, er hatte mich aufgemuntert weiterzugehen, wenn ich völlig erschöpft gewesen war. Sauerstoffmangel und die ungenügende Durchblutung des Gehirns waren wohl die Ursache für diese rational nicht erklärbaren Erlebnisse, die ich auch bei meinem Alleingang auf den Nanga Parbat kennengelernt hatte. Hier oben hatte schon der Engländer Smythe 1933 seinen Keks mit einem imaginären Partner geteilt.

Der Rucksack war mein Begleiter gewesen. Aber ohne ihn ging es viel leichter. Und mein zweiter Freund, der Eispickel, war ja noch da.

Der Weg hinein in die Norton-Schlucht war nicht allzu schwierig. Die Einbildung, hier schon einmal geklettert zu sein, half mir, die einzig richtige Route zu finden. Eine Schneerinne führte zu einer Steilstufe, die mit hellerem Fels durchsetzt war. In der Mitte ein schmales, durchgehendes Schneeband, das den Aufstieg erleichterte. Hier war vor nicht allzulanger Zeit eine Lawine abgegangen, und deshalb trug der Schnee. Aber er wurde weicher und mein Tempo immer langsamer. Auf Händen und Knien kletterte ich nach oben, wie ein Vierbeiner, völlig apathisch, unendlich weit der Weg. Als ich auf einem Band unterhalb des Gipfels stand, war der Nebel so dicht, daß ich mich kaum orientieren konnte. Eine dunkle, senkrechte Felsmauer über mir riegelte den Weg ab. Aber irgend etwas in mir zog mich nach links. In einer kleinen Schleife umging ich das Hindernis.

Die nächsten drei Stunden nahm ich als Zeit nicht mehr wahr. Immer, wenn der blaue Himmel zwischen den dicken Wolken durchkam, glaubte ich, den Gipfel zu sehen. Und dann war ich doch erstaunt, als plötzlich das Aluminiumstativ, das kaum noch aus dem Schnee ragte, das Gipfelzeichen des Everest, vor mir stand. Die Chinesen hatten es 1975 am höchsten Punkt verankert, um genaue Vermessungen durchführen zu können. Aber jetzt in der Monsunzeit war alles anders hier oben. Schneewächten türmten sich nach Süden hin, die mir höher erschienen als mein Standort.

Ich hockte mich hin, fühlte mich schwer wie ein Stein. Ein Stofffetzen, um die Stativspitze gewickelt, war gefroren. Ich mußte einige Bilder machen. Das sagte ich mir wie eine Formel vor. Aber ich konnte mich lange nicht dazu aufraffen.

In diesem Augenblick war ich nicht enttäuscht, daß ich wieder keine Fernsicht hatte. Zum zweitenmal war ich auf dem höchsten Punkt der Erde, und wieder konnte ich nichts sehen. Dafür war es völlig windstill. Die Wolken quollen rundum, als ob die Erde darunter pulsierte. Ich wußte noch nicht, wie ich es geschafft hatte, aber ich wußte, daß ich mehr nicht konnte.

Ich konnte nur noch aufstehen für den Abstieg.

Joe Simpson
Tränen in der Nacht

*Den »Sturz ins Leere« hat Joe Simpson wie durch ein Wunder überlebt;
jetzt sucht er das Basislager:*

Fast ohne es zu bemerken, war ich in ein weites Gebiet mit Felsbrokken und Flußkies eingedrungen. Schon wieder Moränen? Ich war
unsicher. Der steile Abhang mit Gras und Kakteen hat mich des-
orientiert. Als ich mich umwandte, um zurückzuschauen, sah ich
auf dem weißen, schneebedeckten Berghang eine dunkle, kaum
sichtbare Wellenlinie. Auf den Felsbrocken lag kein Schnee. Was
für Steine waren das? Ich stöberte im Rucksack herum, bis ich
meine Stirnlampe fand. Ein matter, gelber Schein blitzte kurz auf,
als ich sie anknipste. Ich ließ ihn im Kreis herumwandern und sah
ein Gewirr grauer Felsbrocken. Das riesige, öde Feld, in welchem
ich saß, war voll von ihnen, und ich wußte nicht mehr, welchen Weg
ich wählen sollte. Der Strahl der Lampe erstarb schnell. Ich legte sie
weg und kroch vorwärts in die Dunkelheit. Mein Kopf schwirrte.
Ich versuchte wieder klar zu überlegen und wischte das Mischmasch
der verrückten Gedanken zur Seite, um einen kurzen Blick auf die
Wirklichkeit zu erhaschen. Das Flußbett! Das war es, wo ich gelandet war, obwohl mir diese Erkenntnis nicht weiterhalf, denn ich
schlief sofort ein und erwachte später, ohne mich daran erinnern zu
können. Die Ahnung, daß ich mich im Flußbett befand, schoß mir
zwar erneut durch den Kopf, doch wiederum konnte ich sie nicht
festhalten und zog es vor, mich wilderen Phantasien zu überlassen.
  Das Flußbett war eine halbe Meile breit, von Felsbrocken übersät und mit Tümpeln eisigen Schmelzwassers durchsetzt. Irgendwo
draußen in der Finsternis lag der Fluß. Ich konnte ihn im Sturmwind
nicht hören. Die Zelte schmiegten sich an sein Ufer. Und wo war
ich? Hielt ich auf die Mitte zu, oder schlug ich einen Bogen zum
Moränendamm zurück? Wen kümmerte das schon. Ich schob mich
weiter, stieß mit den Füßen gegen Gestein, stöhnte vor zuckendem
Schmerz, murmelte Fragen an die Dunkelheit und hörte als Ant-

wort nur das zischende Sausen stürmischer Winde. Die Stimme hatte mich vor Stunden alleingelassen. Ich war froh, daß sie mich in Ruhe ließ und sich nicht mehr einmischte.

Instinkt ließ mich meinen Kurs von Seite zu Seite wenden, als würde ich das Gewirr von Steinen wiedererkennen, vertraute Muster in der Dunkelheit sehen und einer unbewußten Kompaßpeilung folgen. Wie weit weg waren die Zelte? Vielleicht sind sie weg! Ich konnte warten, bis mir der Morgen den Weg zeigte, also saß ich da und wartete im Wind. Dann merkte ich, daß ich weiterkroch, ohne genau zu wissen, wie lange ich gewartet hatte. Wenn ich darauf wartete, würde es nie kommen. Ungeduld bringt keine Rosen. Was für eine dumme Redensart. Ich kicherte albern über meinen kleinen Privatwitz und lachte noch lange, nachdem ich den Witz schon vergessen hatte.

Als ich auf meine Uhr schaute, sah ich, daß es morgen war. Schon wieder ein Tag. Viertel vor eins am Morgen. Ich spürte die rauhe Kante eines großen Felsblocks gegen meine Schulter und zog mich an ihm hoch, bis ich schwankend auf ihm sitzen konnte. Etwas sagte mir, daß ich nahe war. Ich starrte durch die Dunkelheit. Es mußte hier sein; ich konnte es fühlen. Ein beißend scharfer Geruch von Fäkalien umwehte mich. Ich schnupperte an meinen Handschuhen und zuckte bei dem Gestank vor Abscheu zurück. Es brauchte lange, bis ich es kapiert hatte.

»Scheiße?... Wieso sitze ich in der Scheiße?«

Ich plumpste auf den Felsblock zurück. Ich wußte, wo ich war, schien jedoch nichts damit anfangen zu können. Ich starrte stumpf in die Dunkelheit. Irgendwo vor mir mußte der Küchenfelsen aufragen, aber wo? Plötzlich peitschten mir Schneeschauer ins Gesicht, und ich hob meine Hand, um mich zu schützen. Der scharfe Gestank drang mir in die Nasenlöcher, und mein Kopf klärte sich schlagartig. Ich brauchte bloß zu rufen! Ich setzte mich auf, brüllte heiser in die Dunkelheit. Das Wort kam erstickt und verzerrt heraus. Ich saß da, starrte stumm vor mich hin. Wartete.

Vielleicht waren sie weg. Die Kälte packte mich wieder. Ich spürte ihre heimtückische Berührung an meinem Rücken. Ich würde diese Nacht nicht überleben, das war schon mal sicher. Aber es ging mich nichts mehr an. Die Vorstellungen von Leben und Sterben hatten sich seit langem ineinander verflochten. Die vergangenen Tage verschmolzen zu einem Dunst von wirklichen

Geschehnissen und Wahnsinn, und jetzt schien ich in der Schwebe zwischen den beiden gefangen. Lebendig, tot, war da ein so großer Unterschied? Ich hob meinen Kopf und heulte einen Namen in die Dunkelheit:

»SIIIIMMMMOONNNN...«

Ich wackelte unsicher auf dem Felsblock hin und her und starrte in die Nacht. Das Flehen in meinem Kopf war hysterisch geworden, und ich hörte eine Stimme in einem übergeschnappten Geflüster stöhnen, als hörte ich jemand anderem zu:

»Bitte seid da... Ihr müßt da sein... Oh, allmächtiger Jesus Christus... Los, kommt schon! Ich weiß, daß ihr da seid... Helft mir, ihr Scheißkerle, helft mir...«

Schneeflocken fiederten gegen mein Gesicht, der Wind zerrte an meinen Kleidern. Die Nacht blieb schwarz. Warme Tränen mischten sich mit dem kalten, geschmolzenen Schnee und meinem Gesicht. Ich wollte, daß es aufhörte. Ich fühlte mich vernichtet. Das erste Mal seit vielen Tagen akzeptierte ich, daß ich endlich ans Ende meiner Kräfte gekommen war. Ich brauchte jemand. Irgend jemand. Dieser dunkle Nachtsturm holte mich zu sich, und ich hatte keinen Widerstandswillen mehr. Ich weinte über manches, doch am meisten, weil ich niemand hatte, der in dieser schrecklichen Nacht bei mir war. Ich ließ meinen Kopf auf die Brust sinken, beachtete die Dunkelheit nicht mehr und ließ Wut und Schmerz sich ausweinen. Es war zuviel für mich. Ich konnte beim besten Willen nicht mehr weiter. Einfach zuviel.

»HIIILFEEEE!«

Das Geheul wehklagte hinaus in die Dunkelheit; Wind und Schnee schienen es in dem Moment, wo es ausgestoßen wurde, verschluckt zu haben.

Ich dachte zuerst, in meinem Kopf sei ein elektrischer Blitz, wie jene plötzlichen blendenden Blitze, die aufgezuckt waren, nachdem ich in die Spalte gestürzt war. Es blitzte nicht! Es glühte weiter, rot und grün, und ließ Farben in die Nacht pulsieren. Ich glotzte es an. Etwas schwebte und glühte vor mir. Ein Halbkreis aus Grün und Rot, der in der Luft hing.

»Ein Raumschiff? Zum Kuckuck, es steht wirklich schlimm mit mir... sehe schon Ufos...«

Dann gedämpfte Geräusche, überraschte, schläfrige Geräusche und hellere Lichter, die aus den Farben herausflackerten. Ein Regen aus gelbem Licht stach plötzlich in einem weiten Kegel von den Farben ab. Noch mehr Geräusche, Stimmen, nicht meine Stimmen, andere Stimmen.

»Die Zelte!! Sie sind noch da...«

Der Gedanke lähmte mich schockartig. Ich kippte seitlich vom Felsblock und landete als zerknautschtes Bündel auf dem steinigen Flußbett. Schmerz brandete meinen Oberschenkel hoch, und ich stöhnte auf. Im Nu hatte ich mich in eine entkräftete, schluchzende Gestalt verwandelt, die unfähig war, irgendeinen Teil ihres Körpers zu bewegen. Etwas, was mich hochgehalten, was einen Funken Kraft am Pulsieren gehalten hatte, verflüchtigte sich in den Sturm hinaus. Ich versuchte, meinen Kopf über die Felsbrokken zu heben, um zu den Lichtern zu schauen, doch vergeblich.

»Joe! Bist du das? Joe!«

Simons Stimme klang brüchig vor Anstrengung. Ich schrie eine Antwort, aber kein Ton kam heraus. Ich schluchzte bloß krampfhaft und würgte von dem spasmodischen Gewoge in meiner Brust. Unzusammenhängende Wörter wurden ins Dunkel gemurmelt. Ich wandte meinen Kopf und sah ein tanzendes Licht in aller Eile sich nähern. Es gab ein Geräusch von Steinen, die unter Füßen knirschten, und jemand schrie mit aufgeregter, alarmierender Stimme:

»Dort drüben, dort drüben!«

Dann flammte das Licht über mich, und alles, was ich sehen konnte, war ein blendender Strahl.

»Helft mir... bitte helft.«

Ich spürte, wie starke Arme um meine Schultern reichten und mich hochzogen. Abrupt tauchte Simons Gesicht über mir auf.

»Joe! Gott! Oh, mein Gott! Oh, verdammt, verflucht, sieh dich an! Scheiße, Richard, halte ihn. Heb ihn hoch, heb ihn doch hoch, du dummes Schwein! Gott, Joe, wie? Wie?«

Der Schock ließ ihn nicht mehr wissen, was er sagte. Seine Worte sprudelten in einer obszönen Litanei heraus – grundlos geäußerte Flüche, ein sinnloser Strom von Beschimpfungen –, während Richard, unschlüssig und nervös, vor dem Schmerz zurückschreckte.

»...sterben... konnte nicht mehr. Zuviel für mich... zuviel... glaubte, jetzt sei es aus... bitte helft mir, um Himmels willen helft mir...«

»Es wird schon alles gut. Ich halte dich doch, ich halte dich ja; du bist in Sicherheit...«

Dann hob Simon mich hoch, verschränkte seine Arme um meine Brust und schleppte mich fort, während meine Fersen über die Felsen schlugen. Neben der Zeltöffnung wurde ich im sanften Schimmer von Kerzenlicht fallen gelassen. Ich schaute hoch und sah Richard mit vor Besorgnis weit aufgerissenen Augen auf mich hinunterstarren. Eigentlich wollte ich kichern wegen des ganzen Wirbels, doch Tränen krochen mir ständig aus den Augen, und ich konnte kein Wort herausbringen. Dann zerrte mich Simon ins Zelt und legte mich sanft gegen einen Haufen warmer Daunenschlaf-säcke. Er kniete an meiner Seite und starrte mich an. Ich konnte sehen, wie in seinen Augen ein Gewirr von Mitleid, Schrecken und Besorgnis kämpfte. Ich lächelte ihm zu, und er grinste zurück und schüttelte seinen Kopf langsam von Seite zu Seite.

»Danke, Simon«, sagte ich. »Es war schon richtig so.« Ich sah, wie er sich schnell wegdrehte und seine Augen abwandte. »So oder so, danke.«

Er nickte wortlos.

Das Zelt war erfüllt vom warmen Licht der Kerze. Menschen schienen über mir zu schweben. An den Zeltwänden spielten Schatten. Eine ungeheure Müdigkeit schien plötzlich alle meine Kräfte aufzuzehren. Ich lag still und spürte, wie mein Rücken durch die weichen Daunen drückte. Gesichter schauten auf mich herab, zwei Gesichter, die ständig in kurzen Visionen auftauchten und mich verwirrten. Dann drückte mir Richard eine Plastiktasse in die Hand.

Tee. Heißer Tee. Aber ich war zu schwach, um ihn zu halten.

Simon nahm ihn mir ab, half mir, mich aufzusetzen, und flößte mir dann den Tee ein. Ich sah, wie Richard über dem Gaskocher geschäftig dicken, milchigen Porridge anrührte und beim Umrüh-ren Zucker hineinlöffelte. Es folgte noch mehr Tee, dann der Brei, den ich nicht essen konnte. Ich sah hinüber zu Simon, sah die abge-zehrte Spannung in seinem Gesicht und den Schock in seinen Augen. Einen Moment lang fiel kein Wort. Jäh erkannte ich, wann Simon mich das letzte Mal auf diese Weise angeschaut hatte. Er hatte oben auf der Eisklippe gestanden und mich einen Augen-blick zu lange angestarrt – jener plötzliche Moment, als ich wußte, daß er akzeptiert hatte, daß ich sterben würde. Dann war der Bann gebrochen, und wir brachen in einen Schwall von Fragen aus, die alle zugleich herausplatzten, doch meist unbeantwortet blieben. In dieser langen, stillen Begegnung unserer Augen war jede Frage müßig, jede Antwort überflüssig geworden. Ich erzählte ihm von der Spalte und vom Kriechen; er erzählte von seinem alptraumhaften Abstieg nach dem Schnitt und wie er wußte, daß ich tot war. Er sah mich dabei an, als könnte er noch immer nicht ganz fassen, daß ich zurückgekommen war. Ich lächelte und berührte seine Hand.

»Danke«, sagte ich nochmals und wußte, ich würde ihm nie sagen können, was ich wirklich fühlte.

Er schien verlegen und wechselte schnell das Thema.

»Ich habe alle deine Kleider verbrannt.«

»Was?«

»Nun, ich dachte, du würdest sie nie...«

Bei meinem Gesichtsausdruck brach er in Gelächter aus, und ich lachte mit. Wir lachten weiter, zu lange, und es klang rauh, beinahe irr.

Stunden verstrichen, ohne daß wir es merkten, und das Zelt füllte sich mit Stimmengeplapper, während wir mit unseren Geschichten herausplatzten, über die Suche nach dem Geld lachten und über alle meine Unterwäsche, die dort draußen vor dem Zelt verbrannt war. Endlose Tassen Tee, voller Anteilnahme gereicht, und jetzt eine tiefe, bleibende Freundschaft. Und bei jeder Geste eine Berührung am Arm, ein Blick, eine Intimität, die wir zuvor nie zu zeigen gewagt hätten und auch nie wieder zeigen würden. Sie erinnerte mich an die sturmgepeitschten Stunden in der Wand, als wir eine kurze Zeit lang Rollen in unserem ureigensten, klischierten, drittklassigen Kriegsfilm gespielt hatten.

Simon zwang mich, den Brei aufzuessen, während Richard Spiegeleiersandwiches zubereitete. Mir schien, als schlucke ich mit jedem Schluck Tee ein anderes Medikament. Schmerzmittel, dann Ronicol, dann Antibiotika. Ich sträubte mich gegen die Sandwiches. Es war mir unmöglich, das trockene Brot hinunterzuschlucken.

»Iß das«, sagte Simon streng. Ich verschluckte mich an den trockenen Krümeln, mußte husten und kaute hilflos. Ich kriegte keinen Speichel in meinen Mund, daher spie ich es trotz seines Befehls wieder aus.

»Also gut. Jetzt sehen wir uns einmal dein Bein an.«

Er war plötzlich streng und effizient geworden. Ich begann zu protestieren, aber er hatte bereits begonnen, meine zerfetzte Überhose mit einem Federmesser aufzuschneiden. Ich sah, wie die Klinge mühelos den dünnen Nylonstoff aufschlitzte. Es hatte einen roten Griff. Mein Messer. Vor dreieinhalb Tagen war es das letzte Mal an mir benutzt worden. Eine krampfhafte Angst überfiel mich. Ich wollte nicht noch mehr Schmerzen. Wenigstens heute nicht. Ich brauchte dringend Schlaf, warmen, dauigen Schlaf. Ich fuhr zusammen, als er mein Bein hob, um die Hose wegzuziehen.

»Schon gut. Ich mache so vorsichtig wie nur möglich.«

Ich schaute von ihm zu Richard, der so aussah, als würde es ihm gleich übel werden. Ich grinste ihn an, doch er drehte sich weg und beschäftigte sich mit dem Kocher. Ich war gespannt, aber auch besorgt, wie mein Bein aussehen würde. Ich wollte wissen, was mir so viele Qualen bereitet hatte, doch gleichzeitig hatte ich Angst, daß es verfault und infiziert sein könnte. Simon zog den Reißverschluß meiner Gamasche auf und löste behutsam die Schnürsenkel und Klettverschlüsse.

»Richard, du mußt sein Bein unten halten. Ich kann den Schuh nicht ausziehen, wenn du es nicht festhältst.«

Richard blieb zögernd neben dem Kocher stehen. »Kannst du den Schuh nicht aufschneiden?«

»Schon. Aber das ist nicht nötig. Komm schon! Es dauert nur eine Sekunde.«

Er trat neben mich und hielt mein Bein vorsichtig unter dem Knie. Simon begann am Schuh zu ziehen, und ich schrie auf.

»Halte es doch fest, Herrgott nochmal!«

Er zog nochmals. Der Schmerz schien vom Knie in die Höhe zu schnellen. Ich kniff die Augen zusammen und wimmerte, als ein flutendes Feuer mein Knie überschwemmte. Ich betete, daß es bald aufhören möge.

»So. Den haben wir.«

Der Schmerz verebbte schnell. Simon warf den Schuh aus dem Zelt, und Richard ließ eilends mein Bein los. Ich glaube, auch er hatte seine Augen geschlossen.

Meine Polarhose folgte und glitt sanft von meinen Beinen. Richard verzog sich nach hinten ins Zelt, und ich setzte mich erwartungsvoll auf. Als Simon meine lange Thermo-Unterhose hinunterzog, glotzten wir beide überrascht auf mein Bein.

»Himmeldonnerwetter!«

»Verdammt, das ist ja sagenhaft!«

Das Bein war nur noch ein angeschwollener, gelbbraun gefleckter Stumpf mit bläulichgrauvioletten Streifen, die von meinem Knie hinunterliefen. Es gab keinen erkennbaren Unterschied zwischen meinem Oberschenkel und dem Fußknöchel mehr. Nur der riesenhaft ausgedehnte Klumpen, der sich auf halbem Weg grotesk nach rechts verdrehte, zeigte an, wo einmal das Knie gewesen war.

»Oh Gott, das ist ja schlimmer, als ich geglaubt habe.« Ich fühlte mich bei diesem Anblick ganz schwach und langte behutsam nach vorn, um die Haut rund um mein Knie zu streicheln. Wenigstens wütete keine Infektion, und es gab auch kein offensichtliches Anzeichen einer Blutvergiftung.

»Sieht schlimm aus«, murmelte Simon. Er untersuchte die Unterseite meines Fußes. »Deine Ferse hast du dir auch gebrochen.«

»Wirklich? Na gut.« Es schien mir nicht sehr wichtig. Fuß, Knie, der ganze Plunder, was machte es schon aus? Ich war unten. Ich konnte mich ausruhen, essen und schlafen. Es würde schon wieder heilen.

»Ja. Siehst du diese violetten Streifen? Das sind Zeichen von Hämorrhagien. Du hast sie rund um die Ferse und auch um den Knöchel.«

»Na los, Richard«, sagte ich, »komm, sieh dir das mal an!«

Er guckte über meine Schulter und schreckte hastig zurück.

»Ohhhh. Hätte ich's bloß sein lassen!«

Ich lachte glücklich und stellte verwundert fest, wie schnell ich mich verändert hatte. Das irre, hysterische Gelächter gehörte der Vergangenheit an. Mit einem bekümmerten Gesichtsausdruck zog Simon meine lange Unterhose wieder über meine Beine hoch.

»Wir müssen dich rasch hier wegbringen. Die Esel kommen am Morgen. Einer von uns kann runtergehen und Spinoza bitten, auch einen Maulesel und seinen Sattel zu bringen.«

»Ich gehe«, meldete sich Richard eifrig. »Es ist jetzt halb fünf. Gleich nach diesem Tee gehe ich. So kannst du meinen Schlafsack brauchen, und Joe kann deinen nehmen. Spätestens um sechs bin ich zurück...«

»Warte mal!« unterbrach ich ihn. »Ich brauche Ruhe und muß essen. Jetzt gleich zwei Tage auf einem Maulesel halte ich nicht aus.«

»Du mußt einfach«, sagte Simon scharf. »Da gibt's gar nichts dran zu rütteln. Es dauert mindestens drei Tage, bis du in ein Krankenhaus kommst. Zusätzlich zum verletzten Bein hast du auch noch Erfrierungen und bist erschöpft. Wenn du es noch viel länger so läßt, wird es sich entzünden.«

»Aber...«

»Vergiß es! Wir gehen am Morgen. Bis wir nach Lima kommen, ist es schon mehr als eine Woche gebrochen. Das Risiko ist viel zu hoch.«

Ich fühlte mich zu schwach, um zu widersprechen. Ich blickte sie beide flehentlich an, in der Hoffnung, sie würden es sich anders überlegen. Simon beachtete mich nicht und begann, meine Beine in einen Schlafsack zu verfrachten. Richard reichte mir etwas Tee, lächelte beruhigend und trat dann in die Nacht hinaus. »Bin gleich wieder zurück!« rief er aus der Dunkelheit, und schon fiel ich in Schlaf. Es schien noch etwas Wichtiges anzustehen, bevor ich einschlief, doch ich kämpfte vergeblich gegen die Müdigkeit an. Dann fiel es mir wieder ein:

»Du, Simon...«

»Was?«

»Du hast mir das Leben gerettet, weißt du das? Es muß schrecklich gewesen sein für dich in jener Nacht. Ich mache dir keinen Vorwurf. Du hast gar keine andere Wahl gehabt. Ich weiß das. Und ich weiß auch, warum du gedacht hast, ich sei tot. Du hast alles nur Menschenmögliche getan. Danke, daß du mich heruntergebracht hast.«

Er sagte nichts. Als ich zu ihm hinüberschaute, wie er auf dem Rücken in Richards Schlafsack lag, waren Tränen auf seinen Wangen. Ich wandte mich ab, als er sprach:

»Ehrlich, ich habe geglaubt, du seist tot. Ich war völlig sicher... Habe mir nicht vorstellen können, wie du das überlebt haben könntest.«

»Klar. Ich weiß...«

»Oh Gott! Allein zurückzukommen... Ich habe es fast nicht ausgehalten, als ich heruntergekommen bin. Ich meine... Was sollte ich denn deinen Eltern sagen? Was? Tut mir leid, Mrs. Simpson, aber ich mußte das Seil durchschneiden... Sie würde es nie verstehen, würde mir nie glauben...«

»Schon gut. Jetzt brauchst du es ja nicht mehr.«

»Wenn ich nur länger dortgeblieben wäre... Wenn ich nur geglaubt hätte, du könntest noch am Leben sein. Es hätte dir soviel erspart.«

»Spielt keine Rolle. Jetzt sind wir hier. Es ist überstanden.«

»Ja.« Er sagte es in einem erstickten Flüstern, und ich spürte, wie eine unaufhaltsame Flut heißer Tränen meine Augen füllte. Ich konnte nur ahnen, was er alles durchlitten hatte. Eine Sekunde später schlief ich schon.

Arved Fuchs
Lohn der Angst

7. Mai, 13.30 Uhr

Dank der Unterstützung der Soldaten ist es uns gelungen, ohne nennenswerten Wassereinbruch den Start durch die Brandung zu bewältigen. Mit verschlossener Spritzdecke saßen wir im Boot, warteten eine günstige Welle ab und wurden dann von mehreren Soldaten gleichzeitig hinauskatapultiert, bevor die nächste Welle über dem Boot brechen konnte.

Jetzt liegen wir noch im Schutze der Bucht vor einem Seegrasgürtel und überprüfen ein letztes Mal unsere Boote. Die Steueranlage funktioniert, die Reservepaddel sind griffbereit gelascht, die Spritzdecke ist fest verschlossen, die Boote liegen gut ausbalanciert ohne Schlagseite im Wasser, die Survival-Anzüge sind fest verschlossen, Sicherungsleinen an den Booten angebracht, und die Unterwasserkamera hängt mir um den Hals, ohne daß sie mich beim Paddeln behindert. Wir verlassen die Bucht und paddeln zügig bis zu dem Punkt, an dem das Ostkap steil ins Meer abfällt, um schließlich in einer Reihe von Klippen und Untiefen auszulaufen. Obwohl wir noch voll im Schatten der Insel sind, macht sich schon jetzt ein gewaltiger Schwell bemerkbar. Wir fahren ein Stückchen weiter hinaus, um von der Küste frei zu kommen, und wagen einen Blick um das Kap herum. Was ich dort sehe, läßt mir fast den Atem stocken. Eine riesige Dünung rollt aus südwestlicher Richtung heran, wird in der Nähe der Klippen immer steiler und beginnt sich schließlich, wie wir es bei unserer Ankunft auf der Isla Hornos an der gleichen Stelle gesehen haben, in gewaltigen Kaskaden zu brechen. Wir manövrieren die Boote längsseits, besprechen uns kurz und legen einen Weg fest. Dann lösen wir uns endgültig von der Küste und fahren in ein Inferno hinein, wie ich es in vergleichbarer Form noch nie zuvor erlebt habe. Wir müssen eine Passage durch die Untiefen und Klippen suchen, wobei wir uns manches Mal den schäumenden Ungetümen bedrohlich nähern.

Einen Moment versuche ich, die Wellenhöhe zu schätzen. Sind es zehn, fünfzehn, zwanzig Meter – ganz gleich wie hoch, noch nie glaube ich jemals zuvor derartige Urgewalt und Wellenhöhen gesehen zu haben. Die tatsächliche Höhe dieser Wellen scheint in diesem Augenblick auch unerheblich zu sein. Die Empfindung, die von Furcht und Staunen geprägt wird, läßt die Dimensionen verschwimmen und unkorrekt werden. Es sind natürlich keine fünfzehn oder zwanzig Meter hohe Wellen, wie wir später erfahren werden, aber immerhin haben sie doch eine durchschnittliche Höhe von acht Metern, die in Einzelfällen deutlich darüber liegt. Bei solchen Seegangsverhältnissen in einem Faltboot zu sitzen ist geradeso, als wenn man schwimmt. Ich fühle mich als Fremdkörper, den das Meer mit aller Kraft auszuspeien versucht. Wenn mein Herz in den vorangegangenen Wochen mehrfach in der Hose saß, so sitzt es jetzt mindestens in den Gummistiefeln. Wir fahren weiter hinaus. Eine Sekunde lang denke ich ans Umkehren. Ich bin verunsichert, ob wir es tatsächlich wagen sollen oder nicht.

Wie von einem inneren Zwang geleitet, fahre ich aber doch weiter. Rainer scheint ebenfalls entschlossen zu sein, er fährt voraus und ist bemüht, möglichst viel Freiraum zwischen den brechenden Seen und sich zu bekommen. Sein Boot tanzt wie ein Korken auf dem Wasser, verschwindet für geraume Zeit in einem Wellental, um irgendwo wieder plötzlich aufzutauchen. Die See wird immer gefährlicher und steiler. Dort, wo der nach Osten ziehende Strom der Bahia San Francisco mit der aus südwestlicher Richtung kommenden Dünung zusammentrifft, entstehen Kreuzseen, die steil und zerklüftet aussehen und die die Kämme der Seen zum Brechen bringen. Hinzu kommt noch ein dritter Faktor, der uns zu schaffen macht, und zwar sind dies die zurückbrandenden Seen der an den Klippen zerborstenen Wellen. Die Energie einer solchen brechenden Welle ist nicht damit verpufft, daß sie an die Klippen geschmettert wird, sondern sie wird von den starren, unbeweglichen Felsen reflektiert, läuft aufs Meer unter der Oberfläche zurück und tritt dort irgendwo wieder nach oben, um mit unkontrollierbarer und unberechenbarer Form die Struktur des Wassers zu verändern. Eine Achterbahn – schießt es mir durch den Kopf –, es ist fast wie Achterbahnfahren.

In der Tat erinnern die Bewegungen, die die Boote vollführen, an eine Fahrt in einer Achterbahn. In einem Wellental angelangt, wird man plötzlich und jäh von der nächsten See in die Höhe gerissen, über den Kamm hinweggekippt, um schließlich die Fahrt in das nächste Tal anzutreten. Die Kreuzseen versetzen die Boote, lassen sie querschlagen und nur mit knapper Not dem Kentern entgehen. Jeder von uns kämpft für sich alleine. Eine Kommunikation ist nicht mehr möglich, ich finde nicht einmal mehr Zeit, Rainer mit den Augen zu suchen. Zu sehr bin ich mit mir selbst beschäftigt. Ich konzentriere mich ausschließlich auf die Bewegung des Bootes. Ein Blick zu den heranrollenden Seen wirkt derart schockierend, daß man für einen Moment in seiner Konzentration nachläßt und damit Gefahr läuft zu kentern. Uns darf alles passieren, nur keine Kenterung! Auf dem offenen Meer zu kentern, wäre schon unangenehm und schlimm genug. Hier aber würde eine Kenterung mit großer Wahrscheinlichkeit das Ende bedeuten, da wir unweigerlich von den Seen und der Strömung zur Küste hingetragen werden würden, um dort zusammen mit einer der Wellen in den Klippen zerschmettert zu werden. Kein Gedanke daran, daß der andere einem vielleicht helfen könnte. Hier ist jeder Einzelkämpfer, jeder muß mit sich selbst fertig werden. Der Partner würde vielleicht eine Kenterung nicht einmal mitbekommen, zu sehr ist er mit sich selbst beschäftigt, und selbst wenn er es sehen würde, könnte er dem anderen nicht helfen, ohne das gleiche Schicksal zu teilen.

Das Tosen und Donnern der brechenden Seen ist schon von der Küste aus eindrucksvoll genug. Aus unserer Perspektive erscheint es grauenhaft. Sehen zu müssen, wie sich diese riesigen Wellen aufbauen, langsam steiler und schließlich kehliger werden, wie sich in Streifen die Gischt auf den Kamm legt und sie dann schließlich in einer endgültigen und sehr bestimmten Art und Weise zusammenbrechen, nimmt einem jeglichen Mut. Ich zwinge mich, den Blick von diesem Chaos loszureißen. Weder bei der Seefahrt noch bei der Atlantiküberquerung auf einem 13 Meter langen Segelboot vor einigen Jahren habe ich vergleichbare Situationen erlebt. Auch damals hatten wir Sturm mit Windstärke 10 bis 11 sowie eine schwere und hochgehende See.

Dennoch gibt es auf dem offenen Meer meistens eine gewisse Gleichmäßigkeit. Die Wellen kommen aus einer Richtung, und entsprechend kann sich der Seemann darauf einrichten. Hier, in unmittelbarer Nähe der Küste, scheinen sie aus allen Richtungen gleichzeitig zu kommen. Ich verliere jedes Gefühl für Zeit und staune, als ich plötzlich um das Ostkap herum bin und zu meiner

Rechten die breite Bucht sehe, die zwischen dem Ostkap und dem eigentlichen Kap Hoorn liegt. Obwohl die Dünung unverändert hochgeht, gibt es hier momentan keine Kreuzseen, da wir aus dem Einzugsbereich der Bahia San Francisco sowie der Klippen weit genug entfernt sind. Wir können ein wenig Atem schöpfen, suchen gegenseitig Blickkontakt und nähern die mittlerweile weit auseinandergetriebenen Boote einander an, so daß wir uns unterhalten können. Im Vergleich zu dem, was wir eben erlebt haben, scheint hier das Wasser geradezu ruhig zu sein. Schräg hinter uns liegt auf einem langgestreckten Rücken die Marinestation, deren kleine Hütten nur als vereinzelte Punkte auszumachen sind. Vor uns zeichnet sich drohend hinter einem Dunstschleier das Kap Hoorn ab. Von Südwesten treibt eine schwärzlich-graue, unheilverkündende Wolkenwand auf uns zu, die, wie wir wissen, Schnee, Hagel und Wind in sich birgt. Ich mache einige Fotos mit der Unterwasserkamera, indem ich sie einfach vor den Bauch geschnallt lasse und den Auslöser betätige. Ich wage es nicht, sie zum Auge zu führen, um einen genauen Bildausschnitt festzuhalten, sondern vertraue auf die Automatik, löse aus und hoffe, daß zumindest einige Fotos etwas werden mögen. Ich sehe Rainer in seinem Boot sitzen und mit seiner Filmkamera hantieren. Mir ist es völlig schleierhaft, wie er es schafft, in dieser rauhen See die Kamera zu führen und verschiedene kurze Einstellungen zu drehen. Immer wieder wird sein Boot überspült, die Kamera trieft und ist anschließend voll Wasser gelaufen, so daß mit dem Ende der Filmrolle auch das Lebensende der Kamera erreicht ist.

Die Wolkenwand ist nähergekommen und versperrt uns vollständig die Sicht auf die Insel. Dichtes Schneetreiben setzt ein, es kommt Wind auf, und im Nu beginnt der Kampf ums Überleben auf ein neues. Die Sicht beträgt maximal 20 bis 30 Meter, so daß wir uns nicht nur auf den Seegang konzentrieren müssen, sondern darüber hinaus einen Kurs zu halten haben, der uns nicht direkt zu den Klippen führt. Ein gelegentlicher kurzer Blick zu den schäumenden Seen läßt einen spontan glauben, daß es das letzte ist, was man auf dieser Welt zu sehen bekommt. Das Paddeln ist eine ununterbrochene extreme Kraftanstrengung. Ich merke, wie ich in meinem rechten Bein einen Krampf bekomme und versuche, den Schmerz zu ignorieren. Ich darf mein Bein weder strecken noch anders legen, denn ich muß mit beiden Füßen steuern, und das zu jeder Sekunde. Die Gelenke, die Muskeln, das Bein, alles schmerzt. An der steiler und konfuser werdenden See erkenne ich, daß wir uns offensichtlich wieder Klippen nähern. Kurze Zeit später kann ich es hören. Durch den Schnee und Nebel dringt deutlich das Donnern von Brechern zu mir herüber. Es ist wie Blindflug. Endlich reißt der Schleier ein wenig auf und läßt die wuchtigen Klippen des Kap Hoorn hervortreten. Was hatte ich mir vorgenommen zu fotografieren – jetzt habe ich kaum einmal Gelegenheit, auf den Auslöser zu drücken, und wenn ich es dennoch tue, dann bringt mich dieser kurze Moment in eine kaum vertretbare zusätzliche Gefahr. Die Foto- und Filmausbeute wird dürftig sein, aber das ist mir jetzt völlig egal.

Immer wieder waschen Brecher über das Deck, prallen mit einer enormen Wucht gegen meinen Oberkörper und nehmen mir fast den Atem. Es gibt Grundseen, die wie ein Pilz an die Wasseroberfläche treten, das Boot emporheben, nur um dann in sich zusammenzufallen und das Boot seinem Schicksal zu überlassen, das mit einem harten Schlag auf die Wasseroberfläche zurückfällt. Der Moment des Aufpralls ist der kritischste, weil dann sofort die See wieder dominiert und man einfach nicht immer voraussagen kann, welcher Natur die nächste Bewegung sein wird. Die einzelnen Wellen sind bedrohlich steil, und wenn man schließlich den schäumenden Kamm nach einer rasanten Steigung erreicht hat, dann wandert dieser Kamm in Sekundenschnelle unter dem Boot durch, das dann auf der anderen Seite für einen Moment in der Luft zu schweben scheint, bevor es klatschend aufs Wasser aufsetzt und die Talfahrt beginnt. Mehrfach drohe ich dabei zu kentern und kann mich nur dadurch retten, daß ich mich mit dem flachen Paddelblatt auf der Wasseroberfläche abstütze.

Um 15.15 Uhr habe ich Kap Hoorn genau querab. Lange habe ich auf diesen Moment gewartet und mir vorgenommen, ihn nicht nur fotografisch festzuhalten, sondern ihn auch zu verinnerlichen, ihn aufzusaugen. Jetzt hingegen gelingt es mir nur flüchtig, einen Blick hinüberzuwerfen, um mich dann sofort wieder den Bewegungen des Bootes zu widmen. Ich muß weiter – ich will fort hier. Nur gelegentlich erhasche ich einen Blick von Rainer, der mindestens 400 Meter von mir entfernt paddelt. Hinter dem Kap breitet sich eine weitere Bucht aus, in der es, durch eine Landzunge geschützt, eine Möglichkeit geben soll, mit Booten anzulanden. Obwohl uns dies bei den derzeitigen Seegangsverhältnissen sehr unwahrscheinlich erscheint, so haben wir die Landung in dieser Bucht doch immerhin als eine Notlösung angesehen. Einen Moment überlege ich, ob wir uns dorthin zurückziehen sollten. Allerdings habe ich nicht die leiseste Ahnung, wie es dort momentan aussieht und was eine Landung unter diesen Gegebenheiten tatsächlich bedeutet. Hinzu kommt, daß ich mich mit Rainer überhaupt nicht verständigen kann, und somit setze ich den Weg verbissen fort. Ein weiterer Punkt spricht gegen eine Landung in dieser Bucht: Nie wieder würden wir den Mut aufbringen, uns ein zweites Mal in diese stürmische See zu begeben. Einmal und nie wieder!

Deutlich spüre ich den Tag schwinden. Es ist nicht etwa eine neue Wolkenwand, die jetzt den Himmel verdunkelt, sondern es ist ganz einfach die Dunkelheit, die langsam Einzug hält. Es ist nicht nur eine Fahrt gegen die See, sondern auch ein Rennen gegen die Zeit. Wir haben nämlich noch ein weiteres Kap vor uns, dem mehrere Klippen und Untiefen vorgelagert sind und das wir wohl kaum bei Dunkelheit heil passieren können. Ich paddele mit der Kraft der Verzweiflung und habe doch das Gefühl, auf der Stelle stehen zu bleiben. Wir fahren jetzt mehr in nordwestlicher Richtung, und demgemäß rollt die See schräg von achtern heran. Mehrfach gerate ich beinahe ins Surfen, kann das drohende Verhängnis nur im letzten Moment abwehren. Es wird deutlich dunkler! Vor mir sehe ich die Schaumkronen von Brechern aufblitzen, die sich immer wieder an der gleichen Stelle zu brechen scheinen. Es müssen die Untiefen des Westkaps sein, die Ras Cathedral genannt werden und wegen ihrer Kreuzseen gefürchtet sind.

Mit dem letzten Tageslicht fahre ich auf das Kap zu, höre nur noch im Unterbewußtsein das Brüllen der Brandung und sehe vereinzelt die weiße Gischt wie die Reißzähne eines Raubtieres in der beginnenden Nacht aufblitzen. Es ist mir jetzt jedoch egal, macht mir kaum noch Angst. Ich bin zu erschöpft und leergebrannt, um zu denken oder um Angst zu haben. Mein Geist belastet sich nicht mit störenden Einflüssen, sondern konzentriert sich gänzlich auf die Bewegungen des Bootes, den Seegang und die Koordination meiner Bewegungen. Der Körper arbeitet mechanisch und stur. Ich spüre nicht mehr die Schläge der Seen, ich fliege durch eine wilde, schäumende Landschaft und staune höchstens, daß ich noch immer im Boot sitze. Es gibt kein Gestern und kein Morgen, es gibt nicht die Frage nach dem Warum, das einzige, was zählt, ist, daß ich paddele, daß ich mich vorwärtsbewege. Wie lange sitze ich im Boot: eine Stunde, zwei, einen Tag oder schon gar eine ganze Woche? Die Zeit, die hinter uns liegt, ist belanglos; schon die Sekunde, die eben verstrichen ist, verliert an Bedeutung, da nur der momentan gelebte Zeitraum zählt. Die Nacht legt sich schwer und dunkel wie ein Leichentuch über Land und Meer. Kein Mond, kein einziger Stern ist sichtbar. Ich bin um das Kap herum und fahre nunmehr von Westen in die Bahia San Francisco ein.

Schlagartig läßt der Seegang nach. Ich traue meinen Sinnen nicht, vermute fast eine Hinterlist in Form einer besonders großen See, die mich endgültig überrollt. Doch dieses Mal bleibt es ruhig. Rainer, der als erster das Kap passiert hat, läßt sich treiben und wartet, bis ich herangekommen bin. Wir reden nicht viel, haben es offensichtlich noch gar nicht kapiert, daß wir wieder in Sicherheit sind. Wir steuern die nächstbeste Bucht an, um irgendwo eine Möglichkeit zum Anlanden zu finden. Plötzlich fällt eine bleierne Müdigkeit über mich herein. Jeder einzelne Paddelschlag scheint mir zuviel, meine Muskeln, mein ganzer Körper und auch mein Geist scheinen gegen den Vorgang des Paddelns revoltieren zu wollen. Wir glauben, im Dunkeln einen geeigneten Landeplatz ausfindig gemacht zu haben und fahren darauf zu. Wenig später stehen wir völlig durchnäßt und mit vollgeschlagenen Booten noch ein wenig steif und unsicher auf den rutschigen Felsen der Isla Hornos. Wir stehen wieder auf der Nordseite, von der aus wir vier Stunden zuvor zu dieser Fahrt gestartet sind. Vier Stunden – nie zuvor habe ich die Relativität des Begriffes Zeit so sehr erfahren wie auf dieser Kap-Hoorn-Umrundung. Diese vier Stunden sind für uns beide mehr als lediglich der Zeitraum von 13.30 bis 17.30 Uhr. Es ist ein Teil unseres Lebens, den wir nie vergessen werden, der uns eine andere Dimension des Existierens gelehrt hat.

Peter Lourie
An Brunners See

Der Pfad war steil. Bergauf, bergab. Zweimal glitt ich drei Meter in die Tiefe, konnte mich aber gerade noch rechtzeitig festhalten. Ein Wunder, daß ich mir dabei nichts brach.

Segundo blieb stehen, um mir eine stachlige, sattgrüne Pflanze zu zeigen, die, wie er sagte, einen vor dem Verhungern retten konnte. Er schnitt mit der Machete die spitzen Blätter ab und legte das fleischige, nahrhafte Mark frei.

Juan hielt ein Streichholz an ein pelziges, spinnenartiges Gebüsch, das gleich zu qualmen anfing. Eine platinerne Rauchschwade stieg in die Luft, eine von Menschenhand geschaffene Wolke, die immer größer wurde, was unerklärliche Panik in mir auslöste. Aber es war zu naß, als daß das Feuer sich hätte ausbreiten können. Die Zinnwolke verflüchtigte sich am Himmel und wurde schließlich vom Nebel verschluckt.

Washington machte es Juan nach, zündete ebenfalls einen Busch an, dann einen weiteren und noch einen. Die Männer kicherten und freuten sich wie Kinder an ihrem pyromanischen Spiel. War das vielleicht ein Zeichen dafür, daß der Mensch in der Lage ist, diese ausgestorbene, feindliche, sumpfige Gegend zu besiegen? War das unsere Antwort auf Satans Treibhaus? Das Feuer durchbrach die Einsamkeit des Moors, ein prometheisches Symbol unserer Anwesenheit. Ich schöpfte neuen Mut.

Wir kreuzten auf dem schmalen, kaum begangenen Pfad Puma-, Bären- und Tapirspuren. Segundo erzählte mir, daß er in den Bergen schon dreimal Löwen begegnet sei, beide, Löwe und Mensch, seien erschrocken zurückgewichen, aber die Raubkatze sei als erste im Dickicht verschwunden. Er habe jedesmal einen gewaltigen Schrecken gehabt und geglaubt, sein Herz stünde still.

Sprühnebel, Regen, Schlamm. Kein Wunder, dachte ich, daß Captain Loch hundert Flaschen Scotch mitgenommen hatte. Wiederum Bärenspuren. Es gebe hier oben zwei Sorten Bären, erklärte Segundo, einen kleinen, schwarzen, harmlosen Bär und einen großen, gefährlichen Braunbär.

Mein Regenschutz war überall zerrissen.

Juan hatte sich zu meinem Leibwächter ernannt; abends trocknete er meine Kleider, und unterwegs ging er vor mir her und schob das Gebüsch auf die Seite, wenn er der Ansicht war, daß es zu dicht sei für den unbeholfenen Gringo. Er schnitt mir zudem einen Wanderstab; als er ihn mir überreichte, sagte er: Nehmen Sie, das ist das Pferd des armen Mannes. Ich stützte mich so krampfhaft darauf, daß sich schließlich an beiden Händen Blasen bildeten.

Als wir einen Morast voll treibender Erdschollen überqueren mußten, zeigte er mir Tapirspuren, denen man folgen mußte. Die Tiere wußten, wohin ihre Füße setzen. Ich verfehlte ein paarmal den festen Grund und versank hüfttief im Schlamm, aber Juan zog mich immer wieder heraus.

Juan war eher kleingewachsen, und ich fragte mich, wie er die schweren Lasten auf seinen schmächtigen Schultern tragen konnte. Er war immer zu Späßen aufgelegt. Wenn der Weg steil aufwärts führte, pfiff er durch seine wenigen noch vorhandenen Zähne. Manchmal ging mir zwar seine stete Fröhlichkeit auf die Nerven, vor allem, wenn ich kaum mehr weiter konnte, aber ich mochte den Mann je länger, je besser. In ihm brannte ein Feuer, um das ich ihn beneidete. Er sei einer der besten Männer für eine Expedition in die Berge, hatte Segundo gesagt, unermüdlich und ausdauernd, im Gegensatz zu Washington, der jede Gelegenheit zu einer Verschnaufpause nutzte.

Nach einer weiteren qualvollen Stunde deutete Segundo mit dem ausgestreckten Arm nach Norden und nach Osten. Der Weg von Pillaro, sagte er. In dem Moment senkte sich der Nebel, und wir mußten ein paar Minuten warten, bis er sich wieder hob und man den Pfad erkennen konnte.

Und dann – was für eine Überraschung: Aus dem Nebel tauchte ein Camp vor uns auf. Es machte ganz den Eindruck, als sei es erst kürzlich verlassen worden. Wenn uns jemand barsch befohlen hätte, uns zum Teufel zu scheren, hätte mich das kaum verwundert. Segundo meinte, das Biwak sei erst ein oder zwei Wochen alt.

Auf dem gefrorenen Gras lagen zerbrochene Flaschen, rostige Konservendosen, Bonbonpapier herum. An der Stelle, wo die Zelte das Gras flachgedrückt hatten, entdeckte ich zwei leere Flaschen Fundador. Natürlich hätte es sich um irgend jemand sonst handeln können, aber ich hatte das deutliche Gefühl, daß Diego hier vorbeigekommen war. Kaum vorstellbar, daß außer ihm noch jemand in den Bergen Fundador trank. Also hat er es doch noch geschafft, dachte ich.

Segundo und ich schritten wie Schlafwandler um das Camp herum, wie zwei staunende Kinder, die auf einen archäologischen Fund gestoßen sind. Er meinte ungerührt: Die trinken eine ganze Menge. Daß Diego offensichtlich immer noch trank, stimmte mich traurig. Und die bittere Enttäuschung von damals stieg in mir auf.

Aber dennoch, ich freute mich für ihn, daß er in den Bergen gewesen war (hatte ihn Francisco schließlich doch noch begleitet?). Jetzt würde er erst recht mit seinen Erlebnissen in den Llanganati prahlen. Diego war trotz seiner Neigung zum Trinken ein Teufelskerl – ein Schatzsucher!

Segundo mahnte zum Weitergehen. Schade. Und wenn auch Diego zum Lake Brunner gegangen war? Was würde ich zu ihm sagen, wenn wir uns dort oben treffen sollten?

Wir wateten durch eine breite Furt. Es gebe hier jede Menge Forellen, sagte Segundo. Er schritt philosophierend neben mir her (und ich war froh, seine Stimme zu hören, die meine Gedanken an die mit Diego verbrachte Zeit zerstreute).

– Ich bin ein praktischer Mann, Don Pedro. Keine Schulbildung zwar, aber die Berge sind meine Universität. Ich habe gesehen, daß Sie sich Notizen machen. Vielleicht sind Sie ein Dichter. Das ist schön. Ich mag das. Dichter schreiben Lieder über das, was ihnen zu Herzen geht: Ich hoffe, Sie schreiben alles auf, was Sie hier oben fühlen.

Als ich aufblickte, sah ich zu meiner Überraschung, daß die Sonne versuchte, die Wolkendecke zu durchbrechen.

Segundo redete weiter:

– Ich kann in den Augen lesen, Don Pedro. In Ihren Augen sehe ich Respekt. Auch Sie machen sich Gedanken über Ecuadors Zukunft, nicht wahr? Augen lügen nie.

Dann mußten wir uns einen Weg durch mannshohes Gras bahnen. Winzige Stechmücken fielen in Wolken über uns her. Wir gelangten an einen weiteren Wildbach, der wie ein Windstoß über große Felsblöcke zu Tal rauschte. Ich trank gierig in großen Zügen, aber Segundo warnte mich:

– Der Körper ist wie ein Auto, der Magen ist der Vergaser. Vorsicht, *señor*, trinken Sie das kalte Wasser langsam. Erwärmen Sie es im Mund, bevor Sie es hinunterschlucken. Der menschliche Organismus ist wie ein heißes Bad. Man darf das Thermometer nicht aus den Augen lassen.

Endlich drang die Sonne durch die Wolken. Wir schritten wie im Traum durch das gespenstisch helle Licht. Segundo kam auf Brunner zu reden:

– Er ist kein schlechter Mensch und ein armer Schlucker wie wir. Aber er teilt alles. Er sorgt für uns, kümmert sich um einen, wenn man krank ist. Einmal hat er uns sogar die Regenausrüstung gekauft, einfach so! Unglaublich, nicht wahr? Wenn man ihn nicht kennt, kann man sich schwer ein Bild von ihm machen. Gold hat er dort oben nie gefunden, *señor*, nie. Und ich glaube auch nicht, daß er das Gold wirklich finden wollte. Aber das würde ich ihm nie ins Gesicht sagen. Ich weiß, wie gern der Mann in den Bergen ist, allein, um durch die Geheimnisse des *páramo* zu wandern.

Segundo wußte um die wahre Suche eines Menschen.

Wir erreichten eine Anhöhe, und ich dachte, es sei eine Hügelkette mehr, die es zu überqueren galt. Da sah ich plötzlich zu meiner Überraschung, daß sich auf der anderen Seite ein Berg erhob. Der Cerro Hermoso! Endlich! Dunkel und glatt ragte die Felswand vor mir auf. Große Nebelfetzen strichen wie Leibwächter um den Heiligen Berg, der nur noch ein paar Kilometer entfernt war. Der Gipfel des Schatzberges versteckte sich hinter grimmigen Sturmwolken.

Aber als wir dort standen und zum Cerro Hermoso hinaufblickten, senkte sich der Nebel und raubte uns die Sicht. Ich hätte heulen mögen vor Wut. Klirrender Eisregen prasselte auf uns herab. Wir krochen unter eine große blau-rote Plastikplane und kauerten uns aneinandergedrängt auf die Erde, bis der Sturm vorüber war. Dann durchquerten wir ein breites Tal, was Stunden dauerte. Der See war aus der Entfernung nur als dunkler Streifen im Felsen sichtbar. Zehn oder zwanzig Meter unterhalb des Streifens stürzte ein rauschender, gischtiger Wasserfall in die Tiefe. Valverde erwähnt zwar den Wasserfall in seinem *Derrotero*, sein Tosen jedoch beschreibt er nirgends.

Wir hatten den Weg nach Pillaro schon lange gekreuzt, so daß wir jetzt auf dem Pfad sein mußten, den einst Rumiñahui genommen hatte, als er das Gold vor Pizarro in Sicherheit brachte.

Vor uns lag ungefähr noch eine anstrengende Wegstunde; ich versuchte daher, mich zu entspannen, es gemütlich zu nehmen. Aufgeben so kurz vor dem Ziel? Niemals. Fast zweieinhalb Jahre hatte ich mir diesen Augenblick vorgestellt: Ich hatte den Berg, ich hatte Brunners See erreicht.

Ich blieb stehen, ging weiter, blieb wieder stehen... Er war unglaublich steil, der Schatzberg. Die anderen waren weit vorn. Als ich in die Nähe des Wasserfalles kam, glaubte ich, sein Tosen würde mich in die Tiefe reißen. Ich hörte deutlich Menschenstimmen, aber es konnte sich nicht um die Stimmen meiner Männer handeln, die schon fast oben waren. Ich konnte ihre kleinen, dunklen Gestalten erkennen, die sich langsam den Felsen über mir entlang bewegten, unterhalb der dunklen Linie.

Vorige Nacht hatte mir Segundo erzählt, er habe hier oben öfter Stimmen gehört. Keine spanischen Stimmen, nein, die Stimmen vieler unbekannter Menschen, wie auf einem Markt oder an einer Fiesta in einer großen Stadt. Er meinte, es seien die Winde, die sich hier oben versammelten und die Stimme aller Planeten herbeitrügen. Die Winde seien wie ein Tonbandgerät, sagte er, sie würden Wörter und Silben auffangen und sie hier zurücklassen, am Cerro, wo alle Winde der Welt aufeinanderstoßen.

Brunner hatte diesbezüglich eine andere Theorie. Er hatte mir wiederholt von den Sabelas erzählt.

– Da gibt es eine sonderbare Geschichte von einem verschollenen Indianerstamm, Pete. Ich weiß, daß es sie gibt, diese Indianer, aber ich habe sie noch nie mit eigenen Augen gesehen – *no?* Ich habe ihre Fußabdrücke gesehen, das ja. Sie haben über all die Jahre meine Camps bewacht; ich konnte sie reden hören, ganz deutlich. Eines Tages erkundigte ich mich bei meinem Gefährten, einem alten Indianer aus Pillaro, nach ihnen. Wir hörten wieder einmal ihre Stimmen, und ich fragte ihn: *Was glaubst du, sind das bloß Indianer aus Leyto, die unser Lagerfeuer gesehen haben?* Und er antwortete: *Ich weiß nicht, Don Gino, die Indianer sprechen Spanisch oder Ketschua, aber diese Stimmen reden eine ganz andere Sprache, eine Sprache, die ich noch nie gehört habe. Zudem tragen unsere Indianer Schuhe oder Sandalen, aber die da sind barfuß. Schauen Sie doch!* Und er deutete auf den lehmigen Boden, wo, bei Gott, der riesige Abdruck eines nackten menschlichen Fußes deutlich erkennbar war.

Die durchschnittliche Größe der Sabelas soll über zwei Meter betragen. Also haben sie große Füße, riesige Füße, wie der Yeti. Wir haben längs des Pfades zudem Rindenbündel gefunden, sie kauen diese Rinde nämlich, eine Art Droge, die ihnen die Kraft gibt, in diesem unmenschlichen Klima zu überleben.

Aber sie hätten ihm nie etwas gestohlen, versicherte er mir. Außerhalb ihres Territoriums seien sie harmlos. Die Sabelas würden einem im Dschungel auf der anderen Seite der Cerro vielleicht einen Tag lang folgen, aber gezeigt hätten sie sich nie. Man könne deutlich die Zweige knacken hören, wenn sie sich einen Weg durch das Dickicht schlügen, ohne Macheten allerdings. Aber gesehen habe sie seines Wissens noch nie jemand. Seltsam. Sehr seltsam. Captain Loch hatte sie auch gehört auf seinem schicksalshaften Treck den Napo abwärts. Er sei fast übergeschnappt.

– Aber ich kenne einen Indianer, erzählte Brunner weiter, der in der Nähe der Schwarzen Llanganati Gold wusch, der Yana Llanganati hinter dem Weißen Berg, dem Cerro Hermoso. Er wusch Gold in einem Fluß, und als er aufblickte, war er von zwanzig Männern umringt; sie waren sehr groß und regungslos wie Statuen und blickten von einem Felsen stumm auf ihn herab. Der Indianer und seine Begleiter ließen alles stehen und liegen und machten sich schleunigst davon.

Einmal begegnete ich hinter dem Cerro Negro einer riesigen wildweidenden Herde; die Indianer sagten, es handle sich um das Vieh der Jívaro. Mit Jívaro meinen sie wilde Indianer, Wilde. Die Sabelas, so erzählte man mir, leben an den östlichen Ausläufern der Ost-Kordillere, ihr Gebiet erstreckt sich bis zum Amazonas. Es gibt Leute, die behaupten, sie trügen goldenen Schmuck. Ich weiß nicht, ob das stimmt.

Ich würde ihr Tal nie im Leben betreten. Wenn einer das im Sinn hätte, ich würde ihm nicht einmal meine Dokumente und Landkarten zeigen, denn ich möchte das nicht auf dem Gewissen haben, das Verschwinden dieser Indianer, meine ich, des letzten unberührten Stammes auf der Welt. Vielleicht ist tatsächlich noch ein unentdeckter Stamm übriggeblieben. Ich will nicht, daß auch der ausstirbt wie im brasilianischen Amazonas – *no?*

Ich bin fast sicher, daß Angehörige dieses Stammes hin und wieder für kurze Zeit in die zivilisierte Welt kommen und dann wieder zurückkehren. Aber niemand weiß Genaues darüber, es gibt nirgends konkrete Anhaltspunkte dafür. Niemand kann aufrichtig behaupten, er habe die Sabelas gesehen.

Jahrelang hatten sie Brunners Lager durchstöbert, aber sie hatten nie etwas gestohlen oder ihn und seine Männer belästigt. Sie töten niemand, meinte Brunner, aber wenn man ihr Tal betritt, *well*, dann lassen sie einen nicht so schnell wieder hinaus.

Brunners Stimme klang sonst immer forsch, er zeigte selten Angst, war niemals entsetzt, aber damals, als er mir von den Sabelas erzählte, hatte seine Stimme gezittert. War er vielleicht irgendwann mit ihnen in Berührung gekommen?

– Es heißt, sie hätten kein Salz. Daher sind sie gierig nach dem Zeug, sie sind geradezu süchtig danach. Einmal haben sie mir zwei Pfund Salz geklaut.

– Aber Gino, Sie haben mir doch soeben erzählt, daß sie nicht stehlen?

– Na ja, halt nur das, was sie zum Überleben brauchen –*no?*

Ich ging zehn Schritte, blieb stehen, holte Luft, knetete meine Waden, ging zehn oder zwölf Schritte, blieb stehen, holte Luft, ging weiter... eine ganze Stunde lang die steile Bergwand hinauf. Beißender Rauchgeruch stieg mir in die Nase und übermittelte meinen schmerzenden Muskeln warme, menschliche Signale. Die anderen waren bereits im Camp.

Etwa dreißig Meter unterhalb der Krete erblickte ich drei rote Wimpel an der Funkantenne, die Brunner hinter seinem Camp aufgestellt hatte. Für die Hubschrauber, hatte er mir erklärt.

Als ich endlich oben war, hätte ich mich vor Erschöpfung am liebsten übergeben, aber ich hatte es geschafft, Gott sei Dank, ich hatte es geschafft! Einen halben Meter von mir entfernt sah ich Brunners Hütten, die sich wie Iglus um den kleinen, tintenblauen See drängten. Siebenhundertfünfzig Tonnen geschmiedetes Gold und Silber, seit Jahrhunderten begraben unter Schutt und Geröll. 4800 Meter über dem Meer, 300 Meter unter dem höchsten der Cerro-Gipfel. Die vier mit Plastikplanen und Binsen bedeckten Hütten erschienen mir im Dämmerlicht wie eine Fata Morgana. Der morastige Boden rundum war mit Stroh bedeckt. Brunner hatte zudem drei Gräben gegraben, damit das Regenwasser das Camp nicht wegschwemmt.

Segundo trat aus der größten Hütte und rief mir zu:

– *Buenas tardes*, Don Pedro, willkommen im Hotel Brunner.

Das Camp lag an der südwestlichen Flanke des Berges, es war die Gegend, die ich vor zwei Jahren so oft auf der Landkarte studiert hatte. Der See wirkte viel kleiner als auf Brunners Aufnahmen. Er sah überhaupt nicht aus wie *ein von Menschenhand gegrabener See*, sondern wie ein natürlicher See mit unregelmäßigen Umrissen. Vielleicht hatte er sich im Lauf der Jahrhunderte verändert. Weiter unten, in einem furchterregenden, steil abfallenden dunklen Cañon, lag ein größerer See, in den sich ein gewaltiger Wasserfall ergoß, den Valverde ebenfalls erwähnt.

Als Segundo und die anderen Brennholz suchen gegangen waren, zog ich heimlich meine Abschrift von Spruces Übersetzung des *Derrotero* hervor: *Derweil du durch den Cañon gegangen und ein gutes Stück des Weges zurückgelegt, wirst du an einem Wasserfall vorbeikommen, der sich von einem Ausläufer des Cerro Llanganati herabstürzt und sich rechts des Weges in einem Sumpf verläuft; und du brauchst den morastigen Grund gar nicht erst zu betreten, denn in besagtem Sumpf ist so viel Gold, daß du nur die Hand auszustrecken brauchst, und du wirst feststellen, daß der Schlamm in deiner Hand aus lauter Goldkörnern besteht.*

Ich hatte plötzlich das Bedürfnis, nach dem Gold zu suchen, überall. Aber wo anfangen? Die Angaben im *Derrotero* waren eher vage. Valverde behauptet zum Beispiel, der Wasserfall versickere in einem Sumpf, aber es war ganz offensichtlich, daß er in einen See stürzt, und ich fragte mich, ob sich die Bodenbeschaffenheit verändert hatte in den vierhundert Jahren, seit Valverde hier gewesen war.

Wenn man sich jahrelang in Gedanken mit einem Ort beschäftigt hat, wo man noch nie gewesen ist, wenn man immer wieder versucht hat sich vorzustellen, wie es dort aussieht, und dann plötzlich in der dünnen Höhenluft sein Ziel erreicht, kommt einem alles unwirklich vor. So, jedenfalls, erging es mir, als ich die Szenerie um mich herum betrachtete, den See, das Camp, den Berg... Ich fühlte mich wie ein Hochstapler, wie ein Requisit in einem Hollywoodfilm. Das Ganze kam mir so unwirklich vor, daß mir schwindlig wurde. Der Mann am Ufer von Rumiñahuis See, das war nicht ich, sondern bloß eine zweidimensionale Fälschung.

In der Hütte gab es eine Strohpritsche, Strohmatten auf dem

Fußboden, eine kleine Feuerstelle, die dank Juans Eifer bereits rauchte. Es war so dunkel, daß ich beinahe auf Washingtons Hand getreten wäre. Juan kochte Tee. Ich ließ mich total erschöpft auf das Strohlager fallen. Jedenfalls wußte ich jetzt ganz genau, was es heißt, bis auf die Knochen durchnäßt zu sein.

Der Eingang der Hütte ging nach Osten, auf den Berg. Das breite Tal lag auf der Rückseite des Camps. Nachdem ich drei Alka-Seltzer geschluckt, die Kleider gewechselt und etwas Tee getrunken hatte, ging ich mit Segundo zu der kleinen Landzunge zwischen den zwei Seen. Das war also Brunners *Hubschrauber-Landeplatz*.

– Von hier aus wurde Heinz zu Tal geflogen, sagte Segundo.

– Ist der Hubschrauber tatsächlich hier oben gelandet?

– Eine unglaubliche Leistung, meinte Segundo.

Flaubert hat den Nebel einmal als *Tränen in der Luft* beschrieben. Als ich die Schwaden betrachtete, die über den See hinwegzogen, wußte ich, was Flaubert damit meinte. Grabesstimmung, eine überwältigende Wehmut lag über der Landschaft. Die Gipfel des Cerro waren hinter einer düsteren Wolkendecke versteckt.

– Das, Don Pedro, ist Brunners schönster Ort auf Erden. Diese Stelle, wo wir jetzt stehen, hat sein ganzes Leben verändert. Als ich ihn das letzte Mal abholte, war er einen ganzen Monat hier gewesen. Allein. Er ist am liebsten allein. Ich sagte zu ihm: *Gino, es ist bald Weihnachten.* Wir haben drei Christfeste zusammen in den Bergen verbracht, müssen Sie wissen, aber ich dachte mir, daß der alte Mann Weihnachten mit Freunden oder Angehörigen verbringen sollte. Er antwortete: *Okay, du hast recht, Segundo. Ich bin siebenundsechzig, ja, und es bleibt für mich nicht mehr viel zu tun hier oben. Zu alt. Ohne die Unterstüztung der Luftwaffe kann ich nichts ausrichten. Kehren wir also nach Quito zurück, um die Armee zu mobilisieren, verdammt noch mal.* Und am nächsten Tag ging er mit mir zu Tal, fünfzehn Stunden hat er gebraucht bis zum Lager Zwei. Er ist alt geworden, die Berge sind für ihn zu anstrengend. Er kommt zum See, um seinen Erinnerungen nachzuhängen, um aus der Stadt herauszukommen und zu lesen und ungestört nachzudenken.

Während Segundo sprach, hörte ich die Funkantenne, die im arktischen Wind hin und her schwankte; eine leere Sardinenbüchse und eine rostige Konservendose waren an einem Pfahl befestigt und schepperten gegeneinander. Es war eine einsame Melodie, aber immerhin ein von Menschenhand geschaffenes Geräusch. Brunner hat die Büchsen dort festgemacht, dachte ich, damit er ihnen zuhören kann, wenn er allein ist, damit sie ihn an den Rest der Welt erinnern.

Ich stand in der hereinbrechenden Dunkelheit neben dem alten Führer am Ufer und ließ den Blick über den im Zwielicht verblassenden See schweifen und fühlte plötzlich, wie in Brunners nebelverpestetem Biwak meine Lebensgeister wiedererwachten. Gene Brunner würde nie mehr jeden Zentimeter der Berge erforschen können; es war auch nicht mehr nötig, denn er hatte sein Werk vollendet. Und aus demselben Grund würde auch ich nicht mehr hierherkommen: Ich hatte mein Ziel erreicht.

Als es draußen stockfinster war und der Nebel alles einhüllte, tranken wir in der Hütte Tee. Ich legte mich auf Brunners bequeme Strohpritsche. Auf den Regalen an der Wand reihten sich Konservenbüchsen, Töpfe, Kocher, alles, was man für eine Expedition in die Weißen Llanganati brauchte. Die Hütte war mit Vorräten vollgestopft, was mir ein beruhigendes Gefühl gab. Hotel Brunner, tatsächlich. Auf dem Holztisch in der Mitte des Raumes lagen Bücher und Landkarten. Juan zündete die Sturmlaterne an.

– Früher gab es mehr Hütten, aber sie wurden von ein paar Männern aus Pillaro geplündert und in Brand gesteckt, sagte Segundo.

Brunner hatte hinter dem Camp eine überdachte Latrine gebaut. An einem Pfahl hinter dem Camp war eine mit »WC« beschriftete Tafel angebracht, ein Pfeil zeigte auf das kleine Häuschen, wo man im Trockenen sein Geschäft erledigen konnte.

In der Nacht quengelte Washington wie ein kleines Kind. Er konnte nicht schlafen, also knipste er eine Taschenlampe an und begann seelenruhig mit Brunners Leuchtstift Strichmännchen zu malen, überall, auf seine Hände, seine Marlboropäckchen, seinen Hut, seine Hose, seine Stiefel. Übermütig wie im Kindergarten.

Draußen schwoll das Scheppern der Sardinen- und Bohnenbüchsen am Pfahl zu einer stürmischen Kakophonie an, die der Wind in die Hütte hereintrug. Die arktische Einsamkeit des Ortes übermannte mich; ich wurde von einem Frösteln gepackt; meine Glieder fühlten sich bleiern an. Ich betrachtete im Schein von Washingtons Taschenlampe die rußgeschwärzte Decke über mir. Die naßkalte, rauchige Dunkelheit reizte mich zum Husten.

Die Männer aus El Triunfo schliefen auf dem Fußboden unter ein paar Wolldecken.

Ich hörte wieder leises Vogelgezwitscher, und da wurde mir klar, daß es kein Vogel war, sondern etwas in meinem Kopf. Es zwitscherte die ganze Nacht und löste heftige Kopfschmerzen aus.

Aber ich hatte es geschafft.

EPILOG

Peter Fleming
Haben Sie etwas zu verzollen?

»Haben Sie irgend etwas Zollpflichtiges?«
»Nein.«
»Keine Spirituosen, kein Parfüm, keine Juwelen?«
»Nein.«
»Keine Musikinstrumente...?«
»Nein.«
»Nichts an Tee, Kaffee, Uhren...?«

Der Beamte leierte weiter. Er suchte, wie man so zu sagen pflegt, jeden Winkel ab. Oder versuchte er vielleicht zu scherzen? Vor ihm lagen zwei unbeschreiblich dreckige Leinensäcke voll alter Kleider, ein Rucksack mit den kleinen Requisiten des Eingeborenen-Daseins (jetzt im Britischen Museum ausgestellt) und ein langes, gefährliches, von Wickelgamaschen umwundenes Bündel von Speeren, Keulen, Bogen und Pfeilen... Musikinstrumente? *Parfüm?* Aber, aber, mein lieber Mann...

Endlich war er zufriedengestellt. Kreidekreuze gestatteten unserer zerbeulten und barbarischen Ausrüstung die Einfuhr nach Großbritannien. Unser Gepäckträger wurde leicht mit dem Posten fertig. Als er die schmutzigen und blutbefleckten Säcke über die Schultern schwang, hatte ich eine flüchtige Vision des Lastautos, das vor fünf Monaten mit dem Expeditionsgepäck nach Tilbury gekeucht war. Ich dachte an die Theodoliten, die Radioausrüstung, die Bogen mit den hochpolierten Pfeilen, die zur Bewaffnung unserer eingeborenen Führer bestimmt sein sollten, die Etiketten mit dem Expeditionsnamen, die alles bepflasterten, an die automatischen Schießgewehre, die Tränengasbomben und an die Bulldogge... Das war nun lange her. Wir reisten jetzt leichter.

Roger und ich hatten die »Pancras« in Lissabon verlassen. Obwohl in vieler Beziehung ein feines Schiff, gehörte sie doch nicht zu den »Windhunden des Ozeans«. Durch die Beendigung unserer Reise auf dem Festlande hatten wir mehrere Tage gewonnen. Jetzt wandelten wir mit einer gewissen Schüchternheit unter den eleganten Passagieren, die dem Kanaldampfer entstiegen. Knappes

Kapital und knappe Zeit hatten uns in Pará daran gehindert, die Mängel einer Garderobe wieder auszugleichen, die durch das Nichteintreffen unseres Gepäcks aus São Paulo den Anforderungen zivilisierten Lebens durchaus nicht mehr entsprach. Wir trugen keine Hüte. Wir hatten keineswegs die richtige Hautfarbe. Unsere Kleider zeigten, was die Polizei als »Spuren einer tätlichen Auseinandersetzung« bezeichnet. Von allen Seiten wurden wir argwöhnisch betrachtet.

Aber es ließ sich nicht leugnen: schön war es doch, wieder zurück zu sein. Als wir unserem Gepäckträger durch die Menge folgten – das war leichter, als sonst üblich, denn diese Speere hatten in ihm, wie auch in seinen Kollegen in Portugal, Spanien und Frankreich, etwas von lange schlummerndem mittelalterlichem Turniergeist geweckt –, fühlten wir ein absurdes Verlangen zur Beglückwünschung eines jeden, der eine »Melone« trug, den »Daily-Expreß« las oder vom Wetter sprach. Beim Anblick eines Polizisten unterdrückten wir mit Mühe einen Freudenausbruch.

»Well«, sagte Roger, »alles ist wieder in der Reihe. Wir haben auf dieser Reise alles bekommen, was uns zukam.«

Ich stimmte ihm bei. Wie beruhigend, wie geradezu schwelgerisch war das Bewußtsein, endlich der Reichweite von Aufenthalten, Ärgernissen und Hemmungen entwischt zu sein.

»He!« rief ein Zollbeamter.

Ich blieb stehen. Unser Gepäckträger verschwand in der Richtung auf den Zug.

»Was ist das?« fragte der Zöllner argwöhnisch.

Ich trug eine zylindrische Tabakstange vom Amazonas in der Hand, wunderbar in Faserspiralen eingewickelt. Sie wog vielleicht sechs Unzen.

»Das ist Tabak«, sagte ich.

»Haben Sie ihn angegeben?«

Ich sagte, er sei mit dem übrigen Gepäck zur Prüfung vorgelegt worden.

»Wo ist denn Ihr übriges Gepäck?«

Ich sagte, es müsse jetzt wohl schon im Zuge sein.

»Es muß zu nochmaliger Untersuchung hierher zurückgebracht werden«, entschied der Beamte.

Dies geschah. Zusammen mit unserem verdächtigen Aussehen hatte dies Stück Tabak in der Seele des Beamten wer weiß was für wilde Hoffnungen auf Schmuggelware heraufbeschworen. Außerdem aus Südamerika! Bomben, Rauschgift, Orchideen, vielleicht sogar ein paar winzige weiße Sklaven konnten sehr wohl in unseren verfärbten Säcken stecken. Eifrige Hände durchwühlten sie methodisch und vorsichtig. Der Zug pfiff...

Die Beteuerung unserer Unschuld nützte nichts. Fruchtlos war unser Appell an ihr Mitleid und der Hinweis auf unsere verzeihliche Ungeduld, zu Freunden und Verwandten zurückzukehren, mit denen uns fünf Monate lang sogar die Postverbindung versagt worden sei. Die Beamten hatten eine Pflicht zu erfüllen, und ich kann wohl sagen, sie erfüllten sie gründlich. Flinke Finger erforschten die Winkel alter und dick mit Schimmel überzogener Stiefel. Unhygienische Überbleibsel aus den Taschen nicht gerade wohlduftender Hemden wurden tapfer und sorgfältig geprüft. Der Schnabel des Pfefferfressers, das Gehörn eines Veado, das zerfetzte Exemplar des »Tom Jones«, der ehrwürdige Patronengurt – unser ganzes exotisches Gerümpel wurde sondiert, geschüttelt und je nach Eigenart auf den Kopf gestellt oder von innen nach außen gekehrt.

Der Zug pfiff nicht mehr. Er war abgefahren.

Man sagte uns, der nächste ginge in zwei Stunden ab. Nachdem ich mit finsterer Miene die fröhlichen Versicherungen der Beamten entgegengenommen hatte, daß sie nichts Zollpflichtiges in unseren persönlichen Ausrüstungsstücken gefunden hätten und daß ich auch für den verdächtigen Tabak nichts zu zahlen brauchte, wanderte ich in die Stadt, um mir eine Pfeife zu kaufen.

Es war Ende Oktober. Die Straßen lagen in grauer Nässe da. Über dem Hafen kreisten Möwen, sie hoben und senkten sich unaufhaltsam gegen einen unbeständigen Wind. Vor kleinen Läden raschelten in feuchtem Einklang die Schlachtrufe der Lord Beaverbrook und Rothermere. Auf einem Plakat wurde ein Film als »Dschungel-Epos« angekündigt.

Ein Dschungel-Epos? Was diese Worte auch bedeuten mögen, sie treffen wohl kaum (überlegte ich) für diese nun fast beendete Reise zu. Unsere Schutzgottheit war der Geist des Possenhaften gewesen. Eher ließe sich vielleicht der Ausdruck »Dschungel-Schmähschrift« darauf anwenden...

Während ich durch die herbstlich trüben Straßen ging, ließ meine Erinnerung Fetzen der Komödie, wie Ausschnitte aus einer

Wochenschau, vor mir aufmarschieren. Ich entsann mich der verhängnisvollen Unwahrscheinlichkeiten, die wir uns in London so vertrauensvoll vorgegaukelt hatten. Ich erinnerte mich an das ernüchternde Brummen der feststehenden Fahrräder, auf denen wir ein so großes Stück des Südatlantik überfahren hatten. Ich erinnerte mich an den komischen Kellner in Rio, der seine Beherrschung der englischen Sprache überschätzte und uns Wild-Nieren anbot, während er Wildente meinte. Ich erinnerte mich an die Sau, die auf dem Weg landeinwärts in unser Schlafquartier einfiel. Ich entsann mich der über die gesperrten Brücke tanzenden Hitze, des Spucknapfs im Palast des Interventors zu Goyaz und unseres ersten Blicks auf den Araguaya, diesen Fluß im purpurnen Sonnenuntergang...

Das waren alles vereinzelte Bilder. Ihnen folgte eine verworrene Reihe der kleinen alltäglichen Dinge, die mir die verschiedenen Reiseabschnitte vielfach eingeprägt hatten: der unter unseren Schritten knirschende heiße Sand, das klagende Pfiffeln der kleinen Otter, der Schrei eines bestimmten Vogels zur Nachtzeit, die finsteren Blicke Rogers auf den Kompaß, der Geschmack von rohem Farinha, der Geruch der Carajas, das vertraute Muskelspiel auf dem Rücken der Ruderer, die unnachgiebigen Proteste des Papageien, Oscars Hinterkopf, dies Bild abstruser Bußfertigkeit, der auf das Dach in Marabá pladdernde Regen, der Geschmack zu vieler Bananen.

Es hatte großen Spaß gemacht und war sehr komisch gewesen. Die Wirklichkeit ist ein schwer erhältlicher Artikel, und wenn man sie findet, nicht immer leicht zu erkennen. Durch einen Nebel von Mißverständnissen und von den Auffassungen anderer Leute irregeführt, tastet man danach. Die höchsten Autoritäten haben vielleicht zu tief über den Gegenstand nachgedacht, als daß sie hier von Nutzen wären. Niemand kann sicher sagen: »Ich habe die Wirklichkeit an dem und dem Ort und zu der und der Zeit gefunden.« Es gibt Umstände und Tage der Rückschau, an denen die Wirklichkeit nicht so weit wie üblich entfernt zu sein scheint. Für mich waren jedenfalls einige Tage und Umstände, die ich beschrieben habe, von dieser Art, trotz ihres starken Beigeschmacks an Lächerlichem und Phantastischem.

Aber ich habe das Wort Wirklichkeit hiermit viermal hintereinander niedergeschrieben, mehr hält sie nicht aus. Zu viele Leitartikel-Verfasser, zu viele in kleinen Kneipen belauschte Frauen, zu viel markige Schriftsteller haben die Lebenskraft dieses Wortes untergraben. Es sollte so selten wie möglich der Anstrengung ausgesetzt werden, in der Öffentlichkeit zu erscheinen.

Genau betrachtet hatte ich Komödie von Brasilien erwartet, und sie war auch in Erscheinung getreten – Komödie, mit einem schwachen, aber anregenden Schuß Melodrama. Ich dachte an Major Pingle und sah wieder die lange und verfallene Gestalt an ihrem Schnurrbart kauen. Armer Major Pingle! Ich erinnere mich dankbar, sogar liebevoll an ihn. Für vieles habe ich ihm zu danken. Wie langweilig wäre alles ohne ihn gewesen! Wie öde wären wohl diese letzten tausend Meilen ohne das Wettrennen mit ihm herumgegangen. Unsere umfassende, wenn auch vielleicht nicht mehr sehr nützliche Kenntnis der Flußbevölkerung, die Beherrschung eines Bastard-Portugiesisch, die Muskeln vom Paddeln auf unseren Schultern – all dies verdankten wir seinen Bemühungen, sich aus der heiklen Affäre zu ziehen, in die ihn seine Gutmütigkeit gebracht hatte. Der Böse Onkel hatte sich als die Verkleidete Märchenfee erwiesen. Armer Major Pingle...

Der Zug pfiff. Es war Zeit, zum Bahnhof und wieder zu einem normalen Leben zurückzukehren. Das Zwischenspiel war vorüber. Die blaue und grüne Szenerie mußte weggeräumt, die Handlung für die Zwecke der Unterhaltung verdichtet werden. In diesen ehrbaren Straßen, wo regelrechte Lampen blaß in die Dämmerung brannten, war alles, auch jetzt noch, etwas schwer zu glauben. Bald würde auch die Erinnerung einem schwerfallen.

Ein plötzlich in einem Wohnzimmer angedrehtes Licht warf den Umriß eines Blumentopfes gegen den gelben Vorhang. Ich nahm das als einen Fingerzeig. Ich sagte dem Dschungel Lebewohl. Ich kaufte eine Abendzeitung.

Zu den Autoren

Michael Asher war Fallschirmjäger beim britischen SAS, Lehrer und Entwicklungshelfer im Sudan, bevor er Schriftsteller wurde. Seine Frau Mariantonietta Peru, mit der er die in »Zu Zweit gegen die Sahara« geschilderte Hochzeitsreise – die Durchquerung der Sahara – unternahm, ist Arabistin und Fotografin.

Steven Callahan, geboren 1952, studierte Philosophie und Psychologie, arbeitete aber dann als Konstrukteur von Segelbooten. 1980 baute er die »Napoleon Solo«, mit der er 1981 den Atlantik überquerte und 1982 jenen Schiffbruch erlitt, den er in »Im Atlantik verschollen« schildert.

Gérard d' Aboville, geboren 1945, überquerte sowohl den Atlantik wie den Pazifik in einem Ruderboot, das Chinesische Meer in einem Katamaran.

Olivier de Kersauson, geboren 1945, hat außer seiner Weltumseglung zahlreiche abenteuerliche Seereisen unternommen. Mit einer Urenkelin von Jules Verne verheiratet, lebt er in Paris.

Jean-Yves Domalain, geboren in der Bretagne, ist Zoologe und Verhaltensforscher. Er gründete in Laos ein zoologisches Zentrum für seltene Tierarten, nachdem er sein Abenteuer bei den Kopfjägern in Borneo überstanden hatte.

Peter Fleming, geboren 1907, gestorben 1971, war der Bruder des James-Bond-Autors Ian Fleming und bereiste als Sonderkorrespondent der »Times« hauptsächlich Ost- und Zentralasien sowie Südamerika; Verfasser von erfolgreichen Reisebüchern.

Arved Fuchs, geboren 1953, durchquerte u. a. Borneo, das grönländische Inlandeis und, zusammen mit Reinhold Messner, die Antarktis – und er fuhr »Im Faltboot um Kap Hoorn«.

Rollo Gebhard umsegelte zweimal allein die Welt. Die in »Seefieber« beschriebene Reise startete er 1960.

Lucy Irvine, geboren 1956, arbeitete als Putzfrau, Affenwärtin und Fotomodell, bevor sie sich auf das in »Eva und Mr. Robinson« beschriebene Abenteuer einließ. Ihr Buch wurde von Nicholos Roeg verfilmt.

Peter Lourie ist promovierter Anthropologe und lebt in New York. Seine vergebliche Schatzsuche unternahm er 1982.

Reinhold Messner, geboren 1944, gilt als der berühmteste Bergsteiger und Abenteurer unserer Zeit. Als erster Mensch hat er alle Achttausender bestiegen, dazu eine Vielzahl von Erstbegehungen unternommen (vgl. »Aufbrechen, wohin ich will«, SP 1362) und zu Fuß die Antarktiv durchquert (»Antarktis – Himmel und Hölle zugleich«, SP 1711).

Rüdiger Nehberg, geboren 1935, hat mittlerweile über 40 spektakuläre Reisen hinter sich, über die er in erfolgreichen Büchern (in der Reihe Serie Piper Abenteuer »Abenteuer am Blauen Nil« (1796), »Überleben in der Wüste Danakil« (1809), »Über den Atlantik und durch den Dschungel« (1965)) und Fernsehfilmen berichtete. Seit 1982 engagiert er sich besonders für die Yanomami, deren Überleben im Regenwald Amazoniens er sichern möchte.

Mario Richner, geboren 1948, ist gelernter Mechaniker, Schiffsoffizier und seit mehr als zwanzig Jahren als Tramp in der Welt unterwegs.

Harry E. Rieseberg, geboren 1892, nahm schon 1909 an einer Afrika-Expedition Präsident Theodore Roosevelts teil. Später war er dreißig Jahre lang Herausgeber verschiedener Marinezeitschriften. Unterwasserentdecker und Autorität für Schatzsuche und -bergung.

Herbert Rittlinger, geboren 1909, gestorben 1978. Seine Bücher über seine Reisen vor und nach dem Zweiten Weltkrieg sind zu Klassikern der Reiseliteratur geworden.

Gernot Spielvogel-Herrmann, geboren 1949, studierte Philosophie, promovierte aber dann in Geologie, was ihm bei seinen zahlreichen Reisen sehr zugute kommt. Sein vorläufig letztes Projekt war eine Duchquerung der Aleüten mit dem Faltboot.

Bettina Selby studierte Religionswissenschaft und arbeitete als Photographin. Verheiratet und Mutter von drei erwachsenen Kindern, lebt sie als Autorin in London. Von ihr liegt in der Serie Piper Abenteuer außer: »Ah Agala«, dem der Text entnommen ist, noch vor: »Timbuktu!« (SP 1724).

Joe Simpson, geboren 1961, studierte Englisch und Philosophie, bevor er sich hauptberuflich dem Alpinismus zuwandte. Er unternahm Erstbesteigungen in den Anden und im Karakorum.

Jeana Yeager und *Dick Rutan* umrundeten als erste Menschen nonstop die Erde in einem Flugzeug, ohne aufzutanken. Yeager, geboren 1952, ist Fallschirmspringerin und Pilotin, Rutan, geboren 1938, war ursprünglich Kampfflieger und arbeitete dann als Testpilot.

Quellenverzeichnis

*Die mit einem * gekennzeichneten Titel stammen vom Herausgeber*

Prolog:
Peter Fleming, Brasilianisches Abenteuer. Aus dem Englischen von Hans Bütow.
© Peter Fleming, London 1933. Dt. Rechte: K. Thienemanns Verlag Stuttgart–Wien.
SP 1436, S. 12-15; 28–33

1 Aufbruch
Landung auf Tuin:
Lucy Irvine, Eva und Mister Robinson. Aus dem Englischen von Werner Waldhoff.
© Lucy Irvine London 1983. Dt. Rechte: SV International/ Schweizer Verlagshaus AG, Zürich 1984
SP 1274, S. 13–26.

Endlich ausgesetzt:
Reinhold Messner, Antarktis. Himmel und Hölle zugleich.
© R. Piper GmbH & Co. KG., München 1991.
SP 1711, S. 106–117.

Der Start zu meiner Weltumsegelung*:
Olivier de Kersauson, Die Fahrt über den Ozean. Aus dem Französischen von Brigitte Schenker.
© Flammarion, Paris 1990. Dt. Rechte: R. Piper GmbH & Co. KG., München 1992.
SP 1484, S. 5–12.

2 Allein
Auf Schmugglerpfaden in die Verzweiflung:
Mario Richner, Urwald, Gold und Indios. Mit dem Fahrrad durch
Amazonien.
© R. Piper GmbH & Co. KG., München 1992.
SP 1474, S. 204–221.

Initiation im Dschungel*:
Jean-Yves Domalain, Panjamon. Ich war ein Kopfjäger. Aus dem
Französischen von Renate Meissner.
© B. Arthaud, Paris 1971. Dt. Rechte: Paul Zsolnay Verlag Gesell-
schaft mbH, Wien/Hamburg 1972.
SP 1383, S. 204–221.

Vom 46. bis zum 51. Tag*:
Steven Callahan, Im Atlantik verschollen. Der 76tägige Überle-
benskampf eines schiffbrüchigen Seglers. Aus dem Amerikani-
schen von Werner Waldhoff.
© Steven Callahan, Boston 1986. Dt. Rechte: SV International/
Schweizer Verlagshaus AG, Zürich 1987.
SP 1798, S. 173–188.

Warten in der Wüste*:
Rüdiger Nehberg, Überleben in der Wüste Danakil.
© Kabel Verlag, Hamburg 1987.
SP 1809, S. 164–172.

3 Zu Zweit
Marinetta. die Wüste und ich*:
Michael Asher, Zu Zweit gegen die Sahara. Aus dem Englischen
von Hanna van Laak.
© Michael Asher, London 1984. Dt. Rechte: R. Piper GmbH &
Co. KG., München 1993.
SP 1710, S. 194–203.

Probleme mit Mr. Robinson*:
Lucy Irvine, Eva und Mr. Robinson. Aus dem Englischen von
Werner Waldhoff.

© Lucy Irvine, London 1983. Dt. Rechte: SV International/
Schweizer Verlagshaus AG, Zürich 1984.
SP 1274, S. 137–140; 142–145; 147–148; 149–155.

Partner im Projekt Voyager*:
Jeana Yeager/Dick Rutan, Voyager. In neun Tagen nonstop um
die Welt. Vorwort von Ulf Merbold. Aus dem Englischen von
Anatol Johansen.
© Jeana Yeager, Dick Rutan, Phil Patton New York 1987. Dt.
Rechte: Gustav Lübbe Verlag, Bergisch-Gladbach 1987.
SP 1435, S. 160–167.

Meine Heirat mit der schönen Häuptlingstochter*:
Jean-Yves Domalain, Panjamon. Ich war ein Kopfjäger. Aus dem
Französischen von Renate Meissner.
© B. Arthaud, Paris 1971. Dt. Rechte: Paul Zsolnay Verlag Gesell-
schaft mbH, Wien/Hamburg 1972.
SP 1383, S. 169–180.

4 Unterwegs
Gehen in der Antarktis*:
Reinhold Messner, Antarktis. Himmel und Hölle zugleich.
© R. Piper GmbH & Co. KG., München 1991.
SP 1711, S. 147–155; 159–168.

Durch den Dschungel mit den Yanomami*:
Rüdiger Nehberg, Über den Atlantik und durch den Dschungel.
Eine Rettungsaktion für die Yanomami.
© Ernst Kabel Verlag, Hamburg 1993.
SP 1965, S. 77–80; 86–91.

Den Kopf in den Sternen:
Gérard d'Aboville, Allein. Im Ruderboot über den Pazifik. Aus
dem Französischen von Wolfgang Ferdinand Müller.
© Editions Robert Laffont, Paris 1992. Dt. Rechte: R. Piper
GmbH & Co. KG., München 1994.
SP 1905, S. 79–91.

Mit den Dieselcowboys auf der Straße der Tränen*:
Mario Richner, Urwald, Gold und Indios. Mit dem Fahrrad durch Amazonien.
© R. Piper GmbH & Co. KG., München 1992.
SP 1474, S. 77–90.

5 Krisen und Katastrophen
Überlebenskampf im Yukon-Delta:
Gernot Spielvogel-Herrmann, 2000 Meilen Freiheit. Im Kajak durch Alaska.
© R. Piper Verlag GmbH & Co. KG., München 1992.
SP 1647, S. 320–324; 330–336.

Von Piraten gefangen:
Rollo Gebhard, Seefieber. Allein über die Ozeane.
© Nymphenburger in F. A. Herbig Verlagsbuchhandlung GmbH, München 1985.
SP 1647, S. 107–116.

Der Tod meines Bruders am Nanga Parbat*:
Reinhold Messner, Die Freiheit, aufzubrechen, wohin ich will. Ein Bergsteigerleben.
© R. Piper GmbH & Co. KG., München 1989.
SP 1362, S. 157–173.

Der Untergang*:
Steven Callahan, Im Atlantik verschollen. Der 76tägige Überlebenskampf eines schiffbrüchigen Seglers. Aus dem Amerikanischen von Werner Waldhoff.
© Steven Callahan, Boston 1986. Dt. Rechte: SV International/ Schweizer Verlagshaus AG, Zürich 1987.
SP 1798, S. 32–45.

Der Sturz ins Leere:
Joe Simpson, Sturz ins Leere. Mit einem Vorwort von Chris Bonington. Aus dem Englischen von Jürg Wahlen.
© Joe Simpson, London 1988. Dt. Rechte: SV International/ Schweizer Verlagshaus, Zürich 1989.
SP 1247, S. 107–129.

Eintauchen in die wilden Vierziger*:
Olivier de Kersauson, Die Fahrt über den Ozean. Aus dem Französischen von Brigitte Schenker.
© Flammarion, Paris 1990. Dt. Rechte: R. Piper GmbH & Co. KG., München 1992.
SP 1484, S. 59–65.

6. Wilde Tiere
Der Seepolyp auf der Schatzkiste*:
Harry E. Rieseberg, Ich tauche nach Schätzen. Aus dem Amerikanischen von Fritz Helke.
© Harry E. Rieseberg.
SP 1688, S. 47–56.

Leviathan:
Herbert Rittlinger, Ich hatte Angst. Meine gefährlichsten Expeditionen.
© R. Piper GmbH & Co. KG., München 1991.
SP 1340, S. 52–63.

Der Biß der Bungar*:
Jean-Yves Domalain, Panjamon. Ich war ein Kopfjäger. Aus dem Französischen von Renate Meissner.
© B. Arthaud, Paris 1971. Dt. Rechte: Paul Zsolnay Verlag Gesellschaft mbH, Wien/Hamburg 1972.
SP 1383, S. 258–267.

7 Am Ziel
Allein auf dem höchsten Berg der Erde*:
Reinhold Messner, Die Freiheit, aufzubrechen, wohin ich will. Ein Bergsteigerleben.
© R. Piper GmbH & Co. KG., München 1989.
SP 1362, S. 98–107.

Tränen in der Nacht:
Joe Simpson, Sturz ins Leere. Mit einem Vorwort von Chris Bo-
nington. Aus dem Englischen von Jürg Wahlen.
© Joe Simpson, London 1988. Dt. Rechte: SV International/
Schweizer Verlagshaus AG, Zürich 1988.
SP 1247, S. 220–230.

Lohn der Angst:
Arved Fuchs, Im Faltboot um Kap Hoorn. Die erste gelungene
Winterumrundung im Serien-Faltboot.
© Pietsch Verlag, Stuttgart 1985.
SP 1327, S. 177–190.

An Brunners See:
Peter Lourie, Tränen des Mondes, Schweiß der Sonne.
© Schönbach Verlag, Basel/Hannover 1992.
SP 2053, S. 274–284.

Epilog:
Peter Fleming, Brasilianisches Abenteuer. Aus dem Englischen
von Hans Bütow.
© Peter Fleming, London 1933. Dt. Rechte: Edition Erdmann im
K. Thienemanns Verlag, Stuttgart–Wien 1990.
SP 1436, S. 411–416.

Rüdiger Nehberg

Abenteuer am Blauen Nil

216 Seiten mit 17 Abbildungen.
SP 1796

Drei Mann, ein Boot, zum Rudolfsee

Überleben in Afrika. 248 Seiten
mit 10 Farbfotos. SP 2714

»So spannend wie die besten Abenteuergeschichten der Weltliteratur.«
Norddeutscher Rundfunk

Die Kunst zu überleben – Survival

Mitarbeit Mechthild Horn.
333 Seiten. SP 2622

Rüdiger Nehberg, der bekannteste deutsche Abenteurer, hat auf seinen Weltreisen lebenswichtige Erfahrungen gesammelt, die er hier weitergibt. Er zeigt, wie man Gefahren erkennt und ihnen begegnet und wie man sowohl in gefährlichen Alltagssituationen als auch in Extremfällen überleben kann.

Medizin Survival

Überleben ohne Arzt. 288 Seiten
mit zahlreichen Abbildungen.
SP 2717

»Nehberg fasziniert dadurch, daß er sein Wissen und seine Tricks an die Menschheit weitergibt.«
Norddeutscher Rundfunk

Über den Atlantik und durch den Dschungel

Eine Rettungsaktion für
die Yanomámi. 352 Seiten mit
18 farbigen Fotos von
Christina Haverkamp und
Rüdiger Nehberg. SP 1965

Diesmal überquert der Weltenbummler, der zur Not auch einmal Regenwürmer ißt, zusammen mit der Kieler Lehrerin Christina Haverkamp den Atlantik auf einem selbstgebauten Floß, um die Weltöffentlichkeit auf den Völkermord an den Yanomámi-Indianern aufmerksam zu machen. Wie immer witzig, selbstironisch und ungemein spannend schildert er im ersten Teil des Buchs die Expedition zu den Yanomámi in den Regenwald, im zweiten Teil die Fahrt mit dem Floß.

Überleben in der Wüste Danakil

235 Seiten mit 33 Abbildungen.
SP 1809

Yanomámi

Überleben im Urwald. 240 Seiten
mit einem farbigen Bilddteil.
SP 2716